本书编著委员会

主　　任：王衍诗

副 主 任：宫立云　章熙春

主　　编：吴克昌　王郅强

副 主 编：吴业国

撰写人员（按姓氏笔画）：

　　　　　王郅强　文　宏　包国滔　朱志昊

　　　　　巩玉涛　沈玮玮　张　玉　吴克昌

　　　　　吴业国　高青莲　黄文义　梁丽红

中国古代监督史览

ZHONGGUO GUDAI JIANDU SHILAN

广东省纪检监察学会 编著

人民出版社

目　录

序

王衍诗

　　权力起源于权利。从人类社会开始，人在通过对死亡的感受获得自由意志之后也就标志着不安全感开始显现，所以人需要联合，联合就意味着让渡权利，这样也就给予他者权力。

　　权力自诞生以来就具有两面性，一方面为益，一方面为害。相伴着权力的诞生，各种制约权力的力量就从来没有停止过，从借助天灾、天象、占卜、宗教活动的力量，到借助道德、契约、律令、制度、机制的力量。中国是一个具有5000多年历史的文明古国，从原始社会、奴隶社会到封建社会，产生了十分丰富的制约和监督权力的文化，其中有的转化成制度或机制。比如在原始社会，人们借助天象、地震、水害、火灾、雷电等大自然的神秘力量，促使权力阶层对自己的行为进行反思。在奴隶社会，人们除了借助大自然的神秘力量外，还开始通过建立制度性的一些"规定"来制约权力，像夏商周时期的《尚书·洪范》记载的"汝则有大疑，谋及乃心，谋及卿士，谋及庶人，谋及卜筮"。也就是说，国君有决不定的大事，除自己认真思考外，要与大臣们商量，与一般官僚及自由民商量，由神职人员请示神。在封建社会，制约权力的做法更是车载斗量，尽管这些做法很多都具有欺骗性、虚伪性，但也绝不是徒有虚名，否则中国的封建社会不会延续2000多年，一些封建王朝也不会存在几百年。毋庸置疑，历代封建王朝的皇帝实质上不受任何律令的制约，拥有至高无上的权力，但另一方面也从不存在完全不受监督的皇帝，尽管这种监督有很大的虚伪性。一些电视剧中的皇帝天马行空，无拘无束，率性而为，毕竟是戏剧化的脸谱形象，多不是史实。制约皇权的力量是多方面的，像发生天下大旱大涝，皇帝就得通过向全国发布《罪己诏》反思德行；像史官，常年随侍皇帝左右，专门记录皇帝每天的言行，形成《起居注》，其内容不外传，皇帝本人也不得过问，为了留下好名声，皇帝不得不约束自己的言行。还有谏诤制度，设置谏官，专门挑皇帝的刺儿，发表不同意见，唐朝的谏官魏征就为大唐王朝的繁荣兴旺发挥了非常重要的作用。即便是诏书，皇帝也不全是"金口玉言"，在唐宋以后，起草诏令的官员如果认为诏令内容不符合统治阶级的利益，就可以拒绝起草，史称"驳诏"。《续资治通鉴长编》卷133记载，宋朝的富弼曾拒绝起草诏书。纵观历代封建王朝，最为有力、最为健全的监督制度是以监察为核心的权力监督制度，实行了两千年之久，逐步建立了以御史台为主体、从中央到地方的自上而下的严密监察体系。宋代以降监察制度进一步完善，明清两代空前完善，构织了较为完善的监督网，基本做到了"监督全覆盖"。

当然，古代历史上一切监督都是为统治者和统治阶级服务的，目的都是为了统治阶级利益的最大化，本质上是"治万民"和"刑不上大夫"，与我们今天在中国共产党领导下的监督不可同日而语。历史是流淌着的文化，文化是传承着的历史，我们不能也无法断然割裂历史，古为今用符合马克思主义的历史唯物观，也是增强当今"文化自信"的有效举措。2015年我在担任广东省纪委副书记、省监察厅厅长和省监察学会会长的时候，曾在省纪委机关讲过一堂"严以用权"的党课，对权力的监督作过初步的历史思考，后来在此基础上提出要对权力监督进行系统的历史研究，并得到时任广东省委常委、省纪委书记黄先耀同志的充分肯定和大力支持。本书的结构就是对那堂党课目录的扩充和拓展，一共分为八章。前六章从先秦时期开始，到明清时期结束，进行制度叙述和阶段评价。在此基础上，用两章的篇幅从宏观视角概括出内控性、道德性和舆论性等特征，评析其历史合理性与局限性。结论章则是探究中国古代权力监督的现代价值。广东省纪委副秘书长兼办公厅主任宫立云同志协调组织研究，课题组的各位专家学者进行了长达一年多原创性的探索，皆付出艰辛努力。2018年我当选为广东省人大常委会副主任后，从事的依然是监督工作，继续关注这项课题研究，希望这项研究成果对丰富监督形式、健全监督制度、提高监督效果、进一步开创新时代中国特色社会主义监督新局面能有所启迪和帮助。

由于这方面可参考的书目和文献资料较少，加之我们的能力和水平有限，书中各种不足和错误在所难免，真诚欢迎广大读者批评指正。

2018 年 5 月于广州

第一章　先秦时期权力监督的滥觞期

我们通常所说的先秦时期是指秦始皇统一六国（公元前221年）前长达一千八百多年的历史时期，主要包括原始社会末期、夏、商、西周、东周（包括春秋和战国两个发展阶段）五个历史时期。先秦时期，是一个跨度较长的历史时期，在政治上是一段由原始部落发展到奴隶制国家的时期；经济上是一段由刀耕火种到较为发达的精耕细作的时期，同时还伴随着一些简单的物物交换、商品交换活动；文化上则是一段孕育和形成中华民族精神并奠基之后两千多年灿烂的华夏文明时期。此外，东周时期还开启了我国历史上的第一次文化学术的大争鸣、大繁荣，其奠定了古代中国传统思想的主要方向。

总体而言，先秦时期是"华夏族的主体形成，民族文化也随之形成"[①]的一段重要历史时期，该时期的文化创造与传播，反映和印证了人类社会历史的发展及其社会政治生活的痕迹。据《礼记·礼运》记载，夏以前是"天下为公"的原始社会，没有特权观念，其公有观念不仅孕育了"选贤与能"、"讲信修睦"、"不独亲其亲"、"不藏于己"的社会关系和生活方式，同时也孕育了原始的民主监督行为。但自原始社会由"天下为公"变为"天下为家"后，私有制的产生及奴隶制国家的出现，使得"大道既隐"，人们"各亲其亲"，并滋生了"货力为己"、"谋用是作"等不良社会风俗，于是贪污腐败、暴政乱民也随之出现。[②] 但善恶相依，反对贪利、促使当权者廉政爱民的自律伦理与权力监督行为也随之产生，如"天下为公"时期的《尚书·皋陶谟》

---

① 李宗桂等：《中华民族精神概论》，广东人民出版社2007年版，第25页。

② （汉）郑玄注，（唐）孔颖达疏，龚抗云整理，王文锦审定：《礼记正义》，北京大学出版社1999年版，第658—660页。

"九德"、周武王时期的《尚书·洪范》"九畴"，便是对统治者的治国方略和君臣的职责作出的伦理性规定，而《周礼·天官冢宰·小宰》"六廉"思想的提出，则成为我国廉洁行政思想的萌芽。在"六廉"廉政标准的指引下，开启了我国先秦时期权力监督的初步实践。我们将先秦时期廉洁行政的思想和实践，视为古代中国权力监督的滥觞期。

第一节　原始社会的民主监督习俗

按照我国历史的一般分期，大约从 170 万年前到公元前 21 世纪（公元前 2070 年）夏朝的建立，是我国原始社会的英雄时代。约在四五万年前，我国开始进入原始氏族社会，而传说中的三皇五帝处于原始社会后期①。据《尚书大传》，"三皇"指燧人、伏羲、神农三氏。该时期，如《庄子·盗跖》所载"禽兽多而人少，于是民皆巢居以避之；昼拾橡栗，暮栖其上，……民不知衣服，夏多积薪，冬则炀之……神农之世，卧则居居，起则于于；民知其母，不知其父；与麋鹿共处；耕而食，织而衣；无有相害之心"，即是说，原始社会后期人类人口并不是很多，其生活状态和习性与灵长类动物类似，白日采集果实充饥，在树上度过黑夜。到了燧人氏时期，人类依旧赤身裸体，不知道何谓衣服；夏天储存木材，冬天则烧材取暖。即使到了神农时期，人类还是处于原始状态，他们起居自由自在，无思无虑、无知无识，与野生动物杂居，但比前代而言，他们已学会了耕种织衣，较前二氏更接近人类文明。《史记》和《大戴礼记》中记载的五帝是黄帝、颛顼、帝喾、尧、舜。相传，黄帝"置左右大监，监于万国"，倘若我们承认"三皇五帝"英雄时

---

① 历史上对三皇五帝的说法不一，对其描述也多是传说。根据学界的研究成果，列举以下几种代表性说法：1."五帝"说（1）黄帝、颛顼、帝喾、尧、舜，见《大戴礼记·五帝德》、《史记·五帝本纪》等；（2）庖牺（伏羲、宓戏）、神农、黄帝、尧、舜，见《战国策·赵策二》、《易·系辞下》等；（3）太皞、炎帝、黄帝、少皞、颛顼，见《礼记·月令》等。2."三皇"说（1）燧人、伏羲、神农，见《尚书大传》；（2）伏羲、女娲、神农，见《春秋纬·运斗枢》；（3）伏羲、神农、共工，见《白虎通》、《资治通鉴外纪》；（4）伏羲、神农、黄帝，见伪《古文尚书·序》。

代是真实存在的话，那么这段文献即证明了我国具有非常悠久的民主监督历史。但这种监督模式具体描述于史无考，仅仅留下只言片语的传说。《尚书》中《尧典》、《舜典》就专门记载尧、舜的事迹，他们既是优秀的个人，也是杰出的部落或部落联盟首领，为后世所敬仰。据《尚书·舜典》，舜"五载一巡守，群后四朝。敷奏以言，明试以功，车服以庸"，即在舜时期，舜每五年周巡天下，各方部落首领多次朝觐，论功行赏，等等，可见舜时期具有一定程度的监督制度。这些关于三皇五帝的美好描述，或许是真实存在的事实，也可能是古代中国人口耳相传的传说，也可能是后世学者对理想政治社会的描述。如孟子在《孟子·尽心上》中曾这样形容舜的时代："舜之居深山之中，与木石居，与鹿豕游，其所以异于深山之野人者几希"，就是说，舜当时生活在深山之中，他家周围全是树木岩石，附近还经常有野鹿、野猪出没，犹如居住深山里的野人。由此可见，舜生活的历史时期，相比于三皇时期，人们尚处于比较"自然"的原始状态。氏族社会时期，人们按照传统习俗和习惯性规则过着简单而有序的生活。由上，我们认为在氏族社会早期，仍处于刀耕火种的自然状态，几乎没有较为成熟的监督机构和完备的系列制度。其在生产关系上最明显的特征是公而无私，人们几乎没有私欲，没有私产，没有剥削，没有阶级，没有国家，共同劳作，共同消费。

氏族社会时期，氏族民主议事会是处理氏族内部事务和争端的最高机关，每个氏族的共同始祖往往就是氏族的首领，一些经验丰富的长老，协助氏族首领处理公共事务。如《尚书》中，《尧典》、《舜典》等就记载了尧舜时期首领与各部落首领（"四岳"）共同商议治理洪水、推举新一任首领等事迹。氏族民主议事会或部落联盟会议不同于现代国家，没有暴力作为其后盾，也不以其他强制性措施为手段，如神农时期，"无制令而从"[1]，"刑政不用而治，甲兵不起而王"[2]，人们按照传统习俗和道德的力量自我约束，调节相互关系，没有任何特权的氏族首领凭借自身的威望和能力处理各种氏族事务，自然地也被置于全体氏族成员和舆论的监督之下。这种监

---

[1]　《淮南子·氾论训》。

[2]　《商君书·画策》。

督质朴而简单，构成了我国古代社会民主监督的最初形态，对我国古代的政治生活具有重要的影响。

由于原始社会距今较远，没有文字，有关我国原始社会氏族活动情况的文献记载很少，我们对原始社会氏族生活情况的了解多依据专制社会以后所存留的原始民主制的遗迹。原始社会的民主监督大致有如下形式。

一、氏族成员大会和部落联盟议事会的监督

在氏族社会时期，氏族的权力机关是氏族民主议事会，氏族内的重大事务都由大会讨论决定。我国的古文献中较少有关于氏族大会开会场景的直接记载。据研究，在西安半坡氏族村落遗址中，居住区有一座规模很大的长方形房屋，当是氏族的公共活动场所，氏族会议、节日和宗教活动都在这里举行。[①] 氏族内成年男女都有权参加氏族议事会，对有关全氏族的重大问题平等地发表意见。我国考古学界不断发掘的一些大型的部落或部落联盟的聚落遗址——"大房子"为这一说法提供了佐证材料。如我国 1972 年发现的新石器时代半坡文化遗址陕西临潼姜寨聚落，聚落中心有一个约 4000 平方米的中央广场，四周分布着五群房屋，每群均有 20 间左右，考古学家认为，聚落的"广场"和"大房子"颇能反映其作为氏族集会议事和举行仪式典礼场所的功能和意义。[②] 又如，1983 年甘肃秦安大地湾新石器时代遗址发掘区发现了罕见的仰韶文化晚期大型房址，规模宏大，结构复杂，根据其建筑结构、墙体颜色及出土的陶器等信息，考古学家认为这是"五营河沿岸仰韶晚期原始部落的公共活动中心"。[③] 再如，2001 年河南灵宝西坡遗址发现了仰韶文化的一座特大型房址，现存面积达 40 万平方米，"应该是集会或者举行仪式的所在"。[④] 这些大型房址的遗迹，使我们有理由相信，原始社会氏族成员正是在这些规模宏大的公共场所热闹而有序地讨论氏族的公共事务。

---

① 参考郭沫若主编：《中国史稿》（第一册），人民出版社 1976 年版，第 40 页。

② 西安半坡博物馆：《临潼姜寨遗址第四至十一次发掘纪要》，《考古与文物》1980 年第 3 期。

③ 甘肃省文物工作队：《甘肃秦安大地湾 901 号房址发掘简报》，《文物》1986 年第 2 期。

④ 河南省文物考古研究所：《河南灵宝西坡遗址 105 号仰韶文化房址》，《文物》2003 年第 8 期。

我们也在零星的历史文献记录中看出公众大会的痕迹。例如，《尚书·盘庚》中记载商王盘庚迁都的事件，臣民反对，于是，"王命众，悉至于庭"。即命令众人到议事地点。"这些都是商族和周族民众大会的遗迹"。[①]另，《尚书·洪范》篇记载，武王为了保证周氏族顺利继承天命，特意向商纣王的叔父、前朝的太师箕子咨询国家治理的道理，箕子把传自夏禹的"九畴"理论来论述治国之要，其内容是五行（耕种技巧）、敬用五事（谨慎于君王自身五类行为规范）、农用八政（勤勉于食、货等八项政治事务）、协用五纪（协调好五种纪时方法）、建用皇极（建立并规范好君王的统治准则）、乂用三德（治理好三种治民之法）、明用稽疑（运用卜筮解决疑难问题）、念用庶征（用各种天地征兆来预测）、向用五福、威用六极（用五福、六极进行赏罚）。其中在对"稽疑"进行解释时，箕子说，"汝则有大疑，谋及乃心，谋及卿士，谋及庶人，谋及卜筮"[②]，告诉武王若有重大疑难问题，除了自己思量，与卿士、卜筮官商量之外，还要与庶民商量。"这些都是商族和周族民众大会的遗迹"。[③]《周礼·秋官司寇·小司寇》记载："小司寇之职，掌外朝之政，以致万民而询焉，一曰询国危，二曰询国迁，三曰询立君"[④]，即小司寇的职责是掌管百官的政令，若有邦国大事需要向百姓征询意见，则召集百姓商议。有三种大事需要听取国人的意见，一种是国家危难之事，一种是迁都改邑之事，一种是选择天子的继承人之事。这三种大事关系到国家的生死存亡、运行发展，所以需要广泛听取国人的意见。因此，与民众议事可以说是自古就保留的一种政治传统并在后世建立起的一种制度规范。

氏族议事会不仅是氏族社会的最高权力机关，同时也是氏族的监督机关，主要体现在以下几个方面：第一，对重大事件进行最终决定。氏族酋长一般只负责氏族的日常事务，对于重大事件，氏族酋长并没有绝对的决定

---

① 左言东：《中国政治制度史》，浙江大学出版社 2009 年版，第 13 页。

② （汉）孔安国传，（唐）孔颖达疏，廖名春、陈明、吕绍纲审定：《尚书正义》，北京大学出版社 1999 年版，第 314 页。

③ 左言东：《中国政治制度史》，浙江大学出版社 2009 年版，第 13 页。

④ （汉）郑玄注，（唐）贾公彦疏，赵伯雄、王文锦审定：《周礼注疏》，北京大学出版社 1999 年版，第 912 页。

权。第二，选举氏族首领。氏族首领通过氏族成员大会选举产生，并要求氏族所有成年男女都要参加，体现了全体氏族民众的意志。如果氏族酋长或首领不称职，氏族议事会可以进行罢免。氏族成员大会所具有的决定权、选举权和罢免权，体现了作为氏族最高权力机关对氏族首领的监督功能。由氏族成员会议选出的氏族首领，对氏族全体成员负责，被选出的选举首领无特权，更不能强制性地支配其他氏族成员。

原始社会后期，因人口增长、频繁的兼并战争等需要，氏族部落逐渐发展、联合为部落联盟，部落联盟议事会是部落联盟的最高权力机关，由各部落首领组成。部落联盟首领和公职人员由议事会选举产生，并进行原始的民主监督。体现为：

第一，对推选部落公职人员和部落联盟首领进行监督。因缺乏文字记载，尧舜以前的部落联盟议事会推选部落公职人员和继承人的情况我们不得而知，但有关尧、舜的文字记载倒有不少。据《尚书·尧典》，尧时期，为治理水患，尧多次召集在部落联盟中担任一定职务的负责人商议治水事宜，众人先后推举多人治水。最具有民主特征的是部落联盟首领实行的禅让制，《尧典》所记载的舜成为部落联盟首领的过程反映了古老的民主制度。在部落联盟会议上，尧认为自己在位七十年应该考虑选举下一任部落联盟首领事宜，所以他向各部落首领们询问：哪个部落首领能成为他的继任者？各首领都认为德浅无资格，无法胜任该职务。尧说：可以明察贵戚，也可推举地位卑微之人。于是，各首领推举一个叫虞舜的贫苦而又具有好名声的人。舜的父亲，人称瞽叟，心术不正，他的后母则为人不诚，他的同父异母弟弟，名叫象，则傲慢无礼，但是舜却能与他们和谐相处。所以，众人认为舜仁心淳厚，应当具有一定的治理能力，是下一任部落联盟首领的合适人选。基于选任继任者的神圣性，谨慎的尧在不同方面对舜进行三年的考察，发现舜确实有德有能、温恭诚实，便打算将帝位传给舜。但舜婉拒了。后来尧命令舜摄政、代行部落联盟首领的职务，一直到八年后尧去世为止。古代有守三年之丧的传统。舜守完三年之丧后，便把帝位禅让于尧的儿子丹朱。但由于舜是各首领经推荐、讨论、考察而选举出来的新任首领，且其治理能力比丹朱要好，所以部落成员还是让舜做他们的首领。除尧禅让给舜要经过以上的流程外,历史上还有舜禅让给禹、禹禅让给益,同样也是如此进行。后来益让位给禹的儿子启。由于益摄政时间短、而启又贤明,所以启即位为新一任部落联盟首领。自启之后,这种推举模式便消失了。

从上文部落联盟首领的推举过程,我们至少了解了以下信息:(1)部落联盟首领没有绝对的决定权,公职人员和部落联盟首领继承人由众部落首领推荐、讨论决定,而不是直接由部落联盟首领指定,更不是由血缘决定的;(2)部落联盟首领继承人由议事会推举德才兼备之人,并且要经过长期的考察,考察通过才能继位为首领;(3)部落联盟首领先任命继承者辅助摄政,后举行仪式正式禅让。可以看出,在推举、考察、任命到禅让的整个过程中,部落联盟议事会起到了重要作用。

舜继承帝位以后,在任用百官、处理部族等大事上,同样是"询于四岳"。《尚书》记载,尧去世三年后,舜与各诸侯首领通过商议,对禹、弃、契、皋陶等优秀人才进行任命,之后禹成为治水负责人到最终继承舜的位置,也都是舜与各部落首领及众官员共同商议的结果。尧、舜是当时的部落联盟首领,但在重大事件的处理上并没有独断专行。可见,部落联盟议事会对最高首领及公职人员具有很强的制约作用,议事会以原始的民主协商方式,在较为融洽的气氛中,履行着监督的责任。

以上便是尧舜禹时期禅让制的主要流程和特点,在该流程中,我们发现这种以推荐、讨论、考察为核心的选举程序中含有一定的民主监督的成分。

第二,对各部落首领及公职人员进行品行和政绩的考核和奖惩。《尚书·尧典》记载,尧征询四方首领以甄选善于治理水灾的人。各首领推举了鲧,于是鲧便被任命去治水。但遗憾的是,"九载,绩用弗成",鲧在九年考察期间均没能成功治理水患。考察的结果自然是不通过,鲧也因此失去了继承帝位的机会。同样,舜被尧任命后,被放到艰苦的环境中历练和考核,无论是其处理政事的能力还是其言行举止,舜都得到了部落联盟成员的肯定,舜也因此成为部落联盟首领的继承人。舜继位以后,代表部落议事会对所属的各部落进行巡视。《尚书·舜典》记载,舜继位的第一年二月往东方巡视一直到泰山,五月往南方巡视一直到南岳,八月往西方巡视一直到西岳,十一月往北方巡视一直到北岳。后来，舜"五载一巡守，群后四朝。敷奏以言，明试以功，车服以庸"①，即舜每五年巡视一次，听取四方诸侯的报告，考察他们的政绩功过，对政绩好者赏赐车马衣物，对政绩不好或犯错者进行惩罚，例如，"流共工于幽州，放驩兜于崇山，窜三苗于三危，殛鲧于羽山"②，惩治了这四个罪人后，天下人都心悦诚服。之后，舜又对部落联盟会议任命的禹、弃、契、皋陶等22位官员进行了三年一次的考察，"三载考绩，三考，黜陟幽明，庶绩咸熙"。③考察期结束后，罢免昏庸者，提升贤明者，各氏族部落的许多事务都兴办起来了。由此观之，对部落首领和公职官员进行定期考察和赏罚的做法，在当时而言无疑具有很强的科学性和激励作用，其民主监督的功能值得肯定。但这种部落联盟议事会具有一些不足或弊端：第一，在可考的历史上看，它的持续时间并不长，仅仅出现在尧、舜、禹、益期间。第二，从几位首领考察的情况看，这种议事会对选举对象的能力、素质要求很高，如处理政事能力和道德素质，这种苛刻的要求，成为它持续时间不长的重要原因。第三，这种议事会并没有如其他文明譬如古巴比伦的《汉谟拉比法典》等法典化的议事准则或制度，而是完全依靠与会人的经验来进行表决。虽然有一些不足，但不能否定的是，对古代中国来说，这确实是一种很先进的民主监督方式，同时它也深深地影响了后世儒学的民本、民主监督等思想，这从儒者们对三代政治的不断歌颂即可窥其一斑。

二、舆论监督

公共舆论无论在当代社会还是原始社会，都是一种十分强大的监督力量，它虽然不像法律一样有明文规定，但人们却对它充满了敬畏。法律可以束缚人的手脚，舆论却可以束缚人的心灵，其作用和威力不亚于法律。原始

---

① （汉）孔安国传，（唐）孔颖达疏，廖名春、陈明、吕绍纲审定：《尚书正义》，北京大学出版社1999年版，第60页。

② （汉）孔安国传，（唐）孔颖达疏，廖名春、陈明、吕绍纲审定：《尚书正义》，北京大学出版社1999年版，第65—66页。

③ （汉）孔安国传，（唐）孔颖达疏，廖名春、陈明、吕绍纲审定：《尚书正义》，北京大学出版社1999年版，第82页。

社会，由于生产资料公有，人们共同劳动和消费，氏族内部没有任何强制性的力量迫使人们作出或不作出某种选择。在长期的生活中，人们的意志和行为主要靠公共舆论力量的制约，氏族通过舆论来协调、约束和监督人们的日常生活。恩格斯说："氏族制度是从那种没有任何内部对立的社会中生长出来的，而且只适用于这种社会。除了舆论以外，它没有任何强制手段"①，"一切的问题，都由当事人自己解决，在大多数情况下，历来的习俗就把一切都调整好了。"②虽然每个氏族都有氏族酋长或首领，但他们是没有任何特权的，不能依靠自己的首领身份按照个人的意志来处理氏族事务或对氏族成员作出强制性命令。

以民主推选的方式产生的部落和部落联盟首领及公职人员，自然地要受公共舆论的监督。《史记·夏本纪》中曾有这样的记载，尧任命鲧治水，舜摄政时巡视，发现鲧治水九年却没有平息水患，于是在羽山将其处死，并令鲧的儿子禹子承父业，继续治水。禹为父亲治水未成受到惩罚而伤心，于是劳顿奔走、苦心思虑，在外奔波13年，路过家门也不敢进去看看。他节衣缩食，尽力敬奉鬼神；他居住简陋，省钱尽用于治水。禹之所以这么做，是因为"天下皆以舜之诛为是"，部落成员都认为舜诛杀无功的鲧是对的，既然禹子承父业，肯定得把治水的工作做好，否则将会面临跟他父亲一样的命运。"天下"的舆论力量迫使禹不得不考虑公共舆论对他德行操守的评价，从而只能全身心地投入治水工作，最终成功治理了水患。这事件说明了公共舆论对公职人员具有明显的监督作用，它迫使公职人员有所顾忌，并激励公职人员尽职尽责。

除了接受各部落的舆论监督之外，采纳民意也是部落联盟首领接受舆论监督的一种方式。据《尚书·舜典》，舜非常痛恨谗毁的言论和贪婪的行为，在其任命的公职人员中，专门任命一个叫龙的人为"纳言"，一方面向民众传达舜的命令，另一方面也将民众的意见向舜转达。可见，在原始社会，部

---

① 恩格斯：《家庭、私有制和国家的起源》，见《马克思恩格斯选集》第4卷，人民出版社2012年版，第185页。

② 恩格斯：《家庭、私有制和国家的起源》，见《马克思恩格斯选集》第4卷，人民出版社2012年版，第109页。

落联盟首领十分重视民众的意见，专设纳言渠道，一方面说明了公共舆论在氏族部落生活中的强大作用，另一方面也说明了部落和部落联盟首领与民众的平等地位，他们在氏族成员的共同监督之下，自觉地履行作为首领的各项职责，维护部落全体成员的共同利益。

第二节　商周时期"六廉"监督实践

一、早期国家的建立与贪贿失政的产生

原始社会末期，生产力逐渐提高，劳动产品的剩余导致了私有制的产生。部落联盟的领导权被某些部落内较为富庶或有权势的氏族首领所掌握，首领由为全体氏族成员谋福利逐渐转变成为自己的家族谋福利。人口、领地等的掠夺频繁出现，部落之间的战争不可避免。战败的部落和破产的平民沦为奴隶，两极分化越来越明显。军事首领的地位随着不断的对外战争而逐渐加强。在经历大规模的战争之后，一些部落或瓦解，或加入其他强大的部落，而军事首领获得了更多的奴隶和财富，在氏族部落的支持下，逐渐取代了部落酋长而成为部落联盟的"王"，极大地提高了其在部落中的权势和地位。禹在长期的战争和治水过程中形成了强大的人格魅力并掌握部落的权力，舜于是将部落联盟首领的位置禅让给了禹。禹成为首领后，一方面在培养部落联盟推举人益的同时，另一方面则"以启为人吏"①，培养自己的儿子启。如果说尧舜是没有私有、议事公选、实行禅让的"天下为公"的氏族公社首领的话，那么禹则是由"公"向"私"过渡过程中一个权力较大的部落联盟首领。据《国语·鲁语下》记载："昔禹致群神于会稽之山，防风氏后至，禹杀而戮之"，此即显示了禹在部落联盟中极大的权力，及其追求"王"权威的体现。

据《史记·夏本纪》记载，禹虽然传位给益，但他死以后，因"益之佐禹日浅，天下未洽。故诸侯皆去益而朝启"，又《竹书纪年》记载："益干启

---

① 《韩非子·外储说下》。

位，启杀之"①。所以，我们有理由相信益和启互为政敌，益虽是部落联盟会议推举的法定继任者，但他在与启的较量中战败被杀。启夺取了部落联盟的最高地位，史称"夏后帝启"，接着便废除了部落联盟会议。于是，氏族社会的禅让制便退出了历史舞台。自此，我国历史上以私有为特征的王位世袭制开始了。

"贪"与"私"相伴而生。随着早期国家机器的出现，天下最大的"王"和各诸侯成为公共权力的实际掌握者，一方面，他们利用公权力维护国家的稳定与社会秩序的正常运转；另一方面，他们却利用公权力以权谋私，扩大家族的权势。私欲和贪贿触动着权贵们的神经，世风日下。

纵观自夏至商的历史，大凡贪欲腐败的出现，不外以下原因：（一）私有制为当权者的贪欲腐败提供了制度前提；（二）国家机器的形成为贪欲腐败的产生发展提供了政治保证；（三）监察制度的非系统性所导致的权力监督在实际中的操作性差。"私有"观念从夏经商至西周一千多年的发展，贪腐现象已普遍存在。

二、统治者的行政训诫与廉政思想的孕育

多数学者认为监察制度形成于春秋战国时期。张序认为："中国古代的监察制度，始创于春秋战国时期。"②关文发、于波认为："我国的奴隶制时代夏、商、西周、春秋的监察制度，同整个国家组织、国家制度的发展一样，显然还处于一个不成熟期"，战国时期，"专门的监察机构在各国逐渐产生并发展起来。"③实际上，在"夏商时期已产生了许多属于行政监察范畴的因素"④。自夏至商周，由于国家机器的不完备，监察与监督制度作为国家的一项基本制度尚未形成，但并不意味着没有事实上的监督实践。私有制使贪贿的盛行无可避免，但统治阶级又清醒地认识到贪贿与权力的滥用会危及其统治地位，甚至导致国家的灭亡，"太康失国"及后来夏朝的灭亡、文王被囚

---

① 方诗铭、王修龄辑录：《古本竹书纪年辑证》，上海古籍出版社 1981 年版，第 2 页。
② 张序：《我国古代官员监察弹劾制度之演变》，《政治学研究》1987 年第 3 期。
③ 关文发、于波：《中国监察制度研究》，中国社会科学出版社 1998 年版，第 5—6 页。
④ 邱永明：《中国监察制度史》，上海人民出版社 2006 年版，第 23 页。

又被赦、周灭商等大多因统治阶级内部的私欲而致。尽管国家的权力监督制度尚未建构，但统治者非常重视对诸侯官吏们的监察与惩治，除了以"官刑"对不法官吏进行惩罚之外，对历史的不断反思和当下的训诫教化也是统治者约束诸侯大臣的重要方式。

夏启的儿子太康，因田猎无度、沉湎酒色而疏于朝政，导致政府内部多种矛盾爆发，群臣便对太康失去信心，其他部落也不认同他们的新首领。东夷有穷氏部落首领后羿趁太康田猎之际，起兵驱逐太康，致使太康不得回到夏都，史称"太康失国"。太康生活的腐化和政治的腐败，几至夏朝覆灭。据《尚书·五子之歌》记载，因太康失政被逐，其母亲和五个弟弟也被赶到洛河边，"五子咸怨，述大禹之戒以作歌"："民可近，不可下。民惟邦本，本固邦宁"，"内作色荒，外作禽荒。甘酒嗜音，峻宇雕墙。有一于此，未或不亡"，"今失厥道，乱其纪纲，乃厎灭亡"，"有典有则，贻厥子孙。关石和钧，王府则有。荒坠厥绪，覆宗绝祀"，"郁陶乎予心，颜厚有忸怩。弗慎厥德，虽悔可追"。《五子之歌》表达了大禹所看中"民惟邦本，本固邦宁"的重要性，阐明了失道德、乱纲纪、毁典则、纵酒色导致王朝灭亡的严重后果。亡国的悔恨和声声哀叹并没能阻止私欲和贪戾的泛滥，"帝中康时，羲、和湎淫，废时乱日。胤往征之，作《胤征》"①，至夏朝最后一代帝王桀，"不务德而武伤百姓，百姓弗堪"②，最终导致夏王朝的彻底覆灭。

第一位商朝帝王汤总结了夏朝灭亡的教训，认识到生活上贪婪无节制、政治上暴虐无约束将导致王朝灭亡的道理，以告诫或训诫的方式教育诸侯和官吏们勤政爱民。商汤向各方诸侯申明推翻夏桀的原因，目的是让他们知道福善祸恶是上天的基本法则，明白若统治者"灭德作威"致民怨沸腾，必将遭到征伐的道理。商汤长孙太甲即位后不遵守商汤的大政方针，暴虐无度，不修德治政，大臣伊尹于是作《伊训》、《肆命》、《徂后》等，告诫太甲要"立爱惟亲，立敬惟长"，"居上克明，为下克忠，与人不求备，检身若不及"的道理等，并警告说"敢有恒舞于宫，酣歌于室，时谓巫风。敢有殉于货色，

---

① 《史记·夏本纪》。
② 《史记·夏本纪》。

恒于游畋，时谓淫风。敢有侮圣言，逆忠直，远耆德，比顽童，时谓乱风。惟兹三风十愆，卿士有一于身，家必丧；邦君有一于身，国必亡"[①]。该训诫涉及如何为人、如何为政、如何践行成汤的美德、如何继承成汤的纲纪、何事可做、何事不可做等问题。商王盘庚在训诫诸侯及众官员们时，申明其执政偏好，他说："朕不肩好货，敢恭生生。鞠人谋人之保居，叙钦"，即告诉大家他不任用好货贪财之人而举用善于经营民生之人，给予那些能够养育安抚民众的人以尊敬。盘庚训诫官员们要"无总于货宝，生生自庸。式敷民德，永肩一心"，即要求诸侯百官不要把精力放在聚敛财富上，而应该放在民生问题上，为民众建立功勋，与民同心同德，把恩惠施于民众，并表示他会"懋简相尔，念敬我众"[②]，即尽力考察众官吏们惦念尊重民众的情况，其标准即他所讲的是否贪私，是否惠及民众，以使民安居乐业。

商纣王时，西伯文王被纣王之臣崇侯虎谏言说他"积善累德，诸侯皆向之"而被纣王囚于羑里，西伯之臣闳夭等通过纣王宠臣费仲用"美女奇物善马以献纣，纣乃赦西伯"。[③]文王北囚，始作俑者，是纣王之臣崇侯虎；文王被赦，牵线搭桥者，是纣王的宠臣费仲。如若不是纣王智昏，文王则不会被囚；如若不是纣王君臣皆贪财好色，文王则不会被赦，亦不会有后来的武王伐纣和商的灭亡。周公亲眼目睹了商朝的灭亡，积极总结经验教训，作《大诰》、《康诰》、《酒诰》、《梓材》、《洛诰》、《多士》、《无逸》、《君奭》、《多方》、《立政》等诰词，在对历史作出总结的同时，也阐述了他的政治命令、政治主张及治国导向，如"明德慎罚"、"敬天"、"保民"等思想。周公担心年幼的成王长大后贪图安逸，便告诫说："君子所其无逸。先知稼穑之艰难，乃逸，则知小人之依。"[④]即希望成王切勿贪图享乐，要了解耕种的艰难，同情百姓的痛苦。周公细数殷商时期能够保惠庶民的贤王和"生则逸"而短命的商王，告诫成王敬天爱民、"怀保小民，惠鲜鳏寡"。

以反思历史、节制贪欲、倡导勤政爱民为目的告诫及训诫显示了先秦早

---

① 《尚书·伊训》。
② 《尚书·盘庚下》。
③ 《史记·周本纪》。
④ 《尚书·无逸》。

期统治者的政治伦理，对当朝各诸侯和官吏们起到了事实上的约束与监督作用，孕育了西周廉政监督思想的萌芽。

三、"六廉"思想的产生与监督实践

正反相生，自从有了"贪"的行为，反"贪"便开始了。"廉"的观念是基于人们对社会政治生活中所存在的贪腐行为及其所带来的负面效果而形成的深刻认识，与"贪"相伴而生。商朝统治者虽对如何爱民惠民或许不够清楚，但他们清楚的是，贪贿的横行将危及他们的统治地位，其直接的后果便是王朝的灭亡，这在西周之前的历史中屡见不鲜。"贪"与"廉"如影随形，商灭后的新生统治者意识到贪贿腐败、行政失察的危害，强调在行政过程中"廉"的作用。统治者通过训诫表达廉政的要求，在此过程中，廉政监督的思想萌芽应运而生。《周礼》中"六廉"思想及其实践在先秦权力监督中可圈可点。

《周礼》是我们研究商周时期政治制度的重要典籍，主要记载西周官职的设立和礼仪制度，西汉刘歆将其看作周公致太平之书，其中关于"六廉"的思想为人们所称道。《周礼·天官冢宰·小宰》记载："以听官府之六计弊群吏之治：一曰廉善，二曰廉能，三曰廉敬，四曰廉正，五曰廉法，六曰廉辨"[1]，即以管理官府的六种标准来评价各官员的治绩，一是考察官员是否办事好且有好的声誉，二是考察官员是否有治事能力，三是考察官员是否忠于职守，四是考察官员是否治事公正，五是考察官员是否守法无误，六是考察官员是否遇事不惑。[2] 这六个方面体现了"廉"的原则，多数学者将其看作我国古代廉政监督思想产生的标志。北宋苏轼曾对"六廉"作出如下评价："事有六者，本归一焉。各以廉而为首，盖尚德以求全"，"举其要兮，廉一贯之。"[3] 统治者深刻地意识到"廉"政的重要性，对不廉所带来的严重的政

---

① （汉）郑玄注，（唐）贾公彦疏，赵伯雄、王文锦审定：《周礼注疏》，北京大学出版社 1999 年版，第 60 页。

② 钱玄、钱兴奇等：《周礼注译》，岳麓书社 2001 年版，第 24 页。

③ （宋）苏轼：《六事廉为本赋》，载张春林编：《苏轼全集》（上），中国文史出版社 1999 年版，第 455 页。

治后果有清楚的认识，正因为如此，这促使了为政者在国家治理过程中贯之以廉的道德行为，并作为官吏的考察标准，对"廉"德进行强化。

我国古代社会将"廉"的要求融于一般的政治生活中，表现为以约束贪逸、节制酒色、勤政爱民为主要目的的自律和他律行为。廉，作为为政之本，一方面，反映了统治者对庞大的官员队伍廉洁从政的整体要求；另一方面，也体现出统治者通过对廉政的推行试图改变社会上贪婪自私的社会风气。在我国整个专制社会时期，对官吏的评判考核及权力监督，多以"六廉"为基本范畴，或在内容上有所损益，或在形式上有所变化。"六廉"成为我国传统政治思想的优秀遗产，对我国现代行政伦理建设影响深远。

第三节　西周春秋"国人"的社会监督

从武王灭商（公元前 11 世纪）到公元前 771 年周幽王被杀，是我国历史上的西周时期。春秋时期是东周的前半期，有三种说法，一种说法认为从公元前 770 年到公元前 476 年（周敬王四十四年）；一种说法认为从公元前 770 年到公元前 453 年韩赵魏三家灭智氏；一种说法认为从公元前 770 年到公元前 403 年韩赵魏三家分晋。鲁国史官把当时各国的重大事件按年、季、月、日记录下来，一年分春、夏、秋、冬四季记录，简括起来就把这部编年史命名为"春秋"。从西周至春秋大约经历了七百多年的历史，最明显的特征是国家组织与宗法制的紧密结合。宗法由以血缘关系为基础的氏族组织演变而来。宗法制下，宗族分为大宗和小宗，其中周天子是大宗，各诸侯是小宗；诸侯在其分封国内是大宗，卿大夫是小宗；卿大夫在其采邑内又是大宗……依此类推，形成了所谓"王臣公，公臣大夫，大夫臣士"[①]的等级制。在土地所有制方面，西周表现为血缘贵族土地所有制，土地的最高所有权属于周天子，周天子处于国家的最上层，授民授疆土，土地在封建内部逐级分封。由于土地的逐级分封和社会地位的相对固定，逐渐出现了"国人"这一

---

① 《左传·昭公七年》。

称谓。

西周早期，国人在政治社会上的作用尚不明显，周代彝铭和甲骨文中未见到有关"国人"的记载，《尚书》、《诗经》少有记载，《左传》则记载较多。贾公彦疏《周礼·地官司徒·泉府》"国人、郊人从其有司"时说，"云'国人'者，谓住在国城之内，即六乡之民也；云'郊人'者，即远郊之外六遂之民也"①。居住区域的不同显示了身份的不同，而随着六乡之民在国中和四郊频繁迁徙并分散在"国"中，于是"国人"的范围不断扩大。童书业先生认为："春秋以上之所谓'国人'，主要指国都之人，尤其是国都城内之人"。②赵世超先生则认为国人的主体是居于国中的士。③尽管国人有不同的身份，但由于分封和宗族的关系，国人也应属于宗族之人。春秋时期，随着土地制度和社会结构的变化，"国人阶层扩大，影响趋于增强。国人的范围主要指城邑及其四郊的居民，他们或拥有一些土地，或拥有一些财产而经营工商业，都有私人经济。"④其所包含的成分也较为广泛，除了军队、贵族和职官，国都中的平民也是其中的一部分。

周厉王时期有"国人暴动"的记载，当时周厉王暴虐无道，控制民间舆论，国人在高压政策下道路以目，最后忍无可忍并于京城镐京发动武装暴动。周厉王仓皇出逃，最后死于外地。这场暴动说明，"国人"在西周末期显示出其在政治上强大的影响力。"'国人'享有一定的政治和经济权利，国家有大事要征询他们的意见，同时他们有缴纳军赋和充当甲士的责任，成为国君和贵族在政治上和军事上的支柱。"⑤国人是各诸侯国军事力量的基础和政治统治的依靠，君主政治统治地位的确立和巩固及贵族官吏政治地位的确立和保持，国人力量的支持不可或缺。国人具有参政议政的权利，在国家的军事战争、政治交往、国家决策、君主废立等重大决定中，国人的作用举足

① （汉）郑玄注，（唐）贾公彦疏，赵伯雄、王文锦审定：《周礼注疏》，北京大学出版社1999年版，第381页。

② 童书业：《春秋左传研究》，上海人民出版社1980年版，第133页。

③ 赵世超：《周代国野制度研究》，陕西人民出版社1991年版，第55—59页。

④ 晁福林：《论周代国人与庶民社会身份的变化》，《人文杂志》2000年第3期。

⑤ 杨宽：《西周史》，上海人民出版社1999年版，第377页。

轻重。诸侯国国君及贵族在执政过程中，往往要"朝国人"、"询国人"、"盟国人"等，考虑国人的实际利益，听取国人的建议，接受国人的批评和监督。《左传》所记载的卫灵公"朝国人"，"国人出卫侯"、郑国国人谤子产等事件说明，国人的社会监督成为春秋时期政治统治得以维系的强大力量。

西周春秋时期国人的社会监督形式多样，或参与讨论，或直接指责，或做歌讽诵，或群起而攻，主要有以下几种方式。

一、向国人询问

原始社会，氏族首领与氏族成员商议、部落联盟首领与各部落商议是一项非常普遍的活动，也是原始民主监督的重要形态。这一传统经过夏、商两朝得以继续保持和延续。西周时期，国人是诸侯国国君政治统治的坚定后盾，特别在"国危"、"国迁"、"立君"这些重要事件的决定上需向国人询问，争得国人的同意，而不能一意孤行。在宗法制度下，国人的监督是制约国君行为的重要因素。《左传》记载了不少这样的事例。

事件：卫国叛晋，先问国人

定公八年（公元前502年），卫灵公意欲背叛晋国，又担心大夫们的反对，于是"朝国人"。派王孙贾询问国人，"如果卫国背叛晋国，晋国攻打我们五次，会危险到什么程度？"大家都说："攻打我们五次，还可以有能力作战。"卫灵公经过询问，得到了国人"能战"的军事支持，于是，卫国正式背叛了晋国。

国君向国人询问的做法，继承了原始民主制的遗风。虽为一国之君，但却不能为所欲为，国人的社会监督，成为国君在政治统治和社会事务处理中的制约力量。

二、统治者与国人相盟誓

国君的决定必须符合国人的意志而不能随心所欲，正因为如此，国君通常会通过一定的仪式，在祖先圣灵面前与国人签下盟约，以获得国人在政治、军事等方面的支持。《左传》多次记载君主嗣立后与国人相盟以求得拥戴的事例。如，僖公二十八年（公元前 632 年），"晋人复卫侯。甯武子与卫人盟于宛濮，……国人闻此盟也，而后不贰"；襄公二十五年（公元前 548 年），齐景公嗣立后，"盟国人于大宫（大公庙）"；襄公三十年（公元前 543 年），郑简公"盟国人于师之梁之外"。与国人相盟誓，国君必然受到国人的制约和监督，这在一定程度上迫使诸侯国的国君们端正品行，做到"国人所尊，诸侯所知"。

诸侯国的贵族们为了保持政治地位或实现政治抱负，同样也会以与国人盟誓、给国人实惠等方式获得国人的政治支持。例如，《左传·定公六年》记载，鲁国弄臣阳虎将要作乱，"盟国人于亳社"。再如，襄公二十九年（公元前 544 年），郑国的上卿罕氏子展死后，子皮继承了上卿之位。郑国还没到收麦子的时候遭受了饥荒，百姓苦不堪言。子皮尊子展之命，"饩国人粟，户一钟，是以得郑国之民。故罕氏常掌国政，以为上卿。"子皮在国人困难之时将粮食馈赠给国人，不仅获得了良好的声誉，还得到了国人的拥护，这就是罕氏之所以能够作为上卿长期执掌郑国国政的原因之一。子皮虽没有直接与国人相盟誓，但他的馈赠行为为他赢得了民心，得到了国人的政治支持。

三、作诗歌以讽国政

诗言志，歌咏言，是周代时期国人常用的一种方式，其最有代表性的作品就是《诗经》。西周以来天子、诸侯一直有采诗以观民俗变化的制度（即所谓采风制度），作为我国最早的一部诗歌总集——《诗经》便应运而生。《诗经》搜集了西周初年至春秋中叶的诗歌，经孔子删定、后学考订注疏，便形成今天我们所看到的样子。在内容上，《诗经》分《风》、《雅》、《颂》三个部分，反映了周代的社会风貌。《风》居《诗经》之首，在《诗经》中占有重要地位，其内容除了有对美好的爱情和劳动生活的吟唱，也有对反对压迫和欺侮的哀叹和愤怒。例如，秦穆公去世后，用了 177 人殉葬，其中包括子车氏的三个儿子奄息、仲行、针虎。这三人都是秦国杰出的人才，当时的国人非常悲伤，于是创作《黄鸟》哀悼他们，这首歌记录在《诗经·秦风》，《左传·文公六年》中有对此事的记载。诗歌分为三段，每段皆以"彼苍者天，歼我良人！如可赎兮，人百其身"①结束，他们呐喊："我们愿意用百人性命来换他们的性命！"这深刻地表达了国人对三子即将逝去的无比哀伤和惋惜之情。诗歌虽为哀悼三位才子，但也侧面表现出国人对秦穆公的憎恨和谴责。左丘明借君子之口来评价说，"秦穆之不为盟主也，宜哉！死而弃民。先王违世，犹诒之法，而况夺之善人乎！……君子是以知秦之不复东征也。"②他认为当初秦穆公没能当上盟主，真是太好了。以前的国君离世都留下好的法度来教化百姓，而秦穆公离世不但没有留下好的法度，反而让优秀人才来陪他殉葬。由此左丘明认为秦国再也无法东征称霸了，但这或许对天下来说又是一件好事。

作歌作诗进行讽诵的行为，体现了西周各国"国人"根据古代社会道德规范对自己所关心的人和事进行评判，或赞誉、或谴责。国人利用社会舆论——诗歌的方式构成一种新型的社会监督力量，并以此调节专制国家的社会关系以达到缓和社会矛盾的目的。

四、批评指责

西周春秋时期，国人对国君和贵族官吏的错误决定或意见相左时有权提出批评，如果统治者的决定带来严重的政治后果，必将遭到国人的批评指责。

事件一：泓水之战，国人皆咎宋襄公

鲁僖公二十二年（公元前638年），泓水之战，宋国被楚国打败，宋襄公大腿受伤，跟随的卿大夫子弟也被歼灭，损失惨重，致使"国人皆咎"③。国人对宋襄公的批评，不仅仅是因为宋国打了败仗本身，这其中有以下原因：其一，泓水之战的起因是宋襄公为争霸诸侯而攻打郑国，当时宋襄公的哥哥目夷（子鱼）劝阻，宋襄公不听；其二，郑国向

---

① （汉）毛亨传，（汉）郑玄笺，（唐）孔颖达疏，龚抗云、李传书、胡渐逵整理，肖永明、夏先培、刘家和审定：《毛诗正义》，北京大学出版社1999年版，第427—429页。

② 《左传·文公六年》。

③ 《左传·僖公二十二年》。

楚国求救，楚国为救援郑国而出兵宋国，宋襄公准备应战，大司马公孙固劝阻，宋襄公又不听；其三，当宋军已经列好阵时，楚军还没有全部渡过河，子鱼说宋军兵多，楚兵较少，趁着楚军还没有全部渡河，请国君下令攻击楚军，宋襄公还是不听。结果，宋军错失战机，等楚军摆开阵势后，宋军被打得大败。宋襄公多次不听劝谏，又固守"作战不靠关塞险阻取胜"的"仁义"思想，犯下大错，因而受到国人指责，他也最终因重伤不治而亡。

事件二：郑子产作丘赋，国人谤之

子产是郑国的政治家，在田制改革的基础上进行军赋制度改革，为了征收军赋，子产"作丘赋"。什么是丘赋呢？《周礼·地官司徒·小司徒》郑玄注："赋，指出车徒给徭役也。"①《汉书·食货志》说："赋共车马甲兵士徒之役，充实府库赐予之用。"②西晋杜预注："丘，十六井，当出马一匹，牛三头"③。当时以一方里为一井，十六井为一丘。丘赋，就是以丘为单位征发军用品的制度。因反对丘赋，"国人谤之"曰："其父死于路，己为蝎尾，以令于国，国将若之何？"④虽然子产很有名气，但他为郑国制定的丘赋制度却遭到国人的指责，国人不仅批评子产如蝎子的毒尾一样毒害百姓，而且还连带羞辱他的父亲。

国人的批评指责虽针对当权者或高层官吏，但也并非说明国人是站在统治者对立面的，他们并非完全从自身利益出发，一方面，反映了国人寄希望于诸侯国政治稳定、社会安定的强烈愿望；另一方面，也希望通过批评的方

---

① （汉）郑玄注，（唐）贾公彦疏，赵伯雄、王文锦审定：《周礼注疏》，北京大学出版社1999年版，第279页。

② （汉）班固撰：《汉书》第4册，中华书局1962年版，第1120页。

③ （周）左丘明传，（晋）杜预注，（唐）孔颖达正义，浦卫忠、龚抗云、于振波整理，胡遂、陈咏明、杨向奎审定：《春秋左传正义》，北京大学出版社1999年版，第1203页。

④ 《左传·昭公四年》。

式，强调和强化自身在国中的政治地位，并以外在的社会力量形式对统治者提出要求并进行自觉监督。

五、无情驱逐

因得不到国人的喜爱或拥戴，将统治者赶出国都或统治者不得不主动逃亡是西周春秋时期经常发生的事情。

事件一：治国不成，国人逐君

僖公二十八年（公元前632年），晋文公准备攻打曹国，向卫国借路，卫国不答应。晋国入侵曹国，攻打卫国。之后，晋文公和齐昭公结盟，卫成公请求参加盟约，晋国人不答应。后来，"卫侯欲与楚，国人不欲，故出其君以说于晋。卫侯出居于襄牛"①。卫成公想亲附楚国，国人不愿意。为了讨好晋国，他们将卫成公赶出国都至襄牛。由此可见，国君是否能够坐稳位置，跟是否有国人的支持有极大的关系，一旦得罪了国人，国君常自称的"寡人"就一语成谶了。

事件二：国人不迎，太子奔鲁

文公十一年（公元前616年），朱儒是郕伯的太子，按照礼制，郕伯死后，太子继位是自然的事情。但是，太子"自安于夫钟，国人勿徇"②，国人知道太子只会安逸地在夫钟独居，没有远大目标，所以不愿意归顺他。没有国人的拥戴，朱儒不能继位，最后只得投奔到鲁国。

事件三：国人逐瘈狗，华臣惧而奔陈

襄公十七年（公元前556年），宋国的华臣不仅残暴地对待自己的宗室，还曾使宋国政令大乱。左师痛恨华臣这种行为，不愿同流合污，于是为自己做了一条短鞭，每路过他的家门口必定快马加鞭，迅速通过。

---

① 《左传·僖公二十八年》。

② 《左传·文公十一年》。

国人也不喜欢他，有一天，"国人逐瘈狗（疯狗）。瘈狗入于华臣氏，国人从之。华臣惧，遂奔陈。"①华臣属于贵族，在当时理应受到国人的尊重，但因其臭名昭著，国人并没有把他放在眼里，而是尾随疯狗一拥而上，乱哄哄地进入华臣的家。这件事说明当贵族官吏行为不轨，就会受到国人的反感和不尊重，甚至以另类的方式与之对抗来表达自己的政治态度。

事件四：辕颇贪污，国人逐之郑

鲁哀公十一年（公元前484年），哀公的女儿出嫁时，陈国司徒辕颇，本打算把封邑内的土田征收赋税作为嫁妆，但他却偷偷将剩余的赋税为自己铸造了钟鼎。后来被发现，"国人逐之"，他便逃到郑国去了。②公钱私用，按今天的说法，辕颇的行为属于贪污，这对于国人来说是不可容忍的，于是把他赶到郑国。可见，一旦没有了国人的支持，便意味着没有了立足之地，也意味着将面临出逃他国的命运。

六、残酷杀戮

事件：展舆弑父，书曰"莒人弑其君买朱钼"

鲁襄公三十一年（公元前542年），记载了这样一件事，"莒黎比公生去疾及展舆，既立展舆，又废之。黎比公虐，国人患之。十一月，展舆因国人以攻莒子，弑之，乃立。去疾奔齐，齐出也。展舆，吴出也。书曰'莒人弑其君买朱钼（莒黎比公的字）'，言罪之在也。"③国人认为黎比公既然已经立了展舆为太子，继而又废了他，是不合于礼制的。而且黎比公性格暴虐，国人怕有暴政，于是很担心。后来，太子展舆倚靠国人的力量攻打并处死了他父亲莒黎比公，自立为国君。虽然子弑父有悖常理，但因其

---

① 《左传·襄公十七年》。
② 《左传·哀公十一年》。
③ 《左传·哀公三十一年》。

父在立太子的事情上出尔反尔，于是《春秋》记载的是国人杀死了黎比公，将罪过归咎于黎比公本人。

其他事件如，襄公十九年（公元前 554 年），郑国子孔专政而"国人患之"，于是"子展、子西率国人伐之，杀子孔而分其室"①；襄公二十七年（公元前 546 年），齐国崔氏内乱，执政大臣派人进攻崔氏，久攻不下，于是"使国人助之，遂灭崔氏"②。这类事例在《左传》中有不少记载，统治者一旦得不到国人的支持，其下场极其悲惨。

《诗经·陈风·墓门》曰："夫也不良，国人知之"，③ 统治者的所作所为受到国人的密切关注，若得不到国人的拥护和爱戴，即便是贵族，也必然落得个非逐即杀的下场。如荀子引传所言："君者、舟也，庶人者、水也；水则载舟，水则覆舟。"④统治者与国人的关系犹如水与舟的关系，君主与国人利益的一致性，使得国人一方面成为政治统治赖以继续的重要资源的同时，也成为统治者为人做事的社会监督力量。从国人与统治者的关系来看，国人从统治阶层的被咨询者与结盟者到批评者再到驱逐者甚至杀戮者，不仅反映了国人在国内政治生活中的角色变化，同时也反映了其不可忽视和替代的政治角色地位。统治者一旦得罪了国人，便没有了在其封地内的生存之地，轻则遭到国人的谴责驱逐，重则丢掉身家性命。因国家政治体制的不完备及权力监督意识的低下，国人的以上种种监督行为在政治过程中虽起到了实际效果，但这种监督行为是碎片化的，不系统的。从史料来看，这种碎片化的事后监督行为虽不是国家监督制度下正式的监督实践，但从其政治效果来看，确实能对国家上层执政者起到一定程度的制约作用。

---

① 《左传·襄公十九年》。

② 《左传·襄公二十七年》。

③ （汉）毛亨传，（汉）郑玄笺，（唐）孔颖达疏，龚抗云、李传书、胡渐逵整理，肖永明、夏先培、刘家和审定：《毛诗正义》，北京大学出版社 1999 年版，第 448 页。

④ 《荀子·王制》。

第四节 内史、大小宰、御史官的监督和考核

一、先秦史官的演变

从我国的发展史看，中国人自古以来便非常重视历史。设立史官，是一种由来已久的传统。

夏朝的史官被称为太史令，在《尚书》、《逸周书》、《左传》、《国语》等典籍中有关于记载商代"内史"的较多，甲骨文中也有"串贞"、"宾贞"、"右史"之类的记载，"宾"指史官之名，"贞人"即史官。终古、向挚是我国历史上有名的史官。据《吕氏春秋·先识览》记载："夏太史令终古出其图法，执而泣之。夏桀迷惑，暴乱愈甚。太史令终古乃出奔如商……殷内史向挚见纣之愈乱迷惑也，于是载其图法，出亡之周"。[①]由于夏商时期宗教文化、天命鬼神观念的存在，史官以占卜作为沟通天人的桥梁，传播宗教文化，社会地位较高。特殊的历史背景成就了夏商史官的基本职责，主要有两大类，一类是占卜祭祀、观察天象、记录历法等；一类是负责撰写文书、保管典籍、传达王命、献书规谏等。

西周时期，随着文化水平的提高，周统治者认识了"殷革夏命"的道理，并经历了"汤武革命"乃至推翻商朝，逐渐对天命观念有所怀疑，产生了"天命靡常"的思想。统治者认识到，统治地位的稳固，仅靠天命和鬼神的护佑是靠不住的，于是便将目光转向了人事、礼乐制度，重视以史为鉴，关注国民和道德的因素对王朝的影响。相应地，史官也更加重视整理文献，记述国政等人事方面的事务，祭祀占卜职能相对弱化。总而言之，周朝统治者由重视巫祝文化转向重视礼乐文化了。据《周礼·春官宗伯》记载，西周时期已有比较系统的官职制度，以太史为首有史官，以大司乐为首有乐官，以大卜为首有卜官，以大祝为首有巫官，官职不同，职责不一。从职能上来说，史和巫已经分离。史官已经有了详细的分职，有大（太）史、小史、内史、外史和御史，这五类属于周天子的史官。太史从夏商时期的巫师演变而来，负

---

① 许维通撰，梁运华整理：《吕氏春秋集释》，中华书局 2009 年版，第 395—396 页。

责起草政治文件，记载周王、三公的言论和国家大事，并将官员对周天子的谏言和批评记录在册。与商代的史官相比，西周的史官更加关注社会和人事方面的工作，西周初的史迭、西周末的史伯即是有名的史官。除了周天子设置史官外，诸侯国也设史官，如，鲁、齐、郑有太史，楚有左史，秦、赵有御史，历史上有名可考的史官有史赵、董狐、倚相、史皇、史墨等。西周史官已广泛地参与社会和政治活动，并非简单的记言、记事的官员。

春秋时期，周天子的统治地位逐渐衰落，各诸侯国则逐渐强大起来。随着各诸侯国政治经济文化的发展，史官的职责和地位也相应地发生了变化，文书工作、档案管理、记录历史的职能也逐渐分开，其主要专注于记录政事和典守档案。史官将所记之事编撰成册，并成为国家的典籍，其内容不虚美、不隐恶，有所惩劝。

二、"书法不隐"：史官的职业道德与权力监督

史官一般都会根据客观事实秉笔直书，无论是国君还是官吏，他们的过错和罪恶都会被史官直言不讳地指出，并如实书之于册，以垂戒于后世。魏绛说："周辛甲之为大史也，命百官，官箴王阙。"① 即周大史命令百官劝诫周天子的过失。《大戴礼记》也记载，天子"食以礼，彻以乐。失度则史书之"，②"太子有过，史必书之。史之义，不得不书过，不书过则死"。③ 直书君王的过失，是史官的道义和责任，如果不遵守道义如实记录，则为失职，失职则死。

《左传》中以下两个事例可以让我们看到史官是如何恪尽职守的。

事件一：董狐力争，书曰："赵盾弑其君"

宣公二年（公元前 607 年），晋灵公聚敛民财，残害臣民，国人为之不安。大臣赵盾多次劝谏，灵公非但不改，反而肆意残害。灵公先派

---

① 《左传·襄公四年》。
② 《大戴礼记·保傅篇》，见（清）王聘珍撰，王文锦点校：《大戴礼记解诂》，中华书局 1983 年版，第 54 页。
③ 《大戴礼记·保傅篇》，见（清）王聘珍撰，王文锦点校：《大戴礼记解诂》，中华书局 1983 年版，第 52 页。

人刺杀赵盾未成，又在宴会上伏甲兵袭杀未果。赵盾被逼无奈，只好出逃。当逃到边境的时候，听说灵公已被其族弟赵穿带兵杀死，于是返回晋都，继续执政。太史董狐书曰："赵盾弑其君。"赵盾辩解。董狐则反问："子为正卿，亡不越竟，反不讨贼，非子而谁？"即是说，您是正卿，逃亡尚未越过国境，回来后又不讨伐叛贼，杀掉晋灵公的不是你又是谁呢？史官董狐根据事实记录，对于事件当事人的辩解据理力争，揭露事实真相，体现了史官的工作态度和职业道德。正因为如此，董狐受到孔子"古之良史也，书法不隐"[①]的赞誉，在史官界留下了美名。

事件二：齐太史冒死直书，书曰："崔杼弑其君"

史官常常冒着被杀的危险，但甘愿冒死也要将官吏的行为书之于册，齐国史官冒死直书即是一典型事例。襄公二十五年（公元前548年），齐国棠公死后，崔武子娶了棠公的妻子棠姜。不久，齐庄公和棠姜私通，不仅如此，还把崔武子的帽子赐给别人以此侮辱他。崔武子便怀恨在心，找机会将齐庄公害死了。"太史书曰：'崔杼弑其君'。崔子杀之。其弟嗣书，而死者二人。其弟又书，乃舍之。南史氏闻大史尽死，执简以往。闻既书矣，乃还。"[②]太史因记载"崔杼弑其君"而遭到崔武子的杀害，太史的弟弟将哥哥被杀这件事记在"崔杼弑其君"后面，又被杀。太史的又一个弟弟也这样做，但崔武子放过了他。南史氏听说太史都死了，便拿着写好的竹简重复太史的做法。当他听说已如实记载了，这才回去。

史官尽职尽责，不惜以身殉职也要坚持"书法不隐"，一方面是对破坏社会秩序的"非礼"、"越礼"等越轨行为进行批评谴责；另一方面也体现了史官以付出生命为代价以维护自己尊严的形式来捍卫宗法伦理秩序及周王朝的统治。因为史官的"书法不隐"与执着，客观上对当朝君臣起到一定的监督作用，迫使他们约束自己的言行，毕竟谁都不想在

---

① 《左传·宣公二年》。

② 《左传·襄公二十五年》。

历史上留下骂名。因此，史官所记之事、所书之言，具有很强的政治意义：纠正过失，以史为鉴，扬善抑恶，监督官吏，匡正言行。

三、内史、大小宰和御史的权力监督

因史官的不同分工及不同职责，使其在政治上具有重要的地位，从政治职能来看，内史、大小宰和御史逐渐成为具有不同监督功能的监察官。

（一）内史的权力监督与考核——考政事，逆会计

《周礼》所记载的内史职责："掌王之八枋之法，以诏王治。一曰爵，二曰禄，三曰废，四曰置，五曰杀，六曰生，七曰予，八曰夺。执国法及国令之贰，以考政事，以逆会计。"[1] 内史协助大宰掌管王的八种权柄的运用之法，以告教王治驾驭群臣：一是授予爵位，二是授予俸禄，三是废黜官职，四是安置官职，五是诛杀，六是免死，七是赐予，八是剥夺。执掌国法和国家政令的副本，据以考察各诸侯国、府和采邑的政事及会计得失。虽然内史主要职能——在册命礼仪中起草册命文书和代王宣读册命文书——看似无足轻重，但在西周时期各诸侯国的国家行政监督机构缺失的情况下，内史根据国法和政令对邦国、官府和都鄙进行考核的考察方式无疑是对百官强有力的监督。

（二）大、小宰的权力监督与考核——八法治官府，六计弊群吏

周代的官职制度有六官，即天官冢宰、地官司徒、春官宗伯、夏官司马、秋官司寇、冬官司空，其中，天官以大宰为首，总领国家事务，小宰为副长官。《周礼·天官冢宰·大宰》记载，大宰之职比较复杂，包括六典、八法、八则、八柄、八统、九职、九赋。从大宰的职能看，俨然是国家的首辅大臣，其中，六典、八则、八柄涉及对国家、官府和群臣的管理与监察。

由大宰负责修订国家的六典，以辅佐周天子统治天下诸侯。一是治典即治理政务的总纲，用来治理各诸侯国、管理官府、综理百姓；二是教典，用来安定邦国、指导官府、安抚万民；三是礼典，用来使各诸侯国和平相处、百官协调一致、百姓和谐安定；四是政典，用来平服各诸侯国、百官各司其

---

① 《周礼·春官宗伯·内史》。

职、百姓合理分担赋役；五是刑典，用来平定各国的叛逆、惩罚百官、督查百姓；六是事典，用来使各诸侯国富强、任命百官、使百姓安居。六典内容丰富，以邦国、百官和万民的治理、教化、安抚和纠察为核心，对诸侯国和百官进行行政监督和政法监督。

除了六典，大宰还以八法来管理官府。一是官属，即建立各官府的统属关系，用来构建王邦的统治体系；二是官职，用来制定各官府治理王邦的职责；三是官联，用来考量官府之间的合作办事能力；四是官常，用来考察各官府的经常性工作；五是官成，用来考核官府治理王邦的程度；六是官法，用来整饬各官府履行职责时应遵循的法规，端正邦国的官风；七是官刑，用来整饬法规以督查赏罚；八是官计，用来考核整个王邦的治绩。八法之中，官常、官法、官刑和官计具有监督评价的特征，这些职责成为西周政治系统中的监督力量。

大宰辅佐天子，以八柄来管理群臣，对群臣进行赏罚。一是晋升爵位，使贤臣尊贵；二是给予俸禄，使贤臣富裕；三是赏赐，使贤臣得恩宠；四是提拔任用，使贤臣端正品行；五是供给赡养，使老臣得以安养；六是剥夺财产，使奸邪之臣贫困；七是废除官职，以惩治其罪过；八是杀戮，使祸害之臣得到惩罚。可以说，大宰驾驭着百官的言行举止、生死富贵，实际上也就驾驭了百官的命运和前途，对百官而言，是一种强有力的监督。

作为宫廷机关的首领，大宰身居要职，工作中不一定做到事事亲力亲为。在实际的政治与社会生活中，监察和纠正职责由小宰来完成。小宰的职责，主要是辅佐大宰的各项工作："掌建邦之宫刑，以治王宫之政令，凡宫之纠禁。掌邦之六典、八法、八则之贰，以逆邦国、都鄙、官府之治。执邦之九贡、九赋、九式之贰，以均财节邦用。以官府之六叙正群吏，以官府之六属举邦治，以官府之六职辨邦治，以官府之六联合邦治，以官府之八成经邦治，以听官府之六计，弊群吏之治"[①]。小宰的职责，掌管修订有关王宫中官吏的刑法，施行王宫中的政令，纠察一切违反王宫禁令的人。小宰掌管王国六典、八法、八则的副本，以辅佐大宰考核天下各邦国、王畿、朝廷官府

---

① 《周礼·天官冢宰·小宰》。

的政事。掌管王国九贡、九赋、九式的副本，以辅佐大宰使王国均财节用。依照官府六个方面的尊卑次序规正官吏们，用官府的有关六类属官的法则辅佐大宰开展王国的政事，用官府有关六类职责的规定辅佐大宰分辨王国的政事，用官府的六项联合办事的法则辅佐大宰会同各官合办王国的事务，用官府的八种成事的品式辅佐大宰治理王国。用官府的六项评断官吏的标准，辅佐大宰评断吏治。可以看出，小宰的职责繁多，主要是维护以礼治为主要特征的政治统治秩序，辅助大宰治理和监督各诸侯国、王畿、朝廷官府的政事，促使均财节用、规正群臣、开展国事、辨别国政、协作政务等。

值得一提的是，在小宰的多项职责中，考绩是小宰履行监督职责的重要形式。"月终，则以官府之叙受群吏之要。赞冢宰受岁会，岁终，则令群吏致事。正岁，帅治官之属而观治象之法"①。"要""会"是考核的两种形式，月计为要，岁计为会，小宰通过月考和岁考，考核记录官吏每月每年的政绩情况。考核的标准即上述小宰职责中的"六计"，具体内容指"六廉"，即一曰廉善，二曰廉能，三曰廉敬，四曰廉正，五曰廉法，六曰廉辨。"六廉"既规范了对官吏的考核标准，也规范了监察官员的监督行为要严格依照"六廉"履行其监督行为。可见，小宰以"六廉"作为评判考核百官的标准，可认为是我国廉政思想建设的开端。

小宰职责有两个方面的特征：第一，监督职责与考核相结合。在协助大宰治理邦国的同时，对百官进行考核，为奖惩官吏提供客观依据。第二，监督与惩罚相结合。通过"凡宫之纠禁"、"稽其功绪，纠其德行"可以看出，小宰在履行监督的同时，通过纠禁查出不良官吏，纠正不当德行，以督促百官自律，遵守礼制，忠于职守。

由此可见，西周的监督与考核逐渐规范化、制度化。小宰的监督权与考核、纠禁相结合，体现了西周权力监督中防治结合的特征，奠定了我国古代监察制度的基础。

（三）御史的权力监督与考核——掌赞书，凡数从政者

"御史"最早见于商代甲骨卜辞，从武丁时期就已存在。西周时期，御

---

①　《周礼·天官冢宰·小宰》。

史负有掌管文书和档案之责，"掌邦国都鄙及万民之治令，以赞冢宰。凡治者受法令焉。掌赞书。凡数从政者。"① 御史除了掌邦国都鄙和万民的治令外，还协助冢宰推行、代王制作文辞，还要统计考核职官的人数及执政情况。刘师培认为："御史之职在周代之时亦属微官，惟邦国之治，万民之令，均为御史所掌，复兼撮赞书之职，以书从政之人，与后世起居注略同。"② 至春秋战国之时，各国的政府机构中，行政、军事、监察、司法职能机构有了初步的划分，秦、赵都设有御史。

御史虽然是冢宰的副官，但同时也具有一定的监督职责。御史可对王身边的官员进行监督，这可以从《史记·滑稽列传》记载的一件事看出。齐威王召见淳于髡，赐酒给他，问淳于髡能喝多少，淳于髡回答说："臣饮一斗亦醉，一石亦醉。"威王不解，淳于髡解释道："赐酒大王之前，执法在傍，御史在后，髡恐惧俯伏而饮，不过一斗径醉矣"。喝酒时除了有执法官在国君旁边，也有御史在国君后面，因御史具有记言记事等职责而使职官心生畏惧，以致职官不敢纵酒，故而淳于髡说他喝一斗就会马上醉了。从史料来看，周代御史监督的内容、监督的标准虽然没有明确的记载，但是，"御史在右"足以形成对国君身边的官员们进行监督的效应，对于防止大臣们失仪违礼起到了有效的作用，因此，"御史"被学界看成秦汉以后监察官的开端。

西周时期，虽然在国家行政系统中没有自成体系的监督机构，也没有严格的监督程序和相关的法规，但内史、大小宰、御史这样具有监督权力的官职的设置成为整个西周时期以礼制维护政治统治的基本手段之一，为后世王朝的监督监察制度的正式设立奠定了基础。

纵观夏商周的权力监督，经历了一个由简单到复杂、由低级到高级、由碎片化到制度化的发展过程，最终确立了权力监督在国家组织及其行政系统中的重要地位。但是，由于周代"礼不下庶人，刑不上大夫"的传统监督方式，对官员的监督与惩治也仅限于约束和"纠禁"，虽然"国有常刑"，但刑

---

① 《周礼·春官宗伯·御史》。

② 刘师培：《论历代中央官制之变迁》，《国粹学报》1907 年第 28 期。

却主要针对被统治阶级而设。因此，国家的权力监督显示出以礼为主、以罚为辅的特征，监督的广度、深度和效果也远不及后世那么明显。因此，特殊的历史背景使得我国先秦的监督制度显示出自身的历史局限性。

第五节　西周"天下共主"思想及其评价

"共主"不是完全意义上的专制社会的皇帝或国王的称谓，指原始社会末期在国家形成过程中各个部落所共同推崇的部落联盟首领或产生国家以后各个诸侯国共同承认的中央政权。如古罗马时期，罗马朝廷和罗马皇帝即为各个王国的"共主"，中世纪的罗马教廷即为欧洲乃至北非各个王国的"共主"。就我国而言，"天下共主"的观念由来已久，早在公元前21世纪出现的夏启政权，始被尊为"天下共主"的政权。经过太康、仲康，至少康时期，夏朝繁荣，出现了"天下共主"、"九夷来宾"的盛况。[①] 商朝和周朝早期的君主和王室亦为共主，公元前221年随着秦始皇统一天下，"天下共主"的观念也随之结束。

与秦统一中国之后的社会相比，共主并不是拥有完整的统治权，很多权力被分散到了各个诸侯国那里，不具备至高无上的皇权的特征。因"天下共主"时期不具备现代所谓的完全意义上的统一的国家政权，其制度形态的确立完全依靠臣下对共主权威的认同，分封制和宗法制成为共主维系其地位的两种强大的力量，各诸侯国自觉地履行其义务。龚延明在《中国历代官职别名大辞典》中如此解释"天下共主"，"（周）诸侯共主，即指西周王。至东周名存实亡而已。《资治通鉴·周赧王三十四年》：'西周之地，绝长补短不

①　参见郭泳：《夏史》，上海人民出版社2015年版，第102页。其中"天下共主"本出自《史记》第5册《楚世家》，第1734页，其文曰："西周之地，绝长补短，不过百里。名为天下共主"。又见《汉书》第2册《诸侯王表》，第391页，其文曰："分为二周……然天下谓之共主"。"九夷来宾"出自《竹书纪年·殷纪》，其文曰："（太戊）六十一年，东九夷来宾。"见《古本竹书纪年辑证》，附王国维：《今本竹书纪年疏证》，第220页。可见"天下共主"、"九夷来宾"本来并非形容夏朝，而是分别形容周朝、商朝。但本书仍按郭泳的说法来表述夏朝政治状况。

过百里，名为天下共主。'胡三省注：'言天下共宗周以为诸侯主。'"① 周朝政治、土地、军事、官制、礼乐、教育等制度都比商朝进步得多，所以"天下共主"的政治意义也以周朝最有深意。

一、西周"天下共主"地位的确立和巩固

殷商末期，纣王暴虐无道，人心思变，周族深受压迫，联合其他友邦起而反抗。推翻殷商后，周部落以"周"为名建立周朝。周朝建立后，采取多种措施巩固自己的政权，同时确立"天下共主"的地位和身份。

第一，分封土地。周朝克商以后，不但控制了商朝原来的统治区域，而且又征服许多四夷部落。从土地上说，经过系列战争，周王朝直接控制的地域空前广大，西起岐阳，东到圃田，直辖渭、泾、河、洛的广阔土地，王畿（指周王朝直接统治的区域）地方千里。为了控制大片领土且鉴于管、蔡叛乱，周公采用"封建亲戚以蕃屏周"②的政策，保留京都附近的部分土地直接归自己管辖，其余的土地分封给周室亲戚及有功的大臣，建立诸侯国，但"立七十一国，姬姓独居五十三人"③。诸侯国成为一方土地的实际统治者，对周王室起到拱卫的作用。《左传》记载"天子建国，诸侯立家，卿置侧室，大夫有贰宗，士有隶子弟"④，周天子以嫡长子身份成为周王，分封有血缘关系的众子弟为诸侯。诸侯国内，亦以嫡长子作为继承人，众子弟为大夫。大夫以嫡长子继位，众子弟为士。从天子到诸侯、卿、大夫、士的身份世代相袭，以父传子，构成了周朝以宗法血缘关系为基础的等级森严的奴隶主贵族政治体制。诸侯国认可周天子"天下共主"的统治地位，向周天子称臣，向周王室纳贡，周王朝把它的土地优势和分封宗亲制度作为其政治统治的基础。

第二，建立官制。从《周礼》看，西周设有系统的官职体系，中央官和地方（诸侯国）各级官吏，都是由与周天子有一定关系的奴隶主贵族担任。周天子左右设置三公，即太师、太傅和太保，分别负有指导、辅佐和监护周

---

① 龚延明：《中国历代官职别名大辞典》，上海辞书出版社 2006 年版，第 81 页。

② 《左传·僖公二十四年》。

③ 《荀子·儒效》。

④ 《左传·桓公二年》。

王之责，政治地位非常高。《周礼》详细记载了周王朝的"六官"制度：一是天官冢宰，为周王朝的治官，属六官之首，总揽六典之政，"帅其属而掌邦治，以佐王均邦国"；二是地官司徒，这些官被称为"教官"，职责是"帅其属而掌邦教，以佐王安抚邦国"；三是春官宗伯，职责是"帅其属而掌邦礼，以佐王和邦国"，这些官被称为"礼官"；四是夏官司马，职责是"帅其属而掌邦政，以佐王平邦国"，这些官被称为"政官"；五是"秋官司寇"，职责是"帅其属而掌邦禁"，这些官被称为"刑官"；六是"冬官司空"，冬官司空早佚，汉时补入《考工记》一篇以补其缺，《后汉书·百官志一》如此注"司空"："掌水土事。凡营城起邑、浚沟洫、修坟防之事，则议其利，建其功"[1]，可知司空主要负责水土等工程建设。西周官制严密，自成体系，有效地维护了周王朝的政治统治。

第三，制礼定乐。在国家治理上，西周采用分层而治，如荀子所言："由士以上则必以礼乐节之，众庶百姓则必以法数制之"[2]。礼在社会治理和政治统治中占有极其重要的地位。西周时代，国家把各项制度统称为"礼"，以"礼"调节和制约统治阶级内部的等级名分，使之贵贱有等、长幼有序。在"礼不下庶人"的社会和政治生活里，士以上的每一个贵族都要遵守相应的礼的规定而不得僭越。礼的内容广泛，大致包括有吉礼、凶礼、宾礼、军礼和嘉礼，可以说，贵族从成年冠礼开始，就一直生活于"礼"之中。制礼定乐是周天子权力，正所谓"天下有道，礼乐征伐自天子出"，而诸侯、卿、大夫、士只有遵守的义务。因此，礼的执行直接关系到西周王朝政权的巩固，若不能"礼乐征伐自诸侯出"则"天下无道"，那么将严重威胁到周王朝政权。在周天子与诸侯之间存在巡守与朝聘关系：夏朝时"天子五年一巡守"，到了西周则是十二年一巡守，以了解地方诸侯的情况并对各诸侯进行考察监督；诸侯则要对周天子"比年一小聘，三年一大聘，五年一朝"[3]，即

---

① （南朝宋）范晔撰，（唐）李贤等注：《后汉书》第12册，中华书局1965年版，第3561—3562页。

② 《荀子·富国》。

③ （汉）郑玄注，（唐）孔颖达疏，龚抗云整理，王文锦审定：《礼记正义》，北京大学出版社1999年版，第360页。

诸侯每隔若干年出使大夫向天子进贡，每隔五年则亲自到天子那里朝觐，否则，"一不朝，则贬其爵；再不朝，则削其地；三不朝，则六师移之"①，对有违礼的不同行为给予相应的制裁。而对于"八佾舞于庭"之类蔑视王权和破坏周礼等级的僭越行为，则是最不能容忍的事情。周天子力图以维护礼乐制度的尊严来维护自己"天下共主"的权威，将礼乐制度作为维系人心、维护统治的重要政治手段。

第四，军事制度。武庚叛乱被平定以后，周朝的军队改编为八个师驻扎在成周为殷八师，驻守京师的是原周族的六个师为西六师，如此，西周天子直接统领的军队有十四个师，按《周礼·地官司徒·司徒》"五人为伍，五伍为两，四两为卒，五卒为旅，五旅为师"计算，则每师有两千五百人，总数三万五千人，规模庞大。被分封的诸侯国也都有自己的军队，但周王可以调遣，周王室按《周礼·夏官司马·司马》"王六军，大国三军，次国二军，小国一军"的规定保证对各诸侯国的土地、人口、兵力的统治优势。

西周以分封土地作为其统治基础，以建立官制、礼乐制度和军事制度作为其实现和维护王朝的政治统治的重要手段。相对稳定的社会政治秩序，促使周朝逐步走向繁荣，周天子"天下共主"的地位得以最终确立。武王去世后，其幼子成王继位，其弟周公辅政、平定"三监之乱"。自公元前1042年至公元前996年康王去世这段时期，天下安宁，史称"成康之治"，进一步巩固了周天子"天下共主"的地位。可见，周朝早期，以分封和宗法维系的共主的权威是比较有效的：周王室始终拥有对各诸侯国的绝对的统治能力；各诸侯国也都尊称周王为天子，承认周王室的宗法制度上的大宗地位。

二、周天子"天下共主"地位的衰落

早期的周王室不断地南征北战，成、康以后，由于周昭王亲征荆楚、周穆王联楚平乱，导致周朝国力大减。如果说西周时期"天下共主"这种制度形态还算能够比较稳定地维护政治统治和社会秩序的话，那么，随着周王朝的东迁，周天子"天下共主"的地位也日渐衰落。

---

① 《孟子·告子下》。

周厉王时期，长期的对外战争和土地掠夺，以及统治集团内部的政权斗争和政治腐化，激化了统治阶级和被统治阶级之间的社会矛盾和统治集团内部矛盾，从而引发国人暴动，动摇了西周的统治基础，最终厉王被逐而逃。之后，周王朝由周定公和召穆公共同执掌朝政，被称为"共和行政"。宣王继位后，吸取前王的教训，改变治国策略，发动防御性战争并取得了一定的胜利，周王朝虽经历了短暂的政治"中兴"，稍微恢复了"天下共主"的元气，但也仅是昙花一现。因长期的对外战争和国内积累多年的矛盾，王室的衰弱和国力的衰微似乎已势不可挡。周幽王时期，幽王荒淫无道，不理朝政，戏弄诸侯及其军队，出演烽火戏诸侯的闹剧，至公元前771年周幽王被犬戎所杀，西周灭亡了。

周幽王之后，太子周平王继位，公元前770年周平王将京都从宗周迁至洛邑，史称东周。与此同时，虢公翰等大臣拥立王子余臣为王，史称"携王"。公元前750年晋文侯杀周携王，二王并立的局面结束。

公元前770年至公元前476年，被称为我国历史上的春秋时期。《史记·周本纪》记载："平王之时，周室衰微，诸侯强并弱，齐、楚、秦、晋始大，政由方伯"。诸侯之间战争四起，争夺土地、人口和霸权，出现了有名的"春秋五霸"，因大国兼并小国，诸侯国数目逐渐减少。而此时的王室直接管辖的土地缩小至约六百里，王室政权被郑国的郑武公、郑庄公父子把持，周天子在政治舞台上势单力薄，各诸侯国也越来越不把周天子放在眼里。郑国在朝中势力强大，周平王与郑庄公的矛盾日深，但周平王的很多事情又离不开郑庄公，因平王分权给虢公而招致郑庄公的怨恨。为了缓和矛盾，隐公三年（公元前720年），周平王与郑庄公交换儿子互为人质。

"周郑交质"事件在周王朝历史上可谓是具有转折意义的大事，此事不但大大降低了周天子的权威，也为以后周、郑交恶埋下了伏笔。左丘明对此事做如此评价："信不由中，质无益也。明恕而行，要之以礼，虽无有质，谁能间之？"[①] 郑望之评价说："然不知周郑交质，其后卒至交恶，果为失计，

---

① 《左传·隐公三年》。

质亦何恤？"①他们认为周郑交质并不能解决天子与诸侯之间的矛盾问题。可以看出，历史上学者们对"周郑交质"事件皆持批评态度，无不认为是周朝政治上的失策。

周郑边境争执不断，郑国不断对周王室的附属小国和王畿边境进行骚扰，隐公三年"四月，郑祭足帅师取温之麦。秋，又取成周之禾"②。郑国的不断挑衅加深了周郑双方的矛盾。周平王去世后，其孙周桓王继位。为了压制郑国，桓公五年（公元前707年），多年的积怨终于引发了周郑双方的繻葛之战（今河南长葛东北）。周桓王召集了蔡国、卫国等诸侯国军队讨伐郑国。此次战役，周朝不仅打了败仗，而且周天子还被祝聃射中肩膀。战后，郑国国君让祭仲去慰问周天子，向天下显示此次伐郑并不是正确的。周郑交质、繻葛之战等系列事件，不但使周桓王颜面尽失，也使得周王室威信扫地，各诸侯视周天子为无物。周天子和各诸侯国的关系虽然在形式上还是君主和臣子，但由于土地优势的不再、政治上的无能，周天子"天下共主"的权威几乎消失殆尽。"天下共主"有名无实，而诸侯国及其首领的地位已远在周天子之上。公元前655年，晋献公灭掉虢国，周失去关中大片的土地，又无奈地将其他土地赐给晋国、郑国和楚国，只剩下洛阳周围的几个县，周室王畿缩小至二百里。"东周时的周王室已经不是西周那个天下共主的周王室，它已经全面衰落了。军队衰落是周王室控制力下降的标志。"③东周时期，周王室的军队衰落，根本无力控制和讨伐违礼的诸侯国，以至于公元前205年的平定王子朝之乱都需要借助诸侯国的力量。

至战国时期，经过诸侯国之间长期的争霸战争，历史上形成"战国七雄"的局面，周王室的地位更加没落。公元前256年，秦国攻破周朝洛邑，周赧王被杀，至此，东周灭亡，周天子"天下共主"的名义被彻底摒弃。自西周建立以来，以土地分封、血缘宗亲和军事统治等为统治基础的、以《周礼》官制制度、礼乐制度等为特征的权力监督系统也彻底瓦解了。在春秋战国时期，以商鞅、慎到、申不害、韩非为代表的法家所构建的法、术、势为基础

---

① 参见（宋）杨仲良：《皇宋通鉴长篇纪事本末》卷145，上海古籍出版社1996年版。

② 《左传·隐公三年》。

③ 叶自成：《中国崛起：华夏体系500年的大历史》，人民出版社2013年版，第36页。

的君主专制权力监督系统逐渐取代了西周以来以礼乐制度为基础的权力监督系统。

三、"天下共主"的历史评价

（一）"天下共主"的历史地位及其进步意义

"天下共主"出自《史记·楚世家》载西周国武公与楚国国相昭雎的对话中。武公仍以当年周王"共主"时候的姿态说："夫弑共主，臣世君……不可以致名实……夫有图周之声，非所以为号也。……西周之地，绝长补短，不过百里。名为天下共主，裂其地不足以肥国，得其众不足以劲兵。虽无攻之，名为弑君。"当时楚国打算吞并周王朝，于是有此对话。这里武公把"共主"、"世君"统称为"天下共主"，《索引》注："共主，世君，俱是周自谓也。共主，言周为天下共所宗主也；世君，言周室代代君於天下。"① 又《汉书·诸侯王表》曰："自幽、平之后，日以陵夷，至虖陁隈河洛之间，分为二周，有逃责之台，被窃鈇之言。然天下谓之共主，强大弗之敢倾。"② 继周幽王、周平王之后，周王室越发衰弱，夹杂在大国之间、命运坎坷，但其仍是公认的天下共主，所以各强大诸侯没敢吞并周国。可见"天下共主"不仅是周天子自称，也是当时各方诸侯所共同承认的精神领袖；同时按《索引》，这种政治现象是以建周以来的宗法制度和礼乐制度为基础的，同时也是由这两个制度所决定的。这一政治现象一直持续到西周国被秦国吞并、周赧王被废，才彻底打破了"天下谓之共主，强大弗之敢倾"的政治格局。

构成周天子"天下共主"政治权威的政治基础主要是西周时期的宗法制度和礼乐制度，前者从血缘上保证其作为整个华夏大地的宗主地位，后者则从政治等级上保证其位于各诸侯之上的最高统治者地位。

因一级一级对土地的分封，"天子、诸侯、大夫是三个等级的领主，同时又是三级政权的核心人物"。③ 周王朝的土地名义上归周天子所有，作为"天下共主"，周天子是最高统治者。其他诸侯国国君、大小官吏等都是周天

---

① 《史记·楚世家》。

② （汉）班固撰：《汉书》第 4 册，中华书局 1962 年版，第 391 页。

③ 左言东：《中国政治制度史》，浙江大学出版社 2009 年版，第 44 页。

子的臣属，认可、服从并效忠于周天子。毕竟，诸侯国为周王亲授，在形式上必然与周王保持着严肃的君臣关系。在统治阶级内部和社会上层，周王朝实行礼乐之法，而不是像对待庶民一样使用刑法，周天子自身也尽力维护礼的尊严，这是他作为最高统治者的重要职责。人们对周天子的服从，不是因为周王室的军队有多么的强大，也不是因为周天子的统治能力有多么的过人，而是因为宗法制度和礼乐纲纪的存在，这也是后期春秋五霸虽然强势但又尊周存周的重要原因。从这个意义上讲，周天子"天下共主"的身份可以看成是礼的守护者，在没有强制性中央统一集权的政治体制下，"天下共主"作为一种精神力量而存在，在这种精神力量的支配下，君君臣臣，上下尊卑，社会井然有序。

诸侯百官对周天子"天下共主"身份的认可，成为促使统治者政治自律的一种力量，这在历史上有着进步意义。毕竟，周天子虽有最高统治权和最终决定权，但王朝政权允许贵族官吏和普通国人参政议政，通过国人会议讨论决定国家大事，通过舆论监督与批评，对当权者形成事实上的制约力量。

对于"天下共主"的历史地位及其进步性，大致可作出如下理解：

第一，从宗法制度和礼乐制度方面看，"天下共主"创新性地具有了有别于原始社会以部落议事会为形式的权力监督体系，使得周时期的权力监督有了一定的制度依据，不但使得这种权力监督具有相对稳定性，而且也保障了权力监督得以实施。

第二，与商朝以"敬天"、"鬼神"等巫祝文化为基础的权力监督体系不同，"周人尊礼尚施，事鬼敬神而远之，近人而忠焉。其赏罚用爵列，亲而不尊。"①建立在宗法制度和礼乐制度等礼乐文化基础上的周朝权力监督体系，具有一定的制度保障和人文主义精神。

第三，以宗法制度和礼乐制度为基础的以"天下共主"为特征的权力监督体系，深刻地影响了先秦儒家政治伦理理论的构建，毫不夸张地说，西周

---

① （汉）郑玄注，（唐）孔颖达疏，龚抗云整理，王文锦审定：《礼记正义》，北京大学出版社 1999 年版，第 1485—1486 页。

逐渐建立起来的"天下共主"与后世两千余年的伦理—政治型社会的形成具有非常紧密的联系。

概而言之，"天下共主"的历史地位是以开创性和制度性为特征的，无论这种制度的选择如何，它必须符合一定社会的特殊要求。一项政治制度的改革或革新必须要建立在一定的制度基础之上，并以这种制度体系作为其持续运作的保证。

（二）"天下共主"对统治者监督的历史局限性

虽然"天下共主"的身份是促使统治者自律和自我监督的一种精神力量，但在分封制下，精神领袖对诸侯官吏的监督作用是有限的，其自身带有明显的历史局限性。若最高统治者独断专行，贵族卿士对君主轻则废旧立新，重则驱逐杀戮，这在事实上对君主的权力起到了很大的制约作用。

以土地分封和血缘宗亲为统治基础的西周社会，由于没有统一的中央集权，在各个诸侯国国内，国君实则为诸侯国的老大。纵然西周王朝对诸侯国的各种违礼和不端行为有一定的处罚措施，但诸侯国是否安守本分在很大程度上取决于其在政治上的自律性。随着时间的推移，宗法关系的减弱和土地私有化的发展，为各诸侯国挑战周天子的共主权威提供了机会。周朝虽然要求诸侯定期纳贡朝觐、率兵从征、保护周王及对周王的死丧、婚嫁、巡游等尽一定义务，周王对不安分不守礼的诸侯国和官吏也有谴责、削地、讨伐等惩罚措施，但在没有强有力的国家公共权力约束的情况下，周天子"天下共主"的权威对各诸侯国的约束和监督作用实际是有限的。诸侯在诸侯国内是最高的统治者，一旦周天子的权威有所减弱，其在扩充军事和扩张领土方面便有了更多的自由。对于他们而言，由于周天子共主权威的存在，周朝贵族上层内部一方面按礼乐制度保持着互相的尊重，另一方面，在以周天子为核心的王朝政权关系中，却各自寻找着自己的出路。周天子与诸侯、大夫、士之间，既在社会生活中互生共生，又在国家政治生活中关系松散，周天子"天下共主"的身份在春秋时期实际上仅作为精神领袖而存在。随着各诸侯国的逐渐强大和西周王室的逐渐衰落，周天子"天下共主"的权威已越来越难以控制各诸侯国了。

经过周平王东迁及春秋战国的冲击，周王朝长期存在的君不君、臣不臣的局面早已打破了原有政治生态的平衡。周郑交质、繻葛之战、五霸争雄等事件加速了对周天子权威的蚕食,以至于三家分晋时,周威烈王不但不能阻止和讨伐,反而以天子名义册封原晋国的韩、赵、魏三家大夫,为窃国者正名。"周天子存在的价值,主要是一种道义的责任,是那些挟天子以令诸侯的霸主们的精神依托,那么,当周天子连道义责任也不愿意承担,甚至带头破坏以这种责任所维系的社会制度的时候,周天子作为天下共主的存在价值,也就没有了。"① 随着东周的覆灭,"天下共主"的精神领袖价值及其对诸侯百官的影响也消失在历史的长河之中。

(三)"天下共主"对后世的影响

从政治的角度而言,"天下共主"对后世的影响主要体现为儒家伦理—政治理论的创建及影响了后世两千余年伦理—政治型社会的形成。

儒家思想渊源久远,孔子是儒家学说的创始人。《礼记·中庸》记载,"仲尼祖述尧舜,宪章文武。"② 又按《汉书·艺文志》,"儒家者流,盖出于司徒之官,助人君顺阴阳明教化者也。游文于六经之中,留意于仁义之际,祖述尧舜,宪章文武,宗师仲尼,以重其言,于道最为高。"③ 可知,儒家思想可以追溯至原始社会的尧舜,以尧舜为本始而遵修其流传于后世的传说和教诲,以文王、武王为彰明和效法的对象。相传周公制礼作乐,而儒家的道统谱系里,便把周公列在其中。可见西周的创建者、礼乐文化的奠基者文、武、周公对儒家文化影响深远。

儒家的伦理—政治型理论是以"礼"和"仁"为基本范畴的,其中的"礼"治受到以宗法制度和礼乐制度为基础的"天下共主"影响。齐景公向孔子请教有关政治的事,孔子说:"君君、臣臣、父父、子子"④,即表明政治活动的顺利运行,需要君王尽到君王的责任和义务,臣属尽到臣属的责任和义务,父亲要像父亲,儿子要像儿子。在君王层面,要做到"政者,正也。子帅以

---

① 方铭:《战国诸子概论》,学苑出版社 2012 年版,第 8 页。

② (汉)郑玄注,(唐)孔颖达疏,龚抗云整理,王文锦审定:《礼记正义》,北京大学出版社 1999 年版,第 1459 页。

③ 班固撰:《汉书》第 6 册《艺文志》,中华书局 1962 年版,第 1728 页。

④ 《论语·颜渊》。

正，孰敢不正"①，只有"为政以德"，才能有"譬如北辰居其所而众星共之"的效果，统治者的权威自然就建立起来了。在臣属层面，要"居之无倦，行之以忠"②。可见其理论是"礼"、"仁"相结合的。在权力监督和制约方面，儒家主张从德治角度进行权力监督和制约。孔子十分注重道德的这种内在监督和约束机制，认为"道之以德，齐之以礼，有耻且格"③，认为道德的内在监督和制约比礼法等外在制约更有效，因此而主张"克己复礼"和"为仁由己"④，并提出"恭，宽，信，敏，惠"具体的道德标准。可见，以孔子为代表的儒家学者不仅继承了西周以来的"天下共主"思想，还进一步以"仁"的理论加强"礼"的内容。

李宗桂教授认为，古代中国封建政权有"趋善求治的伦理—政治型特征"⑤，而构成这个特征的便是由以宗法制度和礼乐制度为基础而形成的"天下共主"为特征的权力监督体系所奠基的。在伦理—政治型社会下，"天下共主"的文化精神要求君臣要"君君、臣臣、父父、子子"。这种伦理准则背后，则是以孝道为先的。"孝弟也者，其为仁之本与"⑥，关于政治关系、政治政策等方面的孝道论述，数不胜数，而我们因此知道，以"天下共主"为特征的权力监督体系潜在地表明古代政治与伦理是分不开的。也正因为如此，在古代中国伦理—政治型社会下，君臣之间的权力监督便异常要求道德上的自律，如孔子所主张的克己复礼与为仁由己，孟子所倡导的性善论及其仁政思想，董仲舒所倡言的三纲六纪、天人政治等，便是其产物。当然，任何一种思想的构建是非常复杂的，并不完全由一种思潮决定，如"天下共主"的政治思想仅仅是中国古代构建伦理—政治型社会的思想来源之一，但以宗法制度和礼乐制度对后世影响深远，显示了其在古代社会中的制度性和稳定性。

---

① 《论语·颜渊》。

② 《论语·颜渊》。

③ 《论语·为政》。

④ 《论语·颜渊》。

⑤ 李宗桂：《论中国汉代文官制度的形成》，《思想战线》1989 年第 2 期。

⑥ 《论语·学而》。

第二章　秦汉时期权力监督的形成期

历史学家唐德刚将"发自商鞅，极盛于始皇，而完成于汉武"的社会变革称为我国历史上"第一次政治社会制度大转型"，这场大转型的基本要旨是从分封制到郡县制的转变，与之相应，权力也由分散变为集中。权力的集中有助于秦国迅速富国强兵，傲视关东六国，最终一统天下，建立起中国历史上第一个集权帝国。惜乎秦二世而亡，陈涉首义，六国复立，项羽分封诸侯，天下再次从"一"到"多"。泗水亭长出身的刘邦，最终再次统一天下，承秦之制、据秦之地、用秦之人，再造了帝业政体，汉帝国成为中国历史上第一个稳定而长寿的集权帝国。权力的集中再次起到了积极的历史作用，为汉初休养生息恢复国力、汉中期外击匈奴开拓疆土奠定了极为重要的政治基础。但权力的集中往往会带来权力的滥用，为了保障帝国政治秩序的稳定，也为了保障自己权力的至高性与排他性，秦皇汉武苦心孤诣地设计了一套权力监督体系。虽然动机和目的不符合现代权力监督的理念，但确实也起到了积极的客观作用，为帝国政治找到了一个分权与集权的平衡点。秦汉时期形成的权力监督体系，为中国后世王朝提供了一个极好的范本。

第一节　秦汉三公制度与御史府

秦始皇统一中国后，在中央层面上实行丞相制度[①]，在地方层面上废封

---

① 一般皆称秦汉中央官僚体系为三公九卿制，但并不确切。对于"三公"，汉代经学存在一定分歧，今文经学认为"三公"应为司徒、司马、司空，古文经学认为"三公"应为太师、太傅、太保。秦制设丞相、太尉、御史大夫，汉代承之，一般称之为"三公"。但丞

建设郡县，"分天下以为三十六郡，郡置守、尉、监"①。因此产生了中央与地方两级监察体系，中央监察体系以御史大夫为首，地方监察体系以监郡御史（或称郡监）为主。在秦朝和西汉初期，监察制度构建的重点在于中央层面之上，其特征是以御史大夫监察权监督制约丞相行政权。汉武帝时期，为了整肃地方吏治、打击地方豪强，逐渐设置了以部州刺史为主的地方监察体系；同时，在中央层面上强化尚书署的地位，推动监察权的内朝化、集中化。西汉中后期至东汉，丞相制度被废除，取而代之的是有名无实的三公制度（司徒、司马、司空），监察权逐渐地从外朝转向了内朝，进一步地加强了权力的集中。

一、大夫制向中丞制的转变

秦汉的中央监察制度经历了从大夫制向中丞制的转变，其转变的原因与行政官僚体制的结构变化有关。当丞相作为百官之首的时候，御史大夫行使监察权，当三公制取代丞相制之后，御史大夫更名为大司空，并不再承担监察职能，具体的监察职能由御史中丞行使。

（一）大夫制

秦始皇一统天下，废封建、立郡县，对天下实施直接管理，"天下之事无小大皆决于上"②，为了加强中央集权，秦始皇建立了以丞相为首的行政官僚体系，同时为了保障各级官员的廉洁与忠诚，又设置了以御史大夫为首的监察体系，二者有所交叉，但又各司其职。

相为百官之长，御史大夫为丞相副贰，且太尉不常置，故诸学者也有观点认为，秦至汉初的官制并非儒家推崇的三公制，而应为源自法家的丞相制。西汉成帝、哀帝进行的职官改革，确立的司徒、司马、司空三公并立的制度，才是真正的三公制度。参见严耕望：《中国古代政治制度史纲》，上海古籍出版社 2013 年版，第 58—68 页；另见卜宪群：《秦汉三公制度渊源论》，《安徽史学》1994 年第 4 期。至于九卿，秦至汉初无此说法，汉武帝后将中两千石统称为九卿，以"九"为极数，谓众多之意。以《汉书·百官公卿表》所列，奉常（太常）、郎中令、卫尉、太仆、廷尉、典客（大行令、大鸿胪）、宗正、治粟内史、少府、中尉（执金吾）为九卿，皆为秦官。但秦汉是否在九卿之外另设同类职官，无法考证。故此处不言三公九卿制度。

①　《史记·秦始皇本纪》。
②　《史记·秦始皇本纪》。

1. 丞相

据《汉书·百官公卿表》，丞相为秦官，"金印紫绶，掌丞天子助理万机。"由于秦帝国现存的制度史料较少，对于丞相职权的记录或研究大都源自汉制。秦始皇任命李斯、冯去疾为左右丞相①，二世胡亥任命赵高为中丞相②，从具体拜相者来看，秦代的丞相并没有获得汉初相国萧何那样相对独立的地位，而更多的是辅助皇帝处理事务，决策权为皇帝独占，丞相更多的只是执行皇帝的政令。

汉承秦制，以萧何"元功第一"，拜为相国，独掌相权。汉初丞相必以列侯担任，直至武帝时儒生公孙弘无功而拜相，才形成了列侯"至丞相封"③的政治惯例。自汉文帝四年张苍继灌婴任丞相后，丞相出缺后由御史大夫接任的，不在少数。

汉初，丞相权力较大，主要体现在朝议、咨询、谏诤、人事、惩戒等方面，因此后世有"丞相所请，靡有不听"④一说。丞相可开府治事，《汉书·百官公卿表》称"有两长史，秩千石"，而卫宏《汉旧仪》则记载更为细致，丞相府属官既包括丞相史，秩400石，也包括初期15名600石的吏员，分为东曹与西曹，东曹9人，"出督州为刺史"。汉武帝元狩六年（前117年），丞相府吏员共382人，包括丞相史、丞相少史、丞相属、丞相属史等。⑤在汉武帝设置十三州刺史分部行刺之前，丞相史或丞相刺史承担了一部分的出刺监察的职能。这也说明，在西汉早期，行政权与监察权并未做太严格的区分。汉武帝之后，御史大夫的权力获得了提升。

2. 御史大夫

御史大夫一职在秦代时就已设立，位高权重，开府治事，其府称"御史府"、"御史大夫府"或"御史大夫寺"。据《汉书·百官公卿表》，御史大夫

---

① 《史记·秦始皇本纪》："三十七年十月癸丑，始皇出游，左丞相斯从，右丞相去疾守"。

② 《史记·李斯列传》："二世拜赵高为中丞相"。

③ 《汉书·公孙弘传》。

④ 《后汉书·陈忠传》。

⑤ 参见（汉）卫宏：《汉旧仪》，载（清）孙星衍等辑：《汉官六种》，中华书局1990年版，第68—69页。

为秦官，"位上卿，银印青绶，掌副丞相"。这一表述有两重含义：第一，御史大夫在位阶上低于丞相与太尉，并且职属上为丞相的副贰；第二，虽然位阶与职权相对较低，但仍然属于上卿序列，御史大夫统领侍御史、御史等监察官吏，"侍御史之率，故称大夫"①。在秦统一之后，御史大夫逐渐在相关记载中体现，在群臣奏表列名时，御史大夫紧随丞相之后。御史大夫一方面作为副丞相，协助丞相治国理政；另一方面，也对包括丞相在内的百官起到了监督制约作用。

汉承秦制，保留了御史大夫一职，初期御史大夫的监察职能并不突出，而更多是辅助丞相，协理国政。除此之外，汉初御史大夫还具有起草诏书、下发丞相、奏章转呈的职能。②值得一提的是，虽然御史大夫与丞相一样可以开府治事，但御史大夫府却在宫中。由此可见，御史大夫在很大程度上，承担了沟通以皇帝为核心的禁中与以丞相为核心的外朝的功能，质言之，即皇权与相权的媒介。

其后，随着皇权与相权关系的逐渐紧张，御史大夫的职能就发生了一定程度上的转变，从先前的协助丞相、诏书下达、文书转呈，逐渐变成了监督丞相。汉代自文帝四年，张苍拜相之后，以御史大夫继任丞相者较多，这一方面说明御史大夫作为丞相副贰的政治地位，同时也说明汉帝国的制度设计者在有意地筹划一套"以卑临尊"的竞争性权力监督机制。后人对此机制有较为到位的总结："凡为御史大夫而丞相次也，其心冀幸丞相物故（注：即去世）也。或乃阴私相毁害欲代之。"③

总而言之，秦至西汉中前期，御史大夫的职能大体包括三个方面：

第一，佐助丞相，协理朝政。汉宣帝时，萧望之为御史大夫，时值匈奴内乱，朝议多主张趁机发兵消灭匈奴，汉宣帝派遣中朝官大司马车骑将军韩增等人询问萧望之计策，并接受了萧望之"宜遣使者吊问，辅其微弱"的主张。④

---

① （唐）杜佑：《通典·职官六》。

② 《汉书·高帝纪》："御史大夫昌下相国，相国酂侯下诸侯王"；《史记·三王世家》："御史大夫汤下丞相，丞相下中二千石，二千石下郡太守诸侯相"。

③ （唐）杜佑：《通典·职官六》。

④ 《汉书·萧望之传》。

第二，转呈奏章，下达诏书。汉初御史大夫还具有起草诏书、下发丞相、奏章转呈的职能。皇帝对各级官员下诏的时候，诏书开头一般会写明要经过御史大夫承转丞相，丞相再转给百官。如"御史大夫昌下相国，相国酂侯下诸侯王"[①]；"御史大夫汤下丞相，丞相下中二千石，二千石下郡太守诸侯相"[②]。

第三，典正法度，监察百官。虽然汉代御史府的监察职能实际由御史中丞来处理，但一些重要案件往往由御史大夫奉皇帝的诏令亲自督办。如《汉书·张汤传》："上使御史案其事，汤欲致其文丞相见知，丞相患之"。汉武帝令御史调查文帝陵园被盗一案，张汤想依照律法罗织丞相庄青翟明知故纵之罪，丞相对此非常忧虑。从这里可以看出，虽然丞相作为名义上的百官之长，但由于御史大夫受皇帝指派行使监察权，丞相也在其监察的范围之内，故而忧虑。

御史大夫的职权兼具行政权和监察权，西汉早期重点在行政权，在汉武帝之后，监察权的权重就逐渐增加。

（二）中丞制

西汉中后期，皇权专制得以强化，为了削弱丞相权力，汉成帝将丞相制改为三公制，监察制度也随之发生了变化。

1. 三公

在大臣的建议下，汉成帝于绥和元年（前8年）设大司马、大司空、大司徒三公官。哀帝建平二年（前5年），恢复丞相旧制，元寿二年（前1年），复置三公官。东汉承之，光武帝建武二十七年（51年），大司徒、大司空去"大"字，改大司马为太尉，三公并为宰相，以太尉为尊。献帝建安十三年，曹操专权，罢三公官，复置丞相、御史大夫。

三公制度，就是将丞相权力一分为三，同时也是弱化外朝的实际职权，权力逐渐地归属于内朝台阁。东汉末年仲长统对此进行了精妙的总结："武皇帝愠数世之失权，忿强臣之窃命，矫枉过直，政不任下，虽置三公，事归

---

① 《汉书·高帝纪》。

② 《史记·三王世家》。

台阁。自此以来，三公之职，备员而已。"① 所谓"台阁"即是指御史台（又称兰台、宪台）、尚书台（又称中台）和谒者台（又称外台）。

2. 御史中丞

丞相制转变为三公制，相应地作为副丞相的御史大夫也做了改变。汉成帝绥和元年（前8年），将御史大夫更名为大司空，另置长史作为他的副职，而御史府的机构编制并未撤销，专门由御史中丞负责。自此，大司空不再具有监察职能，御史中丞变为御史台最高长官："及御史大夫转为大司空，而中丞出外为御史台率，即今之御史大夫任也。"② 杜佑的说法包含两层含义，第一，御史中丞取代御史大夫成为御史府最高长官；第二，御史中丞办公地点外移，御史中丞的办公地从先前的殿中兰台搬至了御史府所在的宫中司马门内。

汉成帝之后，御史大夫时废时置，中丞制在东汉光武帝之后最终稳定。东汉时期，尚书权力进一步强化，太傅、太尉、司徒即使有实权，也必须获得"录尚书事"的资格，尚书令是实际上的最高行政长官，御史中丞是最高监察长官。尚书令、御史中丞和负责京师近郡监察的司隶校尉，在朝会上皆专席列坐，时称"三独坐"。尚书令初秩千石，后增为二千石，御史中丞秩千石，司隶校尉秩比二千石。三者虽然品秩不高，但尊宠厚重，可见两汉中后期权力格局的发展动向。

御史中丞既作为外朝御史大夫的属丞，同时又作为内朝的主要监察官，后期取代御史大夫成为最高的监察长官，其职能包括：掌管文书档案；监督部州刺史；统领侍御史；执法殿中；等等。

二、御史府属官

御史大夫开府治事，其办公机构被称为"御史府"、"御史大夫府"或"御史大夫寺"，与丞相府并称"二府"。但值得注意的是，御史大夫虽然属于外朝官，但御史府却建在宫中。卫宏《汉旧仪》记载"御史、廷尉寺在宫中"、

---

① 《后汉书·仲长统传》。

② （唐）杜佑：《通典·职官六》。

"御史大夫寺在司马门内"，^①从其空间格局来看，御史府是沟通内朝与外朝、皇权与相权的重要媒介。

（一）御史丞与御史中丞

自秦代起，御史大夫下设两丞，辅助御史大夫行使监察权。其一为御史丞，其二为御史中丞，秩千石。^②关于御史丞的职权，现有史料语焉不详，而御史中丞的职权则很明确，即"在殿中兰台，掌图籍秘书，外督部刺史，内领侍御史员 15 人，受公卿奏事，举劾按章"^③，因此，御史中丞与尚书、侍中、侍郎等类似，是典型的内朝官，也称"中执法"。^④

御史大夫属外朝序列，但御史府却在宫中司马门内，"贰大夫"御史中丞则属内朝序列，办公地点在殿中兰台。由此可见，由御史大夫和御史中丞共同组成的御史系统在皇权和相权中间的独特地位：一方面作为皇帝与丞相之间的信息文书传递者，另一方面又替皇帝监察包括丞相在内的百官。御史本为周官，又称"柱下史"，《周礼·春官》郑玄注也称"御犹侍也，进也"，其本职是起草王命，掌管簿书档案、司法等事务。^⑤秦承周设御史亦设御史之职，但于统一之后，设立御史大夫，为御史增设了监察的职能。

三国魏正始年间名士夏侯玄曾对此有这样的评述，可供我们审视秦代御史职能转变的历程："始自秦世，不师圣道，私以御职，奸以待下；惧宰官之不修，立监牧以董之，畏督监之容曲，设司察以纠之；宰牧相累，监察相司，人怀异心，上下殊务。汉承其绪，莫能匡改。"^⑥"私以御职"正好说明了御史的内朝属性。秦代御史中丞职权无从考证，但汉代御史中丞是实际意义上的最高监察事务长官，而御史大夫则是最高监察政务长官，因为其职能

---

① （汉）卫宏：《汉旧仪》，载（清）孙星衍等辑：《汉官六种》，中华书局 1990 年版，第 71—73 页。

② 《晋书·职官志》、《汉书·百官公卿表》。

③ 《汉书·百官公卿表》。

④ 所谓"中"，即"禁中"之"中"，意谓源自内朝官僚系统，如秦二世拜赵高为中丞相，即是因为他出身于郎中令。

⑤ 卜宪群：《秦汉官僚制度》，社会科学文献出版社 2002 年版，第 44—45 页。

⑥ 《三国志·魏书·夏侯玄传》。

并不仅局限于监察。①

汉成帝后，罢丞相官，改为三公制，御史大夫改名为"大司空"，另增设长史作为主要属官。至此，御史府的监察职能不再由御史大夫统领，转由御史中丞全权承担。虽其后时有变动，最终于东汉光武帝时期定型。西汉后期至东汉，御史中丞成为最高的监察长官。

（二）侍御史

除了御史中丞和御史丞之外，御史大夫府还有 45 名属员，品秩皆六百石。其中有 15 名侍御史，给事殿中，其余 30 人概称御史，在御史府办公，理百官事。②15 名侍御史由御史中丞统领，其余 30 名御史，或为御史丞统领。③ 侍御史是除御史大夫、御史两丞之外的高级御史，主要包括治书侍御史、符玺侍御史、绣衣直指御史等。

治书侍御史始置于汉宣帝时期，初不常置，东汉时定员 2 人，其职能是辅助皇帝处理奏谳疑事："掌选明法律者为之，凡天下诸谳疑事，掌以法律当其是非"④。

符玺侍御史是掌管皇帝玉玺的侍御史，掌管"皇帝六玺"⑤。汉初即有此职官存在，如周昌为御史大夫时，赵尧为符玺侍御史，汉高祖刘邦时期，周昌出任赵国相，6 年后，赵尧接任御史大夫。⑥《晋书·职官志》称符玺侍御史秦时为符玺令，汉代对此予以继承，官阶低于御史中丞。

绣衣直指御史，始置于汉武帝时期，职能为讨奸猾，理大狱，即打击不

---

① 事务长官和政务长官的类比，参见徐式圭：《中国监察史略》，中国书籍出版社 2016 年版，第 10 页。

② 参见（汉）卫宏：《汉旧仪》，载（清）孙星衍等辑：《汉官六种》，中华书局 1990 年版，第 63 页。

③ 根据《汉书·百官公卿表》、《汉旧仪》等史料的记载，御史丞与御史中丞是御史大夫两个主要丞属，御史中丞居殿中，统领侍御史；而其余三十名属官则在御史大夫寺中，也应由与御史中丞品级相近的高级事务官员统领，御史丞与御史中丞的差别在于是否居殿中，故这里推测御史丞为留府管理官员，统领三十名属官。

④ 《后汉书·百官三》。

⑤ 六玺者，为皇帝行玺、皇帝之玺、皇帝信玺、天子行玺、天子之玺、天子信玺，分别用于赐封、发兵、征召大臣、外交、祭祀等不同领域。

⑥ 参见《汉书·百官公卿表》。

法行为，从事司法审判。"绣衣"是指身着锦绣袍服，以示尊贵与恩宠；"直指"即"指事而行，无阿私也"①，意即皇帝就具体事务特派、处事公道不偏私的专员。汉武帝末期，外击匈奴消耗国力，百姓生活困苦，故农民起义频发。绣衣直指御史的设置，既有镇压农民起义之用，也有监察百官的不法行径之用。酷吏江充就被汉武帝任命为此官职："督三辅盗贼，禁察逾侈，贵戚近臣多奢僭，充皆举劾，奏请没入车马，令身待北军击匈奴"②。江充督察的是京畿地区逾制、奢侈等不法行为，由于他亲奉皇帝诏令，因此对贵戚近臣也毫不留情。由此可见，绣衣直指御史，虽然只有六百石，位卑但权重、赏厚，是皇帝监察百官的重要职位。

除此之外，还有诸如督运漕侍御史等负责专门事务的侍御史。

侍御史虽然品秩仅有六百石，但却与御史中丞一起紧密地依附于皇权，成为皇帝监督群臣的重要环节。侍御史的职能一开始是临时性的，但汉武帝之后，侍御史已经开始分"曹"办公，分为五曹：令曹，掌律令；印曹，掌刻印；供曹，掌斋祠；尉马曹，掌厩马；乘曹，掌护驾。③由此可见，侍御史的职能已经专门化、常态化、机构化。

（三）御史

西汉设御史30人，留守御史寺，处理监察百官事务。其中较具代表性的是监御史。秦制，郡设守、尉、监，郡监即中央指派的监郡御史。汉兴曾一度不设此官。汉惠帝三年（前191年），"遣御史监三辅郡，察辞诏凡九条"④，史称《监御史九条》，是我国第一部地方监察法规。文帝时期，为解决监御史不奉法、失职等现象，遣丞相史出刺，并督察监御史。汉武帝元封元年（前110年），御史不再承担地方监察的任务，随后又设置了刺史制度，专门负责地方监察，部州刺史由御史中丞监督考核。除监郡御史外，还有监军御史等行使监察职能的御史。

---

① 《汉书·百官公卿表》颜师古注引服虔语。

② 《汉书·江充传》。

③ 《晋书·职官志》。

④ 参见（汉）卫宏：《汉旧仪补遗》，载（清）孙星衍等辑：《汉官六种》，中华书局1990年版，第88页。

除了御史大夫两丞、侍御史、御史这些额定属官之外，御史府还有一大批低级属官。《汉旧仪》记载，御史不再承担监郡职能之后，"御史职与丞相参增吏员，凡三百四十一人，分为吏、少史、属"[①]，除此，还有御史少史属等。这些属官共同支撑了御史府的运作，体现了汉代御史系统监察的专门化、复杂化和机构化。

在御史系统之外，秦汉时期还设立了谏官协助进行权力监督，其本意是在君主有过之时直言规劝并使其改正。秦置"谏大夫"，隶属郎中令，无定员，多至数十人，职掌议论。但由于秦代皇权专制，谏大夫形同虚设。汉武帝时沿袭秦制，仍设"谏大夫"，东汉光武帝时增"议"字，始称"谏议大夫"，置30人。谏议大夫是光禄勋的专职谏官，其职责是"直言极谏"，匡正君非，谏诤得失。汉代的谏官起到了一定的权力监督作用，著名谏官有刘辅、王褒、贡禹、匡衡、王吉、何武、夏侯胜、严助等人，他们均敢直言诤谏，颇有政声。秦汉除谏议大夫为专职谏官外，光禄大夫、议郎、博士等均有谏议之责，其他中央官员若加有侍中、散骑、中常侍等官衔，亦可在皇帝身边起到谏议、咨询等作用。相较于完善的御史体系，秦汉谏官的职能设置随意，并未制度化、机构化。

第二节　部州刺史的地方监察

秦代在地方设置监御史，或称"监郡御史"或"郡监"。监御史与郡守、郡尉并称，负责监察郡守等人的行政事务。监御史一般不对县级行政事务进行监察，县级监察是郡守的职责，郡守设"督邮"，亦称"督邮书掾"、"督邮曹掾"，监察权与行政权合二为一，完全是一把手监督，隋初废置。

汉初，监御史一度被取消，原因有三：一是汉初经济恢复为当务之急，为刺激地方积极性，不设监御史；二是汉初将主要精力放在了解决地方割据和匈奴问题上，监察并非急务；三则是基于高祖与创业功臣的情意，不设地

---

①　（汉）卫宏：《汉旧仪》，载（清）孙星衍等辑：《汉官六种》，中华书局1990年版，第72页。此处应为"少史、属"，而不应为"少史属"，因为据《汉书·武帝纪》颜师古注引如淳语"御史亦有属"。

方监察，以示帝王对臣下之信任。更为重要的是，当时地方强于中央，全国仅有的 60 多个郡，大部分在诸侯王治下，中央直辖的只有一小部分。因此，地方监察无从谈起，以致地方毫无监督，诸侯坐大，造成此后多年的削藩难题。

不过，惠帝时已对地方失察开始重视，惠帝三年先在中央直辖郡内重设监御史作为试点，还未渗透到诸侯王国内，为防止监御史同地方勾结，"常以十月奏事，十二月还监。"并且"监者二岁更之"，与巡视组督查颇为类似。此外，还特别为近畿的"三辅"特区制定了九条监督要点，称"监御史九条"，以明确规范监督职责，包括："词讼、盗贼、铸伪钱、狱不直、徭役不平、吏不廉、吏苛刻、逾侈及弩力十石以上，作非所当服，凡九条。"①此 9 条事项涵盖了诉讼、治安、行政、财经、吏治等基本方面，按渎职、风纪、违制三大内容履职。渎职包括治安恶化（诉讼、盗贼迭起）、经济失控（盗铸伪钱，徭役不均）、司法黑暗（断狱丁直）。风纪包括小廉、苛刻、奢侈。违制包括拥有重兵器（弩力十石以上），逾制（作非所当服），已显现出监察法制试点的创新性和体系性。但如此严密的制度设计依然无法杜绝监御史徇私舞弊现象的发生。至文帝十三年（前 167 年），"以御史不奉法，下失其职，乃遣丞相史出刺并督监察御史。"试图解决谁来监督监督者的难题。丞相史出刺并非常制，有应急之嫌。而自文帝时起，便令百官推荐"直言极谏之士"，开后世言谏制度之先河。

景帝平定七国之乱后，郡与国实质上没有太大的差别。武帝时除继续削减王国封地，增设了若干内郡外，又外征四夷，开疆拓土，至元封时全国共有 90 多个郡，约 19 个王国，合计约有 110 多个郡国，都在朝廷直接统辖之下，王国不设监察常员已不适宜，惠帝的监察制度试点必将全面推开。再加上文帝以丞相史监督监御史，行政与监察相互监督，难免互相纠缠，二者职能交错，均为刺史的出现创造了条件。元封五年（前 106 年），除近畿 7 郡外，郡国共分为 13 部，作为 13 监察区，每部置 1 刺史，定为常制。"刺史"之"刺"，乃检核问事之意。其中 11 部采用了《尚书·禹贡》和《周书·职方》中的州名（冀、兖、徐、扬、荆、豫、幽、并、梁、雍、青），均称作

---

①　《汉旧仪》。

某州刺史部，以一部为一州，加之交趾刺史部、朔方刺史部，合称 13 州。

一、《六条问事》与刺史制度的初步形成

刺史"常以秋分行部，御史为驾四封乘传。到所部，郡国各遣一吏迎之界上，所察六条"[①]。即刺史以六条监察各州，又称《六条问事》，包括：1. 强宗豪右土地数量和住宅规模超过规定，依仗财大势强欺凌贫穷弱势者；2. 凡二千石大员不按王令办事，不守法制，背公向私，假借诏令以牟私利，损害百姓利益，聚敛财富，为非作歹者；3. 凡二千石官员不认真查明疑难案情，胡乱杀人，乱罚乱赏，烦扰苛暴，为百姓所痛恨，制造天怒人怨，灾害妖言并出者；4. 凡二千石选任不公，妒贤嫉能，任人唯亲，宠用顽劣奸诈之徒者；5. 凡二千石子弟倚仗权势，包揽和请托词讼，为所欲为者；6. 凡二千石不讲公德，巴结豪强，贿赂结党，歪曲损坏政令律者。《六条问事》全国通行，且仅针对地方二千石的高官及其子弟和强宗豪右，而非守令，为的就是遏制地方势力和豪强势力。

除了作为特别法的《六条问事》之外，汉初的单行律也对地方监察进行了相关设置，如《尚方律》严格制裁王侯国逾制；《事国人过律》和《阿党附益法》等都具有监视与防止王侯坐大以及内外官交结的监察法性质；除此之外，考核官吏的《上计律》还严格规范了刺史的监察职能，相关规范一直沿用至清。

从《六条问事》的具体内容来看，第一条是针对豪强贵族的，三至五条针对郡国二千石官员的，第六条针对地方豪强与郡国二千石勾结的。这表明武帝初置十三部州主要是加强对地方郡国守相监察的。这样，既可以防止守相专权坐大，又防范了刺史滥用职权干扰地方政务，实现了监察权和行政权相分离，基本上摆平了中央和地方的关系。这一制度一直为后人所赞誉，清顾炎武称"刺史六条乃百代不易之良法"。

汉武帝设置的刺史"秩六百石"，监督的是二千石的郡国守相。就其职能而言，刺史是刺察而不是治民；就其身份而言，是以卑临尊。刺史与守

[①]　《汉书·武帝纪》。

相，一高一低，一尊一卑，可以起到相互平衡制约的作用。刺史秩卑权重，使之有举察之勤而无凌犯之意。"秩卑则其激昂，权重则能行其志"，"此大小相制，内外相维之意也。"汉武帝末年避免了重蹈秦的覆辙，固然和武帝轮台罪己有关，更与刺史制度的有效实施亦关系非常。

刺史监察参照监御史，只是定期巡查，并无正式办公场所，[①]但地位却在郡国之上，解决了监御史监督郡守导致"同级监督太软"的难题。与丞相史较易受制于丞相不同，刺史直属于御史系列，行使监察权便少了一些顾虑。刺史俸禄虽只有六百石，但却可监察二千石的地方长吏与王侯，主要是因其权力出自中央，并非真正的下官，且西汉通过默认刺史优渥的仕途前程以激励其尽忠职守，这就是最早"以下察上，以卑督尊"的监察理念，方能有效避免"下级监督太难"的难题。

与文帝如出一辙，武帝在元狩五年（前118年）也设置丞相司直，官秩比二千石，以牵制御史台。同时，武帝扩大了文帝创设的循行制度，让循行使者监察地方吏治。循行不定期，比刺史的定期监察更有威慑力。相对属于外朝的刺史，循行使者作为皇帝特使，直接听命于皇帝，不仅有建议权，还有便宜处置权，能随机处理地方事务，对刺史也起到威慑作用。[②]

二、刺史在昭宣时期的发展

刺史制度在昭宣之际得到进一步发展，对维护皇权、澄清吏治、促使"昭宣中兴"局面的形成起着积极作用。汉昭帝和汉宣帝十分注重整顿吏治、断理冤狱，因而对刺史制度格外重视，这在刺史的选拔、任用方面表现得尤其突出。据《汉书·循吏传》载，"拜刺史守相辄案下问，观其所缘，退而考察所行，以质其言。有名实不相应，必知其所以然。"即十分注重考察刺

---

① 对于西汉时期刺史有无治所，诸史料有所矛盾，魏司马彪、南朝梁刘昭、沈约持无定所论，唐时《唐六典》、《通典》从之，东汉卫宏、清全祖望持有定所论。本文参考牟元珪之观点，认为有治所但非正式官署。具体考证参见牟元珪：《汉代地方监察制度的几个问题》，载《复旦学报（社会科学版）》1990年第1期。

② 张强、杨颖：《两汉循行制度考述》，载《南京师范大学学报（社会科学版）》2008年第3期。

史的言行是否一致，选拔真才实学的刺史赴任地方。昭、宣二帝对刺史治理一方的权力非常尊重，能够很好地把握中央集权和地方分权的"度"，充分发挥地方的积极性和创造性。宣帝曾叹道，只有皇帝和刺史共同为黎民百姓守护司法公正："庶民所以安其田里而亡叹息仇恨之心者，政平讼理也，与我共此者，其唯良二千石乎。"① 这一时期刺史仍然严格在《六条问事》的范围内行使其监察权，并涌现了一批成绩卓异的刺史。他们对整饬吏治、缓和阶级矛盾、维护皇权、促进经济与社会的发展起着重要的作用。

例如，在昭帝时，魏相为扬州刺史，忠诚履职，"考察郡国守相，多所贬退"，二年后被提升为谏大夫，接着做上了南阳太守。黄霸为扬州刺史，"三岁，宣帝下诏曰：'制诏御史，其以贤良高第扬州刺史霸为颍川太守，秩比二千石，居官赐车盖……以彰有德。'"他也因政绩卓著，被提升为太守，此后二人均被委以重任，担任御史大夫、丞相，位列三公。

可见，确立于汉武帝时期的刺史在昭宣之际得到了正确的贯彻、执行，并且刺史的仕途经验，有助于皇帝全方位掌控地方，监察地方官员。同时，提升刺史的职位，除了勉励刺史尽忠履职之外，更重要的是体现了皇帝对监察官员的看重。看重监察官员，便意味着看重监察制度，对监察制度的良好执行，无疑促进了武昭宣时期的政通人和。

三、刺史州牧的地方化

元帝以后，皇权暗弱，土地兼并严重，阶级矛盾尖锐起来。外戚特别是王氏逐渐把持了西汉的整个朝政，豪强大族要求不断地扩大其政治权力。

首先，刺史有了固定的掾属与幕僚。汉武帝初置州刺史时，刺史并没有固定的掾属，其行部需要，只是临时选调，"仅从二千石卒史与从事史中择得随员"。但到了元帝时，已经单独设置了治中、别驾、从事等固定的僚属，按照《汉官仪》所说："丞相于定国条州大小，为设置治中、别驾、诸部从事，秩皆百石"。

其次，刺史选官用人之权力扩大了。武帝之初，刺史仅有发现、推荐人

---

① 《汉书·循吏传序》。

才的权力，且与其刺举之本职并不矛盾。从成帝以后，刺史逐渐有了治吏权，"今部刺史，居牧伯之位，乘一州之统，选第大吏，所荐者高至九卿，所恶立退，任职重大。"①

再次，刺史监察的对象也扩大了。汉武帝时，刺史以《六条问事》，只监察二千石之守相为政理狱的情况。汉哀帝时，据《汉书·朱博传》载："刺史不察黄绶，各自诣郡；欲言二千石、墨绶长吏者，使者行部还，诣治所。"按《汉官仪》，"墨绶"是秩六百石的长吏。可见汉末刺史监察的对象已从二千石的守相扩大到六百石之郡吏和县令了，这无疑已影响了守相的治吏抚民权。

另外，汉末开始了刺史与州牧易名的拉锯战。汉成帝时，大司空何武，丞相翟方进奏请"罢刺史，更置州牧，以应古制"②，得到了批准，遂于"绥和元年罢刺史，更置州牧，秩二千石"③。建平二年（前5年），汉哀帝采纳了朱博的建议，"罢州牧，复刺史"如初。但是到了元寿二年（前1年），又"复称州牧"。刺史改州牧，其秩从六百石升至二千石，改变汉武帝初置刺史以卑临尊、互相制约的性质，其监察之功效实难正常发挥，这说明此时的刺史制度远较武昭宣时期走样了。最后，作为监察官的刺史在汉末一度沦为外戚、权臣的鹰犬。例如，成帝时，王凤为大司马大将军，领尚书事，"郡国守相、刺史皆出其门。"④

以上表明，刺史制度在西汉末年已明显异化，刺史权力的扩大，特别是刺史有了固定治所和掾属，以及有了治吏权，这是监察官向地方官转化的重要标志。但刺史的主要职责仍是监察，其监察郡县的本质没有变。这一时期刺史与州牧都是作为监察官存在的。虽然刺史一度改称州牧，其主要职责仍是刺举而非治民。西汉后期，中央仍把刺史或州牧的监察功绩作为考核他们的主要标准。成帝时，何武、翟方进分别为扬州刺史和朔方刺史，二人因严格按《六条问事》，没有越权之举，得到了中央的肯定，并先后升为丞相司直。我们知道丞相司直是行政系统中代表丞相监察九卿与地方官的监察官，

---

① 《汉书·朱博传》。
② 《汉书·朱博传》。
③ 《汉书·成帝纪》。
④ 《汉书·元后传》。

并直接监督刺史的行为。可见，何武、翟方进二人是当时刺史中奉诏察州的楷模，中央以二人为司直就在于监察刺史之不法，使其他刺史都效法二人，以期刺史制度能够有效地贯彻、执行下去。对不忠于职守、滥用权力、干涉地方政务者，中央政府严惩不贷。如哀帝时，豫州牧鲍宣，"举错烦苛，代二千石署听讼，所察过诏条，……宣坐免。"简而言之，西汉末年刺史在行使监察权的过程中逐渐异化。

新莽、光武、明、章、和之际，刺史加快了地方官化的步伐。统治者根据不同时期的需要，对刺史、州牧时纵时抑，但他们总是顾此失彼，最终没有处理好监察权与行政权的关系，刺史、州牧在曲折的发展中完成了地方官化。王莽代汉后，刺史制度地方官化进程加速了。王莽统治之际，阶级矛盾、民族矛盾空前激化，为刺史、州牧地方官提供了可乘之机。在四面楚歌声中，新莽政权不得不派遣州牧去镇压各地的农民起义军和少数民族的反抗。正是在这一过程中，刺史、州牧的监察职能渐失，而行政、领兵之职能渐重。

安顺之际，随着戚宦之祸的加剧和皇权的日益削弱，社会矛盾日益尖锐激化，各地起义此起彼伏，刺史又普遍地被赋予了统兵权。"顺帝末，杨、徐盗贼起……，遣御史中丞北绳将兵督扬州刺史尹耀、九江太守邓显讨之"[1]；永建元年（126年），"告幽州刺史，其令缘边郡增置步兵，列塞室下"[2]。这些不胜枚举的例子充分说明了安、顺、桓及灵帝前期刺史在性质上与东汉末年的州牧并无多大的差别。如果有的话，那仅在于二者的实力有异而已。这一时期的皇权尚有一定的实力，刺史虽已坐大，但以一州之力实难对抗中央。

至黄巾爆发，州牧称制，跨州典兵，终亡汉室。东汉末年，朝廷为迅速镇压八州并起的黄巾起义，赋予了地方更大的军政权，刺史从而得以长期掌握重兵，招兵买马。在镇压黄巾起义的过程中，刺史坐大，逐渐演变成了割据势力。

---

① 《后汉书·张法滕冯度扬列传》。

② 《后汉书·顺帝纪》。

东灵帝中平五年（188 年），"以卑督尊"的刺史传统未能遵循，东汉政府采纳了刘焉的建议，改刺史为州牧，以期早日解决黄巾这个心腹之患。渐被视为一种政治奖赏，往往选重臣出任，称州牧，掌一州军民，职权在郡守之上，监察官变成了行政官，州便从监察区变为行政区，郡县两级制开始演变为州郡县三级制，刺史州牧的行政化历程彻底完成。

行政化的结果就是政权化，以州刺史为中心的新地方割据势力开始出现。若就行政权论之，亦不过对既成事实以法律之追认而已。虽说中平五年"改刺史，新置州牧"，但遍阅东汉、三国之际的史料，实乃是刺史、州牧并置。一般说来，以重臣出治乱州者方为州牧；刺史有所建树才得以进位为州牧。例如"初平元年，诏书以繇为扬州刺史，后以尽忠王室，诏加牧号"①；"徐州黄巾起，以谦为徐州刺史。董卓之乱，天子都长安，谦遣使贡献，进号州牧"②。当然，在东汉末年的乱世中，权臣自为州牧，刺史依赖权臣进位为州牧者亦不乏其例。吕布自为徐州刺史，而求州牧于曹操并非唯一的例证。这时期无论是刺史还是州牧都已成为割据的方镇，实无二异。

东汉末年的州牧、刺史"内亲民政，外领兵马"，势大权重，跨州连郡，割据混战。荆州牧刘表为镇南将军，封成武侯，"于是开土遂广，南接五领，北拒汉川，地方数千里，带甲十余万"③。公孙瓒"乃自署其将帅为青、冀、兖三州刺史，又悉置郡县守令"④。冀州牧袁绍更甚，以长子谭"出为青州刺史"，"以中子熙为幽州牧，外甥高翰为并州刺史"。⑤ 即使是声称复兴汉室的刘备，也在入西川后兼领荆州牧和益州牧。这些州牧、刺史自署将帅，自辟谋士掾属，自委任地方官吏，已完全是游离于东汉傀儡政权之外的独立王国。

总之，刺史制度的酝酿、形成与演变贯穿了两汉政治及政治制度的始终。刺史在从《六条问事》的监察官向领兵统郡的割据方镇演变的漫长过程

---

① 《后汉书·刘繇传》。

② 《三国志·魏志·陶谦传》。

③ 《后汉书·刘表传》。

④ 《后汉书·公孙瓒传》。

⑤ 《后汉书·袁绍传》。

中，每次量变都有着特定的原因。在数次反复的量变中，刺史、州牧于新莽和东汉之初完成了地方官化的质变，进而在东汉后期坐大为割据的方镇。方镇割据混战结果，东汉寿终正寝，为三国鼎立所取代。刺史制度的酝酿、形成、发展、异化、变质、坐大这条线索把繁冗的两汉政治兴衰历程完整、清晰地呈现在我们面前。刺史制度的形成、演变对两汉政治和政治制度的影响，其前期的经验和后期的教训，为政者不可不察。今天我们再次研究汉代的刺史制度，对于正确处理监察权和行政权的关系，进一步探索中央集权与地方分权的关系是大有裨益的。

第三节　司隶校尉的京畿监察

《汉书·百官公卿表》对西汉司隶校尉的设置及其职务、地位的演变，有个简单的记述：“司隶校尉，周官，武帝征和四年初置，持节从中都官徒千二百人，捕巫蛊，督大奸猾，后罢其兵，察三辅，三河，弘农。元帝初元四年去节，成帝延元四年省，绥和二年，哀帝复置，但为司隶，属大司空，比司直，……秩皆二千石。”从以上记载可以看出，司隶校尉原本是西周官职，在西汉时其职务及地位的变化分为四个时期：一、武帝初设时期；二、武帝巫蛊之狱后至元帝初，罢司隶兵权，察三辅、三河、弘农时期；三、元帝初元四年去节，至成帝延元四年省司隶校尉时期；四、哀帝复置司隶，属大司空时期。

一、司隶校尉的创设

司隶校尉，始置于汉武帝征和四年（前89年），成帝元延四年（前9年）曾省去，哀帝时复置，但省去校尉而称司隶，秩二千石，东汉时复称司隶校尉，属官有从事、假佐等。因其率领一千二百名中都官徒隶所组成的武装，故命名为“司隶校尉”。

武帝设置司隶校尉的初衷是治“巫蛊之狱”。武帝设置司隶校尉与当时发生的一起震动朝野的“巫蛊之祸”有关。武帝时江充与太子刘据有隙，恐武帝死后太子不会放过他，就于征和二年（公元前91年）前诬陷太子暗中搞巫蛊，率人"掘蛊于太子宫'①。时武帝多病，对任何人都很猜忌，因此太子听到消息后，万分惶恐，感到无法洗清自己，于是起兵怒杀江充等人。武帝震怒，当即发兵追捕。太子"以节发兵与丞相刘屈趁大战长安，死者数万人。……八月辛亥，太子自杀于湖"。② 突发的"巫蛊之狱"，让武帝对已有的监察和官僚系统失望，他开始建立直属于个人的秘密机构。围捕奸猾之徒，镇压皇后卫子夫和太子刘据，武帝为绣衣使者江充组建了一支接近两千人左右的武装，这支武装的忠勇之气得到了武帝的高度认可。皇帝对他们的依赖程度远超过丞相司直和御史大夫。《北堂书钞·设官部》记载："司隶校尉，武帝初置，后诸王贵戚不服，乃以中都官徒奴千二百人属（焉）。"看来武帝初置司隶校尉时，曾遭到诸王贵戚的反抗，所以才派给司隶校尉一千二百名徒兵，这就使司隶校尉不仅有督察权，而且有逮捕权、惩治权。"纠皇太子、三公以下及旁郡国，无所不统。"③ 在督治阳石公主、决太子巫蛊之狱中，司隶校尉就充分运用了这一巨大的权力。汉武帝置司隶校尉督察皇太子、三公以下百官，是历代统治者以低治高、以贱治贵的惯用手段。起到和刺史相同之作用，但比刺史位高，这就是即征和四年（前89年）创制的司隶校尉，也是司隶校尉权势最重的时期。

在"巫蛊之祸"后，武帝感到司隶校尉权势太重，遂"罢其兵"，即剥夺了司隶校尉统率徒兵权，但仍保有皇帝钦命使者的身份，其任务是持节"督察三辅、三河、弘农"，④ 这是司隶校尉职务、地位的第一次变化，也是司隶校尉向地方督察官转化的开始。司隶校尉属兵被罢而掌监察权，"察三辅、三河、弘农七郡"，三辅是汉代的京畿地区，三河、弘农可以看作广义的京畿地区，也包括京师在内，故仍具有纠察、弹劾中央百官之权，仍是皇帝的耳目之臣，从地位上看，七郡地位是相当重要的。将它们交由司隶校尉监察，司隶校尉的地位不言而喻。但是这个监察区域，这不仅仅与京畿七郡

---

① 《汉书·江充传》。
② 《汉书·武帝纪》。
③ 《北堂书钞·设官部》、《太平御览·设官部》。
④ 三辅为京兆尹、左冯翊、右扶风，三河为河南、河内、河东。

的特殊地位相关，而且还与司隶校尉监察官的身份相关。司隶校尉是作为中央监察官出现于汉代官制中的，"司隶诣台廷议，处九卿上，朝贺处公卿下，陪卿上。初除，诣大将军、三公，通诣持板揖。公议、朝贺无敬。台召入宫对见尚书，持板，朝贺揖"，"入宫，开中道称使者。每会，后到先去"①。就秩级来说，《汉书·百官公卿表》记载"自司隶至虎贲校尉，秩皆二千石"。可见司隶校尉初设就与部刺史有天壤之别。虽在司直之下，但确能以低治高，以贱治贵。司隶校尉仍保留钦命使者身份，持节"察三辅、三河、弘农"等京师七郡，作为 13 监察区之一的司隶部，比一般刺史位高，朝会时位居中二千石（九卿）之前。京师 7 郡后称为司隶部，其具体职掌为"督察三公以下为职"，由临时机构演变为常设监察机构。《后汉书·百官志》载："持节，掌察举百官以下及京师近郡犯法者。"宣帝时，盖宽饶为司隶校尉，"刺举无所回避，大小辄举，所劾奏众多，……公卿贵戚及郡国吏馈使至长安者，皆恐惧莫敢犯禁，京师为清"。持节，表示受君令之托，有权劾奏公卿贵戚。可以看出司隶校尉仍是皇帝的耳目之臣。在这一时期，由于有几位司隶校尉尽职尽责，"纠上检下，严刑必断"，致使"贵戚惮之，京师政清。"② 说明这一时期的司隶校尉还是有相当高的权威。不过，司隶校尉的威权，全靠皇帝的支持、信任，得到皇帝的宠信，其权威足以压百官，得不到皇帝的支持，就成了百官攻击的焦点。按司隶校尉的实际官职在九卿、三辅及京辅都尉之下，甚至也在丞相司直之下，但在朝会时，却位居中二千石（九卿）之前，与司直并迎丞相、御史大夫，这也可以看出司隶校尉地位特殊之处。

盖宽饶在宣帝时任司隶校尉，"絜白公正，不畏强御"，"刺举无所回避"，"居不求安，食不求饱"，甚至将月俸之半发给吏民，让他们作为耳目，侦察百官，因此出现了"公卿贵戚至长安，皆恐惧莫敢犯禁，京师为清"的局面。但是，由于盖宽饶"所劾奏众多"，而"廷尉处其法"则"半用半不用"。这说明被盖宽饶所劾奏的人，并没有全部受到应有惩处，廷尉可以上下其手，有的依法制裁，有的则曲为廻护。由此可见，司隶校尉在解除兵权之后，虽

---

① 蔡质：《汉官典职仪式选用》，中华书局 1990 年版，第 208 页。

② 《北堂书钞·设官部》。

在"司察之任",有"举使之权",然而已不能率徒兵直接逮捕人犯,处置人犯,其威权较巫蛊之狱时,已大大降低。不仅如此,由于盖宽饶"直道而行,多仇少与"①,树敌过多,最后因受政敌的陷害而入狱。盖宽饶不甘受辱,自刎而亡,这就是司隶校尉失去皇帝支持时的下场。但值得肯定的是,司隶校尉并不依附于行政权力,能够更好地发挥监察作用。

二、元帝至成帝的变化

司隶校尉在元帝初元四年(前45年)所持之节被收回。成帝元延四年(前9年)被撤销;虽又于绥和二年(前7年)复置,但隶属于大司空,地位与丞相司直相当。成帝时,司隶校尉虽为大司空(御史大夫)之属官,但反倒可监察御史大夫,身份颇为特殊。这种特殊的身份使其不依附于行政权力的制约,能够更好地发挥监察作用。不过,在汉武帝之后,司隶校尉是逐渐失势的,一夺兵权,再夺符节,又去校尉头衔而单称司隶,直至西汉最终取消司隶校尉一职。

这一时期司隶校尉的地位再一次降低,其主要表现是表明司隶校尉是皇帝钦命使者的"节"被剥夺,失去了便宜行事的权力,并一度取消这一官职。元帝初年诸葛丰任司隶校尉,督察公正无私,有"刺举无所避"之美誉。元帝对诸葛丰的作为也非常满意,特加光禄大夫头衔以资鼓励。但在初元四年(前45年),诸葛丰因得罪外戚许章,而遭到去节处分。当时外戚许章为侍中,"奢淫不奉法度",宾客犯法,事与许章相连。司隶校尉诸葛丰正欲奏劾许章,外出时恰好遇上许章,即举节召章下车,许章惶恐窘迫,急驰而去逃入皇宫,诸葛丰也赶至皇宫,奏劾许章,元帝不仅不处分许章,反而"收丰节",并通过尚书令告诫诸葛丰说:"夫司隶者,刺举不法,善善恶恶,非得专也。"意思是说司隶校尉虽有刺举不法之责,但谁善谁恶,不能专断。诸葛丰不服,上诉元帝,元帝一怒,贬诸葛丰为城门校尉,后又被贬为庶人。

经过诸葛丰事件,司隶校尉之"节"已被剥夺,所谓"司隶去节自丰

---

① 《汉书·盖宽饶传》。

始"①，此后司隶校尉虽有督察、劾举之责，但已失去皇帝钦命使者的身份，其地位已与州部刺史相似。在元帝时期，司隶校尉所举奏的弹劾案，很少得到认真查处。如丙显任太仆十余年，与官属大为奸利，"赃千余万"②，司隶校尉昌立案弹劾，罪至不道，奏请逮捕法办，而元帝却以"故丞相吉有旧恩"为由，仅免去丙显官职夺邑四百户，不久又任命丙显为城门校尉，这一桩特大贪赃案，实际是大事化小，小事化了，不了了之。再如建昭三年（前36年）陈汤征匈奴归来，司隶校尉侦知陈汤非法掠取财物，遂收捕陈汤吏士验问查赃。陈汤却来了个恶人先告状，上疏皇帝，说他诛灭匈奴有功，"宜有使者迎劳道路"，而司隶校尉反收系吏士案验，"是为郅支报仇也。"元帝接到陈汤上疏后，即下诏司隶校尉"立出吏士，令县道具酒食以过等"。③ 以上两次事件说明，司隶校尉的督察职能不再得到皇帝的支持。

到了成帝时期，司隶校尉的处境更不如前。如王尊任司隶校尉尽职责，但由于弹劾丞相匡衡、御史大夫张谭，对中太仆令石显任中书令时，"专权擅势，大作威福，纵恣不制，无所畏忌，为海内忠害"等罪行，不仅不及时上奏，反而"阿谀曲从，附上罔下，怀邪迷国"，有失"大臣辅政之义"，在石显免去中书令之后，匡衡、张谭不仅"不自陈不忠之罪"，反而宣扬先帝用人不当，"卑君尊臣，非所宜称，失大臣体"。新即位的成帝，在接到司隶校尉的奏疏后，不仅不追究丞相匡衡、御史大夫张谭的罪责，反而认为王尊重伤大臣，贬为昌陵令④。

在成帝时，还发生翟方进"旬岁间免两司隶"的事件颇引人注目，说明司隶校尉的地位已相当脆弱。翟方进罢免的第一个司隶校尉是陈庆。当时翟方进新提升为丞相司直，随从成帝去甘泉，"行驰道中"，司隶校尉陈庆以翟方进犯禁，"没入车马"。翟方进为了报复，在侦知陈庆任尚书时，有机密要事迟延月余没有上奏之事后，遂举劾陈庆，罢免了陈庆的官职。

翟方进罢免的第二个司隶校尉是涓勋。当时北地人浩商令宾客诈称司隶

---

① 《汉书·诸葛丰传》。
② 《汉书·丙显传》。
③ 《汉书·陈汤传》。
④ 《汉书·王尊传》。

掾、长安县尉刺杀义渠长妻子等六人而逃亡。丞相、御史大夫派遣掾史与司隶校尉、部刺史共同追捕案犯。司隶校尉涓勋认为丞相薛宣派遣掾史的目的，是"督察天子奉使命大夫"（即督察司隶校尉），于理不合，故上书皇帝，指控丞相"专权作威，乃害于国，不可之大者"。"请求廷议，以正国之法度。议者认为丞相掾不宜移书督趣司隶。"这个事件说明，丞相是想把司隶校尉控制在自己手中，而涓勋则根据司隶校尉"得奉使以督察公卿以下为职"，不应受丞相司直的督察，而提出了抗议。廷议的结果，涓勋虽然胜诉了，却得罪了丞相，事后丞相司直翟方进则以涓勋"不遵礼义，轻谩宰相，贼易上卿……堕国体，乱朝之序"为由，提出弹劾。成帝认为"方进所举应科"①，遂贬涓勋为昌陵令。翟方进旬岁间连罢两位司隶校尉，可见司隶校尉已是威权扫地。在成帝时，甚至还发生过中谒者陈临在宫中使人刺杀司隶校尉袁丰事件②，此时司隶校尉已自身难保，所以到元延四年（前9年）二月，成帝就下诏"罢司隶校尉"③。

三、西汉哀帝之后

成帝于元延四年（前9年）废除了司隶校尉，但不到两年，哀帝于绥和二年（前7年）又恢复了这一官职，这是哀帝即位后所办的第一件大事。不过，《汉书·哀帝纪》并没有记载这件事，只有《汉书·百官公卿表》有明确记载，而《汉书·元后传》和《汉书·李寻传》在"哀帝初立"之后就言司隶校尉解光的活动，实际上哀帝所恢复的只称司隶，而不再有校尉的头衔。这是西汉司隶校尉地位的又一次变化。按校尉本属武职头衔。司隶校尉初置时，领有一千二百名徒兵，戴个校尉头衔，也还算名副其实，后来罢其徒兵，成为专职督察官，故去掉校尉头衔，也算名正言顺。但是，此次司隶校尉的地位变化，实质尚不在此，而是由皇帝的"奉使命大夫"，改"属大司空"，这说明司隶已不再直属皇帝，而成了中央最高监察官大司空的下属，同时还明确规定，司隶的地位与丞相府的司直相同，秩皆二千石。按司隶校

---

① 《汉书·翟方进传》。

② 《汉书·成帝纪》。

③ 《汉书·成帝纪》。

尉从初设时起，就规定"位在司直下"，秩比二千石。现在从表面上看，司隶的地位、官秩都提高了，而实质由直属皇帝改属大司空，其权势是降低了，这也是统治者对于难以驾驭的官职，采取明升暗降的惯用手法，也算是对复置的司隶的一种安慰。

复置后的司隶，其职务仍是督察百官，据《汉书》记载，在哀帝时，司隶曾参与了以下四项纠察案件。

1."司隶校尉解光奏：'曲阳侯根……行贪邪，减累拓万，纵横恣意……根兄子澎都侯况……皆无人臣礼，大不敬不道。'于是天子遣（根）就国，免况为庶人。"很显然司隶校尉解光所弹劾的王根、王况案，乃是成帝末年王太后督责司隶校尉对王根、王商、王立"骄奢僭上"、"阿纵不举"案的继续，成帝时，司隶校尉不仅没有处理此案，而且司隶校尉的官职也被废除。哀帝复置司隶后却得到处理，这当然涉及此时已经失势的王氏外戚，但由此也可以看出，司隶校尉能否督察百官、贵戚，关键在于能否得到皇帝的支持。这是哀帝即位后，司隶所举奏的第一件大案。据说哀帝"少而闻知王氏骄盛，心不能善，以初立欲优之，后月余，司隶校尉解光奏"①，这说明解光奏举王氏外戚，是按哀帝的意志行事。《元后传》称解光为司隶校尉，是按惯称，实际此时应称司隶。

2.哀帝复置司隶后，所办的第二件大案就是弹奏赵昭仪（成帝皇后赵飞燕之妹，此时已自杀）杀害宫女及许美人所生皇子案。司隶解光经过深入调查，已得到实证，哀帝将赵昭仪亲属封侯者"皆免为庶人，将家属徙辽西郡"②。

3.司隶孙宝奏请复治"傅太后考逼中山孝王母冯太后自杀"案，傅太后在得知孙宝的奏书后，"大怒曰：帝置司隶主使察我？冯氏反事明白，故欲剔抉（揭发）以扬我恶，我当坐之。"③哀帝不敢惹傅太后，遂将孙宝下狱，后经众官保奏，又官复原职。

4.司隶孙宝上书替尚书仆射郑崇鸣冤。郑崇因反对封傅太后之弟傅商为

① 《汉书·元后传》。

② 《汉书·孝成赵皇后传》。

③ 《汉书·孙宝传》。

侯，而下狱，并死于狱中。孙宝上书曰："臣幸得衔命奉使，职在刺举，不敢避贵幸之势，以塞视听之明。按尚书令昌奏仆射（郑）崇下狱覆治，榜掠将死，卒无一辞，道路称冤。"孙宝认为这是尚书令昌对郑崇的陷害，要求"治昌以解众心"。孙宝是想发挥"职在刺举"的作用，不避权贵之势，要替郑崇申冤平反，这就再一次得罪了傅太后，因此"书奏，天子不悦"，"免宝为庶人"。①

在这四起案例中，前两起司隶解光所刺举的对象，也正是哀帝所要打击的对象，因此得到哀帝的支持，对所刺举的对象，给予应有的处分。第三起刺举案例，在前半段，由于符合了哀帝要缓和社会危机的愿望，就支持了解光，但在改元易号之后，"卒无嘉应"，故又把解光发配敦煌。第四起案例，司隶孙宝所刺举的对象，涉及傅太后（哀帝祖母），因此都没有得到皇帝的支持，反而被下狱、免为庶人。由此可见，在哀帝时期，司隶能否发挥刺举、督察的职能，关键在于能否得到皇帝的支持，而能否得到皇帝支持的关键，又在于司隶刺举的对象是否符合皇帝所要打击的对象。这也就是皇帝对司隶执行职务时是否给予支持的标准。

东汉初年，光武帝裁撤丞相司直，司隶校尉再次启用，地位迅速回升，与御史中丞、尚书令于朝会时"三独坐"，地位相当优越。《后汉书·百官志四》云："掌察举百官以下，及京师近郡犯法者。"注引蔡质《汉仪》："职在典京师，外部诸郡，无所不纠。封侯、外戚、三公以下，无尊卑。"恢复了西汉武帝时敢于劾奏三公等尊官的传统，为百僚所畏惮，可谓权倾一时。因其集权势与恩宠于一身，在东汉末年外戚与宦官的斗争中，一方常借重司隶校尉的力量挫败对方，因此司隶校尉在政权中枢中的地位举足轻重。

曹操在夺取大权后，也领司隶校尉以自重。曹魏政权建立后，司隶校尉权势进一步扩大。东汉司隶校尉属官有从事史 12 人、假佐 25 人，共计 37 人，而曹魏时的从事史、假佐等达到 100 人，规模远超前代。一直到魏晋时期，司隶校尉都是监督京师及其周边地区的秘密监察官，其作为皇帝亲信的权势远胜于明代的东西厂和锦衣卫。任用司隶校尉作为监察官员的优势在

---

① 《汉书·孙宝传》。

于，首先司隶校尉主要集中在京畿地区，可以形成快速集结之优势；其次在于其监察的秘密性和出其不意，司隶校尉的官衔虽公开但作用发挥得十分隐秘；最后司隶校尉领司州事，把持着三辅、三河、弘农，在后勤保障方面可以不受朝廷节制，能够自给自足。司州还起着监控京畿要害的作用，掌管之地亦可作为战时大本营。倘若京师哗变，可以近距离为皇帝提供可靠寓所。这便是司隶校尉作为汉代监察体制之重要一环的关键所在。在此意义上，对于王朝监察制度而言，没有定制，往往因偶发事件而获取帝王亲信的官员便可缔造一个全新的监察体制。

第四节　尚书与丞相司直的权力监督

汉武帝时期，汉初君相制衡的政治格局被打破，内朝与外朝的区分就此开始。汉武帝进行了大规模的职官改革，大司马、大将军、左右前后将军、尚书、侍中、给事中、左右曹、常侍、散骑、诸吏等中朝官开始走上政治舞台，开始了政治内朝化的进程，至东汉时期，形成了"虽置三公、事归台阁"的政治格局。

内朝（亦称中朝）与外朝的划分，源自汉武帝时期。《汉书·刘辅传》颜师古注引孟康曰："中朝，内朝也。大司马左右前后将军、侍中、常侍、散骑、诸吏为中朝。丞相以下至六百石为外朝也。"孟康的注释分类较为准确，但列举仍有遗漏，西汉时期诸如给事中、尚书等职官也属内朝序列。

汉武帝时期，为了强化君主集权，削弱相权，君相关系较为紧张。相较于汉初，丞相一职人事变动频繁，且至汉武帝元狩五年（前118年）后，丞相除石庆外大多是畏罪自杀或下狱死的结局。[1] 汉初皇帝与功臣集团之间的政治均势格局逐渐被打破。专制皇权既需要保障权力的绝对性、至上性和排他性，同时也要继续承担治国理政的重任。汉武帝一方面不信任以丞相为核

---

① 参见《汉书·百官公卿表》。

心的外朝官僚集团，另一方面又要处理极为繁多的内政外交军事事务，因此就召集了一大批位卑权轻但富有才干的人才，议事于内廷。自此，决策权由皇帝一人独享，丞相权力式微。正如严耕望所指出："丞相府由最高决策机关，退居最高执行机关。"①武帝临终托孤霍光，霍光以大司马大将军统领朝政，内朝与外朝自区分后而建立的短暂平衡关系也被打破，内朝压制外朝的格局逐渐形成。

一、尚书的权力监督职能

政治内朝化最显著的表现就是尚书制度的发展。尚书在战国时或称"主书"、"掌书"，秦时设置此官职，本为少府属官，属员四人。汉初承之，品秩五百石，次补两千石，在殿中负责发放文书事务。汉武帝时期，尚书员额四人，分别为：常侍曹尚书、二千石尚书、户曹尚书、主客尚书，成帝时增三公尚书一人。统领尚书的官员称尚书令，为秦官，铜印墨绶，主赞奏，宗典纲纪，无所不统，秩千石。随后逐渐形成了以尚书令为主官，尚书仆射为副职，含尚书左丞、右丞、侍郎、郎中、郎、令史在内的尚书台系统。尚书台被称为"中台"、谒者台被称为"外台"、御史台被称为"宪台"，并称"三台"。在东汉时期，尚书令备受尊宠，每次朝会，可以与司隶校尉、御史中丞一起专席列坐，时称"三独坐"。②

西汉中后期，尚书取代了御史大夫成为皇权和相权的沟通媒介，所不同的是，尚书位非上卿，其独立性远小于御史大夫，只能紧密依附皇权，代表皇帝行事。在皇权的庇佑之下，尚书的权力逐渐增大，其职权逐渐从掌管文书，延伸至选官、接受奏事等，甚至可以先行审察奏章。日益扩大的权力使得尚书逐渐成为汉代政治权力的核心，其最具代表性的即"领尚书事"。汉昭帝时，大司马大将军霍光以托孤之重辅政，此时丞相为田千秋。霍光身为内朝官，与金日磾、上官桀共领尚书事，即兼理尚书事务，成为实际的权力核心。随后"领尚书事"、"录尚书事"、"平尚书事"成为强臣弄权的标志性

① 严耕望：《中国古代政治制度史纲》，上海古籍出版社 2013 年版，第 69 页。
② 以上参见（汉）应劭：《汉官仪》，载（清）孙星衍等辑：《汉官六种》，中华书局1990 年版，第 140—143 页。

符号。到东汉时期，尚书已经替代三公成为实际的宰辅，已转为外朝，以太傅（太尉、司徒）"录尚书事"为常态，虽然此时"录尚书事"并没有西汉中后期显得重要，但仍然体现了一种参与决策的资格。

尚书从最早的少府属吏到东汉末年的实质宰辅，是体现了政治权力向君主或内朝集中的过程。之所以会产生这种权力集中化的趋向，其根源在于君相之间、内朝外朝之间的紧张关系，皇帝希望通过尚书来制衡外朝过大的行政权。因此，尚书权力提升的过程，也是尚书渐次获得权力监督职能的过程。但尚书的权力监督与御史系统并不相同，其最为重要的不同点就在于御史系统的权力监督是个案性的、事后性的，而尚书的权力监督则是宏观性的、事前性的。

尚书在汉武帝之后地位提升，在东汉之后形成了"虽置三公，事归台阁"的局面。尚书逐渐制度化之后，具有四项重要的权力。

第一，颁诏受章。西汉中后期之后，尚书逐渐地替代了御史，成为皇帝与丞相、百官之间的沟通媒介。皇帝责问丞相，丞相对诏应答都由尚书负责上传下达。① 这既是在分散御史大夫、御史中丞的职权，同时也是进一步限制丞相与百官的权力。

第二，审查奏章。掌管文书是尚书最早的职权，但尚书地位提升之后，就逐渐地从形式性审查变为了实质性审查，因而有一些奏章被尚书拦截无法上达天听。这在削弱百官的奏事权的同时，也蔽塞了君主获致政情的渠道。②

第三，选举诛赏。人事选任是权力监督的关键，如失控将导致权力的朋党化、集团化。汉初虽然已经建立起察举制度，但人事荐举、选任权出多门，丞相、御史大大都有此职权。尚书获得此权力，就意味着皇权逐渐地直

---

① 《汉书·循吏传》："天子使尚书召问霸：'太尉官罢久矣，丞相兼之，所以偃武兴文也。如国家不虞，边境有事，左右之臣皆将率也。夫宣明教化，通达幽隐，使狱无冤刑，邑无盗贼，君之职也。将相之官，朕之任焉。侍中乐陵侯高帷幄近臣，朕之所自亲，君何越职而举之？'尚书令受丞相对，霸免冠谢罪，数日乃决。"

② 《汉书·魏相传》："故事，诸上书者，皆为二封，署其一曰副。领尚书者，先发副封，所言不善，屏去不奏。"

接介入、干预人事选任，是进一步地挤压相权与外朝的政治空间。西汉时期，尚书可以代皇帝选举二千石的官员，东汉时期，三公有名无实，"选举诛赏，一由尚书"①。

第四，参与决策。在西汉中后期至东汉，领尚书事、录尚书事、平尚书事、视尚书事，都是参与决策资格的体现。尚书参与决策，亦是在分散、稀释甚或僭夺外朝官僚集团的决策权，使其彻底变为执行机关。

尚书职能的强化是一把双刃剑：一方面有助于协助天子牵制丞相与群臣，维护皇帝权力的至高性与排他性；但另一方面权力一旦失控，则会对皇权造成更大的危害。因此，尚书的权力监督职能只具有偶然性与时段性，遇到汉孝武、光武这些雄才大略的英主，固然能够起到监督朝野的积极作用，而遇到幼主、庸主，则会独揽朝纲，危害朝野。东汉末年，外戚、宦官相继掌权，而外朝三公群臣皆无法制约，所谓天厌汉德，其原因即在于此。

二、丞相司直的权力监督

虽然尚书职能强化是汉武帝有意为之，但汉武帝自己或许也逐渐地意识到了削弱丞相的权力，会产生两个不利的后果：一是使具体方针大略无法有效实施，二是会导致他努力搭建的"皇帝—内朝—外朝"的权力格局再次失衡。因此在汉武帝执政中期，即元狩五年，"初置丞相司直，秩比二千石，掌佐丞相举不法"②，后改丞相为大司徒，相应的丞相司直就改称大司徒司直，东汉时期，不置此官。

丞相司直是丞相府的属官，但其只行使监察权而不行使行政权。虽然御史府是行使监察权的主要机构，但汉文帝之后，丞相亦可遣丞相史出刺监察，部分行使监察权，以制衡由御史系统管理的监郡御史。丞相司直是这一制度的传承，但其监察范围并不仅限于郡一级，而涵盖了丞相之下的百官，"职无不监"③。

---

① 《后汉书·陈宠传》。

② 《汉书·百官公卿表》。

③ （汉）卫宏：《汉旧仪》，载（清）孙星衍等辑：《汉官六种》，中华书局1990年版，第67页。

丞相司直品为秩比二千石，高于秩千石的御史中丞，同时实际地位也高于中二千石的官员："故事，司隶校尉位在司直下，初除，谒两府，其有所会，居中二千石前，与司直并迎丞相、御史"①。

虽然汉武帝在随后又设置了部州刺史（元封五年，前106年）与司隶校尉（征和四年，前89年），形成了环环相扣、交叉监督的监督链：以御史中丞督察司隶校尉，以司隶校尉督察丞相，以丞相督察司直，以司直督察诸州刺史，以刺史督察官秩在二千石以下的官员。② 从一定程度上再次分散了丞相司直的权力，但丞相司直在西汉中后期仍然具有很大的权力。丞相司直的权力主要体现在如下几个方面：

第一，监督郡国选举。《汉书·鲍宣传》："龚胜为司直，郡国皆慎选举，三辅委输官不敢为奸。"

第二，监察官员行为仪制。宣帝时丞相司直絭延寿上疏奏劾御史大夫萧望之，其中有"丞相数病，望之不问病，会庭中，与丞相钧礼"③的条状。④

第三，监察官员御下无方、以权谋私、收受贿赂等不法行为。絭延寿奏劾萧望之的条状还包括："多使守史自给车马"、"少史冠法冠，为妻先引，又使卖买，私所附凡十万三千"、"受所监臧二百五十以上"等。

第四，奏请免官、左迁。《汉书·鲍宣传》："（丞相司直郭钦）奏免豫州牧鲍宣、京兆尹薛修等，又奏董贤，左迁卢奴令"。

御史台、尚书台、丞相司直，再加上随后设置的部州刺史、司隶校尉，共同搭建了多层次多维度的权力监督体系，维护了汉帝国政治权力格局的动

---

① 《汉书·翟方进传》。

② 对此问题，《汉旧仪》与《北堂书钞》记载略有不同，《汉旧仪》的记载是"御史中丞督司隶，司隶督司直，司直督刺史二千石以下至墨绶"，而《北堂书钞》的记载是"御史中丞督司隶，司隶督丞相，丞相督司直，司直督刺史，刺史督二千石下至墨绶"。但大体上都是行政系统与监察系统交叉监督。

③ 《汉书·萧望之传》。

④ 卫宏《汉旧仪》有丞相有病皇帝亲至问病的记载。应劭《汉官仪》则明确提道："丞相有疾，御史大夫三日一问起居，百官亦如之。"可见御史大夫探问丞相病情应是汉代成例。参见（汉）应劭：《汉官仪》，载（清）孙星衍等辑：《汉官六种》，中华书局1990年版，第123页。

态平衡与相对稳定。这种平衡与稳定的权力格局，虽然看上去纷繁复杂，但其实有一条明确而清晰的政治逻辑，即以维护皇权至高性与排他性为主，以防范权力滥用影响治国事功为辅。虽然这套权力监督机制设计的初衷或是皇权专制一己私欲，但客观上也保障了官员忠于职守、廉洁奉法。

第五节　司法权力监督：奏谳与乞鞫

伴随着司法文明的演进，汉代司法审判已十分重视证据的运用，初步形成了以俱证奏谳、据证乞鞫等为核心的刑事司法监督制度。奏谳是对法律适用的监督，乞鞫则是对案件事实的监督。汉代通过这一系列的司法监督制度进一步强化了对刑案的督查，以促进官吏公平执法，避免冤滞案件的发生。①

一、奏谳制度

奏谳制度，狭义上是指司法机关遇到疑难案件，无法作出判决而上报上级司法机关，最终由上级司法机关进行审断的审判制度。广义上的奏谳主要有三层含义：第一个层面是指程序性要求，即案件证据确凿，法律明确，奏请上级批准执行刑罚。第二个层面是要求疑狱上报，即在法律适用上遇到难题，不知应当如何定罪量刑，故需向上级官吏请示决断。第三个层面是指，对已判决的案件即便是符合法令，如果当事人不服，也须谳报，由上级决断。就此而言，这三种类型的案件都极易导致司法腐败。奏谳制度的设计便充分体现了汉代对司法的监督特点，进一步体现了汉代轻刑慎罚的原则，展现了汉代司法人性化的一面，对后世影响颇深。

（一）汉代奏谳制度的发展

奏谳制度早在汉初就已经确立。汉初统治者以秦"尚法而亡"为鉴，在思想上接受黄老学派"无为而治"的主张，采取"与民休息"的政策，体现"慎

---

① 张琮军：《汉代刑事证据在司法监督制度中的运用》，《政法论坛》2013 年第 1 期。

刑"精神的奏谳制度也就应运而生。如近代法学家沈家本所言："汉承秦苛法之后，慎狱恤刑，与民更始。高、景之诏，尤于疑狱郑重言之，而以宽为先务。"① 为了解决汉代疑案久拖不决，超期羁押所引发的司法腐败问题，据《汉书·刑法志》载，汉高祖七年(前200年)下诏："狱之疑者，吏或不敢决，有罪者久而不论，无罪者久系不决。自今以来，县道官疑狱者，各谳所属二千石官，二千石官以其罪名当报之。所不能决者，皆移廷尉，廷尉亦当报之。廷尉所不能决，谨具为奏，傅所当比律令以闻"。即凡是遇到疑难案件，应当由县到郡再到中央廷尉逐级上报，到了廷尉手中仍难决断，即附上可以比照的法律条文，报请皇帝裁决。至于奏报的层级，要视需要而定。凡县郡官吏所"不敢决"或"不能决"者，才须向上一审级奏谳。诏令要求二千石官与中央廷尉，对下级审判机关上报的疑案，必须"当报之"，下达明确的判决指令。廷尉向皇帝奏谳时，还必须附上判决意见和所依据的决事比、律条和令文，以供皇帝裁决时参考。

汉景帝时，针对地方官吏违反法定程序随意处理疑狱的情况，又赋予被告人上诉权。《汉书·景帝纪》载，中元五年（前145年）下诏："吏或不奉法令，以货赂为市，朋党比周，以苛为察，以刻为明，令亡罪者失职，朕甚怜之。有罪者不伏罪，奸法为暴，甚亡谓也。诸疑狱，若虽文致于法而于人心不厌者，辄谳之。"这一诏令大意是讲，当时有的官员不依法办事，贿赂腐败，而且是群体性腐败，导致有罪者不伏法，逍遥法外。现在凡是疑难案件，即便是合乎法律，但凡人心不服法，必须上报。如此看来，与汉高祖时期相比，汉景帝显然加大了疑难案件上报的力度，即扩大了奏谳制度适用的范围。即便司法官吏对疑狱已作出处理决定，只要被告人不服，仍可以上诉。官吏若不执行该制度，徇私枉法，便会担心自己的判决被上级驳回，从而影响考绩。考虑到官员的这种心态，《汉书·景帝纪五》载，汉景帝在后元年（前143年）下诏："狱疑者谳有司。有司所不能决，移廷尉。有令谳而后不当，谳者不为失。欲令治狱者务先宽。"这一诏令意在强调即便是不当的上报疑难案件，也不会追究责任。主要是为了鼓励基层官员谳报疑案，

① 沈家本：《历代刑法考》，中华书局1985年版，第25页。

并减轻谳议官吏的法律责任，即使谳者"其理不当，所谳之人不为罪失"。以求得集思广益，公平公正地判案。同时提出以"宽"为司法审判之原则，从而一改秦代苛法之弊。正是因为基于这样的考虑，汉景帝才三令五申，要求各级官吏贯彻实施奏谳制度。奏谳制度的实施在一定程度上起到了监督司法官员依法裁判的作用，而且给了官员无法决断案件的出口，是从官员自身考虑出发的、较为人性化的司法监督机制。在监督司法公平之际，也在一定程度上维护了官员自身的利益。

汉武帝之时，郡守任意杀人的现象增多，并且已经引起了民怨，甚至有天降之灾。据《汉书·武帝纪》载："二千石不恤疑狱，风厉杀人，怒则任刑，喜则淫赏，烦扰苛暴，剥截黎元，为百姓所疾，山崩石裂，祆祥讹言。"为避免因司法官吏"不恤疑狱"导致"山崩石裂"，从程序上对司法审判进行监管无疑是一个良策，而奏谳制度正是这一防范程序的当然之选。相较之前的奏谳制度，汉武帝将奏谳制度与官吏考核结合起来，作为考核官员政绩的一部分，对于减少冤假错案、维护司法公正起到了很好的作用。

到东汉之际，奏谳制度越来越被束之高阁，司法实践中的奏谳制度逐渐处于失控状态，成为官员作恶的工具。据《汉书·景十三王传》载，赵王"彭祖为人巧佞，卑谄足共，而心刻深，好法律，持诡辩以中人……是以每相二千石至，彭祖衣帛布单衣，自行迎除舍，多设疑事以诈动之，得二千石失言，中忌讳，辄书之。"这就是说赵王彭祖以疑难案件来试探郡守，只要发现郡守对答失态，则上报告发。又据《后汉书·鲁恭传》所载："小吏不与国同心者，率入十一月得死罪贼，不问曲直，便即格杀，虽有疑罪，不复谳正。"这已经说明，即便是疑难案件，也只是不分青红皂白，一律杀之，不再上奏，奏谳制度已经名存实亡。而根据《后汉书·襄楷传》的记载，从另一方面说明了奏谳制度实行的重要性："顷数十岁以来，州郡玩习，又欲避请谳之烦，辄托疾病，多死牢狱。长吏杀生自己，死者多非其罪，魂神冤结，无所归诉，淫厉疾疫，自此而起。"由于州郡官员"避请谳之烦"，有疑案、冤案不奏谳，致使许多非其罪者而冤死于狱中。这从侧面说明了奏谳对于监督公正司法，防范司法腐败，从而减少冤案的发生具有积极作用。

（二）奏谳制度的执行主体

汉代拥有奏谳权的县级官吏主要为县丞，而县令若要行使此权力必须与县丞共同署名。具有奏谳权的郡级官吏主要包括郡守、郡丞、郡守丞，以及代行郡丞之职的郡尉。但凡县官遇到疑难案件而无法判决的，应上奏至郡，由郡级官吏进行审议，最终确定适用何种罪名及法条依据，并提出判决意见。郡级司法官吏除了对县官"上谳"的案件给出判决之外，还要针对自身受理的疑难案件向廷尉"奏谳"。廷尉一般征求其属官的意见，属官有正、左右监，宣帝时设左右平。属官均有权议罪，该权力不会被无端剥夺，也不会因官职高低而有大小之别。据《汉书·黄霸传》所载："闻霸持法平，诏以为廷尉正，数决疑狱，庭中称平。"当时，黄霸因为公正司法，而被擢升为廷尉正，辅佐廷尉审判奏谳的疑难案件，朝廷皆称其公平。不过，此后廷尉正也有决狱不当之时，汉宣帝基于这样的原因，同时为了确保廷尉对奏谳案件的公正审判，再"置廷平，秩六百石，员四人。其务平之，以称朕意"[1]。由此可知，宣帝所设的4位廷尉平达到了辅佐廷尉公正决断的效果。

除此之外，还有奏谳掾这一专职负责"决谳"的辅助官员，根据《汉书·儿宽传》："以宽为奏谳掾，以古法义决疑狱。"名臣儿宽就曾担任此职，而且专门以古法决断疑难案件。负责京城治安的京兆尹，更是承担了所辖地域范围的疑狱奏谳。据《汉书·楚元王传》载，刘德"好施生，每行京兆尹事，多所平反罪人"。如果廷尉无法决断，则须"谨具为奏，傅所当比律令以闻"。即在附上可能使用的律令和决事比之后，奏请皇帝作最终裁决。例如，据《汉书·刑法志》载，汉宣帝就曾"常幸宣室，斋居而决事，狱刑号为平矣"。身为帝王的汉宣帝斋戒决狱，亲力亲为，增强了司法官对奏谳的重视程度，同时强化了对司法腐败的监控和防治。

（三）奏谳制度的时限与程序方式

奏谳制度对时间有着严格的限定，这是受到汉代"秋冬行刑"观念的影响。"秋冬行刑"要求案件务必于"秋冬"时节审理决断完毕。因此，即便是疑难案件，也应于"秋冬"时节决断。如此一来，对于受理疑难案件而无

---

[1]　《汉书·刑法志》。

法决断的司法官员，通常需要赶在"秋冬行刑"完毕之前奏谳案件，否则就无法及时有效地判决。而一旦因该案件无法判决，便成了积年陈案，这便与奏谳制度旨在减少案件积压、提高司法效率的初衷相悖。

就张家山汉简《奏谳书》所载的部分案例来看，[①] 汉初县官吏向中央廷尉奏谳大多集中在秋 7 月与秋 8 月，其目的在于赶在季秋 9 月审断行刑前完成。《汉书·于定国传》载："朝廷称之曰：'张释之为廷尉，天下无冤民；于定国为廷尉，民自以不冤。'定国食酒至数石不乱，冬月请治谳，饮酒益精明。为廷尉十八岁，迁御史大夫。"就此而言，在宣帝时期，"冬月请治谳"意味着地方官吏向中央廷尉疑狱奏谳的时间为冬月，也就是 10 月、11 月、12 月奏谳，这与汉高祖时期 7、8 月奏谳，季秋 9 月相比，奏谳时间推后。东汉章帝时，秋冬行刑时间与西汉有很大不同，由西汉时期的三冬（农历 10 月、11 月、12 月）压缩到农历 10 月一个月内。既然秋冬行刑的时间在农历 10 月内，那么奏谳时间理应不会晚过农历 10 月。[②] 安帝时期采纳司徒鲁恭的建议，规定冬月仍可施刑，而不受冬至以前行刑、11 月至 12 月禁止施刑的限制，奏谳时间可延展至农历 12 月。这一变化说明早期遵守"秋冬行刑"严格明确，奏谳期限也就能够得到严格遵循；但到了中后期，奏谳时间就显得十分随意，其对司法腐败的防治作用当然也会受到影响。

奏谳亦遵循严格的程序，即县道至郡，郡至廷尉，廷尉至皇帝，不能越级奏谳。但偶有例外，例如在汉宣帝时，曾任廷尉的范延寿，遇到了一件一妻多夫家庭，四个儿子因分家产生纠纷的案件。该案件在所在县内无法决断，则直接"谳之于廷尉"[③]。究其原因，可能是因为汉初法律规定不健全，致使县官在遇到一些案件时产生了法律适用上的困难，而只有廷尉才有对相关法律的解释权。因此，直接将案件奏谳至廷尉，倒避免了郡守因为同样对法律规定不明确而延误案件审断，从而提高了司法效率。同时，如果案件涉及郡守可能枉法的情况，亦可以容许越级奏谳，保障司法公正，防治司法腐败。

---

① 彭浩：《谈〈奏谳书〉中的西汉案例》，《文物》1993 年第 8 期。
② 蒋素婷：《论汉代奏谳制度》，《湖北函授大学学报》2013 年第 3 期。
③ 《全汉文·卷四十九》。

审理奏谳案件的具体程序大致包括五个部分：1.问，即司法官审讯原被告及证人；2.辞，即记录当事人的供辞；3.诘，即司法官依律诘问被告；4.鞫，即认定罪行，宣告审讯结果；5.当，即处断刑罚。此外，在实际运用中狱奏谳的往返程序，且奏谳并非必经县（道）、郡、廷尉逐级上报，可由道直接奏谳朝廷而获"廷报"。判决也并非仅属郡守、廷尉等较高审级，县吏"史当"（判词）亦可。只不过审级较低，对疑狱"当"判的效力，不如"廷报"那样具有决定作用。

在奏谳的方式上，汉代要求用书面形式，这与汉简保留的官文中常见的上报须"以书言"的记载是一致的。奏谳文书的内容大致可分为六个部分：一是奏谳时间及奏谳官的职称和名字；二是告劾人及劾状简述；三是调查和审讯记录，包括被告供辞、辩解、证辞、审判官的诘问和鞫判（即对罪行的认定，都以"审"字结束，意为罪案证辞确凿）；四是奏谳之词，如本案中"疑毋忧罪，……敢谳之，谒昌报"之语，并有负责具体审判的狱史曹署名；五是"史当"，又称"吏议"，即县道初审官吏对该案罪名刑罚的评议判处；六是"廷报"。可见汉初奏谳文书结构整齐，用语划一，不论从外在形式，还是从内容上看，都是经过了统一的规范和整理，为防治司法腐败提供了依据。事实上，汉代对一定时期产生的案例进行分类整理编订的情况屡见不鲜，一般称"比"。比如董仲舒《春秋决事比》记载汉宣帝时，廷尉于定国集死罪决事比3472条。东汉编辑成篇的有《决事比》、《辞讼比》、《法比都目》、《廷尉决事》、《廷尉驳事》等。

奏谳时要详细陈述案情，将案件相关文件全部呈上，并列明相应的证据。同时要附上与断决此案有关的律令，以便上级参考，从而保证上级官吏能够全面、准确地了解案情，据证定罪。就此而言，奏谳制度作为一项司法制度，客观上起到了防止司法腐败的作用：一是对于疑难案件，要求逐级上报，由上级机关进行讨论，这样在一定程度上可以避免在司法实践中随意断案甚至以权谋私的情况；二是由于疑难案件要求上报并由上一级机关审理，这在某种程度上把下级对案件的审理置于上级监督之下；三是论罪断案交由集体讨论，可以有效防止对疑案的个人独断和徇私枉法的行为。据《汉书·张汤传》载："是时，上方乡文学，汤决大狱，欲傅古义，乃请博士弟子治《尚书》、《春秋》补廷尉史，平亭疑法。奏谳疑，必奏先为上分别其原，上所是，受而著谳法廷尉挈令，扬主之明。"即由专治古籍的博士对奏谳疑案进行分析，写出处理意见或立法建议，再上奏皇帝认可，即成为法律。

（四）奏谳制度对司法监督的效果

张家山汉简出土的《奏谳书》较为详细地记载了秦代和汉初十余年间奏谳案例，较为详细地反映了汉代的奏谳制度。这些案例均为实际发生过的案件，而且结果都是严厉地惩处了官吏犯罪行为，以加强对司法官吏治狱活动的控制。

所载 16 个西汉案例，有 10 例是严厉惩处应当执行奏谳制度的官吏纵囚、治狱不直、受贿、为伪书等有碍司法公正的犯罪行为。[①] 例如《奏谳书》中记载了三种为伪书行为：第一种情况是上报文书不实，如："佐启、主徒令史冰私使城旦环，为家作"和"采铁长山私使城旦田，春女为篙，令内作"，但以上官吏在上报文书中谎称为"治官府"、"为徒养"，这种行为被称作"诈簿"。第二种情况是邮人"诈更其徼书避留"。西汉时期对行书有一套严格的规定，并制定有"行书律"。各邮驿须将收、付时间记在"送徼"上，如有延误，视情节轻重分别加以处罚。而"邮人官大夫内留书八日"，为逃避处罚，私自更改送徼上的日期，被确认是"为伪书"。第三种情况是大夫犬盗窃他人的"马传"，把私马的特征记在"马传"上。汉初对于马匹流通的管理有专门规定，禁止民间在关中、蜀郡买马运往他地，私马出入关卡必须有"马传"，写明马匹的特征、齿、高，凭此通行，无"马传"则不得出关。大夫犬盗窃、更改"马传"，以"为伪书"论罪。虽然，《奏谳书》中没有明确记载为伪书行为应受什么处罚，但据按照张家山汉简《二年律令》所载："为伪书者，黥为城旦春。"这说明汉初官吏为伪书行为所受的处罚同样是非常严厉的。可见，《奏谳书》是对汉初官吏的行政、司法和个人行为有极强约束作用的法律形式。[②]

---

①　刘向明：《张家山汉简〈奏谳书〉所见汉初对官吏犯罪的惩处》，《嘉应学院学报》2004 年第 4 期。

②　刘向明：《从张家山汉简〈奏谳书〉看汉初吏治的特点》，《安庆师范学院学报（社会科学版）》2005 年第 3 期。

总之，奏谳制度对监督司法官员慎用刑罚，避免冤狱，均有一定积极作用。凡律条不明，法有疏漏，情伪多端的疑难案件，通过奏谳程序便可能使罪罚得当率大大提高。此外，廷尉在奏谳制度实施过程中编辑的案例汇编，亦对全国一些疑案的审判提供了统一的依据，从而有利于防止司法腐败。[①]但是判例（决事比）的运用也不可避免地加大了汉初司法的不确定性。因为奏谳案件多为重大复杂而又缺少明文的刑案，判决多依赖于终审裁判者对仅有的法律规范的把握和世事人情的领悟。因此，奏谳制度对于司法腐败预防的作用不能过分夸大。

二、乞鞫制度

汉代称审断案件为"鞫狱"，鞫，通"鞠"。《汉书·刑法志》云："今遣廷史与郡鞫狱，任轻禄薄。"颜师古注引曰："鞫，穷也。狱事穷竟也。"鞫狱之后，便是读鞫，即宣读罪状和审理结果，而后如人犯及其家属不服，即可请求原审机关重审，称为乞鞫。乞鞫程序是司法官吏向罪囚及其家属宣读罪状以后，罪囚及家属可选择的一种回应。[②]《睡虎地秦墓竹简·法律答问》："以乞鞫及为人乞鞫者，狱已断乃听，且未断犹听也？狱断乃听之。"即乞鞫是在判决以后受理。这也说明作为一种诉讼制度，在战国时代的秦国已经存在，汉初仍然沿用。已出土的张家山汉简《二年律令·具律》对此作了较为详细的规定："罪人狱已决，自以罪不当欲气（乞）鞫者，许之。气（乞）鞫不审，驾罪一等；其欲复气（乞）鞫，当刑者，刑乃听之。死罪不得自气（乞）鞫其父、母、兄、姊、弟、夫、妻、子欲为气（乞）鞫，许之。其不审，黥为城旦舂。年未盈十岁为气（乞）鞫勿听。狱已决盈一岁，不得气（乞）鞫。"这一规定就乞鞫的相关程序作了较为具体的规范。

（一）乞鞫的成立条件与启动主体

乞鞫成立的条件包括客观条件和主观条件，客观条件即"狱已决"，显然是指刑事罪案已判决定案。而"以罪不当"，即当事人认为案件存疑或判

---

①　胡伟：《汉代疑狱奏谳制度及其司法实践》，《求索》2010 年第 8 期。

②　欧扬：《读鞫与乞鞫新探》，《湖南大学学报（社会科学版）》2016 年第 4 期。

决不当，是乞鞫成立的主观条件。就此而言，专门判决疑案和冤案的"谳"自然与乞鞫有交叉之处。可以说，乞鞫又是某些疑狱奏谳的一个前置程序，有些疑狱就是在当事人及其亲属不服判决后申请再审的。

乞鞫的适格主体可分为两类：1. 罪人（或被告人）；2. 罪人（或被告人）的亲属，包括罪人的父、母、兄、姊、弟、夫、妻、子等。但是，年龄未满10 岁的儿童无乞鞫权。对于死罪案件，被告人本人不得乞鞫；至于其他案件，被告人本人有直接乞鞫权。汉代规定死刑案件，被告人本人不得乞鞫，主要是因为死刑案件很可能是立即执行的。如大臣张敞因怀愤，便快速审定冒犯他的捕贼掾絮舜，马上处死，完全没有乞鞫的机会。在没有亲属的情况下，主审官员可以代为当事人上谳疑狱。当然，汉律对被告人亲属的乞鞫权也有一定的限制。根据《晋书·刑法志》载："二岁刑以上，除以家人乞鞫之制，省所烦狱也。"即在汉代，以二年刑期为界，二年刑期以上的被告人亲属有乞鞫权，反之则无。从张家山汉简《二年律令·具律》对乞鞫的规定来看，"狱已决盈一岁，不得气（乞）鞫。"即要求在狱案判决满一年的，不得行使乞鞫权。这是西汉的适用标准，到东汉时，乞鞫期限则便缩短为三个月。

（二）乞鞫案件的审判程序与效力

有关乞鞫案件审判的具体程序，据《汉书·刑法志》载："乞鞫者各辞在所县道，县道官令、长、丞谨听，书其乞鞫，上狱属所二千石官，二千石官令都吏覆之。都吏所覆治，廷及郡各移旁近郡，御史、丞相所覆治移廷。"具体而言，首先，确定案件的管辖。"乞鞫者各辞在所县、道"是指乞鞫者须向其所在的县、道提出乞鞫请求。然而，对于罪人本人与其亲属不在同一行政区域，以及徙边的罪人如何确定"在所县道"的问题，张家山汉简《二年律令》未予以明确规定。其次，规定案件上报程序。"县道官令、长、丞谨听，书其乞鞫，上狱属所二千石官。"即要求县官令、长、丞要认真听取乞鞫者的请求，并做好记录，然后将其乞鞫请求上报所属的两千石官——郡守。然后由"二千石官令都吏覆之"。都吏，西汉时为二千石官所属的无害公平之官吏，在东汉时为督邮，代表郡守巡行所属县道，平反冤狱。"覆之"为复审之意，即重新审理此案。"都吏所覆治，廷及郡各移旁近郡，御史、丞相所覆治移廷"即指在都吏已复审之后，郡守或郡的司法官吏再将案件移送至邻近的郡验审（或再复审）。最后，"御史、丞相所覆治移廷"，此可理解为御史、丞相已复审过的案件再移送至廷尉验审（或再复审）。综合来看，都吏所覆治的案件并不能成为定案，而要上报廷尉府。郡级的覆案只起了审核、转呈的作用。这就意味着凡是乞鞫案件的终审论决必须由廷尉下达，但在奏谳制度中，郡守是有权作出终审结论的。①

在乞鞫案件具体审理的过程中，依然要坚持包括书面审理（视其故狱）、开庭审理（讯与诊）、复审判决（鞫之）以及善后处理（谓与誊）等审判原则。"视其故狱"，即查阅原审案卷。随后，要开庭审理、复审的讯与原审类似，但复审讯问的目的是核查申诉重审的理由是否成立；同时还要对原审官吏进行讯问。开庭审理的另一重要程序是"诊"。"诊"相当于现代庭审时质证的程序。

在查明事实后，即要作出复审判决，即鞫之。复审案判决包括如下几部分内容：1.重审结论；2.原审错误原因；3.对原审官吏的判决作出结论；4.案件审结用语："皆审"，即本案事实均已查明。复审判决后，还需要做适当的善后处理工作，包括恢复名誉和具体安置等。

就乞鞫的法律效力而言，只要"罪人狱已决"，当事人及其亲属"自以罪不当欲乞鞫者"，即可得到司法机关的许可，启动再审程序。"其欲复气（乞）鞫，当刑者，刑乃听之。"该规定包含两层意思：一是已再审过的案件当事人及其亲属认为判决仍不当者，可复乞鞫；二是当事人及其亲属的复乞鞫行为不停止判决的执行，即"当刑者，刑乃听之"。乞鞫后官吏经常是无限期拖延，为了避免这一情况的发生，则承审官吏规定了如"其不审，黥为城旦春"的法律后果。

（三）乞鞫制度对司法权力监督的效果

原审官吏不参加案件乞鞫案件的复审，这自然对于司法官吏在司法实践中徇私枉法起到了监督和约束作用，在一定程度上有利于防止司法腐败

---

① 南玉泉：《秦汉的乞鞫与覆狱》，《上海师范大学学报（哲学社会科学版）》2017年第1期。

的发生。

司法官吏在审理乞鞫案件时注重主观证据与客观证据之间的相互印证，全面核验案情，不仅讯问被告人和相关证人，还对原审官吏等人员进行调查讯问。原审官吏是案件原审判决结论的作出者，调查他们对认清案件事实至关重要。并且，他们的言辞也是复审案件证据的一部分。通过他们的言辞也能够对两位被告人口供的真实性起到一定程度的印证作用。如果相关证据证明原判决准确，乞鞫理由不成立，则其应承担相应的法律责任。若案件确属冤错，复审官吏会据证重新判决，并追究原审官吏"审判不实"之责任。

因此，作为复审程序的乞鞫制度存在的价值，不仅在于平反冤错案件，也在于对官吏审断案件进行司法监督，促使司法官吏"据证依律"决狱，否则将承担"失刑"、"不直"及"纵囚"等法律责任。按照张家山汉简《二年律令·具律》规定："劾人不审，为失；其轻罪也故以重罪劾之，为不直"。即，失刑是指官吏由于过失行为而导致的量刑上的失误，不直即判案时故意重判或轻判，也称鞫狱不直或鞫狱故不实。这两大罪名在秦代已有，汉律仍沿用，规定不仅审判不公的官吏要承担渎职之责，而且代表国家对罪人提起控诉的官吏如果未能依法履职，过失或者故意违法"劾"罪也要承担相应的刑事责任。

根据张家山汉简《二年律令·捕律》规定："鞫（鞫）狱故纵、不直、及诊、报、辟故弗穷辞审者，死罪，斩左止（趾）为城旦，它罪各以其罪论之。"也即官吏在审判中，不能故意为罪囚开脱罪责，或者故意将无罪定为有罪；在对人证、物证的检验核查，对案件事实的求证及对被告的审讯不能将案件事实查究清楚的，司法官吏要承担相应的刑事法律责任，则要"各以其罪之"，即按所犯之罪进行论处。在死刑案件的审理过程中，司法官吏若有以上情形的，要被处以斩左趾之刑。[①] 这对预防官吏的司法渎职腐败行为具有十分强大的威慑力。

总之，汉代国祚长久，与乞鞫等有益的司法监督制度关联甚大。但到

---

① 彭炳金：《论汉代法律中的官吏职务犯罪》，《南阳师范学院学报（社会科学版）》2008年第11期。

东汉末期,时势动荡不安,乞鞫制度名存实亡。时人王符对东汉末年妄行刑辟、滥施赦行的做法进行过猛烈抨击,据《潜夫论·述赦》载:"奸猾之党,……令主上妄行刑辟,高至死徒,下乃论免,而被冤之家,乃甫当乞鞫告故以信直,亦无益于死亡矣。"大意是,奸猾之人勾结官吏滥用司法权力,即便是死刑囚犯也可最终免除刑罚。往往是被冤之家刚刚乞鞫,加害者则即被论免,足见当时司法公正已遭到严重破坏,乞鞫制度已经丧失了存在的意义。

第六节　秦汉权力监督机制的评价

秦汉时期是我国中央集权体制的建立和形成期,权力的集中必然带来权力的监督问题。在这一时期,权力监督机制逐渐成熟、定型,并作为范本,为后世王朝所传承。

一、秦汉权力监督机制的特征

秦汉权力监督机制是以御史与刺史为基础,以京畿监察、行政监督、司法监察为扩展的多元化、多维度、多层次的综合性机制,具有如下特征:

第一,权力监督的机构化与规范化。权力监督的机构化是指秦汉时期逐渐在中央与地方形成了专门且正式的国家监察机构。在中央层面上以御史府为代表,在地方层面上以部州刺史部为代表。权力监督的规范化是指秦汉时期逐步出台了用以明确监察对象、规范监察行为的监察法规,其中以《监御史九条》与《六条问事》为代表,同时在监察官管理方面也有较为明确的制度规范。

第二,权力监督的多元化。在中央层面上,汉代权力监督体系大致有御史府、丞相司直、司隶校尉三大监察机构,同时,尚书系统也在一定程度上行使部分权力监督职能。各系统、机构之间相互独立、互不隶属,但同时职权又有所交叉,身处京师的百官要接受多重监督。在地方层面上,汉代权力监督体系也呈现出多元、多层、立体的特征。地方郡守要受到来自刺史和丞相司直的双重监督，京畿地区的官员要受到来自司隶校尉、丞相司直、御史中丞的三重监督，刺史本身也要受到来自御史中丞和丞相司直的督察，尚书也在地方官奏事、地方官任命等事务上对地方官员进行了一定的权力制约与监督。这种相互独立、相互竞争、相互牵制的多元化权力监督机制，有助于防止权力监督者自身滥用监督的权力，但也在一定程度上影响了权力监督职能的发挥。

第三，竞争性制度的设置。作为权力监督的核心力量，御史大夫以下的监察官品秩都不高，御史大夫本身也低于丞相，但监察官实际地位很高，职权重大，待遇优厚。以刺史为例，刺史品秩六百石，但却要承担监督二千石郡守的职责。这种"以卑临尊"的竞争性制度设计为监察官指明了职业晋升的道路，能够最大限度激励监察官尽心尽力地行使权力监督职能。清人赵翼对此激励机制做了很好的分析："官轻则爱惜身家之念轻，而权重则整饬吏治之威重"①。

二、秦汉权力监督机制的不足

秦汉权力监督机制作为后世王朝的典范有其成熟可取之处，但也存在着诸多问题，这些问题为汉代国家治理体系埋下了隐患，导致东汉后期权力监督机制逐步失灵。

第一，"监人"重于"监事"。秦汉是大一统帝国的形成与发展期，一切制度都要围绕皇权专制这一基本政治目的来设计，秦汉权力监督机制所带来的整肃吏治效果，只是这一主观目的的客观效果。秦代设立御史大夫，汉代增设刺史、丞相司直、司隶校尉，其主要动机就是为了防范中央与地方各级官吏权力过大，从而影响皇权专制。因此，秦汉权力监督机制更多体现为"对人的监督"，"对事的监督"只是"对人的监督"的理由与说辞，其所依据的是皇帝或实际当权者的个人意志，而非既成的规章制度。

第二，制度变革过于随意。两汉四百余年，中央与地方的行政体系发生

---

① 《陔馀丛考·监司官非刺史》。

了多次变化：丞相制度向三公制转变，外朝分权向内朝集权转变，郡县两级向州郡县三级转变。与之相关的就是权力监督体系不断随之变动：中央权力监督职能从最早由御史大夫行使，逐渐演变为由御史中丞、司隶校尉、丞相司直共享；地方权力监督职能从最早由监郡御史行使，逐渐演变为由刺史、督邮行使，最后发展为刺史职能行政化。制度变革的随意性，同样是皇权专制的结果。为了维持皇权的至高无上、不受挑战，历代君王和当权者都处心积虑地搭建一套相互牵制、动态平衡的权力结构体系，当一种权力过大之时，就增设另一种权力来对其进行制约。这样固然可以保障皇权秩序的稳定性，但也在很大程度上阻碍了权力监督职能的有效开展。

第三，职能分工不明确，权力监督事权混杂。秦汉监察官并非仅行使监察权，还承担了诸多行政职能。御史大夫作为副丞相，协助丞相治国理政，御史中丞作为监察事务官还承担文书管理、举荐人才等职能，刺史作为地方监察官也有举荐人才的职能。御史大夫、御史中丞、司隶校尉、刺史等还都曾获得领兵的权力。权力监督官员既行使监察权，同时也在不同程度上具有受公卿奏事权、司法权、考试权、人才选拔权、领兵权等，同时还承担侍奉宫廷的职能。权力监督事权的混杂，在很大程度上影响到了权力监督的效率。

总而言之，秦汉权力监督机制，客观上起到了整顿吏治、肃清纲纪、保障民生的效果，但其主要目的是为维护皇权专制而服务，因此也存在很大问题，影响了权力监督机制的有效运行。

第三章　魏晋南北朝时期权力监督的发展期

公元 220 年曹丕代汉建魏，我国历史进入第二个大分裂时期。从曹魏建立至隋统一这三百余年间，前后有三十多个王朝交替兴亡，其长久者不过百余年，短暂者仅有十余年，我们称之为魏晋南北朝时期。这一时期的历史大舞台，有谋略、有胆识的人纷纷"粉墨登场"，只是有的"演技"好，故而持续时间久，有的"演技"差，只能草草退场。虽然这一时期各朝的政权多被世家大族把持，但为了更持久地在这个历史舞台上熠熠生辉，保持和发展自己的既得利益，最高统治者及其助手们尽可能地采取措施强化国家运行机制，维护自己的统治，因此各类政治、经济制度应运而生，应时而改。

所谓"国家之败，由官邪也"[1]，吏治的好坏是国家治乱兴衰的标志，它决定着优良的政治、经济制度能否有效实行。但要澄清吏治，有的放矢地治官，先要察官，故而察官纠吏的监察制度源远流长，颇受重视。魏晋南北朝时期虽然局势动荡，但权力监督仍在曲折中摸索前进，较秦汉时期有了进一步的发展，例如监察机构的独立、言谏机构的系统、监察法规的完善、监察职能的加强等，为后来隋唐时期权力监督的成熟奠定基础。

第一节　魏晋南北朝权力监督思想览要

权力监督思想和理念的存在，使得最高统治者和各级官吏不断调整权力监督的策略，完善权力监督的机构，也就是说权力监督体制的设计都是在权

---

[1] 《左传·桓公二年》。

力监督思想的指导下开展的。考察魏晋南北朝时期的权力监督思想，有利于深刻理解这一时期权力监督设计的思路和缘由。

一、以先秦时期各家治国思想为渊源

春秋战国时期争霸不断，改革浪潮迭起，为了满足统治者治国强兵的需要，思想家各抒己见，出现了百家争鸣的盛况。儒墨法等显学都关注到对官僚系统的监督对国家治理的重要意义，如管仲提出治国的根本在于治吏，臧哀伯提出国家衰败是由于官吏不正，申不害也说乱臣会导致亡国，特别是韩非子的法家思想论证了对官吏进行监督的必要性，为后世权力监督机制提供了理论依据。在当时的思想界，也关注到君主纳谏的重要性，如范文子提出"兴王赏谏臣，逸王罚之"①，主张君主要重用谏臣，还要对谏言进行分析、考察，然后决定是否可用。但由于不同学派的出发点不同，其监察思想的侧重点也不同，儒家主张对上监督和对下监察并重，墨家更加注重对上的监督，而法家则更加注重对下的监察，维护君权独尊的地位。这些监察思想对后世有着深远的影响，魏晋南北朝时期也不例外。

二、德主刑辅的法制思想

汉武帝"罢黜百家，独尊儒术"，既放弃了刚狠有余的法家思想，又抛弃了力度不足的道家思想，采取了刚柔并济的儒家思想。魏晋南北朝时期，虽然玄学兴起，佛教传入，但治国思想并未发生根本变化，这一时期法制思想的取向还是以儒学为主，体现了德主刑辅的思想。如曹操提出"夫治定之化，以礼为首；拨乱之政，以刑为先"②，陆逊劝谏孙权："夫峻法严刑，非帝王之隆业；有罚无恕，非怀远之弘规也。"③孙权纳之。权力监督的思想不可避免地受到法制思想的影响，也倾向于劝诫为先，故而这一时期对世家大族的监督比较软弱，经常采取劝诫的方式，对贪官污吏也很少处以死刑。

---

① 《国语·晋语六》。

② （西晋）陈寿：《三国志·魏志》卷二十四《高柔列传》。

③ （西晋）陈寿：《三国志·吴书》卷五十八《陆逊列传》。

三、荐举与监察并重的权力监督思想

魏晋南北朝时期，法制建设有一定的发展，先后推出了《都官考课》、《能否十条》、《察长吏八条》、《五条律察郡》、《察两千石长吏四条》，这些监察法规明确规定了郡国、守相对属县以及刺史对两千石长吏的监察权限及内容，监察重点在于为官要清廉、忠于国家和君主、安抚百姓、发展农业几个方面。对比可以发现，这一时期的监察法规出现了一个引人注目的变化，那就是监察的内容中多了荐举一条，如曹魏时期的《察吏六条》规定："察民有孝悌廉洁行修正茂才异者等。"西魏时期的《六条诏书》规定："一先修身，二敦教化，三尽地利，四擢贤良，五恤狱讼，六均赋役。"[①] 北周时期的《诏制九条》规定："五，孝子顺孙义夫节妇，表其门闾，才堪任用者，即宜审荐；……八，州举高才博学者为秀才，郡举经明行修者为孝廉。"[②] 将荐举人才与监察官吏结合起来，是魏晋南北朝时期权力监督的一个创见。

四、求贤纳谏的权力监督思想

受明君思想的影响，不论治世还是乱世，君主都有纳谏的需求和必要性，这样可以不同程度地减少决策失误，也可以彰显君主的开明。魏晋南北朝时期，各朝皇帝为了稳定统治，保护皇权，都曾下诏要求大臣进谏，尤其是出现天灾等异象，在天人感应思想的影响下，皇帝更是积极要求官吏进谏，此类诏书在正史的帝王本纪中记载的很多，如三国的魏文帝曹丕、南朝的梁武帝萧衍、北朝的孝文帝拓跋宏等都是求贤纳谏的代表。除了重视大臣的进谏，南北朝时期还重视普通百姓的言论，在官府门口设置肺石和悬钟，成为百姓联系官府的有效渠道。当然对于臣民所谏，皇帝会进行讨论和思量后决定是否可用，这一看似合理的举动，也为一些帝王拒谏提供了借口。

五、拒绝察察为政的权力监督思想

魏晋南北朝时期的世家大族为了维护自身的利益，满足自己的奢欲，常

---

① （唐）李延寿：《北史》卷六十三《苏绰列传》。

② （唐）令狐德棻：《周书》卷七《宣帝本纪》。

常超越权力的边界，违反法律的规定。作为维护皇权的权力监督，理应对这些行为予以制止，以达到澄清吏治的目的。但此时皇权衰微，门阀政治盛行，当政的门阀世族不愿自身的利益受损，极力抑制对自身权力的监督，如东晋时期的王导就提出，宁可网漏吞舟，也不可察察为政，为世家大族的违法乱纪大开方便之门。这一时期佛教和玄学盛行，思想较为自由，也对这种监察思想的出现有一定影响，如梁武帝信奉佛教，严格遵守佛教的教义，对官吏和宗室极为放纵，"仁爱不断，亲亲及所爱愆犯。多有纵舍，故政刑弛紊"①，甚至犯法、犯罪都可以不受制裁。这种思想对权力监督的发展起到了制约作用。

第二节　晋代：破界、纠公与风闻奏事

公元 265 年，司马家族经过三代人②的努力，终于由司马炎攫取了曹魏的政权，定都洛阳，建国号为晋，史称西晋。公元 280 年晋武帝灭孙吴，结束了三国鼎立的分裂局面，重新统一。但好景不长，八王之乱③后，西晋国力衰落，政治紊乱，最终于公元 316 年被匈奴刘曜等灭国，结束了短短 50 年的统一。公元 318 年，晋宗室司马睿在以王导等为代表的世家大族的协助下再建政权，定都建康，史称东晋。东晋所占区域大致相当于蜀吴的总和，虽然偏安于一隅，但存在的时间却是这一时期最长的，长达 103 年。

两晋都是在世家大族的支持下建立起来的，作为制衡机制的权力监督也不可避免地受其影响，在门阀政治的高压下举步维艰，但在晋武帝（前期）等君主和傅咸等耿臣的努力推动下，晋朝的权力监督有一些新举措。

---

① （唐）李延寿：《南史》卷七《梁武帝本纪中》。
② 包括司马懿、司马师、司马昭和司马炎三代。
③ 八王之乱：西晋时期皇族内部争夺领导权的斗争，前后历时 16 年，主要参加者有汝南王司马亮、楚王司马玮、赵王司马伦、齐王司马冏、长沙王司马乂、成都王司马颖、河间王司马颙、东海王司马越等八王。

一、两晋的时代特征

权力监督的变迁离不开时代的大舞台，与当时的政治、经济、社会、文化有着密切的联系，两晋时期有一些典型的时代特征值得关注，它们对权力监督的发展有着重要的影响。

（一）门阀政治

"门阀政治，质言之，是指士族与皇权的共治，是一种在特定条件下出现的皇权政治的变态。"[①] 也就是说，门阀政治下世家大族分割皇权，甚至决定国家的发展方向，虽不符合专制皇权的伦理，但又无力改变，这对皇权造成极大的威胁，这种政治背景对两晋的权力监督有着重要的影响。

史书记载，公元 266 年，曹魏皇帝曹奂禅位于司马炎，改元泰始，建立西晋。可见，魏晋两个政权的更迭没有经过大规模的战争，没有进行过统治阶级内部的清洗，是在世家大族的支持下通过禅让完成的，因此，西晋保留了大量的大族、世族，当然司马家族本来就是世家大族中的一员。为了感激世家大族的支持，西晋对其采取优渥的政策，极力保护他们的利益和特权，往往会因此压制或者忽视权力监督的执行。但西晋的皇权尚盛，世家大族难以左右政权，东晋时期皇权衰微，世家大族势力充分发展，他们甚至与皇帝平起平坐，分割皇权，"宰辅执政，政出多门，权去公家，遂成习俗"[②]，典型的门阀政治就出现在这一时期。世家大族甚至可以触犯法律而免于刑罚，他们为所欲为，架空皇帝，封建皇权羽翼下的权力监督对他们来说形同虚设，难以发挥作用。可见，两晋门阀政治时期，不管从主观还是客观上都不太可能实行有效的权力监督。

当然，皇权的独特性和不可分割性，又使得皇帝不可能心甘情愿地与世家大族共享政治，最高统治者会不择手段的扩张皇权，减少分权危险，用权力监督的运作来制衡世家大族所掌握的权力，减少世家大族对皇权的侵蚀，是当时可以采取的较为有效的办法，所以在皇权尚盛的时候，权力监督相对比较到位。

---

① 田余庆：《东晋门阀政治》，北京大学出版社 1996 年版，"序言"第 1 页。
② （唐）房玄龄：《晋书》卷一百一十七《姚兴载记》。

（二）战乱割据

公元 266 年，司马炎建立西晋，定都洛阳，开始了灭吴的统一大业，公元 280 年，东吴灭亡，结束了三国鼎立的局面，实现了短暂的统一。但灭吴后的司马炎奢侈腐化，怠惰政事，加上所选非人，于是其继任者晋惠帝在位时，西晋发生了历史上最为严重的皇族内乱，史称八王之乱，前后历时 16 年，对西晋的破坏可以说是毁灭性的。同时，各地民变和少数民族起义此起彼伏，西晋内部矛盾尖锐，困难重重。内忧的同时，外患也不期而至，历史上的五胡乱华就发生于这一时期，北方的少数民族趁八王之乱南下，纷纷建立政权，与西晋对峙，于公元 316 年匈奴人刘曜灭亡西晋，结束了动荡中的统一。司马家族的司马睿在世家大族的帮助下于江东续存晋的国祚，史称东晋，司马家族的政权虽然保存下来，但只能偏安于一隅，对于北方的局势却无能为力。北方的政权走马灯似的更替，战火纷飞，屠杀不断，人口和经济都受到重创，偶有明君却改变不了这一趋势，虽东晋也试图北伐统一，但均以失败而告终。在这种背景下，最高统治者及其助手往往要以更多的精力准备战争，应付外患，解决政权的生存问题，针对内忧而设置的权力监督受此影响，往往不被重视，影响了正常功能的发挥。

（三）民族融合

魏晋南北朝时期是我国历史上第一个民族大融合时期，此时北方的少数民族纷纷内迁，与汉族杂居生活，他们互相学习生产方式，共同抵制压迫。内迁的民族由于无法忍受统治阶级的剥削和压迫，经常爆发起义，一些民族在其首领的领导下建立政权，实行汉化措施，加快了民族融合，如东晋时期北方先后建立的十六国多是山少数民族建立的政权，他们都实行了不同程度的汉化。另外，一些汉族的士人等不愿忍受少数民族的统治，纷纷携族人南下或者西去，南下后不可避免地与当地的土著包括少数民族产生联系，西去后也有此效果。全国范围的人员流动，不管是少数民族，还是汉族士人，他们的迁徙都加快了民族的融合，当然，各政权之间的战争也客观上促进了民族融合。在民族融合的大背景下，权力监督的方式和方法有可能比较杂糅，既有汉族的传统方式，也有少数民族的原始方法。

（四）奢靡之风

西晋的奢靡之风是历朝历代所罕见的，达到了无以复加的地步。西晋的建立者司马炎是世家大族出身，生活习惯、行事作风非常讲究排场。西晋建立初期，鉴于统一大业还未完成，司马炎比较励精图治，但东吴一灭，他就开始安于享受，惰于政事，甚至公开卖官，宫殿也非常奢华，后宫人满为患。所谓上行下效，整个西晋统治集团都骄奢淫逸，奢侈成风，留下了许多奢靡的典型案例。曾助司马炎取得皇位的何曾一顿饭吃上万钱，还觉得无处下筷，甚至连皇宫里的饭食都看不上眼，皇帝宴请时他要带上自己家里的饭菜，其子何遵、何劭虽功劳没有其父亲高，但奢靡却是有过之而无不及。当时还有比富的风气，有钱人之间互相攀比，为了赢得比赛不惜一切代价，典型的就是石崇和王恺斗富，甚至皇帝都参与进来，比赛过程中损坏了的珊瑚、烧掉的蜡烛等不知抵得多少人家的资产，救得了多少流民的性命，就这样白白地浪费掉，令人唏嘘，也可由此预见西晋将来的命运。东晋的客居加上王导的引导，东晋的奢靡之风基本被刹住，但南渡的世家大族到处求田问舍，圈地占人，也算是另一种奢靡。在皇帝支持下的奢靡之风狂刮，权力监督的效果可想而知，监察官对世家大族奢靡的弹劾多被搁置或就轻处理。

（五）行贿之风

贪官代代有，西晋特别多，西晋贪官之多可谓是历史上少有，著名的《钱神论》①就产生于西晋时期，是其时代的写照。两晋时期，世家大族把持选举，垄断仕途，升官不问才干，只看门第。在这样的背景下，许多非高门的子弟想谋得一官半职，只能通过非常的手段，或托身高门，或者行贿通路，结果导致腐败蔓延，行贿盛行，升官要行贿，保全自身也免不了行贿。当时的名士杜预文治武功都不错，但还多次向朝中权贵行贿，他人问及原因，杜预回答："我并不是想从中捞到什么好处，只怕不送礼被人所害！"《晋书·山涛传》记载，县令袁毅向山涛行贿的时候，山涛"不欲异于时，受而藏于阁上"，可见，当时不受贿、不行贿是与时代格格不入的，甚至会导致杜预所担心的后果。行贿如此大行其道，给权力监督的有效实施带来了困难。

---

① 《钱神论》是西晋时期鲁褒所写讥讽金钱崇拜的文章，见于《晋书·隐逸传》。

（六）清谈之风

清谈乃东汉清议的变种，只是其所谈论的不再是治国强兵、家国大事，而是就一些玄学问题析理问难，反复探讨。两晋时期士族专政，世家大族不需要多努力，仅凭家世出身就可以谋得高官，他们为了消遣和显示自己的清高，多崇尚清谈和玄学，关注探求事物之理，不愿意过问政事，清谈成为当时的风尚。清谈是从玄学发展过来的，崇尚虚无，虽本身并无多大的政治意义，但崇尚清谈的士族们在做官为政时，也会从玄学出发，反对察察为政，主张轻刑罚；要求宁可网漏吞舟，也不能矫枉过正，因此，《晋律》中对贪赃枉法的官吏很少判处死刑，这对权力监督的有效执行是不利的。另外，由于世家大族崇尚清谈，不愿过问世俗之事，也不愿意做事务冗繁的浊官。执行权力监督的官吏均被划为浊官，世家大族都不愿意担任，甚至极为鄙视，对监察官吏的地位有一定的影响。

二、两晋权力监督的设计

在权力监督理念的指导下，针对两晋独特的时代特征，两晋的最高统治者对权力监督的设计呈现出了与前朝不同的特色。权力监督可分为对上监督和对下监察两类，对上主要使用言谏、议事的方式，对下主要使用监察、弹劾的方式，下面进行分类介绍。

（一）自下而上

1.机构

专制主义中央集权的社会中，皇帝是不受法律约束的，默认他们都自带自省、自正的能力。实际情况是，皇帝虽贵为天子，实为凡人，且通过次序继承皇位，不论智愚与德行，这样明君出现的几率不会高过百分之五十，对于那些昏君必须予以约束，减少犯错机会，当然即使是明君也不可避免地会犯糊涂，同样需要有人提醒、点拨，故而设置机构专事对皇权的监督就不可或缺。秦汉时期，虽有官员从事谏议，但多为加官，更无专门的机构。曹魏始设侍中寺作为言谏机构，属少府，有侍中四人。西晋时期，以门下省取代侍中寺，以侍中、黄门侍郎为正副长官，下设散骑常侍、给事中等官职，可以对皇帝进行规谏，随事封驳，避免决策失误。东晋时期，创立了诏书必经门下审核再下达的制度，门下省通过封驳权行使其对皇权的监督。综之，两晋谏议机构不断完善，对皇权的监督逐渐正规化。

2. 官员

秦汉时期对皇权的监督无固定官吏，谏议大夫、给事中等言谏官多为加官。曹魏时期设侍中四人，备顾问应对，拾遗补阙，为专职的言谏官。两晋时期有侍中、给事中行使封驳权，散骑常侍等顾问应对，行使言谏权，二者共同行使对皇权的监督。

从理论上来讲，除了专职的言谏官外，各级官吏均可行使对皇权的监督，只是大多数的人畏于权威，不敢或者不愿意做此事而已。当然，历史上不乏为民请命之人，有一些心系民生、敢于直言的官吏会主动行使对皇权的监督，如西晋时期的刘毅、傅咸等。《晋书·刘毅传》记载这样一件事，晋武帝司马炎灭孙吴后注重享受，怠惰政事，奢侈腐化，公开卖官，为了向全国选美，甚至禁止民间嫁娶，后宫佳丽多达上万人。当时的司隶校尉叫刘毅，敢于直言，司马炎问他："我可以和汉代的哪个皇帝相比？"刘毅回答："你可以和东汉桓、灵二帝相比，桓、灵二帝卖官，钱入府库，陛下卖官，钱入私门，这样看来，您还不如桓、灵二帝呢？"司马炎大笑说："桓、灵之世，听不到这样的直言，今天我有这样的正直之臣，所以和桓、灵二帝不同。"事后，一切如故，并未有所收敛。西晋时期，奢侈比富风靡社会上层，御史中丞傅咸给晋武帝上了一道奏折，指出这种严重的奢侈浪费，比天灾还要严重，要求倡导节约，禁止奢侈。但是晋武帝根本听不进去，照样奢侈和搜刮财富。可以说，这两次对皇权的监督都没有奏效，反映了对上监督的软弱性。

3. 民声

周公提出"敬天保民"的思想开启了民本思想的先河，春秋时期神坛倒塌，礼崩乐坏，思想家们更加关注人的作用，突出人的地位，直到孟子提出"民为贵，社稷次之，君为轻"的仁政思想，民本思想正式形成。在传统民本思想的影响下，统治者意识到权力监督中"民"的重要作用，充分发动广大的体制外的群体进行权力监督，可以有效弥补体制内监督的缺漏。

其实，东汉时期风行的清议就是一种体制外的监督，虽然清议的主体是名士，但他们却是"在野"之人，不受体制内的局限，对当时的政治和社会起到了激浊扬清的作用。魏晋时期，清议变为清谈，这种大规模的体制外的监督不复存在，但个别士人关注政治、心系民生应该也是有的。搜索两晋时期的典籍发现，两晋时期基本没有鼓励和提倡体制外的监督，这与门阀政治有着密切的关系。

（二）自上而下

1. 机构

御史台早期归属于少府，但独立设署，是最高的权力监察机关，全国各级官吏都在其监察之列，其长官为御史中丞，除此之外还有侍御史、治书侍御史、殿中侍御史、符节侍御史等，另有临时设置的御史，分管不同的监察事务，包括法律解释、审决议案、纠察百官等。到曹丕时期，御史台脱离少府称为"宪台"，设在宫中，直接受皇帝垂直领导，标志着监察与行政的分离，是权力监督历史上的大变革。两晋时期御史台仍为最高的权力监察机关，与尚书台、谒者台合称为三台，后来随着皇权的巩固，以及压制士族势力的需要，御史台的机构不断扩大和细化，分十三曹办公，深入各个具体的行政部门进行监察，包括财政、司法、选举等，还增置殿中侍御史、禁防御史、检校御史等，分工明确。御史台的监察使得世家大族难以为所欲为，所以西晋咸宁年间（275—280 年）中书荀勖就提出"兰台宜省付三府"[①]，要求取消御史台设置，虽然没有被皇帝采纳，但从侧面反映了世家大族对御史监察的敌视和顾忌。

2. 官员

（1）御史中丞

秦时设御史大夫为二公之一，具有监察职能，东汉光武帝时期，御史大夫更名为司空，就不再负责监察工作，其副手御史中丞则成为御史台的长官。两晋时期，御史中丞为御史台的台主，"外督部刺史，内领侍御史员十五人，受公卿奏事，举劾按章"[②]，可见，对中央和地方的监察都由他统筹

---

① （唐）房玄龄：《晋书》卷三十九《荀勖列传》。

② （唐）房玄龄：《晋书》卷二十四《职官志》。

管理。初始，御史中丞"与司隶分督百僚，自皇太子以下无所不纠。初不得纠尚书，后亦纠之"①。东晋时期不再设司隶校尉，监察权全归御史中丞，其职权范围扩大，监察职能加强。同时，规定御史中丞出，百官避道，也就是说御史中丞拥有清道权，其地位得到了极大的提高。西晋时期，御史中丞相当活跃，他们经常弹劾王侯、三公。

《晋书·周处列传》记载："凡所纠劾，不避宠戚，梁王肜违法，处深文案之。"②也就是说，周处做御史中丞的时候，经常弹劾非法，不管对方是否为高官、贵戚，当时的梁王司马肜违法，周处严格按照法律条文做结论，不偏不倚。《晋书·刘毅附暾列传》记载："寻兼御史中丞，奏免尚书仆射、东安公繇及王粹、董艾等十余人，朝廷嘉之，遂即真。"③意为刘暾在任御史中丞时，上书奏请免除当朝的权臣贵戚十多人，朝廷嘉奖他的这种不畏权贵的行为。

（2）司隶校尉

汉武帝时为解决巫蛊之事临时设置司隶校尉，事后虽夺其兵权却将此职保留下来，到东汉时期司隶校尉日趋重要，统领京师所在的州，对京师三公之下的朝廷及周围郡县的百官进行监察，兼管京城附近犯罪案件的审理，④也就是说司隶校尉既为地方长官，又是中央的监察官。司隶校尉有众多属官，如从事、书佐等，分属不同的监察范围，朝会时与御史中丞、尚书令一起有专席，被称为"三独坐"。

西晋初期，司隶校尉的执掌基本与东汉相同，与御史中丞有明确的分工，所谓"中丞专纠行马内，司隶专纠行马外"，但后来晋惠帝时期，司隶校尉傅咸越过了这条鸿沟，还得到了皇帝的认可，意味着司隶校尉监察权力和范围的扩大，详细情况将在下文"破界"部分进行介绍分析。东晋时期，罢黜司隶校尉一职，其行政权归于扬州刺史，并其监察权于御史台，监察权向御史中丞与尚书左丞集中。

---

① （唐）杜佑：《通典》卷二十四《职官六》。

② （唐）房玄龄：《晋书》卷五十八《周处列传》。

③ （唐）房玄龄：《晋书》卷四十五《刘毅附暾列传》。

④ （清）杨晨：《三国会要》卷十《职官下》："掌察举百官及京师近郡犯法者，并领司州。"

（3）尚书左丞

东汉时期尚书左丞是协助尚书令处理尚书台事务的官吏，并没有监察权，但随着尚书台势力的扩大和地位的显耀，极有必要进行内部监督，这一职责就落到了尚书左丞的身上。自西晋起，尚书左丞开始主管台内的监察事务，八座①以下都可纠弹，作用相当于汉代的丞相司直，后来随着尚书台地位的提高，尚书左丞也开始纠察台外之官，但自始至终尚书左丞的监察权力都是小于御史中丞和司隶校尉的，他主要执掌行政系统内的监察权，所纠劾的主要是官员的违法乱纪和轻微的刑事犯罪。

3.相关法令法规

与监察有关的法令法规是权力监督的政策依据，是实施权力监督的法律保障。三国时期，散骑常侍刘劭奉命作《都官考课》七十二条，但已散佚不见。西晋统一后，监察立法出现了一个鼎盛时期，晋武帝命贾充负责修订律令，泰始四年（268年）颁布施行，是为《泰始律》，也称《晋律》。与前朝相比，此律法增加了《违制律》，规定违反礼制、变更制度、化公为私等均以违制论处，对官吏贪污腐败、行贿受贿、监守自盗等处罚极严，虽遇大赦，仍禁锢终身，轻者二十年，详见《晋书·武帝本纪》。同年，又颁布了《能否十条》②、《察长吏八条》③、《五条律察郡》④，泰康九年（280年），又颁布《察两千石长吏四条》⑤，这些监察法规明确规定了郡国、守相对属县以及刺史对两千石长吏的监察权限及内容，监察重点在于为官要清廉、忠于国家和君主、安抚百姓、发展农业几个方面，这些法规比曹魏时期的《察吏六条》⑥

---

① 八座指五曹尚书、左右仆射、尚书令八人。

② 田畴辟，生业修，礼教设，禁令行，则长吏之能也。人穷匮，农事荒，奸盗起，刑狱烦，上陵下替，礼仪不兴，斯长吏之否也。

③ 若长吏在官公廉，忠不及私，正色直节，不饰名誉者，及身行贪秽，谄谀求容，公节不立，而私门日富者，并谨察之。

④ 一曰正身，二曰勤百姓，三曰抚孤寡，四曰敦本息末，五曰去人事。

⑤ 《晋书》卷三《武帝本纪》："二千石长吏不能勤恤人隐，而轻挟私故，兴长刑狱，又多贪浊，烦扰百姓。其敕刺史二千石纠其秽浊，举其公清，有司议其黜陟。"

⑥ "察民疾苦冤失职者；察墨绶长吏以上居官政状；察盗贼为民之害及大奸猾者；察犯田律四时禁者；察民有孝悌廉洁行修正茂才异者；察吏不簿入钱谷放散者。所察不得过此。"可见，主要是对地方官吏进行财政、人事、治安、行政监察。

内容更加具体，范围更加扩大。当然，这些法规多是针对地方官吏的监察，虽有一定的效果，但也有些流于空文，难以认真推行。据考证，西晋时期还有关于中央监察官权限范围的监察法规，惜已遗失。东晋初年，内忧外患并存，局势极为严峻，不少离籍南迁的世家大族为了能迅速地聚拢起财富，他们到处求田问舍，力求恢复当初的经济荣耀。为了限制豪强势力的发展，东晋成帝发布了一道禁止官吏私占山泽的诏令，史称"壬辰诏书"，规定：凡私占山泽，都要按强盗罪论处，赃物达到一丈以上的，皆斩首示众。这道诏令产生了一定的效果，限制了世家大族经济势力的急速扩张，也为监察官实施权力监督提供了依据。

4. 对地方的监察

各级行政区划是国家的有机组成部分，对它们进行监察是权力监督的重要内容。地方监察与地域有密切关系，一般说来，地方小易于控制而难于监察，地方大难于控制却易于监察。秦朝时设郡监监察各郡，汉武帝时置州部刺史监察地方，东汉时刺史权力不断扩大，汉灵帝时改为州牧，刺史演变为地方行政长官。曹魏时期设置州牧和刺史"巡行所部郡国，录囚徒，考殿最，每岁遣记吏诣京都奏事"[1]，但效果并不好。两晋时期试图恢复刺史监察地方的旧制，但由于地方动乱，刺史必须掌握地方军政大权才能有利于地方的安定，也就是说两晋时期缺乏固定的地方监察官吏，是靠中央不定期遣使巡行地方，实行对地方的监察。尤其在中央权力较大时，皇帝经常会不定期遣使巡行地方，如西晋泰始四年（268 年）武帝遣使"衔命四出，周行天下亲见刺史二千石长吏，申谕朕心恳诚至意，访求得失损益诸宜，观省政教，问人间患苦"[2]。这些被遣出的使者大部分应该是御史台的工作人员，当然也有部分的临时任命者，他们代天巡狩，除了享受特殊的待遇外，还拥有超过当地行政系统内所有官吏的特别权力，可以有效地遏制当地当权者的恣意妄为，削弱他们的势力；有时也会因为权力过大，又缺乏制约机制，在地方作威作福。有时"衔命四出"的巡使碰到气焰正盛的世族，不但不能作威作福，连

---

① （清）杨晨：《三国会要》卷十《职官下》，中华书局 1956 年版，第 177 页。
② （唐）房玄龄：《晋书》卷二十一《礼志下》。

遏制当权者的恣意妄为都无法做到，甚至丧失了基本官威。

据《晋书·孙盛传》记载：孙盛是东晋时期著名的文人，出身于世宦之家，爷爷和父亲都做过太守，孙盛本人也学识渊博，官至长沙太守。在长沙太守任上，他因为家贫大肆敛财，被朝廷派来巡查的官吏——部从事察知，但这位监察官因为仰慕孙盛的大名并没有上报，而是替孙盛隐瞒下来。孙盛却极为猖狂，写信给当时的权臣桓温嘲讽州里派遣从事进行监察，根本是"进无威凤来仪之美，退无鹰鹯搏击之用"①，像一只怪鸟，完全不把监察官吏放在眼里。后来桓温又派从事去核实，查得孙盛的大量赃物，孙盛被押解至京城，但结果是"舍而不罪"，后来还被不断加官，直至72岁老死。

有时候帝王愿意亲自出巡，了解自己治下的情况，古代比较乐于亲巡的帝王有秦始皇、汉武帝、隋炀帝、唐玄宗、乾隆帝等。皇帝亲自出巡，自然震惊地方威力无穷，令贪官污吏心寒胆战，所以处理问题极有效率，但毕竟不是常态，决不能取代正规的地方监察制度。

5. 破界与纠公

监察权力的重合势必引起监察职能的冲突与消长，西晋时期的破界是其最好的例证。司隶校尉"掌察举百官以下，及京师近郡犯法者"②，这与御史中丞的职权有一定的重合，为了避免二者发生纠纷，西晋初年用法令对二者进行职责范围的划分，规定"中丞专纠行马内，司隶专纠行马外"。"行马"指宫廷、官署前拦阻行人和车马的木栅栏，以此划分执法范围，看似楚河汉界非常清楚，可以一劳永逸。但在实际执行过程中，却出现了意想不到的冲突，《晋书·傅咸传》记载，西晋惠帝元康元年（291年），时任司隶校尉的傅咸上疏弹劾尚书左仆射王戎等，认为他们失职，要求免除王戎等人的职务。尚书左仆射乃行马内的官吏，按照职权划分范围，应当由御史中丞来弹劾，因此傅咸此疏一上，就引起了当时的御史中丞解结的不满，他认为傅咸违背典制，入侵了他的权力范围，奏请免去傅咸的官职。傅咸引经据典进行了一番申辩，最后不但得以免罪，而且从此打破了二者的监察界限，称为

---

① （唐）房玄龄：《晋书》卷八十二《孙盛列传》。

② （刘宋）范晔：《后汉书》卷一百〇七《百官志四》。

"破界"。看似是赢家的司隶校尉随着职权范围的扩大，与御史中丞权力愈加重叠，极不利于监察的施行，为后来东晋废除司隶校尉埋下了伏笔。

为了照顾三公的地位，汉代规定司法、监察等部门不得监察三公，直到西晋仍然有类似的规定。晋惠帝时期，司隶校尉傅咸进言："司隶、中丞得纠太子而不得纠尚书，臣所未譬！"①从道理上确实说不通，既然太子都可以监察，为何独独不能监察尚书？但傅咸的进言并未为晋惠帝所认可。后来御史中丞刘暾在任时，直接奏免尚书仆射等十余人，朝廷下令嘉奖，御史中丞纠察尚书成为既定事实，原来的限制被打破，此后尚书违法御史也可以弹劾，这就是"纠公"，这标志着御史监察权力的扩大、权力监督的完善。

6. 风闻奏事

风闻奏事又称"风闻弹事"，是监察官弹劾违法官吏的一项制度，据周一良先生考证其源于汉代的"三公谣言奏事"②，两晋时已正式出现。"风闻"是指传闻或者听闻，风闻奏事也就是说御史可以凭借传闻或听闻直接上书弹劾官吏。对于风闻的内容，御史可以进行核实后再行弹劾，也可以不必获得真凭实据即行上奏，不管最终调查结果如何，都不会定御史诬陷或者所奏不实的罪，极大地扩张了御史的监察权力，有利于及早地发现问题。御史在奏事时会隐去举报人的姓名，也一定意义上保障了举报人的安全。

正常情况下，风闻奏事后皇帝会差人进行核查，确认所奏的真假，再行惩罚，但一些政治恐怖时期，却也不乏因此引发的冤案、假案。因此，这种未经核实即可弹劾的做法有一定的弊端，给一些不法御史滥用权力的机会，往往成为政敌互相攻击的手段。

南北朝时期也不乏监察官风闻奏事的记载，梁武帝是第一位明确授权御史可以风闻奏事的皇帝，他为了扭转当时官场的混乱，于天监元年（502 年）下令："今端右可以风闻奏事，依元熙旧制"。③此后，风闻奏事时断时续，时兴时衰，但一直都没有废除，直至专制皇权终结，可见它对维护皇权有着

① （唐）杜佑：《通典》卷二十四《职官志六》。

② 周一良：《魏晋南北朝史札记》，中华书局 1985 年版，第 273 页。

③ （唐）姚思廉：《梁书》卷二《武帝纪中》。

重要的作用。

三、两晋权力监督评析

两晋时期的权力监督较前朝有了一些发展：言谏机构出现；监察机构扩张；监察范围扩大；监察人员增多；监察官威信提高。但在实际运作过程中，由于受到门阀政治的影响，不敢过于触及世家大族的利益，其所依附的皇权也出现式微，故此时的权力监督是不健全的、软弱无力的。

（一）权力监督的去行政化

曹魏时期，皇帝为了更好地实施权力制衡，将御史台从少府中独立出来，直接归属皇帝管理，并逐渐完善监察机构，这样做摒除了行政机构干涉监察机关的弊端，逐渐实现监察权力的相对独立，对权力监督的有效实施有积极作用。

（二）权力监督软弱无力

两晋时期，皇权至上的局面被打破，门阀士族操纵政治，"举贤不出世族，用法不及权贵"，法令对他们毫无约束力。即使有正直的监察官吏弹劾权贵世族，由于皇帝对世家大族既限制又依赖，为恶之人也往往得不到惩罚，在这场权力游戏中，监察官还可能成为替罪羊和牺牲品。《晋书·李憙传》记载了一个典型的案例：晋武帝泰始三年（267年），司隶校尉李憙上书弹劾以前的立进县令刘友、前任尚书山涛、中山王司马睦以及已故的尚书仆射武陔侵占公家的稻田，要求免除山涛、司马睦的官职，对于已经去世的尚书仆射武陔要求贬损他的谥号。史书虽未详细记载晋武帝对此弹劾进行核实的情况，但据晋武帝的反应可知，此事应当是证据确凿。面对官吏侵犯公田、违反法律的铁案，晋武帝是这样说的："法是天下的准绳，皇亲国戚也不能避免，所以法令才能有效地推行，我决不能纵容官吏大臣枉法！"然后又说："据查这事都是立进县令刘友做的，他侵夺百姓，魅惑上级，务必将刘友抓起来讯问，惩罚奸恶之人。至于山涛等人不会重复犯错误，就不要再追究了。"当然晋武帝好戏做足，他又在诏书中做了两点补充：一是表彰李憙，说他公正、称职，是国家法令的严格执行者；二是警告各级官吏，一定要安分守己，不可贪赃枉法，表明不会对官吏多次宽宥，贪官到时后悔都来不及。

司隶校尉李憙行使其监察权力,依法对侵占公田的刘友、山涛等进行弹劾,并提出了处罚建议。晋武帝虽接受弹劾,也就是认可四人违法,但并未接受李憙的处罚建议,他只是严惩了县令刘友,对其他三个人舍而不问,其实是自坏制度,所以司马光在《资治通鉴》中说:"四臣同罪,刘友伏诛而涛等不问,避贵施贱,可谓政乎?"① 可见,此时权力监督的软弱无力。对皇权的依附是封建时代权力监督的症结,只能期寄于强而有力的皇权来保障权力监督的实施,否则,就会流于形式,甚至监察官性命都有危险,比如司隶校尉傅咸差点被权臣杨骏陷害致死。

(三)权力监督前盛后衰

晋武帝和晋惠帝时期,为了巩固新生政权,皇帝都比较重视监察和吏治,监察官员基本能正常地履行监察权,涌现了一批优秀的监察官员,如傅玄、刘毅等。但是后期政权相对稳固后,皇帝为了得到世家大族的支持,不断地纵容他们,使得监察活动衰微。东晋情况更为严峻,从司马睿开始,王导就倡导宁可网漏吞舟,也不能察察为政,不主张过于严苛的监察,此后的东晋基本是世家大族轮流掌权,制约臣权的监察自然不受待见。

(四)权力监督的网状交织和消长

两晋时期,御史中丞、司隶校尉、尚书左丞的监察权都在不断扩张,打破了初始的规定和权力范围,出现了明显的交织,这种权力重叠有着明显的弊端,比如纠缠不清,或者互相推诿等,不利于权力监督的实施,所以到了东晋时期不得不裁撤司隶校尉。可见,权力的交织对权力监督的实施是不利的,必须进行及时的调整。

(五)门阀士族势力的兴盛是权力监督的双刃剑

两晋时期,门阀士族势力达到鼎盛,累世居于高位,享受各种优待,甚至大规模地干预政治,威胁皇权,在皇权羽翼下的权力监督也遭到打击,如荀勖就提出要废省御史台。但门阀士族势力的兴盛也为权力监督的发展提供机遇,"两晋的监察制度就在皇权与世族势力的抗争中得到巩固,并有所发

---

① (宋)司马光:《资治通鉴》卷七十九武帝泰始三年。

展"①。权力监督可谓是国家权力的制衡器，解决统治阶级内部的权力分配和冲突，其最终目的是为了维护皇权。门阀士族势力的发展已经达到左右皇权的地步，在这种情况下，皇帝唯有依靠此杀手锏——权力监督来制约门阀士族的势力，伸张皇权，因此在这一时期，皇帝不断提高御史的权力和威信，希望可以有效地打击不法官吏和门阀士族的恶性发展，维护皇权。

第三节　南朝：南台与典签

刘裕在东晋末期的乱局中趁势崛起，前后剿灭了多股势力和割据政权，掌握了东晋的大权，于公元 420 年代晋建宋，定都建康，史称南朝宋或者刘宋。宋是南朝统治时间最长的一个政权，前期吏治清明，重用寒门，轻徭薄赋，社会安定。但后期宫室内斗不止，权臣萧道成掌握大权，于公元 479 年建立新的政权，称为萧齐或者南齐。萧齐仅存在 23 年就被萧衍所建立的梁所取代，萧梁存在的时间基本与萧衍的统治时间相当，萧衍立国之初，文风盛行，君臣和谐，但由此积累下来的阶级矛盾却愈演愈烈，他甚至放纵大臣进行贪污腐败，权力监督形同虚设，政治腐败，军事无能，加上侯景之乱，南梁气数已尽。公元 557 年，陈霸先废梁敬帝自立，建立陈朝，历三代于公元 581 年被隋文帝杨坚所灭。宋齐梁陈四朝，前后更迭，均定都于建康，统称之为南朝。

一、南朝的时代特征
（一）统治阶级内部斗争激烈
南朝时期，皇帝极力打压世家大族的势力，伸张皇权，二者斗争激烈；另外皇室内部内斗不已，尤其是宋齐两朝，皇族内部的血腥厮杀不绝于书，即使如此，南朝的皇权仍然不稳固，武将通过武力夺取皇权常有发生，政权更迭频繁，最短命的萧齐仅存在 23 年，最长命的刘宋也只有半个多世纪。动荡的政治环境对实施权力监督是不利的。

---

① 邱永明：《中国古代监察制度史》，上海人民出版社 2006 年版，第 155 页。

（二）寒人掌机要

所谓寒人，就是指那些无政治地位、无家族背景的人。赵翼在《廿二史札记》中说：

> 至宋、齐、梁、陈诸君，则无论贤否，皆威福自己，不肯假权于大臣。而其时高门大族，门户已成，令仆三司，可安流平进，不屑竭智尽心，以邀恩宠。且风流相尚，罕以物务关怀，人主遂不能藉以集事。于是，不得不用寒人。人寒则希荣切而宣力勤，便于驱策，不觉倚之为心膂。①

可见，南朝时期各朝皇帝为了压制世家大族的气焰和势力，避免东晋的悲剧重现，并鉴于寒人的易于控制和政治能力，他们开始重用寒人掌机要，因此，寒人开始逐渐摆脱束缚，走上政治舞台，对这一时期权力监督的变化有着极大的影响。

（三）变动的典章制度

由于政权更迭频繁，内忧外患并存，这一时期的不少制度都是过渡性的，经常因人因时而变，缺乏稳定性。如宋武帝、宋文帝特别倡导廉政建设，而梁武帝则主张温和之治，在不同思想指导下的权力监督也因此兴衰起伏。

（四）玄学思想盛行

魏晋时期盛行的玄学到南朝时期仍然长盛不衰，在统治阶级上层流传，在此思想的影响下，统治者注重清谈，疏于律学，极不重视法制建设。齐明帝萧鸾曾对御史中丞江淹说："宋世以来，不复有严明中丞，君今日可谓近世独步。"② 可见在玄学思想盛行的背景下，事于实务的权力监督快速衰废。

（五）动荡的外部环境

与南朝各政权同一时期，北方存在着北魏、北齐、北周等政权，它们多

---

① （清）赵翼：《廿二史札记》卷八《晋书》南朝多以寒人掌机要，中华书局2008年版。
② （唐）姚思廉：《梁书》卷十四《江淹列传》。

为少数民族建立的政权，尚武好战，经常与南朝各政权发生战争，争夺领土和人口，动荡的外部环境使皇帝无法专注于内部政治的建设，对权力监督的推行有心无力，甚至无心无力，故而南朝的法制建设衰败，权力监督也常衰不盛，可见，安定的环境是权力监督实施的保障。

二、南朝权力监督的设计

（一）自下而上

1.机构

西晋的门下省是皇帝的侍从机构，初掌出纳帝命，规讽过失，侍从顾问，到东晋时期被赋予了封驳权，此后便形成了一种制度，皇帝的诏书一定要先通过门下省审核才能颁布实施，封驳权成了门下省主要的权力，而"规讽过失，侍从顾问"的功能被弱化了。当然，门下省的封驳权也是一种对皇权的监督，其作用不可忽视。南朝时，特从门下省中分出散骑省，设置集书省，以散骑常侍为主官，下设给事中、谏议大夫、散骑侍郎等，向皇帝进行规谏，行使对皇权的监督，是这一时期对上言谏制度发展的标志性事件，但实施效果却不敢恭维。

据《南史·贺琛传》记载：梁武帝大同十一年（545 年），时任散骑常侍的贺琛上了一封针砭时弊的奏疏，主要讲了四点：一是说各地百姓逃亡依附大姓，使国家户口锐减，常年的租税收不上来，人民不能安居，这些都是地方官的过失。二是说天下的官吏很少有廉洁的，为了满足自己奢侈腐化的生活，大家都想方设法地贪污，其根本在于社会风气有问题，务必要整治根本方能见效。三是说朝中有不少小人，诡诈钻营往上爬，使用浅薄的智能，去贪取分外的要求，骗取皇帝的信任，不顾国家的大局，对百姓刻薄，对同僚排斥，皇帝一定要革除奸佞小人妄进谗言的邪恶念头，要求官吏们出以公心为国出力。四是说国家现在很贫困，一定要精简事务，节省掉一些花费，让老百姓休养生息。

对于这样一份切中时弊的奏疏，梁武帝的反应是大怒，他立马回文驳斥，提出：朕拥有天下四十多年了，官员们直言不讳的意见，每天都能听到看到，可还总怕事务繁忙，致使闭目塞听。你只是为了博取名誉，宣扬自己能上书陈事，遗憾的是朝廷不能接受。你说"如今北边臣服，正是应实行生聚教育的时候，而人民不能安居，是州郡长官的过错"。但大泽之中有龙有蛇，即使不是全好，也不能是都坏，你可以明确指出有罪过的人。你说"应该倡导节俭"，朕已三十多年不与妻妾往来，不和女人同房也有三十多年，平时居住的地方不过能放下一张床，屋里从没有什么装饰玩物，这些都是人所共知。朕生性不饮酒，生性不好听音乐，所以在宫内我私人宴会上从未奏过乐。朕三更从卧室出来办公事，什么时候休息就看事情有多少。有时事少，中午以前可以办完；事情多了，到太阳偏西才吃饭。经常每天只吃一顿，说不上是白天的饭还是夜宵，没有个定时，有时身体不舒服，才再吃一次，过去我的腰超过十围，如今瘦的才二尺多，以前的腰带还放在那儿，这可不是我瞎说。为谁这样干呢？还不是为众生救亡超生。你所说的所谓只要君主以身作则，就能"不令而行"，不过是废话罢了。你又说"各部门官员没有不上书言事的，都是奸诈钻营往上爬"。如果不许臣下奏事，道理上说得过去吗？因噎废食，说的就是这个意思。如果不许奏事，谁来担任那些职务？能了解信任而委以重任的臣子，到哪儿去找呢？到底怎样才对，你再写好了奏上来。贺琛接到敕令，只有谢罪的分儿，不敢再有什么辩驳。

贺琛作为散骑常侍行使对皇权的监督，指出社会的弊端这并无过错，梁武帝可以差人详查，属实可予以严肃处理，不属实也可以予以勉励，所谓有则改之，无则加勉，既可以及时发现和解决存在的问题，又能激励权力监督的开展，是双赢的。但梁武帝的反应不是漠视，也不是重视，而是大怒，他要求贺琛指名道姓地说出贪残的人是谁？浪费的人做了什么？并一再强调自己一向是很节俭，极为勤政，贺琛是沽名钓誉，无事找事。让一个言谏官去弄清楚地方官的犯罪证据，其拒谏之心已经流露出来，又一再强调自己的德行，避重就轻，根本不愿意承认贺琛所奏之事。可见，对君权进行制衡的谏诤制度在皇权的压制下，只能成为一种粉饰和摆设。

2.官员

南朝时期，门下省的侍中、给事中等虽未必直接向皇帝进言，但通过行使封驳权对皇权进行监督，减少皇帝的失误，提高皇帝诏令的威信。另有，散骑常侍、散骑侍郎等官吏"入则规谏过失，备皇帝顾问，出则骑马散从"，是当时重要的言谏官。陈后主时期，散骑侍郎傅縡就曾直谏后主，指出陈后主为政的各种弊端，据《陈书·傅縡传》记载：傅縡因才气负人，遭人陷害入狱，在狱中他上书陈后主指出：凡为人君主的，恭敬事奉上帝，如爱子一般爱下民，节制自己的嗜好与欲望，疏远谄佞的小人，天没亮就穿衣起床，天色已晚仍顾不上吃饭，这样才能恩泽遍于天下，福佑流及子孙。陛下近来酒色过度，不虔诚于郊庙之神，专门喜欢淫昏之鬼；小人在身侧，宦官弄权，厌恶忠直之臣犹如仇敌，看待百姓犹如草芥；后宫绮绣摇曳，厩马菽粟多余，而百姓却流离失所，僵尸遍布原野；贿赂公然进行，库藏日见损耗，神怒民怨，众叛亲离。怕东南王气，自此要尽。看到奏章后，陈后主大怒，并派人将傅縡赐死于狱中。

回看陈朝的历史，其实傅縡所言为实，绝不是负气之言，并规谏说如果不改正，可能王朝就要灭亡了。对于这样一番诤言，陈后主不但不自检，而且一怒而杀之。中央集权的政体下，皇帝不受法律的约束，言谏官虽然可以向皇帝提出谏言，但君主没有必须听从规谏的义务。要想言谏这种权力监督形式产生作用，必须有两个条件：一是不怕事的官员；二是善于纳谏的帝王。但实际操作中，不少大臣或谏官畏惧权势，不敢进谏；多数帝王自以为是，拒不纳谏。这就不难理解，为何中国历史上的言谏制度越来越衰微了。

3.民声

遍索南朝的典籍，极少见到体制外的监督案例或者相关的诏令，疑似这种监督方式此时不受统治者关注，这可能与南朝极少明君有关系。南朝共二十多位皇帝，除了宋齐梁陈的开国皇帝外，算得上明君的只有宋文帝刘义隆一位，其他多是昏君、庸君，甚至暴君，他们不重视民本思想，更不想主动开展体制外的监督。

（二）自上而下

1.机构

南朝齐梁时期，御史台位于宫阙的西南部，因此又称为南台，是国家主要的监察机构，长官为御史中丞，地位极高，无职不察，专道而行，下设多名侍御史。御史台所监察的事务主要有三方面：治书侍御史监察司法、殿中侍御史监察朝堂威仪、侍御史察举官吏失职及滥用职权、违法乱纪等。三者既互相独立，又互相配合，有效地实施权力监督。侍御史也称为"台使"，经常被派遣出巡，负责评判地方官的善恶。南朝时期御史台的地位与两晋相比没有多大变化，基本架构和人员也变化不大。

2. 官员

（1）御史中丞

南朝时期，御史中丞仍为御史台的台主，携侍御史负责监察事宜，在前朝的基础上地位得到进一步提高。比如，南朝宋孝建二年（455 年），孝武帝诏令御史中丞与尚书令分道而行，内外百官遇之要靠边停，等待他们经过后再走，否则可能会被开路的仆役棒打。皇帝赋予御史中丞清道权和棒打权，御史中丞的威严被人为地提高了。南朝梁时期，初称御史大夫，后又改为御史中丞，地位较宋齐更隆，又给了威仪十人，"专道而行"，极力提高御史中丞的地位和威严。在皇帝的支持下，南朝的御史中丞不乏敢于直言弹劾之人，如刘宋时期孔琳之弹劾尚书令徐羡之，萧齐时期江淹弹劾中书令谢胐，陈文帝时期御史中丞孔奂"多所纠劾，朝廷甚敬惮之"①，陈宣帝时期宗元饶为御史中丞，弹劾合州刺史陈䂮贪污浪费，增加赋税，使之免官，陈后主时期徐俭弹劾尚书令江总等。但是，如果百官有犯罪而未被弹劾，御史中丞可能会被治失职之罪。

（2）尚书左丞等

南朝时期，尚书左丞也有较大的监察权力，与前朝相比，其监察范围有所扩大，不再局限于尚书台，包括中央和地方的各级官吏。刘宋时期尚书仆射王弘弹劾康乐公谢灵运杀人弃尸，而当时的御史中丞王准之并未弹举，宋武帝准许了他的奏请，并提出"自今以为永制"，也就是说这时尚书仆射也有了监察权。虽然尚书左丞、尚书仆射、尚书令都有一定的监察权，但国家监察权的行使还是以御史台为主，御史台才是专职的监察机构。在萧齐时期，江淹在担任御史中丞的同时兼任尚书左丞，这样两方的监察权力在江淹这里就合二为一了。当然很多时候，尚书左丞和御史中丞并不是一个人，他们可以互相监察，体现了权力监督内部的监督。

---

① （唐）姚思廉：《陈书》卷二十一《孔奂列传》。

（3）典签

东晋时期，皇权衰落，世家大族拥有着可以威胁到皇权的实力和地位，南朝想有所作为的皇帝试图改变这一政治格局，他们将军政大权交给兄弟子侄，由于出镇的诸王或者比较年幼，或者较有野心，为了加强对诸王、刺史的监察，皇帝用身边的寒人为典签，"出纳教命，执其枢要，刺史不得专其职任"①。典签也被尊称为签帅，人数无定制，有时一个，有时两三个，是直接受命于皇帝的，他们平时被分派到各地，定期回京报告，颇似西汉前期的部刺史，是南朝特有的地方监察官。典签虽然地位不高，但代表皇帝掣肘地方、负责监视诸王的行为，甚至照顾年幼宗室王的起居，以便于及时向皇帝反馈，还有权附署公文，可见权力极大，可以有效遏制地方势力的发展。

典签的权力不断膨胀，又缺乏监督机制，故而各级地方长官极力巴结、笼络这一皇帝面前的红人，于是典签"威行州部，权重蕃君"，"诸州唯闻有签帅，不闻有刺史"，国家政治出现畸形。如寒人茹法亮由于典掌机要，作威作福，其房屋甚至与皇帝的延昌殿相当。到了梁武帝时期，典签的各种弊端暴露无遗，甚至造成骨肉相残，梁武帝时下令撤销典签，开始赋予诸王实权。

当然，如果典签没有尽到监察责任，也会受到严厉的惩罚，如《南史·宋晋熙王昶传》记载，宋废帝质问典签遽法生为何义阳王造反不及时报告，典签遽法生自知失职逃跑了。《资治通鉴》卷138记载了齐武帝因庐陵王不法而杀其典签的事情。其实，典签是一种特殊的地方监察官，主要是用于限制诸王权力的，对地方其他事务的监察工作所做不多，所起作用是有限的。除了典签，南朝还有一种称为行某州/府/郡/国事的监察官，一般由地方官吏的主要僚属担任，可以代替年幼的诸王行使职权，也替皇帝监视诸王，一般由士族子弟担任。

3.对地方的监督

南朝时期，对地方的监督仍然没有固定的机构和稳定的机制，采取的是遣使巡察与典签制度相结合的方式，这是南朝地方监察的特色。典签已在上文介绍过，兹不赘叙，这里介绍一下遣使巡察。南朝时期，为了加强对地方

---

① （宋）司马光：《资治通鉴》卷一百二十八孝武帝孝建三年。

官吏和政治的监督，有为的君主会不辞劳苦的遣使巡察，如宋文帝多次"遣使行郡县，访求民隐，诏郡县各言利病"①。邱永明认为："这种遣使巡察的方式与典签相结合，构成了巡与驻相结合的地方双轨制监察方式。这种方式弥补了东汉末年以来中央对地方监察的断裂层。"② 这种不定期遣使巡行是地方监察的有力补充，也有利于皇权的有效实施，因而一直伴随着封建皇权而存在。另外，南朝还采取官员迁换的方式进行地方监察，刘宋时期，"以六年过久，又以三周为期，谓之小满，而迁换去来，又不依三周之制"③，这种频繁变动的措施虽不可谓得当，但是频繁迁换对于地方官吏也是一种监督形式。

三、南朝权力监督评析

（一）御史的权威较两晋有所提高

虽然南朝的监察体制源于东晋，但监察官的权势却有所提高。两晋时期由于世家大族势力的鼎盛，皇权及其羽翼下的御史往往被压制，御史行使监察权困难重重。而此时，世家大族已经开始走下坡路，皇权出于压制世家大族的需要，给予御史更多的权威，如中丞专道、设立仪仗等。皇帝多切实地支持监察官的弹劾行动，对被弹劾者予以处分，各朝因被弹劾而免官的不在少数，上到诸王，下到地方官吏无所不包，并出现一批名垂青史的监察官吏，如孔琳之、江淹、徐陵等。可见，在皇权的支持下，通过提高监察官的权威所取得的监察效果是比较好的，当然也不能评估过高，据《南齐书·百官志》记载，尊崇之至的御史中丞在路上碰到武将，对方仍然敢于侵犯御史中丞的权威，甚至双方的前驱人员打起架来，可见，在分裂的战时体制下，武官是极为跋扈的，要有效地实施权力监督是有难度的。

（二）监察官的社会地位和政治地位下降

南朝时期，已经是世家大族最后的挣扎，他们为了保持所谓的血统和地位，实行非常严格的门第婚姻，他们崇尚虚玄，"以治事为俗吏，奉法为苛刻"，非常看不起处理庶务、秉公执法的监察官，如王准之出任御史中丞

---

① （唐）沈约：《宋书》卷一《文帝本纪》。

② 邱永明：《中国古代监察制度史》，上海人民出版社 2006 年版，第 184 页。

③ （唐）李延寿：《南史》卷七十七《吕文显列传》。

被人嘲讽；王僧虔被任命为御史中丞却极力推托牢骚，后被改任为侍中才满意；王僧朗被任命为御史中丞时，有人对他说，你做这个官就不再是世家大族了。可见，御史中丞在此时是被高门贵族瞧不起的，谈不上什么荣誉地位。另外，由于大量的寒门进入监察部门，使监察官的声誉在社会上层中下降颇快，且中级监察官的品秩也不断下降，侍御史一职从六品下降到九品。

（三）寒门任监察官

前面说过，由于世家大族轻视监察官员，认为是浊官，不愿意担任，国家又不能没有监察，皇帝就将目光放在了济济于为官的寒门身上，这样既能满足国家治理的需要，又可以打击世家大族，伸张皇权，因此任用了一大批寒门为侍御史，如茹法亮、纪僧真、戴法兴等。这些寒人为了报答皇帝的赏识，不惧怕世家大族的报复，忠心耿耿地为皇帝实施权力制衡，在监察界刮起一股劲风，但也存在打击面过大的情况，或者仰仗皇帝的权势作威作福。

（四）监察官进退两难

南齐时期的御史中丞刘休说："宋世载祀六十，历斯任者五十有三，校其年月，不过盈岁。"[1] 可见，御史中丞更换非常频繁，一部分是因为不称职被皇帝罢官，一部分是因为得罪权贵被迫辞职，可见不管是对皇帝负责，还是对官吏执法，御史中丞都进退两难，不执法不称职，执法则被迫害。另外，有一些正直的监察官检举了高官贵戚，但由于皇帝的顾忌和不认同，检举无效，被检举者仍然逍遥法外，监察官却无能为力，甚至还会遭受被检举者的报复和打击。当时甚至出现一种社会风气，只要某高官被检举，其亲属、门生就会不断地纠缠监察官请求撤下检举，如果软的不能得逞，他们便会来硬的，发誓与监察官世代为仇，找机会打击报复，这种社会风气对监察官来说是非常大的考验。如果监察官不能经受住这种考验，就只能随波逐流，放任官吏为非作歹，监察制度逐渐废弛。如果朝廷能有效地保障监察官吏的安全，这对监察官开展权力监督是极有力的。

（五）地方无固定的监察机关

与两晋一样，南朝也无固定的地方监察机关，它采取的是典签与遣使巡

---

① （南朝梁）萧子显：《南齐书》卷三十四《刘休列传》。

行郡县相结合的方式，这是南朝地方监察的特点，这种驻与巡相结合的方式虽不及西汉的部刺史有效，但也是一种进步和完善，实行得好的话值得肯定。但是，历史上的很多规章制度设计完美，一从纸上走下来就变了样子，哪怕当时实行得比较好，后来也会逐渐走样，典签就是其中一例。另外，遣使巡行郡县具有不稳定性，时而有时而无，时而频繁时而匮乏，不具有长效机制。

第四节　北朝：兰台、候官曹与寺署台案

公元 386 年，拓跋珪在牛川重建代国，后改名为魏，史称道武帝。经过道武帝及明元帝的励精图治，太武帝于公元 439 年灭掉北凉统一北方，成为继前秦之后第二个统一北方的少数民族政权。孝明帝后，北魏分裂为东、西魏，后又被北周与北齐取代，公元 577 年北周灭北齐，统一北方，公元 581年杨坚代周建隋，至此历史进入隋唐时期。这之前更迭的几个朝代，由于与南方的宋齐梁陈并存，以地域来区分，我们称之为北朝。

一、北朝的时代特征

（一）民族矛盾突出

北朝的几个政权都是由少数民族建立的，尤其是拓跋部建立北魏时还处于部落时期，没有完备的管理制度，所以相当长的一个时期，他们都是实行粗放式的统治方式。掌权的少数民族高人一等，任意欺压汉人，抢掠财物，北魏前期贵族和官吏都没有俸禄，他们习惯于按照游牧部落的方式进行抢掠，制度约束不强，因此民族矛盾非常突出。少数民族统治者在汉族官吏的影响和劝谏下，也尝试改变统治方式，但不能一蹴而就，因而在新旧交替的过程中出现了胡汉杂糅的情况。

（二）并立政权的威胁

与北朝的魏、东魏、西魏、北齐、北周并立的有南朝的宋齐梁陈政权，对方无时无刻不想北伐定中原，因而经常发生摩擦，北朝的统治者必须正视

这个问题。另外，有一段时期，北方也不是统一的，东魏、西魏和北齐、北周都是并立政权，双方互有争夺，战争不可避免。在外患严峻的情况下，内部的监察经常受条件限制，难以有效的实施。

（三）汉化的逐步推进

北朝时期，中原文明处于领先的地位，少数民族统治者进入中原建立政权后，为了适应历史的发展，巩固统治，都会向汉族统治阶级学习先进制度、文化和治国经验，这就是我们所说的汉化，虽然有时主动，有时被动，但这是当时的大趋势。比较有意思的是，每一次汉化往往会伴随一次胡化，如有孝文帝改革，还有宇文泰鲜卑化，二者不断纠葛，伴随北朝的始终。

二、北朝权力监督的设计

（一）自下而上

1.机构

北朝时期谏官系统比较发达，其中北魏以孝文帝改革为限，可分为前后两个时期，前期的言谏机构主要有内行曹，其长官内行令"主顾问，拾遗应对"、"察举百僚"，还有给事曹，设给事中、给事、中给事诸官，在内廷服务，备皇帝顾问。孝文帝改革仿南朝设置门下省和集书省两机构，其中门下省有封驳和出纳诏命的权力，负责言谏，以侍中、给事黄门侍郎为主官；集书省负责进言献策，备皇帝顾问，以散骑常侍为主官。二者互相补充，共同行使对皇权的监督。东魏、北齐基本沿袭北魏，西魏、北周则仿照古制，设立保氏下大夫，虽名异，其执掌却与谏议大夫相同。

2.官员

对君主进行进言献策，匡正失误，对国家的政治建设有重要的意义，所以自古以来，贤明的君主都极其重视求贤纳谏。北朝时期，道武帝开始设置训士，相当于谏议大夫，用来匡议时政，到了孝文帝时期，他模仿汉族的制度设立散骑常侍作为集书省的长官，掌规谏、赞诏命、巡行考绩、出使他国等，还有侍中掌出纳帝命，相礼仪，有封驳权，另有谏议大夫不典事，掌谏诤议论。《魏书》中常见散骑常侍劝谏皇帝并取得成功的案例，如《高允传》记载：北魏名臣高允历仕五朝，文成帝拓跋濬在位时，高允任散骑常侍，当时有一个经常侍从在皇帝左右，备顾问应对的官员叫郭善明，特别机智巧妙，善于营建，为了表现自己的能力，讨得文成帝的欢心，上书劝说文成帝大造宫殿。散骑常侍高允得知后上书行规谏之职，他指出：道武帝平定天下后开始兴修都邑，他都是选择在农闲之季。现在我们建国已经很久了，宫室也已经完备，永安前殿完全可以用来接受万国的朝贺，西堂的温室也可以用来让圣上休息，紫楼台可以用来观望远近。如果要再修更壮丽的宫室，也应当慢慢地准备，不可急于求成。修一座宫殿，估计砍材运土以及各种杂役就需两万多人，成年人做工，老少供饭，就合四万人半年才成。所谓一个男子不耕种，就有人吃不饱，一个女子不织布，就有人穿不暖，况且这么多人不耕不织，要影响的人必然很多，往古时推论再来验证现在，必然有借鉴之效啊，希望皇上认真考虑。后来，文成帝同意了高允的建议，没有扩建宫殿，高允的劝谏取得成功。

《魏书·郭祚传》也记载了一个对上言谏成功的案例，有一次宣武帝为了惩罚逃避刑罚的奸吏，下诏说：如果奸吏逃避刑罚，就要发配到边远地区；如果躲避逃跑，就让他的兄弟代替他。时任散骑常侍的郭祚认为这样做非常不合适，他上书劝谏说：败法的是奸吏，所以应该受到惩罚，但连及兄弟就过于严苛了。法律的作用是阻止奸佞，而不在于过于严酷。他主张"罪人既逃，止徙妻子，走者之身，悬名永配，于青不免，奸途自塞"[1]，也就是说如果罪犯逃跑，应该流放他的妻子儿女，逃跑的罪犯要永远待在边远的地方当兵，犯了错永远不能赦免，这样他们就不敢随意逃跑了，宣武帝接受了他的建议。

东魏、北齐基本与北魏相仿，且言官系统更加庞大，北周则仿古制度，置御伯中大夫、下大夫，职同侍中、黄门侍郎，侍从皇帝左右，以备顾问，设立保氏下大夫掌规谏之责。

3.民声

北朝尤其是北魏是中国历史上少有的重视体制外监督的政权，这与它是少数民族建立的政权，没有被封建僵化的体制束缚有很大的关系。明元帝

---

① （北朝）魏收：《魏书》卷六十四《郭祚列传》。

神瑞元年（414年）"冬十一月壬午，诏使者巡行诸州，校阅守宰资财，非自家所赍，悉簿为赃"①。也就是说，派使者去往各地官吏家里查阅财产，说不清来源的就算是赃款，并进一步鼓励百姓到皇帝面前举报其守令，诏令："守宰不如法，听百姓诣阙告之。"② 太延三年（437年）太武帝下诏就现有社会问题进行批判，说"夫法之不用，自上犯之"③，因此又重申明元帝的法令，鼓励百姓向朝廷检举告发官僚的不法行为。但这一有着超前眼光的诏令效果并不好，史书记载，"于是凡庶之凶悖者，专求牧宰之失，迫胁在位，取豪于闾阎。而长吏咸降心以待之，苟免而不耻，贪暴犹自若也。"④ 也就是说，普通老百姓由于恐惧和客观原因，多不敢或者无法去举报违法官吏，反而给那些地痞混混提供了机会，他们专门搜求当地官吏的过失，以此胁迫官吏给钱，否则就要去检举。这些官吏们为了自保就用财货收买他们，然后再从老百姓身上搜刮回来。孝文帝太和七年（483年）下了一道诏书，大意是说，我想知道百姓的疾苦，然后修改相关的政令，所以询问大家守宰在当地为非作歹的行为，结果秀才、孝廉等都不说实话，违背我的心意，本来欺瞒皇帝应该杀头的，但我还是不忍心，让他们回去，不过要大告天下，让其他人不可再犯。可见，孝文帝类似的监督策略也惨遭滑铁卢。由此可见，在封建等级社会里，民主监督是软弱无力的，无法真正奏效。

（二）自上而下

1. 机构

（1）兰台

北朝的御史台是沿袭魏晋所建立的监察机构，也称为兰台。北魏前期，初建台省时就建立了御史台，但设置很不完备，后道武帝罢外兰台御史，总属内省。明元帝时恢复了兰台，迁出宫中，号为外台，殿中侍御史留在宫中，号为内台。孝文帝颁布《前职员令》，是北魏御史台趋于完善的标志，其最高长官是御史中尉，在外出时享有清道的特权，属官有治书御史、侍御

---

① （北朝）魏收：《魏书》卷三《太宗本纪》。

② （唐）李延寿：《北史》卷一《明元帝本纪》。

③ （北朝）魏收：《魏书》卷四《世族本纪》。

④ （北朝）魏收：《魏书》卷一百一十一《刑法志上》。

史和监军侍御史等二十多位，职能主要是对百官进行弹纠，虽贵为亲王，只要违法乱纪，都可能被御史台弹纠，从而受到相应的惩处。北齐时将御史中尉改名御史中丞，品秩不变。北周时期，仿《周礼》设置职官，改御史台为司宪，属秋官府，长官为司宪中大夫，有两人，下设司宪上士、中士、下士若干，掌管监察、立法、断案等司法事务，分遣使者纠察地方官员，虽名异，其实同。

（2）候官曹

北魏是由处于部落时期的拓跋部建立的政权，道武帝建国初期仿照汉制设计监察机构和监察官，但遭到部落贵族的强烈反对，无奈只得废除御史台，改设候官曹作为监察机构。候官权力很大，不择手段地察举百官的过失向皇帝禀报，与曹魏时期的校事、刺奸极为相似。随着监察的深入，候官曹人数不断增加，他们乱用权力，造成冤案，孝文帝太和三年（479年）下令废除。

2.官员

（1）御史中尉

北魏初期，仿照魏晋设立御史台，以御史中丞为长官，但遭到拓跋贵族的强烈反对，天兴四年（401年）道武帝无奈"罢外兰台御史，总属内省"[1]。之后的北魏统治者多次欲借鉴汉族的统治经验，实行权力监督，但囿于阻力都没能成功，直至孝文帝改革，快速地完成了封建化，设立御史台为监察机关，改御史中丞为御史中尉，正三品上，作为御史台的台主，督察百僚，选拔御史，权力颇重，地位显赫，"出入千步清道，与皇太子分路，王公百辟咸使逊避，其余百僚下马驰车止路旁，其违缓者，以棒棒之"[2]。在皇帝的支持下，滋生了一批不畏强权的监察官吏，如孝文帝时期的李彪"多所劾纠，远近畏之，豪右屏气"[3]，治书侍御史薛聪"凡所弹劾，不避强御"，孝文帝常说："朕见薛聪，不能不惮，何况诸人也？"[4]另外，孝

---

①（北朝）魏收：《魏书》卷一百一十三《官氏志》。

②（唐）杜佑：《通典》卷二十四《职官六·中丞》。

③（北朝）魏收：《魏书》卷六十二《李彪列传》。

④（唐）李延寿：《北史》卷三十六《薛聪列传》。

文帝改御史中丞为御史中尉是有深意的，不仅仅是名称的变化，北魏是鲜卑族入主中原建立的政权，当权者多为鲜卑贵族，他们崇尚武力和征战，日常也极为张扬和跋扈，御史中丞作为文官往往难以压制鲜卑贵族的跋扈之风，无法有效地实行监督，将御史中丞改为御史中尉，中尉具有武官的性质，可以有效地放大监察权。东魏时与北魏相同，也称御史中尉，兴和二年（540 年），孝静帝用吏部郎崔暹为御史中尉，打击不法豪强，崔暹弹劾尚书令司马子如、太傅咸阳王元坦等，权贵有所收敛，政治风气好转。北齐时又改称御史中丞，琅琊王俨兼任御史中丞时，武成帝复兴旧制，极度扩张御史中丞的威仪，可谓至盛。有一个典型的案例可以生动地说明北齐时御史中丞的威严，孝庄帝在位时，寿阳公主出行时未给御史中丞让路，犯了清路之规，御史中丞高道穆便让随从拿着赤色的棒子呵止，但公主根本不听，高道穆便让人打碎了公主的车子。寿阳公主极为气愤，去找孝庄帝哭诉，孝庄帝却回答说：高道穆是按照礼法行事并无过错，不能因为私恨去责怪他。后来高道穆来见孝庄帝，孝庄帝还主动向他道歉说："家姊行路相犯，极以为愧！"[1] 可见，此时御史中丞的权威之盛。当然，孝庄帝对此事的处理态度和方法，不仅在于他对高道穆的尊重，更在于他对法律的敬重和对御史权威的有意维护。

（2）尚书左丞

北魏初期即设立尚书左丞，掌台内监察，虽中间偶尔撤废，但终重置。孝文帝改革时，在尚书省中设置尚书左丞，执掌监察，权力较大，地位可比御史中尉，二者互相配合，也可以互相监督。东魏、北齐基本沿袭北魏的监察制度。西魏、北周实行六官制，无尚书省的设置，亦无尚书左丞一职。

（3）司隶校尉

虽然南朝不置司隶校尉，但北朝设置如故，后改名为司州牧，仍为京师一带的行政长官兼任监察官，只是权力和监察范围有所收缩，只监察其所属郡县的官吏，不再监察中央的官吏，与西晋的司隶校尉相比监察权力削弱了不少。

---

① （唐）杜佑：《通典》卷二十四《职官六·中丞》。

(4) 候官

北魏是社会形态落后的拓跋部建立的政权，他们从部落时期直接进入封建社会，在这巨大的转变过程中，他们既吸收了汉族的一些政治制度，又保留了部分拓跋部的原始特征，即所谓的汉夷混杂，候官就是其具有部落特征的一种官职。道武帝建国初期仿汉制设立的监察官因遭到反对被撤销，为了加强权力监督，北魏初期又设置了候官，《通典》卷十九《职官一》记载："初，道武制官，皆拟远古云鸟之义，诸曹走使谓之'凫鸭'，取飞之迅疾也。以伺察者为候官，谓之'白鹭'，取其延颈远视。"① 候官带有鲜卑族原始的习俗，他们权力很大，监察范围广泛，是朝廷的侦探，《魏书》记载庾业延因衣服过于鲜艳华丽，行为举止模仿帝王被候官上报，结果被处死。候官使用公开或者秘密的方式进行监察，制造恐怖气氛，人人自危，史书记载，文成帝拓跋濬时期"增置内外候官，伺察诸曹外部州镇，至有微服杂乱于府寺间，以求百官疵失。其所穷治，有司苦加讯恻，而多相诬逮，辄劾以不敬。诸官司赃二丈，皆斩"②。北魏后期，候官人多为患，多达上千人，候官的特务性质又使他们在执行权力监督的过程中有为达目的不择手段的情况，甚至乱用权力，造成冤案。太和二年（478 年）孝文帝下令撤减候官 400 多人，第二年又下诏："治因政宽，弊由网密。今候职千数，奸巧弄威，重罪受赇不列，细过吹毛而举，其一切罢之。"③ 彻底废除了候官制度。

3. 相关法令法规

与南朝法制建设的衰微相比，北朝的监察法规更具代表性。为了占有压倒南朝的政治优势，为了更好地在中原地区发展，北朝的统治者更重视监察法规的建设。孝文帝太和八年（484 年）颁布俸禄制度，规定"禄行之后，赃满一匹者死"④，"更定义赃一匹，枉法无多少皆死"⑤，并实行了严格的考绩制度，规定三年对官吏进行考核一次，内容涉及廉洁奉公、百姓安居、土地

---

① （唐）杜佑：《通典》卷十九《职官一》。

② （北朝）魏收：《魏书》卷一百一十一《刑法志》。

③ （北朝）魏收：《魏书》卷一百一十一《刑法志》。

④ （北朝）魏收：《魏书》卷七《孝文帝本纪》。

⑤ （北朝）魏收：《魏书》卷一百一十一《刑法志》。

开垦、人口增加等方面，依据考核结果加以黜陟。

"中国历史上很多著名的政治发明其发明权其实都不属于最高统治者。最高统治者做的，往往只是明智的采纳并且有效地推行"①，西魏的《六条诏书》就是如此。西魏大统十年（544 年）度支尚书苏绰制定《六条诏书》②，要求官员从修身出发，在教化、农业、举人、赋税等方面勤勉工作，并规定"牧守令长，非通六条及计账者，不得居官"③。另外，北周时期有一部律法名为《请求律》，是关于贪官污吏受贿的条文。武帝宇文邕还制定了《刑书要制》，里面详细地规定了对于贪污受贿达到什么级别将处以死刑，宣政元年（578 年）武帝又颁行《诏制九条》④宣下州郡，包括决狱、捕盗、举才等，纠正了州郡长官任意断罪的弊端，具体可参《周书·宣帝纪》。除此之外，皇帝还经常颁诏书督促官吏尽职，这些诏令也是监察官吏的监察依据。

4. 对地方的监督

北魏前期，统治者就经常派大臣巡行州郡，纠察不法官吏，如道武帝天兴元年（398 年）"遣使循行郡国，举奏守宰不法者，亲览察黜陟之"⑤。尤其注重对官员财产的纠察，明元帝神瑞元年（414 年）"诏使者巡行诸州，校阅守宰资财，非自家所赉，悉薄为赃"⑥。孝文帝变法时，为了了解新法的实施情况，"遣使者，巡行天下，纠守宰之不法，坐赃死者四十余人"⑦。另外，北齐的孝昭帝、武成帝、北周的几位皇帝均有遣使巡行地方的记载，几乎成为常制。为了防止特使作威作福，文成帝于太安元年（455 年）下诏："使者

---

① 张宏杰：《顽疾：中国历史上的腐败与反腐败》，人民出版社 2016 年版，第 107 页。

② 一修身心，二敦教化，三尽地利，四擢贤良，五恤狱讼，六均赋役。

③ （宋）司马光：《资治通鉴》卷一百五十八大同七年。

④ 一、决狱科罪，皆准律文；二、母族绝服外者，听婚；三、以杖决罚，悉令依法；四、郡县当境贼盗不擒获者，并仰录奏；五、孝子顺孙义夫节妇，表其门闾，才堪仕用者，即宜审荐；六、或昔经驱使，名位未达，或沉沦蓬荜，文武不施，宜并采访，具以名奏；七、伪齐七品以上，已敕收用，八品以下，爰及流外，若欲入仕，皆听预选，降二等授官；八、州举高才博学者为秀才，郡举经明行修者为孝廉；九、年七十以上，依式授官，鳏寡困乏不能自存者，并加禀恤。

⑤ （北朝）魏收：《魏书》卷二《太祖本纪》。

⑥ （北朝）魏收：《魏书》卷三《太宗本纪》。

⑦ （北朝）魏收：《魏书》卷一百一十一《刑法志》。

受财，断察不平，听诣公车上诉"①，也就是说使者若是贪赃受贿，也要受到严厉处罚。遣使巡行地方在一定程度上整肃了地方的吏治，维护了国家机器的正常运转。有时皇帝也会亲自出巡地方，巡查当地政治、经济、刑狱等情况，实现对地方官吏的监察。

其实，地方的各级行政长官也可以行使监察权，只是和专职监察官有所不同，"对于地方行政长官来说，监察权是其应有的、实有的权利，监察他的下属，是他拥有的人事权的不可分割的部分"②。地方行政长官要实现正常的人事管理首先就要进行监察，了解属吏的德行和工作状况，以便于将来的考课黜陟，也就是说地方行政长官监察的主要目的在于了解，而不在于弹劾，监察是其人事权力的附带品，而不是主要工作，与监察官不能干预地方行政事务是不同的。

5.寺署台案

北齐时期，御史中丞的权势和地位隆盛，虽是巩固统治和保护皇权的需要，但如果所任非人就会贻害社会。文宣帝在位时，毕义云任御史中丞，他任职以凶猛暴虐著称，官吏都怕他，不敢有不同的意见，这对权力监督的实施是极其不利的。而当时任廷尉正的苏琼为人正直，清廉谨慎，不畏权势，文宣帝为了压制御史中丞的气焰，制衡权力，命苏琼复核御史台办过的案子，因为廷尉正属大理寺，所以称寺署台案。寺署台案是对御史权力的一种监督和制衡，可见，皇帝虽然要利用监察官和监察机构维护统治，但又要防止其权力过大，欺上瞒下，危及统治，可谓是既倚重又限制。

三、北朝权力监督评析

（一）从胡汉杂糅到胡汉相融

北朝多为少数民族建立的政权，尤其是北魏，建立时间长，又是后四个政权的母体，它所遗留下来的制度对后面有着长远的影响。北魏建立初期，

---

① （北朝）魏收：《魏书》卷五《高宗本纪》。

② 余蔚：《中国古代地方监察体系运行机制研究》，上海古籍出版社2014年版，第145页。

还处于部落时期，虽然仿照汉制建立了监察机构——御史台，但很快被废除，虽然也有一些监察官，但发挥作用不大。这一时期真正发挥监察作用的是内朝的候官，体现了胡汉杂糅的色彩。孝文帝改革实行彻底的汉化，废除了候官，完善了御史台，设置了相关的监察官，胡化色彩彻底消失。这种变迁过程其实是北朝当权者探索权力监督的过程，仿汉制是当时历史的选择。

（二）御史权势和地位隆盛，遴选严格

同一时期的南朝，由于世家大族势力和清谈思想的影响，监察官被视为浊官，为高门所轻视。但北朝不同，他们是少数民族建立的政权，受门阀政治的影响较少，对天子的耳目之司的御史颇为重视，给予御史极大的权力和威望。北魏时期对于御史的选任极为谨慎和重视，初期是由皇帝亲自选取，尚书左仆射元晖说："御史之职，务使得贤，必得其人。不拘阶秩，久于其事，责其成功。"[①] 任命者既有汉族高门，也有鲜卑贵族，宣武帝期间，御史由御史台自选，无论是皇帝选取，还是御史台自选，选用都非常严格。北齐文宣帝曾直接下旨选拔能正言直谏之人为监察官。御史的地位隆盛和遴选严格对权力监督的实施是有利的，否则人微言轻难以实施监督，鱼龙混杂更不可能担起澄清吏治的大任。

（三）监察立法的新发展

北朝比较重视法制建设，因此有不少监察法令出台，为监察活动提供了法令依据。如孝文帝的考绩制度、西魏的《六条诏书》、北周的《诏制九条》等，并且还有针对监察官的法规，献文帝曾下诏："诸监临官取所监羊一口、酒一斛者，罪至大辟；与者以从坐论。纠得尚书以下罪状者，各随所纠官轻重而授之"[②]。也就是说，如果监察官违纪要从重处罚，如果能厉行执法，将会升迁很快，有非常光明的前途。监察官是一个特殊的职位，不能像将军一样建功立业，也不能像高官一样享受厚禄，他们每天都活在危险之中，随时有可能被仇家报复，所以统治者要对从事此工作的人给予特殊的待遇，以及一个看得见的光明未来，可以激励他们的工作激情。

---

① （北朝）魏收：《魏书》卷十五《元晖列传》。

② （唐）李延寿：《北史》卷二十一《张白泽列传》。

（四）重视对监察官吏的监察

北朝时期，在皇权的支持下，监察官拥有了前所未有的权力和地位，为了保障监察官的公正执法，防止其徇私舞弊，实现权力制衡，也要对监察官吏进行监督。北朝时期大多要求御史台与尚书省的监察官互相监督，可以有效地弥补皇帝对监察官不察的漏洞。另外，还要求廷尉复审御史台办过的案子，即所谓的"寺署台案"，保证监察官吏的纠察更加准确。献文帝曾下诏："诸监临官取所监羊一口、酒一斛者，罪至大辟；与者以从坐论。"① 可见，对于监察官知法犯法的处罚是非常严格的。在监察官权力极盛的情况下，很容易出现徇私舞弊、任意妄为的现象，找到权力的边界，守好权力的边界，会更有利于权力的运用。

（五）动乱的外部环境影响监察的实施

北朝与南朝并立，常有战事发生，北朝中后期中原地区也不统一，各朝的外部环境并不安定。在这种背景下，统治者多崇尚军功，制度建设被迫退居第二位，监察活动受到限制，据《北齐书·杜弼传》记载：东魏北齐时期的名臣杜弼敢于直谏，曾任侍御史、尚书左丞等职。平定洛阳后，东魏贿赂之风盛行，杜弼看到文武百官很少有廉洁的，所以向当权者高欢进言，要求严惩贿赂，整肃风气，但是高欢却拒绝了。高欢提出现在南方的萧衍和西部的宇文泰都在觊觎他们的将领和人才，过于严苛的法律会将将领逼到西魏，文人逼到南梁，对东魏来说是致命的，这比惩治贪残重要得多，整肃风气要等政权稳定了再说。但杜弼并不满意，后来在沙苑之战前，杜弼又要求除去内患再行出征，指出许多勋贵、要员抢掠百姓罪无可恕。高欢听了后没有多说，只是让士兵站立两旁，举起刀，拉起弓，让杜弼从中间经过，并安慰他说："我不会伤害你的。"结果，杜弼还是吓得两股颤颤、汗流浃背。高欢顺势说，在战场上奋勇杀敌的人百死一生，贪污受贿与之相比是小事一桩。杜弼有感于此，放弃了此次进言。

高欢在战争和除贪的问题上，选择了先解决外患问题，可见，在战乱频繁、军政为先的时期，要进行正常的监察是极为不易的，或者说条件根本不

---

① （唐）李延寿：《北史》卷二十一《张白泽列传》。

允许。

北齐放松了权力监督，导致文武百官很少有清廉的，而北周却加强监察立法，澄清吏治，结果北周战胜北齐，这充分说明北齐的做法并不可取，无论何时都不能放松对权力的监督。

第五节　魏晋南北朝权力监督简评

公元 220 年曹丕代汉建魏，历史进入第二个大分裂时期，即魏晋南北朝时期。此后的三百多年，先是魏蜀吴三足鼎立，互相攻伐；经过西晋的短暂统一后，又迎来了五胡十六国与东晋对峙的时期，期间外患频举，战事不休；接着是南北对立，南方先后经历宋齐梁陈四朝，北方历经北魏、北齐、北周、隋前期四朝，不但南北战事不断，而且南北内部朝代更迭频繁，内乱不已。即使是西晋统一时期，毁灭性的战乱也不绝于书，如八王之乱、永嘉之乱、氐人起义、各种民变等，对国家的政治、经济造成了不可挽回的损失，更遑论分裂时期的各种战争，不管谁胜谁败，对百姓、对经济都是一种荼毒。

在这种背景下，魏晋南北朝时期的权力监督与秦汉相比还是增加了不少新元素，如监察机构的独立、谏官组织的系统化、御史权力的扩大等，在一定时期和一定区域内产生了积极的影响，有利于吏治的清明、国家安定，为后来隋唐权力监督机制的发展打下了基础。

一、变迁
（一）监察机构的独立

曹魏时期，御史台脱离少府，独立设署，由皇帝垂直管理，标志着监察机构摆脱了行政机构的束缚，独立地行使监察权。两晋时期，御史台的机构不断扩大和细化，人数也有所增加，御史台的长官地位日隆。

（二）言谏组织的系统化

从曹魏开始，就设置侍中寺作为言谏机构，有侍中四人；西晋时期，以门下省取代侍中寺，以侍中、黄门侍郎为正副长官，可以对皇帝进行规谏；东晋时门下省具有了封驳权；南朝时，特从门下省中分出散骑省，设置集书省，以散骑常侍为主官，下设给事中、谏议大夫、散骑侍郎等，向皇帝进行规谏，言谏系统逐渐系统化。

（三）御史权力的扩大

出于压制世家大族势力的需要，皇帝不断提高御史的权力和威信，尤以御史台的主官御史大夫为甚，逐渐拥有独坐、清道、棒打、设立仪仗等权力。这一时期的某些朝代，御史拥有风闻奏事的权力，也是对御史权力的一种扩张。

（四）监察法规建设的加强

这一时期监察法规不断完善，尤以西晋和北魏、北周三朝为主。西晋有《能否十条》、《察长吏八条》、《五条律察郡》等，北魏有相关的诏令，而北周有《六条诏书》、《诏制九条》，这些法规为监察活动提供了法令依据。

（五）监察权力的分散与集中

魏晋时期，御史中丞、司隶校尉、尚书左丞等均有监察权，监察权力比较分散，随着三者监察权的不断扩张，打破了初始的规定和权力范围，出现了明显的交织，这种权力重叠有着明显的弊端，比如纠缠不清，或者互相推诿等，不利于权力监督的实施，所以到了东晋时期裁撤司隶校尉，集中监察权力。

（六）对地方监察方式的探索

自刺史监察地方失效后，一直未建立起对地方有效的监察机制。两晋时期多采用遣使巡行地方的方式，但缺乏稳定性；南朝尝试典签与遣使巡行相结合的方式，但由于典签的异化归于失败，萧梁时期不得不废除；北朝也未有新的创建，多以遣使巡视的方式实现对地方的监察。

二、启示

权力监督是维护君主专制的手段，其历史源远流长，体大思精，权力监督中对上监督是一种自我调节、及时规正皇帝的行为，对下监察是一种自我保护，保证皇帝的利益和权力。一般说来，古代社会的权力监督，其主要目的是消除危害皇权或者国家利益的因素，防患于未然，对于维护统治有着重要的作用，对上的监督一向不被重视，对下的监督历朝历代都不放松，但各个朝代又有较大的不同。由于魏晋南北朝时期的特殊历史背景，权力监督缺乏稳定性和实践性，但司马光说"善可法，恶可戒"，认真总结这一时期的权力监督，探究其中的成败，具有重要的现实意义，也是不可或缺的。

（一）权力监督要有效开展，必须获得统治者的支持

专制社会的监察官吏位卑权重，"官轻则爱惜身家之念轻，而权重则整饬吏治之威重"①，他们的权力是皇帝赋予的，受皇帝垂直管理，生活在皇权的羽翼下，当皇帝大力支持时，权力监督效果好，对澄清吏治有重要的作用，反之，效果差，不利于国家的长治久安。可见，古代社会的权力监督先天不足，它是皇权的附属物，其目的是维护皇权的稳固，监察的主要内容是对皇帝的忠诚度，防止官吏弄权而激化社会矛盾，危害君权，但对君主本人缺乏约束力，监察官本身还要依赖于皇帝的保护。另外，皇帝拥有最高的监察权，所有的监察弹劾都要经过皇帝的许可，否则便不能奏效，所以其监察的最终效果如何完全受君主的明昏所决定。在这样的情况下，获得统治者的鼎力支持是至关重要的。

（二）提高权力监督者的素质，慎重人选

在人治的社会里，权力监督能否奏效，不仅仅是有合理的制度就行，回望历史，经常是合理的制度被执行得走了样，所以再好的制度也需要有恰当的人去执行，所以上到君主，下到监察官，他们对权力监督的态度决定着权力监督的实际效果。荀子说"君贤者其国治，君不能者其国乱"②，对于君主，臣民无权决定其人选，暂且不论，但监察官吏作为皇帝的耳目之官，直接受皇帝管理，如果他们欺上将会造成皇帝耳不聪目不明，甚至导致皇帝下达错误的诏令；如果他们对下弄权，贪污腐败，打击忠良异己，或者唯唯诺诺，不敢仗义执言，都不利于权力监督的开展，所以，务必重视监察官吏的人选。监察官吏不仅要有学识，有能力，有经验，更重要的是有正直敢言的

---

① （清）赵翼：《陔余丛考》卷二十六《监察官非刺史》，河北人民出版社1990年版。

② 《荀子·议兵》。

品质，否则会对权力监督起反作用。《晋书·石季龙载记》记载，由于石季龙特别喜欢打猎，所以让御史监察百姓，如果有人打猎侵犯野兽的，就要被砍头。此诏令本来已经够荒唐了，但御史在执行时愈加荒唐，民间凡是有美女或者好马等，他们便据为己有，如果对方不同意，便以犯兽罪处罚，"死者百余家，海岱、河济间人无宁志"①，可见，监察官如果品质低下，不能自我约束，不仅不能起到权力监督的作用，还会祸害百姓和朝政。

（三）对上劝谏与对下监察相结合

上谏下察并行不悖是这一时期权力监督的特色，二者共同构成了魏晋南北朝时期的权力监督。对上劝谏的机构有侍中寺、门下省、集书省等，对下监察的有御史台、司隶校尉、尚书左丞等。二者相辅相成，在不同领域发挥着不同的作用，为皇权形成了一张保护网，为国家机器的顺利运转提供保障。一般说来，对上劝谏的发展速度和完善程度都不如对下的监察，随着封建皇权的高度集中，对上的监督越来越萎缩，对下的监察越来越发达，这是专制社会的特点，对权力监督是不利的。

（四）加强法制建设，明确职权范围

法令法规既是权力监督的依据，又是权力监督的樊笼。魏晋南北朝时期不少的政权都颁布诏令法规，为监察工作指明方向，有助于监察官有理有据地行使权力。虽然监察官的遴选非常注重品质，但"道德的自我约束不是万能的，人很难超越自我，关键在于有没有一个真正独立的、行之有效的、并能持之以恒的监督机制"②，所以为了防止权力的滥用，影响国家的正常运作，必须对监察官的活动进行法律限定，不可随便超越权力的边界。当然，由于主客观的原因，监察法规时兴时废，不能贯彻一致，甚至没有真正的实施，影响了权力监督的效能。或者一些好的制度经过一段时间的演变会变成坏的制度，所以法令要不断地修缮。

（五）权力监督的实施效果对朝代的兴衰有着重要的影响

西晋初年注重权力监督，国家大治，一举灭吴，西晋中后期放纵权贵，

---

① （唐）房玄龄：《晋书》卷一百零六《石季龙载记》。
② 王春瑜：《简明中国反贪史》，四川人民出版社 2002 年版，第 4 页。

社会风气糜烂，贪污成风，结果被匈奴人灭国。北齐对军事贵族比较纵容，而北周则重视法规，厉行监察，最后北周灭北齐，统一北方。综之，历史告诉我们，权力监督实施较好的时期往往国势强盛，人民大治，反之，则国势衰微，亡之不远。

（六）体制内的监督与体制外的监督互补

越来越完善的监察体制是属于封建权力体制内的监督，监督者与被监督者都处于皇权之下，他们有利害关系，有千丝万缕的联系，监督者可以直言弹劾，也可以与被监督者谋皮，猫鼠为友，这天差地别之间唯一的依靠便是权力监督者的德行。但如果可以鼓励体制外的人或者机构参与监督，效果可能会好很多，北朝尤其是北魏比较重视体制外的监督，充分发动广大百姓进行权力监督，可是结果却并不如人意。可见，专制社会里，官僚体制外的人是不可能有权力监督各级官吏的，即便有大多数的人也不敢执这一权杖，体制内的监督者都经常会遭遇打击和报复，对无权无势的人来说更是没有保障，当然也不愿意去冒险。一般说来，体制内的监督比体制外的监督更为直接和有力，但体制外的监督可以在一定程度上弥补体制内监督的漏洞。

（七）专制社会的言谏有很大的局限性

在人治的社会里，国家各项制度的恰当与否虽有重要影响，但更重要的是实施者的实施。言谏是指对君主进言献策，匡正君失，这是一种很好的设想，但纳谏与否却无相应的规定。实际上，古代社会里纳谏只是君主的一种美德，并不是所有的君主都具有这种美德，所谓"兴王赏谏臣，逸王罚之"①，对不具有纳谏美德的君主进谏，无异于飞蛾扑火，自取灭亡，极易招来杀身之祸，这种案例不绝于史，北朝时期就有一批著名的言谏官，他们出于责任感和使命感提出谏言，有的收到了良好的效果，有的却赔了性命，谏诤制度难以真正见效。可见，对上言谏仅靠道德约束是行不通的，必须有相关的制度来规定皇帝必须怎样做，也要有相关的制度保护劝谏人员的安全，否则，出现"谏臣死而谀臣尊"②的局面是不可避免的。

---

① 《国语·晋语六》。

② 《管子·八观》。

（八）一定要加强对监察官吏的保护

监察官吏依法察吏，必然会引起权力与法制的冲突，冲突的结果有正向和反向：正向是法制战胜权力，权力监督有效实施；反向是权力战胜法制，权力监督者弹劾无效，甚至被打击报复。在门阀士族当政的时代，权力战胜法制的情况很多，正直的监察官终被害，如周处、张辅等，令路人扼腕，令监察官寒心，打击了权力监督者的工作激情。监察官是一个特殊的职位，不能像将军一样建功立业，也不能像高官一样享受厚禄，他们每天都活在危险之中，随时有可能被仇家报复，据《晋书·傅咸传》记载：傅咸是曹魏时期司隶校尉傅玄之子，为西晋时期非常有名的监察官，他疾恶如仇，直言敢谏，许多典型的事件都发生在他身上，比如纠公、破界、劝谏晋武帝禁止奢靡之风、劝谏权臣司马亮归政等，每一件都是震古烁今的典型案例。有一次，司隶荀恺的堂兄去世，他上表服丧，皇帝的诏令还没下达，荀恺就急着去拜访权臣杨骏，结果被时任尚书左丞的傅咸弹劾，说荀恺无友爱兄弟的真情，应当罢免他的官职以利风化，导致杨骏被惠帝召问。因此杨骏对傅咸极为不满，时刻想着打击报复，甚至设计将傅咸逐出京城，后有赖于杨骏的外甥李斌劝说才得以幸免。

可见，要公正地行使监察权对个人是很大的考验，当权者不可将监察官推到风口浪尖上任凭风吹浪打，要有适当的措施对监察官吏予以保护，并给予光明的未来，才可激发他们实施监督的热情和动力。

（九）务必建立稳定的地方监察机制

东汉后期，负责地方监察的刺史成为地方的行政长官，地方监察出现空档，由于没有合适、长久的地方监察制度，所以只能采取遣使巡行、设立典签等临时性的措施，典签到了梁武帝时就取消了，而遣使巡行具有不稳定性，时多时少，时长时短，无法有效地保障地方监察的实施。其实，地方官吏远离朝堂，皇帝更难以把握他们的情况，所以颁布了一系列法令法规来规范他们的行为，但是其对法令的执行情况由于监察机制的缺失无法探知，对国家的稳定是不利的，所以务必要建立制度化、稳定化的地方监察机制。

（十）加强对监察官的监察和管理

这一时期，监察官位高权重，如果出现监察权恶性膨胀的问题，会造成比较严重的危害，如曹魏的刺奸、北魏的候官、刘宋的典签，所以一定要加强对监察官的监察。首先是进行考核，官吏考核自古就有，监察官也不例外，只是与其他官吏相比，监察官有着特殊的考核规定，比如是否纠劾，是否得当，到了后代甚至规定每月的弹劾次数，如果没有完成可能会被罢黜。其次是互相牵制，设立多重监察机构互相牵制，如御史中丞与尚书左丞、司隶校尉互相监督，还可以是各个机构的正副官员互相监督，如尚书令和尚书左丞，这样可以更好地制衡官吏的政治行为，维护君主的绝对权威，保障国家监察活动的顺利开展。当然，一定要避免造成系统混乱、职权不清、效率低下的情况。最后，犯法从严治罪，如果监察官吏犯法，属于知法犯法，要从重处理，以儆效尤。

第四章　隋唐五代时期权力监督的成熟期

隋代以加强专制中央集权统治为目的，重整监察制度，但隋炀帝行暴政，终致隋二世而亡。唐建立后，中国古代社会进入全盛时期，在隋监察制度基础上，不断改进、强化的大趋势仍在继续发展。唐代是中国历史上政治、经济和文化高度发展和繁荣的时代，出现了历史上少有的贞观之治、开元之治。统治者力求广开言路、虚怀纳谏，以谋求长治久安。所以在君臣关系上，唐太宗主张君臣合体，臣为君之"耳目股肱"。强化监督，分权制衡。在机构设置上，形成了中枢机构分权制衡的理念，形成三省分权制度，地方设贞观十道，唐中期以后各种使者不断派遣，其目的也是加强对地方行政机构的监督，从而实现中央集权的目的。

唐代典章制度是中国专制时代的完备形态，正如《唐律疏议·序》所说："盖姬周而下，文物仪章，莫备于唐"，因而在当时的世界上占有很高的地位。在长期的统治实践中，唐王朝逐步形成了一套颇具特色、成熟且定型的监察制度，它上承秦汉、下启宋明清，在中国专制王朝监察制度发展史上占有重要地位，影响深远。

第一节　中央"一台三院"制度

唐代中央监察机构包括御史台系统和谏官系统两部分，御史台是总管全国监察的机关，中书、门下两省行谏诤之职。

一、"一台三院"

（一）御史台：御史大夫和御史中丞

历代御史台的长官为御史大夫，副长官为御史中丞。根据《唐六典·御史台》记载，御史台设"御史大夫一人，从三品"，"中丞二人，正五品"，《旧唐书·职官三》记其具体职掌是，"大夫掌持邦国刑宪典章，以肃正朝廷。中丞为之贰。凡天下之人，有称冤而无告者，与三司讯之。凡中外百僚之事，应弹劾者，御史言于大夫。大事则方幅奏弹之，小事则署名而已。若有制使决囚徒，则与刑部尚书参择之。凡国有大礼，则乘辂车以为之导。"可知御史大夫乃是掌管法制、礼仪、政纪的高级官员，位尊权重。而御史中丞则是辅助御史大夫共同实施其职责。

唐朝的御史台长官，地位尊崇，权势显赫。高祖时曾任御史大夫的冯长命，"素贵，事多专决"。汉阳王李瑰杖之，李瑰反被免官。权势可见一斑。太宗时御史大夫和御史中丞很受重视，御史大夫登相位、参预朝政是经常的事。

高宗至玄宗时期，御史台地位仍很崇高。刘仁轨在高宗麟德二年（665年）拜大司宪（御史大夫），乾封元年（666年）受印右相，兼检校太子左中护，上元二年（675年）又拜尚书左仆射、门下三品。韦思谦在"永淳初，历尚书左丞、御史大夫"。《旧唐书·韦思谦传》说："思谦在宪司，每见王公，未尝行拜礼。或劝之，答曰：鹓鹭鹰鹯，岂众禽之偶，奈何没拜以押之？且耳目之官，固当独立也"。御史大夫见王公不行礼，可见其地位之特殊。武后时右肃政台御史大夫骞味道、左肃政台御史大夫王本立、格辅元、魏元忠等人也都官至宰相。中宗时张知泰，"授右御史大夫，加银青光禄大夫，进封渔阳郡公。""贵于朝，时望甚美之"。

总的来说，安史之乱以前，御史大夫的地位崇高，权力很大。正如李华于天宝十四年（755年）所写《御史大夫厅壁记》中所说的：御史大夫"距义宁（617年）至先天（712—713年）登宰相者十二人，以本官参政者十三人，故相任者四人"。"开元天宝中……多举勋德，至宰辅者四人，宰辅兼者二人。故相任者一人，兼节度者九人，异姓封王者二人。"

安史之乱是唐王朝由盛变衰的转折点，也是御史台职权削弱的开始，御史大夫的设置也发生了变化。《旧唐书·职官三》说："会昌二年十二月敕：'中丞为大夫之贰，缘大夫秩崇，官不常置，中丞为宪台长。'"考于史乘，自安史之乱至唐末，御史大夫官职不常置，而实际上以中丞为宪台之长。

唐代御史中丞设二人，一人在西京（长安）负责御史台事务，另一人在东都（洛阳）负责留台事务。其品秩原为正五品上，武宗时升为正四品下。开元年间，诸道设置采访使，京畿采访使则以西京御史中丞为之，东都暨河南采访使则由留台御史中丞担任。安史之乱以后，东都置观察处置使，一般以留台御史中丞为其兼衔。

（二）三院：台院、殿院、察院御史

有关台、殿、察三院御史在御史台总的情况，赵璘在《因话录》中概述云：

> 御史台三院，一曰台院。其僚曰侍御史，众呼为端公。见宰相及台长，则曰某姓侍御。知杂事，谓之杂端，见台长，则曰知杂侍御。虽他官高秩兼之，其侍御号不改。见宰相，则曰知杂某姓某官。台院非知杂者，乃俗号散端。二曰殿院。其僚曰殿中侍御史，众呼为侍御。见宰相及台长杂端，则曰某姓殿中，最新入，知右巡；已次知左巡，号两巡使，所主繁剧。及迁向上，则又入推，益为劳屑，惟其中间，则入清闲。故台中谚曰："免巡末推，只得自知。"如言其畅适也。厅有壁画小山水甚工，云是吴道元真迹。三曰察院，其僚曰监察御史，众呼亦曰侍御。见宰相及台长杂端，则曰某姓监察。若三院同见台长，则通曰三院侍御，而主簿纪其所行之事。

这里将三院御史的相互称呼、俗号、职责等情况都作了具体、生动的描述。

唐高祖时，御史台置治书侍御史 2 人（从五品），为台副；侍御史 2 人（从六品），殿中侍御史 4 人（从七品），监察御史 8 人（正八品）。唐太宗即位后，重宪官，将殿中侍御史由 4 人增至 6 人，监察御史由 8 人增至 10 人。武则天时，左右肃政台备置侍御史、殿中侍御史、监察御史 20 人，又置肃政台使 6 人，职同侍御史，后省去。

长安二年（702 年）又置侍御史内供官，员额与侍御史相等。同时二台御史有假、有检校、有员外、有试。太极元年后，御史台设侍御史 4 人，殿中侍御史 6 人，监察御史 10 人，内供奉、里行则各加正员之半设官。开元初，又置御史里使、侍御史里使、殿中里使、监察里使等官。里使地位与里行同，里行皆资强者充当。开元年间，三院制度建立后，侍御史、殿中侍御史和监察御史分别隶于台院、殿院和察院。

二、谏官系统

唐中书、门下两省都有进谏的职责。贞观元年（627 年），唐太宗对黄门侍郎王珪说："元置中书、门下，本拟相防过误。"① 贞观三年（629 年），唐太宗又说："中书、门下，机要之司，擢才而居，委任实重，诏敕如有不稳便，皆须执论。"但是专门以进谏为职的谏官有给事中、谏议大夫、补缺、拾遗。除给事中属门下省外，其他谏官都是分左右而置，"左"隶门下，"右"隶中书。

给事中在隋代称给事郎，唐武德三年（620 年）改称给事中，龙朔二年（662 年）又改称西台舍人，咸亨元年（670 年）复旧。一般定额 4 员，秩正五品上。白居易说："凡制敕有不便于时者，得封奏之；刑狱有未合于理者，得驳正之，天下冤滞无告者，得与御史纠理之；有司选补不当者，得与侍中裁退之。"② 即给事中具有封驳权、部分司法权、人事审查权等。它具有集谏官、宪官、法官的某些特征于一身的特点。但其中进谏又是主要的职责。魏征曾任给事中之职，唐宪宗曾说过："谏官给事中，若除授有司，政乘允当，各令论驳，举其职业。"③

散骑常侍，从三品散官，贞观十七年（643 年）正式成为职事官，置两员，隶于门下省。其职责是侍奉规讽、备顾问应对。但其侍奉多于规谏。由于此官一般用来安排元老及罢政大臣，故不称职者为多。穆宗长庆四年（824 年），谏议大夫王渤上奏"据六典，常侍奉规讽，其官久不举职，习以成例，

---

① 《贞观政要》卷一《政体第二》。

② 《白居易集》卷四八《郑覃可给事中制敕》。

③ 《唐会要》卷五四《省号上》。

若设官不责其事，不如罢之，以省其费"①。说明散骑常侍虽是位高的谏官，但不过是尸位素餐而已。

谏议大夫设于唐武德四年（621年），时置谏议大夫4员，正五品上。高宗龙朔二年（662年）改谏议大夫为正谏大夫，中宗神龙元年（705年）改称谏议大夫。代宗大历二年（767年），因中书、门下两省侍郎升为正二品，两省缺四品官，于是谏议大夫升为正四品下。德宗贞元四年（788年），加置谏议大夫8员，分中书省4员为右，门下省4员为左。宪宗元和元年（805年），谏议大夫去左、右字，只置4员，仍属门下省，品秩从五品上。到武宗会昌二年（842年），谏议大夫升为正四品下。谏议大夫是唐代最重要的谏职，"掌侍从赞相，规谏讽谕。"②

补缺、拾遗是唐朝正式设置的谏官。"补缺"是指皇帝有什么过失，要替他弥补。"拾遗"是指皇帝遗忘了什么，可以提醒他。两官始置于武则天垂拱元年（685年），初置时设左右补缺、拾遗各2人。补缺从七品上，拾遗从八品上。左补缺、左拾遗隶属门下省，右补缺、右拾遗则隶属中书省。天授二年（691年）各增至5人，天授三年和长寿元年（692年），又先后增置了许多补缺和拾遗。玄宗开元初年，又减员为各2人。宪宗元和年间，谏官定制，左补缺（从七品下）、左拾遗（从八品上）各2员，隶于门下省；右补缺（从七品上）、右拾遗（从八品上）各2员，隶于中书省。补缺与拾遗的品秩显然不高，但谏诤之任却不轻："掌供奉讽谏，扈从乘舆。凡发令举事，有不便于时，不合于道，大则廷议，小则上封。若贤良之遗滞于下，忠孝之不闻于上，则条其事状而荐言之。"③白居易曾说："朝廷得失无不察，天下利病无不言。此国朝置拾遗之本意也。"④

案例：刚直不阿的魏征

魏征（580—643年），字玄成，馆陶（今属山东）人。《新唐书·魏征

---

① 《唐会要》卷五四《省号上》。
② 《旧唐书》卷四三《职官二》。
③ 《旧唐书》卷四三《职官二》。
④ 《旧唐书》卷一六六《白居易传》。

传》：他"少孤、落魄，……有大志，通贯儒术"。隋末参加瓦岗起义军，李密败，降唐，后又被窦建德所获，任起居舍人。建德失败，入唐为太子洗马。唐太宗时擢为谏议大夫。贞观三年（629 年）任秘书监，参与朝政，核定秘府图籍。后一度任侍中，前后曾进谏 200 多次，多次劝太宗以隋亡为鉴，实行良政善法。魏征是李世民统治集团中的重要一员，是"贞观之治"的核心人物。其谏议思想包括：（1）"兼听则明，偏听则暗"。贞观二年（628 年）的一天，唐太宗李世民问魏征"何谓明君、暗君？"魏征答："君之所以明者兼听也，其所以暗者偏信也。"（《贞观政要·君道》）意思是说，英明君主之所以明智，是由于倾听多方面的意见，残暴君主之所以昏暗，是由于偏听偏信的结果。（2）刚直不阿，勇于进谏。魏征勇于进谏，有时甚至敢冒杀头之罪犯上直谏，当别的大臣都屏息缄口时，他仍然神色不变，据理力争直到唐太宗接受为止。太宗接受魏征等人的意见，吸取隋朝灭亡的教训，采取休养生息的政策，施行了一系列有利于恢复和发展生产的措施。据《资治通鉴》记载，贞观四年（630 年），社会就呈现了"天下大稔，流散者咸归乡里，斗米不过三四钱。终岁断死刑才二十九人。东至于海，南极（跨）五岭，皆外户不闭，行旅不赍，粮取给于道路"的"升平"景象。（3）忧国如家，忠言正谏。随着贞观"大治"和功业的隆盛，太宗自以为功高古人，无以复加，对于唐朝开创初期的困境渐渐淡忘，励精图治的锐气也渐渐消磨。从清静简约到骄奢纵欲，也就必然加重了人民的负担。对此，魏征始终保持清醒的头脑，忧国如家，忠言正谏。魏征连上三疏极力劝太宗节俭制奢，重振励精图治的精神。其中最有名的是《谏唐太宗十思疏》，论述帝王长治久安和自我修身之道。在这篇奏疏中，魏征总结了历代兴亡的教训，指出："怨不在大，可畏惟人，载舟覆舟，所宜深慎。"他说历代开国帝王没有一个不是在艰难创业时期道德卓著，而成功之后却道德衰退的。被太宗虚心接纳，成就了一代明君圣主。

三、御史台和谏官的监察职权

（一）御史台

御史台作为唐朝专制国家的监察机关，它的职能主要是监察。唐代御史台的监察职能全面而具体，它不仅继承了秦汉、魏晋时期的御史监察职能，而且根据当时的实际情况，扩大了监察范围，取得了部分的司法审判权、财政监督权以及监军、监选、监考等许多职权。

1. 弹劾百官非法权

"御史为风霜之任，弹纠不法，百僚震恐，官之雄峻，莫之比焉。"弹纠百官非法行为，仍为唐御史台的主要权责。御史台对一般事情的弹劾，三院御史均可执行，而以台院的侍御史为主。凡属大事则由御史台长官御史大夫、御史中丞提出。御史台弹劾的对象主要是违法乱纪的朝廷命官。唐代御史台弹劾的对象，从一般官吏到宰相，从朝廷的命官到皇亲国戚，从官吏个人到政府机构，从中央到地方，官员不论已故或尚在，无一例外。

2. 言事谏诤权

唐代的御史台官员和谏官一样，都有言事谏诤权。御史也可以对君主的违失进行规讽和劝诫，对国家决策提出看法，甚至持反对的意见。但是，御史和谏官在权限和进谏方式上不尽相同：前者既有监察弹劾权，又有言事谏诤权，谏诤往往于过失铸成之后；后者唯有谏诤权，无弹劾权，谏诤一般在错误萌发之前。

3. 监察礼仪权

我国历代统治者为了维护其统治秩序，都非常重视"礼"，认为礼是维护国家的统治秩序和等级制度的首要而有效的手段。历代同样重视"礼"的作用。《唐六典·御史台》规定御史大夫"凡国有大礼，则乘辂车以为导"。这里就寓有肃正朝仪、监察礼仪的权责。唐代御史台通过知班、监祭祀，加强了对礼仪的监察，维护了皇权，有利于等级统治。

4. 司法审判权和司法监察权

御史台的职掌，从秦到汉，虽有部分的司法监察权，但无司法审判权，到了唐朝，在原有基础上又赋予御史台部分的司法审判权。《唐六典·御史台》云：

> 侍御史掌纠举百僚，推鞠狱讼。其职有六：一曰奏弹，二曰三司，三曰西推，四曰东推，五曰赃赎，六曰理匭。凡有制敕付台推者，则按

其实状以奏，若寻常之狱，推讫，断于大理。

这里明确指出，台院的侍御史除了弹劾百官外，"推鞫狱讼"是其主要职责。侍御史的六项职权中，有三项是属于司法审判权，即三司和东推、西推。殿院侍御史亦有推官两员，合称"四推御史"。

唐代御史台的司法监察权，保证了监察机构对司法机构的监察。总的来说，整个唐代执法比较简约，政权也相对比较稳定，维持近三百年，不能不说与御史台司法监察权的建立和实行有一定的关系。

5. 财政经济监督权

唐以前，御史台的职能侧重于在政治上弹劾百官，肃正朝纲，对于它在经济方面的职能规定不多。至唐代御史监察的触角伸到国家的各个部分，其中对财政的监督已是监察工作的重要内容。《册府元龟》卷6205《宪官部》记载了唐代 51 次弹劾事件，其中有 27 次涉及经济上的违纪犯法，占总数的 53% 左右。唐御史台对财政经济工作的监督，大致可以分为以下两个方面：第一，监督户部、司农寺、太府寺等重要财政部门。第二，御史充任各种使职，加强对地方经济工作的监督。这种监督有两种形式：一是监察御史掌分察巡按郡县、屯田、铸钱；二是以十道巡按的方式进行监察。

6. 监军权

军队是国家机器的重要组成部分，历代统治者都十分重视对军队的监督控制，唐朝统治者尤其如此。为了加强对军队和将领的监督，严格实行了御史监军制度。监军御史权限很大，御史对军队将领屯兵不进、贪生怕死或专横跋扈等行为都可以举劾。

7. 巡查馆驿权

唐王朝为了方便官吏往来、奉贡输赋及各地消息的传递，设置馆驿。但时间一久，馆驿的弊病也很多，有的使者到程期尚淹留不走；有的家人相随，使用馆驿什物、饭食、草料。特别是武官的到来，"逾越条流，广求供给，府县少缺，悔吝坐至，属当凋残，实难济办。况都城大路，耗费倍深。"[①] 因此，

---

① 《唐会要》卷六一《御史台中》。

为了纠察流弊，唐王朝设立了馆驿使，按章程弹劾违反馆驿制度的官员。

8.监考权

御史监考在唐代已成为一种制度，对于选官的考试，御史台有责任派人前往监督。《唐会要·冬荐》载："（贞观）九年十一月二十九日敕，每年冬荐官，吏部准式检勘，或成者，宜令诸司尚书、左右丞、本司侍郎，引试都堂，访以理术，兼商量时务状，考其理识通者及考第事迹，定为三等，并举主姓名录奏，试日，仍令御史一人监试。"对于冬荐官考试，御史台必须派人监试。对于考选设置，御史台亦有举废的建议权。文宗太和三年（829年），由于考功员外郎高锴取士不当，监察御史姚中立奏停考功别头试。这种考试当时因而停止。

（二）谏官的职权

唐代谏官虽分隶中书、门下省，但由于门下省主要职责是匡正政治上的缺失，以谏净封驳为任，所以它不仅仅是一个中央权力机关，也是一个极有实权的中央言谏机关。作为言谏机关，它有以下职权：

1.封驳诏敕，制约皇权

除对政策、制度、法律等问题行使封驳权外，限制帝王的过分奢侈生活，等等，均是封驳制度的重要内容。

2.审署申覆，驳正违失

中央各部门上奏的一切文书都得经过门下省的审核副署，而后才决定处理意见。因此《旧唐书·职官二》说："凡下之通上，其制有六：一曰奏抄，二曰奏弹，三曰露布，四曰议，五曰表，六曰状，皆审署申覆而施行焉。"在审署申覆中，给事中对"百司奏抄"中有不当之处，可予以驳正。

3.献纳谏正

门下省大多数官吏都以献纳谏正为其权责。《旧唐书·职官二》云："谏议大夫掌侍从赞相，规谏讽谕。凡谏有五：一曰讽谏，二曰顺谏，三曰规谏，四曰致谏，五曰直谏。"谏官言事又采取两种方式，一是廷争，二是上封事。廷争为当面直言得失。前举贞观时天子与宰臣议政，谏官随入，得闻政事，即为廷争。封事是书面陈列时政得失。

4.起居注

皇帝的起居言行法度，由门下省起居郎注录，谓之《起居注》。起居郎秉承"善恶必书"，因此皇帝"恐平常闲话，不关理体，垂诸将来，窃以为耻"①。不得不谨慎从事。这样起居注同样起到了"戒人主不为非法"的作用。

第二节　地方"巡察、采访"体制

一、地方巡察采访体制的流变

御史台的监察重心既是在京百官，地方官的监察就构成了新的问题。隋炀帝增设谒者台和司隶台，武则天至唐玄宗分置御史台，其实都是要大大扩充以往御史及其他朝官奉诏出巡的有关做法，以规范和强化朝廷对地方官的监察。但这种在御史台外再复制一个专职监察机构的做法看来并非良方，也都未能坚持下来。

而地方官直接治理着天下百姓，又山高皇帝远而易于腐败渎职，朝廷必须加强对之监察，决无对之放纵之理。因而继续规范和改善使者巡察制度，仍是隋唐强化地方监察的主要着力点和发展方向，具体则呈现了三个阶段的演进。

一是隋初以来整顿地方行政制度，把州、郡、县三级制改并为州（炀帝时称郡）、县二级制，实质是拆解了南北朝时期纠结于各地，特别是集中于州一级长官头上的军、政、监察权合一之态，重新把军事和监察大权收归朝廷直接掌握。经此梳理以后，新的地方监察问题，大体是在州以上按具体情况而灵活划分大区，采取临事各遣御史或其他使者出巡督察的方式来处理的。《隋书》中经常出现"东南道"、"河南道"、"西南道"、"扬州道"、"太原道"、"冀州道"等名目，以及"巡省河北"、"安抚山东、河南十八州"、"安抚泉、括等十州"之类，都是这种灵活分区巡察的体现。

二是在此基础上，唐太宗贞观元年，按山河形胜把全国州县划分为十个

---

① 《旧唐书》卷一七四《郑朗传》。

大区，即关内、河南、河东、河北、山南、陇右、淮南、江南、剑南、岭南十道，使者出巡督察的分区之制从此有所归并。但当时遣使的名目和职责仍很灵活，常见于文献的，有"观风俗使"、"黜陟使"、"巡察使"、"安抚使"、"存抚使"、"按察使"、"简点使"、"覆囚使"等。其巡察内容涉及赈给灾民、纠治狱讼、查核账籍、劝课农桑、观察风俗等事，不过其核心仍不外乎审视地方政治得失，督察州县官吏以便任免和赏罚，因而也都具有纠治非法和惩恶扬善的强烈监察意味。

三是循此轨道继续演进，中宗神龙二年（706 年）置"十道巡察使"二十人"廉按州部"，两年一替；睿宗景云二年（711 年）改之为"十道按察使"各一人；玄宗开元八年（720 年）"复置十道按察使"，又定以监察御史各一人定期巡按，"以判官二人为佐，务繁则有支使"；再到开元二十一年分十道为十五道，各置采访处置使，其中京畿和都畿道采访使由御史中丞领使，关内道由京官遥领，其余各道采访处置使则已近乎正式官职而有了治所和印签。

分道遣使巡察之制的陆续定型和演进，构成了隋及唐前期强化地方监察的基本制度；而隋炀帝另设谒者台、司隶台和武周以来的御史分台之制，也可以看作是使者巡察地方之制发展过程的几个波折。

二、地方使者巡察制度的特征

就使者巡察制度主干部分的发展来看：在使者人选上，除一般都要求具有熟谙治道和守正不阿的德才条件外，从隋及唐初往往出遣尚书、寺卿等朝廷重臣巡抚各地，到武周以后常由监察御史或御史台内外五品以上官员充使巡察，反映了遣使巡察的功能日益集中于监察的演变过程。

在巡察职能上，围绕着纠举地方不法和扬清激浊的总纲，从隋及唐初使臣的事简权重，到武周时期台使以 48 条巡察州县，各道巡使监察细目多时竟达 70 余条；再到玄宗开元三年规定以官人善恶等六个事目巡省州县，天宝九年又明令十五道采访使"但察访善恶，举其大纲"，不得干预州县细务。这种纠察事目从繁察苛细到事简权重的归复，体现了统治者对遣使监察地方的认识及有关制度的成熟过程。

在出使方式上，从隋及唐初的灵活临事特遣，到武周以来的春发秋归，再到玄宗以来的常驻各道治所，定期巡察部内，反映了使者巡察之制的经常化、稳定化和开始向固定职务过渡的趋势。因而也才有开元后期采访使置印、例兼治所刺史、主管州县官考核、判官任期三年等制度的相继出台。

但唐代的使者巡察之制，其基干部分在玄宗开元年间刚刚定型到一个较为合理的状态，不久就因为安史之乱而进入了一个新的退化期。位低权重、职简事明，本是长期以来朝廷遣使巡察各地的一条最为重要的经验。位低则敢于搏击而易于控制；权重则不畏显贵也才能收到实效；职简事明则监察重点突出和职责分明便于督责，尤其可以避免使者事事插手而实际形成又一个行政层级，从而破坏原就精心设计过的行政系统的效用。这些优点和长处，开元时期的按察和采访使之制都体现出来了，即便其有日渐固定化为正官和权力扩展的趋势，朝廷大体还是将之定位在监察制度上，使之与御史台一外一内织成相辅相成的监察网络。但安史之乱爆发后，客观上要求军事和行政首长兼综多种权力，肃宗至德以后改各道采访使为观察处置使，这个使名的改换伴随的是一系列极为深刻的变化。复杂而连绵的叛乱和平叛过程波及哪里，以往设于边镇的道一级设施就会建置到哪里，各道节度使或观察使兼领该地军事、行政和监察权的状态就会出现在哪里。

位低权重变成了位高权重，职简事明演而为无所不统，道已实际成为州县之上的又一行政层级，并且经常成为尾大不掉的地方权力中心，从而酿成了唐后期至五代 200 余年政局动荡不安的局面。地方各种权力的再次拆解和地方监察体系的重建，成了留给宋初要完成的要务。

第三节　司隶台、谒者台与遣使巡察的制度化

为进一步加强对地方的控制，沟通中央与地方的联系，隋唐时期在改革地方行政制度的同时，也加强了对地方官的监督。隋代主要是司隶台、谒者台，唐代则是遣使巡察制度的常态化。不管是谒者台还是地方巡院，均由皇帝派遣

大量的使者。使者衔命出使，是隋唐时期中央对地方权力监督的重要形式。

一、司隶台及其职责

首先，仿汉朝司隶和刺史旧制设司隶台。文帝时对地方州县的监察未成定制，到仁寿年间，令遣持节使者巡行州县，"察长吏能否"。到炀帝大业二年（606年）三月，建立司隶台，"掌诸巡察"。隋的地方监察制度才得以健全。司隶台与御史台同位，是专察地方的监察机关。置司隶大夫及刺史作为监察官，但司隶大夫所掌与以往司隶校尉所掌有较大的不同。汉魏司隶校尉掌京畿及京畿附近的监察，隋代的司隶大夫则主管全国地方的监察事务。刺史也有别于魏晋至隋初的州刺史，不掌民政，专司监察，如同西汉刺史。但到大业末年，朝廷朋党之争日剧，参掌朝政的御史大夫裴蕴与内史侍郎虞世基结党营私，参掌朝廷机密。裴蕴"欲重己权势"，唆使虞世基罢司隶台，仅保留司隶从事官职虚名，"不为常员，临时选京官清明者权摄以行"。于是州郡监察又处堕废，王朝也终于覆亡。

司隶台是隋代专察郡县的监察领导机关。置司隶大夫1人为台主，正四品。设别驾2人以副之，秩从五品，"分察畿内"，其中1人按察东都（今河南洛阳），1人按察京师（今陕西西安）。刺史14人，正六品，掌巡察畿外诸郡。诸郡从事40人，佐刺史巡察。刺史巡察的日期，每年2月，乘轺巡郡县，10月入奏。刺史下又置丞（从六品）、主簿（从八品）、录事（从九品）各1人，处理日常台务。司隶台以"六条"巡察京畿内外。《隋书·百官下》载这六条的内容是：

> 一察品官以上理政能否。二察官人贪残害政。三察豪强奸猾侵害下
> 人，及田宅逾制，官司不能禁者。四察水旱虫灾，不以实言，枉征赋
> 役，及无灾妄蠲免者。五察部内贼盗，不能穷逐，隐而不申者。六察德
> 行孝悌，茂才异行，隐而不贡者。

从隋的六条内容看，与汉代刺史六条有显著差异。第一，监察对象的范围不同。汉六条规定刺史监察对象是强宗豪右、两千石地方官员及其子弟。

隋的六条将监察对象扩大到品官以上，赋予刺史以更大的权力，这就扩大了对官员的监察范围，使中央对地方的监察深入到了基层政权。

第二，监察重点不同。汉代刺史的监察重点首先是强宗豪右"田宅逾制"，其次是纠察两千石郡守"阿附豪强"。这显然与汉代豪强势力强大、"武断于乡曲"的情况有关。隋的六条监察重点是考察品官理政能力和纠察贪残害政，而把监察豪强奸猾放在第三条，这反映了隋统治者对地方官能力、政绩、廉政考核的重视。

第三，考察官吏行为的内容不同。汉六条着重考察地方官不奉诏书、违背典制、滥施刑罚、不遵法纪、依附豪强、蔽贤宠顽，隋六条着重考察地方官镇压盗贼、申报灾荒、征收赋役及荐举人才方面的是与非。这反映了隋统治者对镇压农民起义、生产管理、下情上达的重视。这对于加强中央对地方的控制、实现富国安民是有利的。

隋代地方监察重点的变化，反映了隋的社会矛盾和政局的深刻变化。如在西汉时，重要的社会矛盾之一就是中央与地方割据势力的矛盾，六条中只提禁止"凌暴"、"侵渔"、"剥戮"问题。至隋代，社会矛盾已非常突出，因此，隋的第五条有"穷逐盗贼"的内容，这显然是针对人民反抗而制定的。又如汉和隋六条都有关于人才选拔、举荐的规定，但由于汉代地方长吏有辟署之权，而隋革除了这一特权，由此两者内容迥然不同。汉六条中"选署不平，苟阿所爱，蔽贤宠顽"，显然是针对两千石长吏选任属佐而言，而隋六条中"察德行、孝悌、茂才、异行，隐不贡者"，却是指地方官向中央举荐人才而言。总之，隋"巡察六条"，虽源于汉代的"刺史问事六条"，但内容不尽相同，其所覆盖的范围比汉的六条要广泛。它是唐朝制定"六条察法"的蓝本，显示了中国古代地方监察法逐渐成熟完善。

二、谒者台及其职责

建立谒者台，炀帝时谒者台与司隶台同为中央对地方的监察机关，但谒者台还兼有奉诏出使，慰问抚劳之资职。《隋书·百官下》说："掌受诏劳问，出使慰抚，持节察授，乃受冤枉而中奏之。驾出，对御史引驾。"

谒者台，置谒者大夫1人为台长，从四品，大业五年（609年）改为正四品。司朝谒者 2 人为大夫副贰，从五品。属官有丞（从六品）、主簿（从八品）、录事（从九品）各 1 人，处理台内日常事务。又有通事谒者 20 人（从六品），即原内史省通事舍人之职。还有朝议 24 人，通直 36 人，将事谒者 30 人，谒者 70 人，皆掌出使。后废朝议及通直、将事谒者、谒者等员，改为统一置员外郎 80 人。接着又置散骑郎，从五品，20 人，承议郎（正六品）、通直郎（从六品），各 30 人，宣德郎（正七品）、宣义郎（从七品）各 40 人，征事郎（正八品）、将仕郎（从八品）、常从郎（正九品）、奉信郎（从九品）各 50 人，共为 360 人，均为正员，并得禄当品。又各有散员郎，无员无禄。不久改常从为登仕，奉信为散从。自散骑以下，皆主出使，并量事大小，据品派遣，代表皇帝出使监察。

隋谒者与前代谒者职掌不同，如南北朝谒者掌引见臣下，传达使命，而隋谒者台主要职掌为出使慰问，持节授官，受理申奏冤枉等事项，具有对地方的监察权。谒者台的设置，使秦汉以后临时性的遣使巡察更加制度化。

三、十道巡察制度的创建及其实施

唐朝统治者十分重视州县官吏。唐太宗曾说："朕思天下事，夜不安枕，永惟治人之本，莫重刺史。"①"县令甚是亲民要职。"②他又说自己"居深宫之中，视听不能及远，所委者唯都督、刺史，此辈实理乱所系，尤须得人"③。他亲自过问刺史的人选，并把全国刺史的名字记在屏风上，"坐卧恒看，在官如有善事，亦具列于名下"④，以便考察政绩，随时黜陟。唐太宗对地方吏治重要性的认识，无疑是唐初加强地方监察、完善地方监察制度的内在因素。

唐朝中央对地方州县的监察，一是御史台不定期派遣御史出按州县，二是分道巡按，这是中央对地方的一种经常性的监察制度。担任巡按的官员，除御史外，还可派其他官员充任。唐代的巡回监察制度经历了一个从差遣性质的使臣到常设监察官员的演变过程。

---

① 《新唐书》卷一九七《循吏传序》。
② 《唐会要》卷六八《刺史上》。
③ 《贞观政要》卷三《论择官》。
④ 《贞观政要》卷三《论择官》。

太宗贞观元年（627年），依"山河形便"，将全国分为十道监察区。即关内道、河南道、河东道、河北道、山南道、陇右道、淮南道、江南道、剑南道和岭南道。起初仅作为地理区域，当时所置巡察、黜陟等使，并不按十道分遣。如贞观八年（634年），派萧瑀等13人，分巡天下。十八年遣十七道使臣巡察诸州。二十年，遣大理卿孙伏伽等22人"以六条巡察四方，黜陟官吏"。垂拱初，遣九道大使巡察天下。由于分道巡察尚处初创，不可避免地有许多弊端。当时为凤阁舍人的李峤曾指出："伏见垂拱时，诸道巡察使科条四十有四，至别敕令又三十。而使以三月出，尽十一月奏事，每道所察吏，多者二千，少亦千计，要在品核才行而褒贬之。今期会迫促，奔逐不暇，欲望详究所能，不亦艰哉。此非隳于职、才有限、力不逮耳。"而且"今所察按，准汉六条而推广之，则无不包矣，乌在多张事目也"。针对这个问题，李峤建议："请率十州置一御史，以期岁为之限，容其身到属县，过闾里，督察奸讹，访风俗，然后可课其成功。"武则天根据李峤的建议，"下制析天下为二十道，择堪使者"，但为"众议沮止"①。

天授以后，十道巡察成定制。如天授二年（691年），发十道存抚使巡察州县。中宗神龙二年（706年）二月，置十道巡察使，"选左、右台及内外五品以上官二十人为十道巡察使，委以察吏抚人，荐贤直狱，二年一代，考其功罪而进退之"②，并规定："几十道巡按，以判官二人为佐，务繁则有支使。"③与此同时，又颁布了巡察使的"六察"巡按条例。至此，唐朝的十道巡按监察制度基本完善，巡察使成为常设官员。

景云二年（711年），侍御史宋务光建议加强地方监察，于是改巡察使为十道按察使，每道一人，"二周年一替，以廉按州郡"。十道按察使的创立，使唐朝对地方的监察制度更趋完善。唐代的这种道级监察制度，开宋代路级和明清道级监察制度之先河。

开元二年（714年），十道按察使全名为按察采访处置使，至四年罢，八年复置十道按察使，秋、冬巡视州县。十年又罢，十七年复置十道及京

①　《新唐书》卷一二三《李峤传》。

②　《资治通鉴》卷二〇八，中宗神龙二年。

③　《新唐书》卷四八《百官三》。

都、两畿按察使，二十一年宰相张九龄在《敕处分期集使》中指出，地方逃户严重，长吏不甚存心，主张设处置使制度，于是玄宗正式批准建立十五道采访处置使。每道置采访处置使一人，两畿以御史中丞领之，其余诸道一般择本道大州刺史或大都督府长吏兼任。天宝末，采访使又兼黜陟使。按察使改置为采访使，是唐代地方监察使职权发展的重要阶段。唐朝前期派遣御史或使臣监察地方，并没有固定的治所（驻地），十道不是地方的一级行政机构，只是中央派使者到各道对州县实行定期或不定期的监察。

但十五道采访处置使设置后，有了治所，常驻地方，处置使并有印信，是地方的一级监察机构，权力极大。如开元二十五年（737 年）十二月二十四日下令诸道采访使考课官吏善恶，三年一奏，永为常式。开元二十九年七月，又在敕效令中责成采访使务尽职责，"事须周细，不可忽遽"，并规定按刺史依成例进京"入奏"。开元末年，又允许采访使"专停刺史务，废置由己"。天宝四年（745 年），剑南道采访使开始设置采访支使。天宝十三年，敕令诸道采访使沿河南道例，支使增加二员。因采访使权力增长过大，特别是干预州郡行政事务过多，因此天宝九年三月曾有敕："本置采访使，令举大纲，若大小必由，是一人兼理数郡。自今以后，采访使但访察善恶，举其大纲，自余郡务，所有奏请，并委郡守，不须干及。"①"大小必由"，"一人兼理数郡"的情况，说明采访使逐渐地方官化。至德以后，因安史之乱，中原用兵，因此"其有戎旅之地，即置节度使"。在唐肃宗乾元元年（758 年），已有 44 镇设节度使，到宪宗元和八年（813 年）增至 47 镇设节度使。除西京、同、华二州外，皆为藩镇节度使分统。节度使大者摄十余州，小者也领二三州，军政、财赋、民俗之事，无所不领，外任之重，无与伦比。许多节度使还兼采访使。在这种情况下，采访使的监察权实际多为节度使分割，唐中央对地方的监察领导权已失去控制。于是乾元元年（758 年）四月，停罢采访使，设置观察使。《唐会要·采访处置使》载：

> 近缘狂寇乱常，每道分置节度，其管内缘征发及文牒兼使命来往，

---

① 《通典》卷三二《职官十四》。

州县非不艰辛，仍加采访，转益烦扰，其采访使置来日久，并诸道黜陟使便宜且停，待后当有处分。

其年改为观察处置使。但观察使一般带节度使职衔，无节度使处皆兼领都团练使或都防御使。节度使始设于唐宪宗时。安史之乱前，节度使权力已经很大，有些节度使还兼任本道采访使，但未成定制。肃、代之际，观察使皆领节度使或团练使。它们虽仍是使职，但实际上已经成为统领一道军政、民政、财政、司法等大权的行政长官了。州、县二级建制实际上变成了道、州、县三级制，出现了"制敕不下支郡，刺史不专奏事"的局面。唐代的地方监察制度开始进入另一时期。

安史之乱，玄宗避蜀，两京残破。乱平后，李氏王朝虽又恢复了对全国的统治，但地方上管理混乱，中央则百司旷废，政治、军事、经济形势都发生了很大变化。这种局势促使中央政府比前期更加重视对地方藩镇、州、县的控制和监督。但原来的监察区"道"已演化为行政区，本来观察使作为监察使职的职能，不仅消失殆尽，而且本身也成为中央需要监察的对象。于是唐朝廷另行改变，以巡院监察地方。

巡院是刘晏于代宗宝应元年（762 年）领度支盐铁转运使时创设的下属机构。其后转运使与度支使的属下都有巡院。巡院初设时，以管理财政事务为主，并未明文规定其监察职能，但财政使本身负有访察官吏的职责，其下属巡院，在所管辖的范围内，自然也有部分督察任务。随着权限逐步扩大，巡院的经济监察职能也逐步扩大，不仅总理地方财政，还担负起全面按察的责任。从宪宗时起，唐统治者就开始将监察地方官吏的权力转移到巡院等机构。《全唐文》卷 60 宪宗置两税使诏：

> 今度支盐铁，泉货是司，各有分巡，置于都会。爰命帖职，周视四方，简而易从，庶叶权便，政有所弊，事有所宜，皆得举闻，副我忧寄。

宪宗以后，巡院作为直属中央常驻地方的监察机构逐步确立。监察职能已不限于经济、财政范围，对地方官吏施行诏敕情况，承制勤怠之状，政绩善恶等都必须访察上奏。上至方镇牧守、节度刺史，下至橼曹盐贩都在访察之列，并往往会同御史台、出使郎官御史等共同负责。至此，唐中央对地方的监察工作又趋固定化和常年化。巡院成为唐后期中央监察地方官吏的重要力量。

第四节 《巡察六条》和《风俗廉察四十八法》

唐代仍以六条巡察州郡，据《新唐书·百官三》载"六条"内容为：

> 其一察官人善恶；其二察户口流散，簿账隐没，赋役不均；其三察农桑不勤，仓库减耗；其四察妖猾盗贼，不事生产，为私蠹害；其五察德行孝悌，茂才异等，藏器晦迹，应时用者；其六察黠吏豪宗兼并纵暴，贫弱冤苦不能自申者。

唐的巡察六条，其监察对象较之汉、隋的六条更广。汉时限"二千石以上"地方长吏，随时扩大到"品官以上"，不入品阶的小吏不在限内，而唐的六条纠察对象，有官有民，官不分等，大小全察。其监察权限既广且重，行政、财政、司法、军事、人事等，均有权监察。唐六条监察的侧重点也有不同。汉六条重点是纠察官吏是否以强凌弱、盘剥百姓、不奉诏书、违背典制、滥施刑罚、不遵法纪。隋六条重点是纠察官员是否失职、不问民间疾苦、财纪不严。唐六条把惩治贪官污吏、察举为官优劣作为总则；把官吏的品德、政绩、文才修养列为监察文官的基本要素；把户口、赋役、农桑、库存作为监察的重要经济目标。无疑比汉、隋六条更具体、更明确。这些法规对于强化吏治的作用是很明显的。

另外，唐的监察法规还有《风俗廉察四十八条》。《风俗廉察四十八条》由尚书侍郎韦方质奉武则天之命制定，于光宅元年正式颁行。《新唐书·百官三》载：（武后）光宅元年，分左右台；左台知百司、监军旅，右台察州县、省风俗。寻命左台兼察州县。两台岁再发使八人，春曰风俗，秋曰廉察，以四十八条察州县。省风俗，即是消除民间的陈习陋俗，同时督察纠正官场风纪。廉察主要是针对官员的法纪和执法情况，依法而察。前者对民，后者对官。由于"四十八条"条文过于繁琐，执行起来不免职烦。因此，在垂拱二年（686 年），时为凤阁舍人的李峤指出："诸道巡察使科条四十有四，至别敕令又三十。……今所察按，准汉六条而推广之，则无不包矣，乌在多张事目也？"①但是，这个问题当时未能解决，直至武则天延载年间才宣告停止执行《风俗廉察四十八条》。

第五节　隋唐权力监督制度评价

隋唐权力监督制度上承魏晋下启两宋，对秦汉以来的权力监督制度作了重大的调整和改革，使中国古代权力监督制度达到了比较完善的地步。隋唐权力监督制度与秦汉以来的权力监督制度相比，具有以下特点。

第一，权力监督机构统一完整、分工明确。魏晋时期御史台虽正式脱离少府，成为中央独立的监察机构，但监察体系上仍不够统一。汉代的司隶校尉在曹魏、西晋仍被保留，尚书左丞也作为中央监察官员，御史台所设御史，名目繁多，多因事设置，职权也不统一。隋设置了专司监察之职的御史台和司隶台，分别负责对中央和地方百官的监察，分工相对明确，但机构仍不够统一、监察权不够集中。唐将隋的司隶台统一到御史台里来，御史台总监察之职，下设台院、殿院、察院，分工细致，职责分明，管理井然有序，构成"一台三院"系统。从而克服了秦汉以来监察机构及御史名目繁多、职权不清、统属紊乱的状况，使监察体制得以健全。唐代的监察体制对后世产生了深远的影响。其中一院三台制及三院御史之分工为宋朝所沿袭。对尚书省六部的分察制度，后来演变为宋朝的六察制、明朝的六科给事中制度。对地方的监察，十道巡使的巡按制度为明清巡按御史制度提供了模式。以道命名的监察区制度被宋仿用，被元明清直接采

---

① 《新唐书》卷一二三《李峤传》。

用。巡院制度给宋代诸路转运使的设置提供了借鉴。三司推事是明清三法司推案之所本。由此可见，唐代权力监督制度在古代中国权力监督制度发展史上具有继往开来的历史地位。

第二，御史地位独立，职权广泛。唐取消关白之制后，御史奏劾径达于上，不受台主节制约束。御史具有某种抗颜拒制权。皇帝如果出言不当或敕命有失，还允许臣下提出不同意见，甚至准许御史官员以拒制不受命的方式来纠正皇帝的错误。御史中丞宋璟在武则天时，频论时政得失，引起武后反感，"寻敕璟扬州推按，又敕璟按幽州都督屈突仲翔赃污，又敕璟副李峤安抚陇、蜀。璟皆不肯行"。并上奏："故事，州县官有罪，品高则侍御史、卑则监察御史按之，中丞非军国大事，不当出使。今陇、蜀无变，不识陛下遣臣出外何也？臣皆不敢奉制。"① 素以果决肆杀著称的武则天，对宋璟的三不奉制也没办法，只好不了了之。御史可以拒绝皇帝无故违制的迁调，可以说是唐代御史制度的一个特点。垂拱元年（685年），武后命监察御史苏珦推按韩、鲁诸王狱。珦以诸王毫无谋反的证据和事实回奏，武则天极为恼火，珦却执奏不回。武后只好退让说："卿大雅之士，当别有驱使，此狱不假卿也。遂令珦于河西监军。"② 御史拒受诏命是唐代的一个特殊现象，在中国古代社会中也并不多见。御史台官员维护法制的合法斗争，显示了御史机构在古代社会中的某种权威作用。当然，御史台拒受皇帝诏命，最终目的是为了维护皇权的尊严。唐御史在职能方面，既总结和继承了秦汉以来我国监察机构的职能，又有新的发展。如监察权方面，加强了对礼仪的监察和对行政机关六部的监察，还取得了部分司法审判权，对财政经济工作也建立了监督权，并且还有监军、知馆驿等各种职能。从政治、经济、军事到司法，无所不察，形成了权力监督的多样性和变通性。

第三，完善了监察官的选任升迁制度。首先明确了任选御史权限，魏晋时，尚未形成选任御史的固定程序，至隋文帝时，改革御史选任制度，改由吏部选用。唐朝御史任用，五品以上由皇帝亲自敕授。唐玄宗时规定，凡六

---

① 《资治通鉴》卷二〇七，则天后长安四年。
② 《唐会要》卷六二《御史台下》。

品至八品御史，"皆进名敕授"。皇帝亲自任命御史，保证了监察官的相对独立性。其次明确了御史选任的必要条件。一个官吏必须有地方行政官的经历，才能到中央当监察官。郎官御史先与县令三考以上，有政绩者方可录取。还明确了御史考限和升迁。汉代十三部刺史"居部九岁，奉为守相"，而唐代的十道按察使，"二周年一替"。三院御史的迁转也很快。监察官以较快的速度升官，既为它们安排了较好的迁升途径，又可以防止监察官久位可能带来的弊病。因为"久则情亲而弊生，望轻而法玩"①。

第四，谏官制度与御史台两种系统并举互辅。秦汉时虽没有言谏官，但既无行使言谏职能的独立机关，又无明确规范化的言谏职权。魏晋南北朝言官归属于拥有献纳谏诤权力的门下省或中书省，但这时期谏官的封驳权力还没有显露出来。至唐代，在中书、门下两省设立谏官组织，其职权和规模比前朝扩大，正式形成了台谏并立的格局，谏官负责规谏皇帝，御史台负责督察百官，促进了盛唐时期政治清明和国势强盛。台谏的形成，标志着古代中国权力监督制度趋于成熟。

唐代权力监督制度尽管发扬了秦汉以来我国权力监督制度的许多优点，具有继往开来的历史地位，但也存在不少缺陷与弊端。

首先，唐代权力监督在扩大监察权的同时，出现了监察机构职权庞杂，事权交织并不断扩大。如御史台参加"三司推事"，设置台狱，可以拘押囚犯，这种监察权与司法权的结合，虽然也有加强对司法机关监督的作用，但也造成了司法工作混乱，并分散了监察机关的精力。唐朝后期，地方监察官并有行政权和军事权，结果重现了汉代刺史割据的局面，使中国古代第二次出现监察官演变为地方行政官，监察区演变为行政区的历史弊端，削弱了监察职能的发挥。

其次，唐朝谏官系统无论在职官设置还是在权限上，都比以前有不少进步，但谏官分别隶属门下省和中书省，彼此互不统属，造成谏权分散，妨碍了监察工作的开展。

再次，唐代台官的进退，一度皆出宰相之意，致使台官不能有效地监察

---

① 《日知录》卷九《部刺史》。

大臣，台官也往往被大臣排挤，或"迁以美官而实夺之权，若姚崇之迁李义是也"，或"诡计而出之外州，如张说之出崔沔是也"。①

最后，御史制度的御用性和依赖性。由于监察官是皇帝的耳目，是皇权的附属品。这种御用性是御史制度先天的缺陷，这是君主专制决定的，是无法改变的。御史能否履行自己的职责，主要取决于皇帝个人的意志，皇帝是御史行使职权的保护伞，离开了这项保护伞，御史几乎什么事也做不成。这一局限性在唐代表现得非常突出。睿宗曾明白地说："鹰搏狡兔，须急救之，不尔必反为所噬。御史绳奸匿亦然。苟非人主保卫之，则亦为奸匿所噬矣。"② 正直敢弹敢谏的监察官，如无皇帝保护，反为权贵所陷，在唐代比比皆是。僖宗时，由于宦官田令孜"专权"，僖宗昏庸，就有谏官三人被枉杀。无怪乎御史中丞魏元忠慨叹："臣犹鹿耳，罗织之徒放得臣肉为羹，臣安所避之！"

总括上述，尽管隋唐权力监督机制存在不少缺点，但其台谏制度的增损补益、完善发展，在我国权力监督发展史上占有极其重要的地位。

---

① 《群书考索·续集》卷三六《台谏》。
② 《资治通鉴》卷二一〇，睿宗景云元年。

第五章　宋元时期权力监督的强化期

宋朝建立后，为了巩固统一，加强中央集权，防止"方镇太重、君弱臣强"局面的再现，作为基本国策，形成了远比唐朝强化的专制主义中央集权制度。其中一途，即为严密防范臣下结党，使各级官僚之间互相监督、互相制衡，以利于中央集权的全面强化。可谓"事为之防、曲为之制"，则可以视为宋朝的家法。行"异论相搅"，各不敢为非。① 所以在君相之间，前者对后者始终提防。君主利用台谏制衡相权，加强对宰相的监督，成为此一历史时期监察思想中的一个要点。在制衡相权的监察思想和政策导向下，在一定程度上抑制了权臣的出现，减轻了相权与皇权的矛盾，利于国家政治稳定。

就监察制度来说，宋元时期权力监督过程，经过了从隋唐时期的台谏并列到宋代的台谏合一趋势，发展到元代则废除了谏院，监察权终归御史台，实现最终的台谏合一。台谏合一是中央集权制度发展的必然结果，也是权力监督强化的产物。它使监察权得到高度集中，使皇权便于直接控制监察机关，故明清两代沿袭其制而不悖。

第一节　从台谏并列到台谏合一

宋朝以前，御史和谏官职责分明，御史主弹纠官邪，肃正纪纲，监督官吏；谏官主规谏讽谕，献可替否，监督君主，如《旧唐书》卷187所载："水

---

① 《长编》卷二一三。

火相济，盐梅相成也。"而宋代台谏机构虽属两个系统，但在职责上相互渗透，趋向合一。其标志是允许台官言事和谏官弹劾。

台官言事早在唐代就开始，但唐代御史的所谓"百事"，主要还是在于"击官邪"，而且尚无专门的言事御史，宋初真宗以前，台谏官仍然是各有职司，泾渭分明。然而至真宗天禧元年（1017年），盖因谏官不足，则设言事御史六人，并屡诏"谏官、御史举职言事"。不久虽罢，但仁宗天圣元年（1023年）四月，有臣僚奏："自古以来置谏官、御史者，所以防臣僚不法、时政失宜，朝廷用之为纪纲，人君视之如耳目"，然"频年以来，贵近之臣，多违宪法，比至彰败，已损纪纲，伏望陛下常振朝纲，广开言路，深防回邪，或生蒙苊，复置谏官御史三、五员，令其察臣下非违，言时政之得失，防微杜渐，笃出于兹"①。仁宗庆历五年（1045年），御史台内部又设谏官御史厅。② 神宗元丰二年（1079年），"诏御史六员，三分察，三言事"。八年又诏："监察兼言事"③。此后，哲宗朝和徽宗朝曾一度不许御史言事，但台谏官职权相混已习以为常。宋代御史兼有言谏之责，且有了专职的言谏御史，显然开启了台谏合一的先声。

但是，宋代置言事御史，并没有取代言谏机关，谏院和门下省仍然担当朝廷规谏和封驳职权，而御史台机关的主要职权还是弹纠百官。因而还不能真正说是台谏完全合一，只是开启台谏合一之端。

允许谏官弹劾，这是台谏职责合一的关键所在。本来谏官意在纠天子之失，而不是用来纠劾百官的。但这一制度至宋代发生了变化。从宋初始，谏官就"往往并行御史之职"④。

谏官职责转向的关键过程有二：一是谏诤对象的改变，即谏官由对君主规谏讽谕转为对百官过失的弹劾。二是平时拥有对百官的监察权。谏官弹劾以言事为方式，如仁宗庆历中，右正言余靖"在职数言事，尝论夏竦奸邪，不可为枢密使；王举正不才，不宜在政府；狄青武人，使之独守渭州，恐败

---

① 《宋会要辑稿》职官三之五——五二。

② 《续通鉴》卷四七，仁宗庆历五年。

③ 《历代职官表》卷一八《都察院上》。

④ 李心传：《建炎以来朝野杂记》甲集卷一〇。

边事；张尧佐以修媛故，除提点府界公事，非政事之美"①。其说多见纳用。可见，余靖的"言事"，实际在行使御史的劾奏权。哲宗时，谏官弹奏权更为明确。如元祐元年（1086 年）十月，右司谏王规言："谏官职事，凡执政过举，政刑差谬，皆得弹奏。"②南宋时期台谏合一有进一步发展的趋势。理宗时殿中侍御史郑寀公开主张："台谏以纠察官邪为职，国之纪纲系焉。"③

宋朝允许谏官弹劾，这是统治者鉴于唐末五代君弱臣强的混乱局面，力图防止大臣擅权而采取的措施。他们企图加强谏官力量来遏制大臣。

但是，当宰执大臣迎合皇帝，并卖力地贯彻皇帝的旨意而权势显赫时，谏官不仅对他们奈何不得，甚至反受其控制。由此，宋代也一度禁止谏官纠劾官吏。如元丰中，谏议大夫赵彦若，"因言门下侍郎章子厚、左丞王安礼不宜处位。神宗以彦若侵御史论事，左转秘书监"④。孝宗淳熙十五年（1188年），兵部侍郎林栗对谏官有权纠弹提出异议。认为谏官分行御史之职，造成"箴规阙失，寂然无闻"。建议仿唐制，置左右补阙、拾遗各一人，专掌谏诤。孝宗于是下令置拾遗补阙，专掌规谏讽谕和举朝廷之阙失。但因谏官行使纠劾由来已久，故在光宗即位后，即罢孝宗历置拾遗补阙，恢复谏官纠弹权，使台谏职责重新合一。

以上说明，宋代虽曾有过禁止谏官纠弹官吏，但就整个宋代而言，允许谏官进行弹劾是主流。虽然谏官仍是谏官，御史仍是御史，两者职责仍各有侧重，谏官以论为主，台官以弹为主，分立而设。在此基础上，出于加强皇权专制统治的目的，为了加强对百官的纠劾权力，台谏机构呈现合一趋势。

第二节　从台谏合一到一台一院

公元 1279 年，蒙古国灭南宋，建立了元朝。结束了五代以来长达 350

---

① 《宋史》卷三二〇《余靖传》。

② 《宋会要》职官三之五四。

③ 《宋史》卷四二〇《郑寀传》。

④ 《容斋四笔》卷一四《台谏分职》。

余年分裂对峙的局面，元成为我国历史上规模空前的统一大帝国。元的统一，促进了中国政治制度的发展，忽必烈"遵用汉法"的治国方针，使秦汉以来的中央集权制度达到了新的高度。元代在承袭和改造传统的专制政治制度的同时，也继承和发展了传统的监察制度，使中国传统监察制度获得了新的发展，达到了进一步成熟。

一、"附会汉法"的治国纲领和御史台的建立

蒙古国初建时，文化落后，组织简便，只设"万户"以主军旅，"断事"以掌刑政。国家机构简单，所以也不专设监察机关。《元史·百官志三》载："国初未有官制，首置断事官，曰札鲁忽赤，会决庶务。"

忽必烈即位，入主中原，国事日趋繁杂，建立中央集权制度成为当务之急。忽必烈在即皇帝位的诏书里，明确地提出光复"文治"的治国纲领，并规定了新王朝的创建原则是"祖述变通"，要求"附会汉法"。在"附会汉法"的治国原则指导下，元王朝积极吸收中原汉族传统的王朝统治形式，定内外之官制。《元史·百官志一》载：

> 世祖即位，登用老成，大新制作，立朝仪，造都邑，遵命刘秉忠、许衡酌古今之宜，定内外之官。其总政务者曰中书省，秉兵柄者曰枢密院，司黜陟曰御史台。体统既立，其次在内者，则有寺，有监，有卫，有府；在外者，则有行省，有行台，有宣慰司，有廉访司。

这一官制体系的最大特点是由中书省一省制代替沿行已久的三省制，中央中枢机构由中书省、枢密院、御史台组成。

元世祖忽必烈于中统元年（1260 年）称帝时，在中央尚未置御史台，但他执政 9 年后深感："今任职者多非材，政事废弛，譬之大厦将倾，非良工不能扶"。于是请教时为转运使的汉族大臣张雄飞等，"卿辈能任此乎？"张雄飞建议说："古有御史台，为天子耳目，凡政事得失，民间疾苦，皆得言；百官好邪贪秽不职者，即纠劾之。如此，则纪纲举，天下治

矣。"①翰林学士高智耀也建议，"宜仿前代，置御史台以纠肃官常"②。于是忽必烈于至元五年（1268 年）七月下令建立御史台。

元御史台地位与总政务的中书省、秉兵权的枢密院地位并重，鼎足而立。这三大机关构成了元朝中央机构的主体。忽必烈曾说："中书朕左手，枢密朕右手，御史台是朕医两手的。"③忽必烈的生动比喻表达了他对御史台的重视。

二、台谏机构完全合一

宋代的监察制度虽出现了台谏职责合一的趋势，御史台系统与谏官系统的职权开始混杂，但台谏两个机构仍然并立，没有完全合一。

元代罢门下省，仅保留给事中，然给事中不务谏正封驳之事。

《元史·百官志四》：

> 给事中，秩正四品。至元六年，始宣起居注、左右补阙，掌随朝省、台、院，诸司凡奏闻之事，悉纪录之，如古左右史。十五年，改升给事中兼修起居住，左右补阙改为左右侍仪奉御兼修起居注。皇庆元年，升正三品。延祐七年，仍（正）四品。后定置给事中兼修起居注二员、右侍仪奉御同修起居注一员、左侍仪奉御同修起居注一员。

可见，给事中的职责到元代发生了很大变化。唐宋两代，给事中与起居郎虽同为门下省的属官，但两者职掌不同，给事中掌封驳，起居郎掌记注。金代专设记注院，掌修起居注事，给事中虽不掌封驳，却也不掌记注。到元代，给事中便变成兼修起居注的官吏，名称虽然与唐宋一样，而职掌却和唐宋大异。此时结事中实际上已名存实亡了。

---

① 《元史》卷一六三《张雄飞传》。
② 《元史》卷一二五《高智耀传》。
③ 叶士奇：《草木子》卷三下《杂制篇》。

元朝也不设谏院，谏官既罢，谏职便转到御史身上。这种台谏机构，职责完全合一的制度，在至元五年（1268年）成立御史台时就已明确。忽必烈对侍御史张雄飞说："卿等既为台官，职在直言，联为汝君，苟所行未善，亦当极谏，况百官乎！"①因此，在当时就有人认为："御史，言官也。"②自此，御史既领纠劾，又兼言谏，已成常制。如成宗元贞二年，监察御史李元礼上疏说："今朝廷不设谏官，御史职当言路，即谏官也。"③泰定帝即位后，再次重申"朝廷天下之事，宰相可行之，台谏可言之"④。到文宗天历年间，发展到"今日之事御史言之"⑤。

元御史台言事，可"实封言事"。所谓"实封言事"，即御史进奏谏官，可实封直达于天子，须至御前开拆。总之，元代御史已完全兼负谏官之职了。

台谏合一是中央集权制度发展的必然结果。它使监察权得到高度集中，使皇权便于直接控制监察机关，故明清两代沿袭其制而不悖。

第三节　监司与通判

鉴于汉末州牧擅权以及唐末节度使割据之祸，赵宋王朝对地方机构的总政策是尽量缩小行政单位，分散地方长官的权力，以加强对地方政权的严密控制。宋初，地方行政机构分为州（府、军、监）、县两级，对两级最高长官即州官和县官的设置和管理，一般不设正职，特别不让武官担任，军政分立，而且实行"差遣制"，即派朝廷文官去当"知州"、"知县"，并规定三年一任，不得连任。

在收夺地方官吏权力的同时，也加强了对地方官吏的监察，并且把监察

① 《元史》卷一六三《张雄飞传》。
② 《道园学古录》卷四一《陈思济传》。
③ 《元史》卷一七六《李元礼传》。
④ 《道园学古录》卷六《送达鲁花兼善赴南台御史诗序》。
⑤ 《道园学古录》卷五《送杜立夫归西蜀序》。

权收归中央，设立了通判和监司二级监察体制。

一、通判、监司的创设以削弱地方行政权力

通判，又称监州，普遍设置于宋初。宋太祖在设知州的同时，又在每州增设一名同领州事的官员，即通判。通判既不是知州的副职，亦不是知州的属官，具有与知州共同处理州事的权力，且负有监督知州的责任。"所部官有善否及职事修废，得刺举以闻"①。凡事有直达皇帝的特权。通判的设置，牵制了知州的权力，约束和挟制着知州的行为，对防止地方割据起到了一定作用。当时人视为"监州"，是符合其身份的。

监司，是宋代路级地方监察机构的简称。宋初，由于府州众多，中央王朝还是鞭长莫及，于是又有路和监司的设立，路相当于唐代的道，但又不同于道。监司是路的官署，但有四个互不统属的监司。

在宋初，路只是为了适应军事需要，便于筹集粮草物资而临时划定的区域。至太宗至道年间，才分天下为十五路，仁宗时析为十八路，神宗时增为二十三路，徽宗时又增为二十六路。路设转运使一人。转运使初设时"所掌者军需粮饷而已"，即负责一路范围赋役的征课、转运，权力只限于财政，品位也不高，简称"漕司"。转运使为了履行其本职，就有必要巡察辖境，稽考簿籍，举劾官吏。久而久之，转运使便成为事实上的路级监察官。这与汉、唐的监察区相比又前进了一步，它处在由监察区向一级地方行政区演变的阶段，有行政区的性质，但兼掌监察。以监察之责而言，宋人谓转运使按举官吏，"即汉刺史、唐观察使之职"②。但宋代转运使又远远超出了监察之责，凡一路的经济、政治、军事、文化及民族事务等，几乎无所不掌。吕祖谦曾说："边防、盗贼、刑讼、金谷、按廉之任，皆委于转运使"，分路而治，"于是一路之事无所不总。"③ 由于转运使职责极广，对一路事务无不参与，因此它实际上却相当于地方一级行政区划。然而转运使作为一级行政区划尚未定型，其建制也不完备。宋朝廷唯恐转运使成

---

① 《宋史》卷一六七《职官七》。

② 《长编》卷一二七，仁宗康定元年。

③ （元）马端临：《文献通考》卷六一《职官十五》。

为一路全权长官，形成割据势力，又先后另设了提刑使（宪司）、安抚使（帅司）、提举常平使（仓司）等以分其权，并互相监督、互相制约。这样一路之中，形成了帅、漕、宪、仓四司并列、分而察之的局面。这四司长官实际上都还不是地方长官，而是中央派到地方来监督指挥地方的军、政、刑、财的，因此习惯上又称他们为"监司"。《续资治通鉴长编》卷410载：

> 朝廷外置诸路监司以为耳目之官，提振纲纪。天下官吏有贪墨而不廉者，有违越而无操者，有残毒而害民者，有偷惰而弛职者，一切使之检察其实以闻，朝廷所赖以广聪明于天下而行废黜。

可见，监司实际上具有地方最高监察机构的职能。监司因掌纠察之任，故也称作外台。

二、机构及职责

路除设四司作为兼任地方监察事务的机构外，还设置了专门的监察官走马承受，形成了多元化的地方监察体制。

（一）路级帅、漕、仓、宪"四司"

1.转运司

转运司的组织编制通常是各路置使一员，在边境重要路（河北、河东、陕西等路）或重要经济区域（淮南、两浙等），则配置两员以上。凡设两员者，或皆为使、或皆为副，或作同知、同勾当、遥兼、并统转运使等。一路之中并不是同时都有这些人，一般只有其中一个，间或出现两个。副使和判官配备无常制，以仁宗朝为例，庆历三年（1043年）选派诸路转运判官，到五年皆废罢。嘉祐五年（1060年），又在"去京师近者数千里，远者万里"的荆湖南北、广南东西、福建、益、梓、利、夔等十一路擢派判官"，未几，又废。徽宗崇宁四年（1105年），规定转运司属官员额为109人，可见规模之大。

转运使品秩各路并不一样，京畿路从三品以上，陕西及成都府等路一般在五品以上。他们既是"掌一路财赋"的地方行政官，又是监督财务制度的监察官。《宋史·职官七》记其监察职责："岁行所部，检察储积，稽考账籍，凡吏蠹民瘼，悉条以上达，及专举刺官吏之事"。太宗即位不久，诏"诸道转运使各按举部内知州、通判、监临物务京朝官等，以三科第其能否"①。太平兴国六年（981年），令"诸路转运使察部下官吏，有罢软不胜任，怠慢不亲事及黩贷扰民者，条其事状以闻"②。真宗曾督责转运使说："监司之职，刺举为常。颇闻旷官，怠于行部，将何以问民疾苦、察臧减否。自今诸路转运使令遍至管内按察。"③按察对象从部内扩大到武臣，包括防御使、团练使、刺史在本任及知州处见任通判等。

2.提点刑狱司

该司始设于淳化二年（991年），当时隶属转运司，诸路提点官各设一员或两员，专职纠察州军刑狱，淳化四年即罢。真宗景德四年（1007年）复置，独成一司，不再隶属转运司，置诸路提点刑狱公事，以朝臣任正职，武臣为副贰。天禧四年（1020年）增设劝农使，改为提点刑狱劝农使，仍以武臣为副使。仁宗嘉祐中，有武臣同提点河东刑狱时，窃用公库银器，事发后，不再以武臣为监司。治平元年（1064年），罢提点刑狱而专委转运司。熙宁十年（1077年），复置提点京畿刑狱，"掌察所部疑留狱讼，劝课农桑，而按其官吏之不法，别其廉吏以达于朝"④。宣和初，徽宗诏江西、广东增置武臣提刑一员。建炎四年（1130年）罢。绍兴初，两浙路以疆封阔远，差提刑两员，淮南东路罢提刑，令提举茶盐官兼领。乾道六年（1170年），孝宗诏"诸路分置武臣提刑一员"，于是武臣横行四方，为防止滋生藩镇之祸，淳熙末又罢去武臣，只留文臣一员。综观有宋一代，提点刑狱公事一般设文臣一员，武臣一员为副贰。然武臣一员不常设，时废时复，反复无常，其属有干办公事一员，检法官一员，徽宗崇宁四年（1105年）九月，规定诸路提刑司属官员数为18人。提点刑狱司的基本职

---

① 《长编》卷一七，太祖开宝九年。
② 《长编》卷二二，太宗太平兴国六年。
③ 《长编》卷五五，真宗咸平六年。
④ 《文献通考》卷六一《职官十五》。

责是："总郡国之庶狱，核其情实而复以法，督治奸盗，申理冤滥。"① 是一路的司法监察官。

3. 提举常平司

该司于熙宁年间始设，置常平使一员。元祐初罢，其职并入提点刑狱司。绍圣初年复置。元符以后相沿不废。熙宁初，置提举常平司勾当公事，于通判幕职内选差官一员，不妨本职。绍兴十五年（1145 年）改为干办公事。提举常平司掌赈灾和盐铁专买，并"专举刺官吏之事"。如熙宁九年（1076 年），令提举常平司"操常平敛散之法，申严免役之政令，治荒修废，振民艰阨，则隶提举司。岁察所部廉能而保任之，若疲软或犯法则随其职劾奏。"② 高宗绍兴十五年诏："提举官依旧法为监司，与转运判官叙官，岁举升改，官员有不职，则按以闻。"③

4. 安抚司

此职在北宋前期不常置。咸平二年（999 年），以翰林学士王钦若为四川安抚使，知制诰梁颢为陕西安抚使，始有安抚使之名，但属临时性质。自景德三年（1006 年），正式置河北沿边安抚使，以雄州守臣为之，而陕西沿边诸州亦设安抚使。以后在湖南、河北、广桂、河南、杭越各地设置。高宗建炎元年（1127 年），下令诸路帅府都带安抚使衔。从此，普遍设立安抚使。据《宋史·职官七》记载："帅臣任河东、陕西、岭南路，职在绥御戎夷，则为经略安抚使兼都总管以统制军旅。"经略安抚使属官有典领要密文书，职责是奏达机事。"河北及近地，则使事业于安抚而已"。其属官有干当公事等。

安抚使掌一路兵政，兼领监察。如宣和三年（1121 年），徽宗诏诸路安抚使"掌总护诸将，统制军旅，察治奸仇，以肃清一道，凡兵民之政，皆掌焉。帅其属而听其狱讼，颁其禁令，定其赏罚，稽其钱穀、甲械出纳之名，籍而行以法"④。绍兴三年（1133 年），高宗令"监司、帅守察内外宗子病民

---

① 《文献通考》卷六一《职官十五》。

② 《文献通考》卷六一《职官十五》。

③ 《宋史》卷一六七《职官七》。

④ 《文献通考》卷六一《职官十五》。

害政者以闻"①。三十二年（1162年），十二月乙丑诏诸路帅臣、监司，"每日悉具部内知州治行臧否以闻"②。孝宗乾道二年（1166年）、六年，淳熙七年（1180年）、八年，以及宁宗庆元元年（1195年），都诏诸路帅臣举察守令政绩好坏上报朝廷。

监察法典：宋代的《监司互察法》

由于宋朝地方实行由它官兼领监察的制度，因此漕司转运使分掌的行政和财赋之职，宪司提点刑狱公事分掌的案狱之职，以及仓司提举常平分掌的常平之职等，就必须由其他机关兼领监察的官员去按察。这种监察官互察制最早创立于宋太祖赵匡胤时，并形成了《监司互察法》。徽宗时，《监司互察法》已在法律上固定下来。它包含两个方面：一是监察官员失察、姑息迁就而受惩处制；二是监察机构自身的互相察举，自身犯赃，也要一律惩处。

宋太祖时，将地方监察官按能力分为三等：凡"临事简慢，所莅无状者为下；恪居官次，职务粗治者为中；治状尤异，大有殊绩者为上"。每年年底考核一次上奏朝廷，朝廷凭此以行赏罚。以后则进一步规定：凡年岁达70者，不得授予监司官和郡守。若在任期间默默不闻、毫无按刺者，则以"不职之罪"罚之。将监察机制引入监察系统本身，这一方面是为了提高监司部门的办事效率，同时也反映出宋朝中央集权的加强。

（二）监察使者：走马承受

走马承受也曾称"廉访使者"，诸路各设一员，宋初隶"帅司"，但又非帅司之属官，多由与皇帝亲近的三班使臣或内侍（宦官）充任，是皇帝直接差遣到诸路的耳目，负责监察安抚使。徽宗崇宁年间，"始诏不隶帅司而辄预边事，则论以违制"③。是独立行使监察的官吏。徽宗大观年间，"诏许风闻言事"。政和六年（1116年）七月，改为廉访使者，权力更大，其权与监司

---

① 《宋史》卷二七《高宗纪四》。

② 《宋史》卷三三《孝宗纪》。

③ 《宋史》卷一六七《职官七》。

相当。"朝廷每有所为，辄为廉访所雌黄，枢密院藉以摇宰相。"①靖康初年，复名走马承受。他们无事时，则一年向皇帝汇报一次，如果边防有警，则随时驰驿飞报皇帝。其按察面相当广，不仅可以监督军队，"预闻边要主帅机宜公事"，而且还监察地方行政，如"民生之利病，法令之废举，吏治之清污、能否，凡郡邑之政"②，均属按察范围，并可直接向皇帝报告。景祐元年（1034年），并州走马承受张承震报告，刘涣监并州诸仓时，"多作违非，颇为逾滥"，时刘涣虽已调离并升任右正言，但仍因此被黜降为殿中丞、通判磁州。徽宗时，吴择仁知熙州，因走马承受蓝从熙言其擅改茶法，被夺职免官。可见走马承受是宋代路级按察地方的监察官。

（三）诸州通判"监州"

通判为州的最高监察官，主事监察地方长吏知州。通判是由皇帝差遣朝官到诸州充职。宋初大郡置通判二人，余置一人，不及万户的州则不置。但武臣知州的小郡亦特置。南渡后，诸州通判有两员处减一员。绍兴五年（1135年），除广、洪州、镇江、建康、成都府和帅府通判并以两员额外，余置一员。通判权重，规定："知府公事并须长吏、通判签议连书，方许行下"。"职掌倅贰郡政，凡兵民、钱谷、户口、赋役、狱讼听断之事，可否裁决，与守臣通签书施行。所部官有善否及职事修废，得刺举以闻。"③通判的监察之职十分明确，仁宗曾指出："州郡设通判，本与知州同判一郡之事，知州有不法者，得举奏之。"④这就是说，通判非但监察知州，还可以监察"所部官吏"。南宋时通判"入则贰政，出则按县"⑤，监察范围又扩展到属县的官吏。由于州县官吏的一举一动都要受到通判的监察和制约，故南宋王彦卫在《云麓漫抄》中所说："今之通判，盖秦郡监、隋郡通守之比。"这比拟是有一定道理的。

宋除设上述地方监察专官外，还规定知府、知州、知军等地方行政长官有行政监察部属之权。另外，还设提举学事司，"掌一路州县学政，岁巡所

---

① 《建炎以来系年要录》卷一一。
② 《宋大诏令集》卷二一二《走马不职澄汰御笔》。
③ 《宋史》卷一六七《职官七》。
④ 《职官分纪》卷四一《通判军州》。
⑤ 《宋史》卷一六七《职官七》。

部以察师儒之优劣、生员之勤情，而专举刺之事"①。

第四节　行御史台与肃政廉访司

一、行御史台的创设

元朝的版图远超汉唐盛世。《元史》卷 58《地理志一》载："其地北逾阴山，西极流沙，东尽辽左，南越海表。"如何统治如此辽阔的地域，元统治者把原来临时派出机构"行中书省"，改为常设的地方上最高一级行政机关。行省以下的行政区为路、府、州、县四级。

在改革地方行政体制的同时，元统治者也仿照行省制，建立行御史台机构，实行大区监察体制。元代政府先后建立了四个行御史台，即河南、云南、江南和陕西行台，其间屡经变易，最后剩下江南行台（简称南台或南行台）和陕西行台（简称西台或西行台）。因为江南行台管辖东南各道的肃政廉访司，故全称为江南诸道行御史台。陕西行台管辖西南、云南各道肃政廉访司，其全称为陕西诸道行御史台。

江南行台是在忽必烈打败南宋以后，为了加强对江南官员的监察而建立的。至元十三年（1276 年），监察御史田滋建言："江南新附，民情未安，加以官吏侵渔，宜立行御史台以镇之。"②第二年，元世祖置江南诸道行御史台于扬州，后又迁至杭州、江州等路。至元二十九年（1292 年）二月，以建康路"控扼险阻，外连江淮"，尤为要会之地，遂迁江南行台于建康路（今南京），其后便定署于此。

陕西行台是元世祖至元二十七年（1290 年）由云南提刑按察司升为云南诸道行御史台。大德元年（1297 年），成宗"移治陕西，号陕西诸道行御史台"③，建署于中庆（今西安）。

元中央腹里之地以及河南、辽阳等行省的监察，由中央御史台直接管领，

---

①　《宋史》卷一六七《职官七》。

②　《元史》卷一九一《良吏传》。

③　《元文类》卷三〇《御史台记》。

并统辖山东、山西、河北、河南、淮西、淮东、山南和辽东八道提刑按察司。

行台之下，设诸道肃政廉访司，为地方基层监察组织。在元世祖至元六年（1269年）建立时称提刑按察司，初建四道，其后逐年增设，至元二十八年（1291年）为改按察司为肃政廉访司，至元二十年遂定为二十二道肃政廉访司。二十二道肃政廉访司分属三台（中、西、南），两行台又受制于内台（中央御史台）。在这种统属关系下，御史台监察中书省和邻近的几个行中书省，行御史台监察其他行中书省。其所辖各道宪司，则监察行省以下的路、府、州、县。这样就形成了一个以御史台为监察中枢、行御史台为地方监察主体、各道宪司为经纬的严密的监察网，纵横交错地覆盖全国。这种从中央到地方组织严密、队伍庞大的监察机构设置形式，使监察体系达到完备的地步，它标志着中国专制监察制度的进一步成熟。

二、监察机构的职官设置及分工

（一）御史台机构

元代御史台机构继唐宋之制，但又有不同。唐宋御史台下设台院、殿院、察院，元朝不再专设台院，只保留察院，把台院的职权并入察院，又将殿院改为殿中司，取消原台院，反映了御史台内部组织机构从三院制向一院制过渡的趋势。

改制后的元代御史台职官设置：台内官员设左右御史大夫2员，为台长，其中以右御史大夫为御史台之首，史称"头大夫"。品秩空前提高，与中书省平章政事、枢密院知院同等，均为从一品官。御史中丞二员，正二品，为御史台副长官，但必要时，中丞可主持台务。如《元史·张雄飞传》："（至元）十六年，拜御史中丞，行御史台事。"中丞之下还设侍御史二员，从二品；治书侍御史二员，正三品。殿中司仅设殿中侍御史二员，正四品。"凡大朝会，百官班序，其失仪失列，则纠罚之；在京百官到任假告事故，出三日不报者，则纠举之；大臣入内奏事，则随以入，凡不可与闻之人，则纠避之。"[①] 由于台院的职权并入察院，监察御史人数激增，由宋代的六员增至

---

① 《蒙古秘史》卷一〇四《崔彧传》。

三十二员。"司耳目之寄，任刺举之事"。御史台官员总共达 42 人。元之御史台权限范围极宽。《蒙兀儿史记》卷 104《崔彧传》："（崔彧）由刑部尚书拜御史中丞，或言台臣于国家政事得失，生民休戚，百官邪正，虽王公将相，亦宜纠察。"

（二）行御史台

行御史台的设置，不仅是元代监察制度中的一个重要特点，而且在整个古代中国监察制度史上也是一种空前绝后的特殊组织形式，其地位统领节制各道宪司，而总隶内台管辖。

行御史台除不设殿中司外，其他大致与御史台相仿。江南诸道行御史台，设官品秩同内台。大德元年（1297 年）定编设官 9 员，以监察江浙、江西、湖广三省，统江东、江西、浙东、浙西、湖南、湖北、广东、广西、福建、海南十道。设大夫 1 员，中丞 2 员，侍御史 2 员，治书侍御史 2 员，经历 1 员，都事 2 员，照磨 1 员，架阁库管勾 1 员，承发管勾兼狱丞 1 员，令史 16 员，译史 4 员，回回椽史、通事、知印各 2 员，宣使 10 员，典吏、库子、台医各有差。察院，品秩如内察院。至元十四年（1277 年），置监察御史 10 员，书吏 10 员。二十三年，增蒙古御史 14 员，书吏 14 员，又增汉人御史 4 员、书吏 4 员。后定置御史 28 员、书吏 28 员。

陕西诸道行御史台，设官品秩同内台，延祐二年（1314 年）定制统汉中、陇北、四川、云南四道。置大夫 1 员、御史中丞 2 员、侍御史 2 员、治书侍御史 2 员、经历 1 员、都事 2 员、照磨 1 员、架阁库管勾 1 员、承发司管勾兼狱丞 1 员、椽史 12 员、蒙古必闍赤 2 员、回回椽史 1 员、通事 2 员、知印 1 员、宣使 10 员、典吏 5 员、库子 2 员。察院，品秩同内察院。监察椽史 20 员，书吏 20 员。

（三）肃政廉访司

肃政廉访司，初名提刑按察司。正三品，有使、副使、佥事、察判、经历、知事。正官设 8 员。属于"随朝"官。二十八年（1291 年），改按察司为肃政廉访司。至元三十年后，肃政廉访司以二十二道为定制。每道设廉访使 2 员，正三品；副使 2 员，正四品；佥事 4 员（两广、海南仅 2 员），正五品；经历 1 员，从七品；知事 1 员，正八品；照磨兼管勾 1 员，正九品；书吏 16

员，译史、通事各 1 员，奏差 5 员，典史 2 员。各自履行职责，正使 2 员留京总一道，副使以下于每年 2 月分头按察，10 月还司。按察司与廉访司的差异是，前者侧重于"提纲刑狱"，后者将监察纠劾奸弊放在首位，并监临坐地，归入"外任"官行列。

三、监察机关在国家机构中的地位及职权

（一）中央御史台的地位

《设立宪台格例》第 2 条规定："中书省、枢密院、制国用使司，凡有奏禀公事与御史台官一同闻奏"。这一法规规定了御史台与作为总政务的中书省、秉兵权的枢密院及理财政的制国用使司的地位是同等的，同时又规定了监察与行政并行制。即凡政事上奏天子，必须由御史台同奏，否则无效，这就从法律上保证了御史台对行政的严密监督。《设立宪台格例》第 1 条还规定御史台有权"弹劾中书省、枢密院、制国用使司等内外百官奸邪非违，肃清风俗、刷磨诸司案牍并监察祭祀及出使之事"。这就明确了御史台纠弹权限，上可纠察公侯将相，下可察举文武百官。还规定御史台可单独行使纠察，其他机关不得干涉。如："（泰定帝时）参知政事李庭玉亦以官市锦受赇，事觉，词连倒剌沙婿。倒剌沙奏请御史台与中书省、宗正合鞫之。台臣言：'世祖之制，官吏贪墨者，惟令御史台劾治。今与中书省、宗正共之，是违祖宗旧制。'章屡上，帝始从之。"①

（二）行御史台的地位

行御史台是中央御史台的分设机构，作为地方最高监察机构，与地方最高行政机关行中书省（简称"行省"）不是隶属关系，而是平行关系，也是监督和被监督的关系。元代监察法规进一步把这种关系以法律形式确定下来。《行台体察等例》第 1 条规定：行御史台有权"弹劾行中书省宣慰司，及以下诸司官吏，奸邪非违，磨刷案牍，行省宣慰司委行台监察，其余官府并委提刑按察司"。《行台体察等例》第 30 条还规定："凡可兴利除害，及一切不便于民，必当更张者，咨台呈省闻奏。"这说明，行御史台和行中书省

---

① 《新元史》卷二○四《倒剌沙传》。

是平行的同级关系，与中央御史台是下级和上级的关系，故行台向御史台和中书省通报的方式谓"咨台呈省"。

（三）提刑按察司（肃政廉访司）的地位

提刑按察司是隶属行台的地方监察机构。察司与宣抚司是"往复平牒"的关系。《察司体察等例》第29条规定："提刑按察司行移，与宣抚司往复平牒，各路三品官司，今故牒回报牒呈上，四品以下并指挥回报申。"《察司体察等例》第25条规定："随路京府、州、军司狱，并隶提刑按察司。"察司的监察权限，按《行台体察等例》第1条规定，"行省宣慰司委行台监察，其余官府并委提刑按察司。"即明确规定，察司有权监察行省和宣慰司以下的地方行政机构官吏。

四、监察法典：元朝三大廉政法规

元世祖忽必烈（1215—1294年）建立元朝后，曾下令修订过三大廉政法规。一是《设立宪台格例》36条，主要针对朝中大臣；二是《行台体察等例》30条，专用于监察地方；三是针对监察系统本身的《察司体察等例》31条。三大法规有近百个条款，包括官纪、政绩、品行、财产、执法、家庭等廉政内容，开后代设立监察法典之先河。

第五节 台谏官的选任和考课

一、监官任命权

唐代由吏部选任台谏官，实际上是将监察官员的选任权交给了宰相。台谏官的进退从违多由宰相拟定，致使监官不能有效地监察大臣，"宰相过失无敢言者"。台官若有依违，宰相可将其"迁以美官而实夺之权"，或"诡计而出之外州"①。有鉴于此，宋朝废除了唐代由宰相推任台谏官制度，改由皇帝亲自选任。选任的一般程序是，先由朝廷下诏，令有举荐御史资格的臣僚

---

① 《群书考索》续集卷三六《台官》。

荐举；接着，皇帝在被荐举人员中点名任命，谓之"御笔亲点"，台谏官的任命"必由中旨"，被视为不可改易的"祖宗之法"。如明道二年（1033 年），有人针对丞相李迪任命张钫为侍御史、韩渎为殿中侍御史的情况，奏称"台官必由中旨，乃祖法也"。李迪等感到惶恐，遂出张、韩两人知州。后来仁宗诏："自今台官有缺，非中丞、知杂保荐者，毋得除授。"① 宝元二年（1039 年），为"免宪司朋党之欺"，恢复真宗时任命台官办法，即由皇帝在两省班简名单上指定。庆历三年（1043 年），仁宗亲授欧阳修、余靖、王为素谏官。庆历四年八月，仁宗又下诏："自今除台谏官，毋得用见任辅臣所荐之人。"② 英宗时亲自提拔范纯仁为殿中侍御史，吕大防为监察御史里行。熙宁三年（1070 年），吕海上疏说："国朝故事，谏官除授一出圣选。"③ 靖康元年（1126 年）四月，钦宗诏："台谏者天子耳目之臣，宰执不当荐举，当出亲擢，立为定制。"④ 南宋高宗绍兴年间，秦桧为相擅权，"每荐台谏，必先谕以己意"。但秦桧死后不久，高宗于绍兴二十五年（1155 年）十二月就下诏："台谏风宪之地，比用非其人，党于大臣，济其喜怒，殊非耳目之寄，朕今亲除公正之士，以革前弊。"⑤ 孝宗对选任监察官也很重视，他物色张大经为监察御史，并对张说："朕十人中得卿一人，以卿风力峻整。"中央台谏官由皇帝亲选，地方监司、监州由吏部选任后亦须报皇帝批准，不受中央及地方其他行政官吏干预。

台谏官由皇帝亲选，不许宰执荐举，是有深刻用意的。这样做，可以保持台谏的相对独立性，有效地监督政府与大臣。如果允许宰相奏举台谏官，容易造成宰相与监官结党营私。对此，仁宗曾深刻指出："祖法不可坏也。宰相自用台官，则宰相过失无敢言者矣。"⑥ 哲宗时殿中侍御史吕陶也说："臣闻本朝故事，为御史者，有两府是举主，并须回避。益置台谏以检察两府之

---

① 《续资治通鉴》卷三九，仁宗明道二年。
② 《续资治通鉴》卷四七，仁宗庆历四年。
③ 赵如愚：《宋名臣奏议》卷五三《百官门·台谏三》。
④ 《宋会要》职官五五之一六。
⑤ 《宋史》卷三一《高宗纪八》。
⑥ 《续资治通鉴》卷三九，仁宗明道二年。

过，若用其门生故吏，虑致徇私，此祖宗御下之机权，至深至密。"① 由宰相奏举台谏官的情况在宋哲宗朝也曾出现，尤其在南宋时期时有之。如哲宗绍圣年间，宰相张淳引蔡卞、林希、黄履、来之邵、张商英、周秩、翟思等人均"居要地，任言责"，结果"协谋朋奸，报复仇怨，小大之反，无一得免，死者祸及其孥"，又用邢恕为御史中丞，将元祐年间司马光、文彦博等 73 名大臣定为元祐党人，官职皆被剥夺，于是"天下冤之"②。可见宰相奏举监司之法不可取，宋台谏官由皇帝亲择，乃是"驭下之策也"。

二、台谏官选任的标准

宋代在台谏官的选任上有严格的要求，从品质、资格到文化修养方面，都有明确的标准。归纳起来主要有以下三条：

一是刚直敢言。刚直敢言历来被专制统治者奉为选任监察官的首要标准。宋统治者也十分重视这条标准。如真宗在天禧元年（1017 年）对宰臣说，谏官"尤须谨厚端雅之士"，凡"用心浮薄"者，"朕不取焉"。仁宗天圣四年（1026 年），令荐举谏官"须公正清直之人"③。皇祐三年（1051 年），仁宗又令"御史必用忠厚淳直、通明治体之人，以革浅薄之弊"④。熙宁年间，神宗命御史台"举忠纯体国之人补御史"。元丰五年（1082 年）神宗下诏，从宣德郎以上官员中举"敏明不挠"之人为御史⑤。钦宗靖康初，陈公辅上奏："愿择人臣中朴茂纯直，能安贫守节、不附权倖、慷慨论事者，列之台谏。"⑥

二是渊博的学识和聪明的才干。宋朝选任台谏官比较注意文化修养，一般当以"名士"和"清望"之人充任。据统计，宋仁宗朝 63 名谏官中，九成以上出身于进士或诸科。太宗至道二年（996 年），有宰臣以为："台省谏

---

① 《长编》卷四〇四，哲宗元祐二年。
② 《宋史》卷四七一《张淳传》。
③ 《宋会要》职官三之五二。
④ 《宋会要》职官一七之七。
⑤ 《宋会要》职官一七之一一。
⑥ 《宋史》卷三七九《陈公辅传》。

官不可令与它官循资选授，诸科举人及无出身人亦不合在除授之限，唯登进士第及器业有文学者可膺是选。"太宗则补充说："朝廷清望名亦当择材而授，不可易也。"① 咸平四年（1001 年），真宗对宰相说："今后凡求谏官，并须精择。"②

大中祥符四年（1011 年）八月真宗又诏："自今御史须文学优长、政治优异者。特加擢拜。"③ 仁宗庆历年间，增设谏官，用天下名士，欧阳修首在选中，故"规谏之官号清望之选"。包拯从政期间，曾提出了监察官员的选拔，应"先望实而后资考"的主张。他认为，监察官员须有一定的政治经验，在任监察之职以前，除了历任县官或它职经历外，更重要的是"实"，即官员的实才。孝宗隆兴初年规定，凡年岁达七十者，不得授予监司官和郡守。从年龄上作出规定的目的也是为了保证监司官的人才质量。淳熙末年，孝宗从臣僚所请，将监司官中"素无材望，又无绩效之人"另行差遣，"若昏老庸谬并无廉称者"当行废斥，并令"侍从、台谏集议公举才力可为监司者上之"④。宁宗庆元四年（1198 年），监察御史张巖认为，"监司，民之休戚系焉"，建议对监司官"精加考择，既按资格又考才行"，二者皆备方可为监司官。⑤ 可见，宋选任各类监察官，是比较注意文化修养和才能的，这与宋科举制度的发展是紧密相关的。

三是一定的资格和资序。为了使监察官具有丰富的统治经验，宋代对任职者的资格有严格的规定，其中特别强调必须有基层实际工作的经验。御史官"须中行员外郎至太常博士，资任须实历通判"⑥。孝宗乾道二年（1166 年）诏："自今非曾经两任县令，不得除监察御史。"⑦ 淳熙二年（1175 年）朝论多以萧燧可为监察御史，但孝宗"以未历县"，遂除左司谏。地方监司官的入选条件，也须有从事地方行政工作的经历。如哲宗绍圣元年（1094 年）诏

---

① 《宋会要》职官三之五〇。
② 《宋会要》职官三之五〇。
③ 《宋会要》职官一七之五。
④ 《宋会要》职官四五之三四。
⑤ 《宋会要》职官四五之三八。
⑥ 《宋史》卷三二一《刘述传》。
⑦ 《宋史》卷一六四《职官四》。

令："自今初陈转运判官、提举官，须实历知县以上亲民人，提点刑狱以上须实历知州或通判人。"① 南宋高宗绍兴二十六年（1156 年），"诏选择监司，须七品以上清望官，或经朝擢及治郡著绩者"②。孝宗隆兴初年，令地方监察官"须曾作州县及历他司者"，方可充任。③ 绍熙元年，光宗诏令监司必选择曾任州县之人。凡未历州县而爵位虽高，亦须先任州县官，有政绩即行升摄为监司官。④ 关于谏官的资序，天圣元年（1023 年）四月仁宗下诏，"举太常博士以上"充谏官。⑤ 元祐三年（1088 年）六月，"诏左右司谏、正言、殿中侍御史、监察御史，以升朝官通判资序实历一年以上人充"⑥。

无论御史还是监司官或谏官的选任，都强调要有多年的地方行政工作经历，这对于保证监察官的质量和提高监察效能的意义不言自明。

宋朝选任监察官除坚持上述标准，还制定了回避法。回避法的基本精神是，"诸职事相干或统摄有亲戚者，并回避"。根据这个精神，具体有以下三项需要回避：

一是台谏官回避宰相执政大臣。为保证台谏官有效地监察执政大臣，于是规定："执政初除，苟有亲戚及尝被荐引者，见为台臣，则皆他徙。"⑦ 即凡新上任的宰执，其所荐之人及亲戚现为台谏官的，必须改授其他差遣。宋代皇帝曾多次强调这一回避法。庆历四年（1044 年）八月，仁宗诏："辅臣所荐官，毋以为课官、御史。"⑧ 元祐八年（1093 年），哲宗诏："执政官亲戚不除谏官。"⑨ 按照这一回避法，凡应回避的台谏官，须本人主动上疏请求回避，由皇帝决定是改授或留任。嘉祐年间，右正言吴及和枢密副使张昇的妻子有亲戚关系，吴及上奏请求回避。御史中丞包拯认

---

① 《宋会要》职官四五之三。
② 《宋史》卷三一《高宗纪八》。
③ 《宋会要》职官四五之三七。
④ 《宋会要》职官四五之三五。
⑤ 《长编》卷一〇〇，仁宗天圣元年。
⑥ 《长编》卷四一二，哲宗元祐三年。
⑦ 《容斋三笔》卷一四《台谏亲除》。
⑧ 《宋史》卷一一《仁宗纪三》。
⑨ 《宋会要》职官三之五五。

为，吴及"立身有守，遇事敢言"，且张昇之妻已死去甚久，可不必回避。仁宗特下诏，令吴及依旧供职谏院。熙宁二年（1069年）二月，王安石出任参知政事，时正领知谏院的吴充，因其子吴安持是王安石的女婿，吴充遂"引嫌解谏职"。其女婿、侍御史蔡卞也"以王安石执政亲嫌辞"。邓润甫自正言知制诰为中丞，神宗"以宰相属官不可长宪府"，遂改任他职。吕公著在哲宗时出任宰相，他的女婿右正言范祖禹马上"以婿嫌辞"。徽宗即位不久，命王纪为御史中丞兼史院国史、实录修撰之事。对此，左正言任伯雨等认为："史院系宰相监修，今中丞乃为属官，朝夕相见，恐非所以重风宪，远嫌疑之道。"① 于是徽宗立即改令王为翰林学士，不再领御史中丞职。

二是台谏、监司内部长官与属官避亲嫌及监官之间避亲嫌。根据"凡官员亲戚于职事有相统摄或相干，并回避"的精神，台谏长官与属官、监司长官与属官、监司与所辖州县官员之间便属于"相统摄"。谏官与御史、同路监司之间则属于"相干者"。对于这些有上下级统属关系和因事相连的职务均须避亲嫌，因为"台谏官事相关联，同在言路有嫌"②，所以凡有亲戚关系者不许同时任台谏官。靖康元年（1126年）五月，陈过庭出任御史中丞，因右正言许景衡是陈过庭的同党妹夫，故陈过庭请求回避，于是宋钦宗改谏官许景衡为太常少卿。

三是地方监官避籍制。宋代在实施避亲制度的同时，推行避籍制度。避籍就是当地人不得在当地做地方官，要求官员"去里闾"，目的在于"远亲戚"。避籍制度在选任地方监察官时执行尤严。如北宋前期严禁"蜀人官蜀"，尽管从彭乘开始，"蜀人得守乡郡"，但直到仁宗时仍规定"蜀人官蜀，不得通判州事"③。通判不仅与知州同理政事，而且负有监督知州的重任，因而这个地方上的重要职务，依旧不许当地人担任。后来这个限制虽然被突破，可是法令明确规定："诸川峡路知州与通判，不并差川峡人职官。"对于福建也有类似规定："诸福建路知州、通判、录事、司理参军、令佐，不得差本路

---

① 《宋会要》职官一七之二六。
② 《宋会要》职官六三之一一。
③ 《宋史》卷二九八《陈希亮传》。

一州人。"①

宋代谏官回避法的出台，不仅标志着宋代谏官选任制度的成熟，有助于防止监官与宰执、监官与监官之间利用亲戚关系结党营私，也有助于皇权对整个官僚队伍的控制，加强中央集权。

案例：清心直道的包拯

包拯（999—1062年）宋庐州（今安徽合肥）人。他在宋仁宗统治时期，曾先后做过知县、知州、知府及转运使等地方官，也做过谏议大夫、监察御史、御史中丞等中央监察官，后任天章阁待制，龙图阁直学士，官至枢密副使。死后追赠为礼部尚书。是北宋中期一位著名的监察官员。

包拯为政清廉，为官不贪，同当时北宋中期腐朽的官场作风形成了鲜明的对照。端州（治今广东肇庆）盛产一种砚台，叫"端砚"，每年都要向朝廷进奉。历任知州为了讨好皇帝和当朝大臣，在定额以外随意加量，往往要年取几十倍于常数的砚台，搞得民不聊生，怨声载道。包拯任端州知州时，命砚工按进贡数额制作并按实际数目征收，深得百姓拥护。当他离任时，端州砚工精心制作一方好砚送给他留作纪念，也被他婉言谢绝了。包大人为官清明，不持一砚归，成为当时端州百姓的美谈。

包拯一世清白，晚年曾立下一条"家训"："后世子孙仕官，有犯赃滥者，不得放归本家，亡殁之后，不得葬于大茔之中。不从吾志，非吾子孙。"意思是，做官的子孙，凡贪污受贿的，生前不许回到家乡，死后不许葬在家族的坟地里。并要求把这条"家训"刻在石碑上，竖于堂屋的东壁，"以昭后世"。充分表露了包拯廉洁爱民的情怀。

三、考绩制度

宋代对监察官吏的考核与奖惩，除一般的职官磨勘制度外，尚有其特殊

---

① 《永乐大典》卷一四六二七《吏部七》。

的具体考核措施。

隋唐尚书省对御史有监察权。宋朝在尚书省设都司御史，专掌劾举御史失职之事，并在都司御史房设簿记录御史主六曹纠察之事，以定其升黜。"凡六察之事，稽其多寡当否，岁终条具殿最，以诏黜陟"①。还规定，御史必须每月奏事一次，叫作"月课"，如果上任后百日内无劾举之功，就是失职，则要被罢黜，或罚俸处理，名曰"辱台钱"。

宋王朝对于诸路监司的考课历来较为重视。范祖禹曾说："祖宗时有考课之法，专考察诸路监司，置簿于中书，凡有奏请及功罪，皆书之，参之以众言，验之以行事，岁终则较其优劣，简其能者，亦简其不能者，而废置之。"② 但是，宋朝对于诸路监司的考课制度，大致在宋真宗和宋仁宗两朝始趋完备。

真宗景德四年（1007 年）规定，提点刑狱由中书枢密院置籍考课。大中祥符四年（1011 年）首批提刑代还归阙，第为三等。

仁宗以后，由于国内外矛盾日益加剧，外忧难平，内患不断，吏强官弱等社会弊端丛生，朝廷对诸路监司的考课尤为重视。仁宗景祐三年（1036年）置磨勘诸路提点刑狱司，次年正式制定了提点刑狱考课法，并分三等，使其考课完备起来。康定年间，朝廷采纳权三司使公事郑戬的建议，行《转运使者课格》，根据诸路场务课利与租额的比较，区别转运使之殿最。皇祐元年（1049 年），又依提点刑狱考课法，制定了诸路转运使考课细则五条：一户口之登耗，二田土之荒辟，三茶酒盐税统比，不亏递年租额，四上供、和籴、买物、不亏年额抛数，五报应朝臣文字及账案齐足、户口增田土辟、茶盐等不亏，文案无违慢五事，分五等考校治绩能否。③ 皇祐以后，将磨勘提刑司的职权从负责提刑考课，扩展为负责提刑和转运的考课。嘉祐之后，又用陈旭建议，重定监司考校条目。至此，宋朝路一级监司官员的考课基本完善。历仁宗、英宗，到了神宗熙宁、元丰年间，在大规模改革整治的同时，又重新制订了考核诸路监司的七条标准：一举官当否，二劝课农桑、增

---

① 《宋史》卷一六四《职官四》。

② 《长编》卷四六八，哲宗元祐六年。

③ 《宋会要》职官五九之七。

垦田畴，三户口增损，四兴利除害，五事失案察，六校正刑狱，七盗贼多寡。① 这七条标准，不再限于课利，而要求对农桑、户口、兴利除害、狱讼、按察、屏除盗贼、举荐廉能等七个方面进行综合考查。它反映了神宗的"凡职皆有课，凡课皆责实"的考课思想。元祐年间新法废罢，统治集团中出现了两种相悖的治国方针，朝中掌权的重臣们，想更新整饬，屡次重申举行考课之法，尤其强调对监司的考课。当时为明确监司的责任，御史台曾"申立监司考绩之政，以常赋登耗、郡县勤惰、刑狱当否、民俗休戚为之殿最，岁终用此以诛赏"②。

南宋绍兴年间，于战乱稍停的间歇，高宗乃下诏整饬监司，"岁以十五事考校监司"，以十四条考通判③。孝宗即位后，锐意整顿，留意治民，以臧否三等考校诸路监司，"一年视其规划，二年视其成效，三年视其大成"④，并以治效显著者为臧，贪刻庸缪者为否，无功无过者为平。宁宗以郡国按刺多徇私情，遂仿旧制，于御史台别立考课一司，负责对监司、郡守的考核，以按刺多寡而定其高下，并以名闻于朝，而行赏罚。嘉泰三年（1203 年），宁宗颁布庆元年间修订的行政法典《庆元条法事类》。其中有关监司考课的敕令格式多种，内容翔实，它反映了宋代统治者对监察管理的高度重视。为了说明问题，把其中较重要的三种原文摘录如下：

1.《考课敕》

诸监司考课事，应互申而不申，若增减者，各徒二年。诸考知州县令课绩不实者，优劣等徒二年，上等减二等，中下者人减一等，有所请求而不实，及官司各以违例论。以上若该赏罚者，官吏一等科罪，即保奏违限者，吏人杖一百，当职官减三等。诸监司每岁审择保奏知州、县令功状不公、不实，或附会观望权势若干请者，各以违制论加一等。

① 《宋史》卷一六三《职官三》。
② 《宋史》卷一六〇《选举六》。
③ 《宋史》卷一六〇《选举六》。
④ 《宋史》卷一六〇《选举六》。

2.《考课格》

　　监司考校事件，转运提点刑狱、提举常平依下项：奉行手记，有无违庆；兴除利害；有无朝省，行下本路过失已上簿及责罚不了过犯；受理词讼，及指挥州县，与夺公事，有无稽滞不当；有无因受理词讼，改正州郡结断不当事；应干职事，有无废弛，措置施行，有无不当；奏请及报应期省文字，有无卤莽乖谬。以上应上簿责罚，废弛不当，卤莽乖谬事件，并逐一名件，分明开说；按察并失按察所部官犯贼流以上罪，及按察不当；荐举所部官有无不当；劝农桑；招流亡，增户口；分定巡历，是何州县，自甚月日起，离至某处，至何月日还本司，有无分巡，不遍去处，如有开具缘由；逐年合上供钱物，有无出限违欠；所部刑狱，有无平反，及驳正冤滥，并淹延稽滞；几察贼盗，已获、未获，各若干。

3.《考课令》

　　诸监司被受劝农手诏，每岁春秋检行下所属，遇巡历所至，检察知州、县令劝农之勤惰，岁终校其尤著者为优劣等，限次年正月终保奏，罢任到阙日，俱任内已保奏优劣之人以闻。

　　宋代对地方监司的考课法，至此已有很大发展，尤其十五条监司考校事件比神宗时以七事考核监司的课法，不仅增加了不少考核项目，而且内容更加具体了。太祖初年"循名责实"的做法，此时再一次得到了实施和体现。

　　综观宋朝对监察官的考课，其基本特点是重监司之考核。究其原因，在于监司官处于朝廷与地方之间的关键位置。这正如神宗时侍御史周尹指出的："夫监司之职，表帅一方郡县，观其政而轻重朝廷，信其言而赏罚官吏，其任之也既诛他职，其责之也宜异众人。"这就是说，对监司官进行不同一般的督责，是因为它居于表帅郡县的地位，有其他官员所没有的职权。

第六节　宋元权力监督制度评价

赵宋开始，中央集权和专制皇权进一步加强，在君主绝对专制的中央集权之下，权力监督制度发生了新的变革。蒙元少数民族进入中原，既吸收了中原政权千百年积淀的成果，又结合本民族政治制度的特点，创造了北、南文化融合式的权力监督制度，从而使中国权力监督在制度上得到长足发展，进入进一步成熟时期。

一、权力监督机构的一元化

（一）台谏合一

宋以前，中国监察制度都是台谏分立，各司其职。但至宋代，尽管台、谏机构仍然分立，然御史台系统与谏官系统职权却开始混杂，台官具有言事权，谏官具有弹劾权，台谏趋向合一。元代取消言谏机构，谏官职归御史台，由御史兼而行之，台谏完全合一，监察机构趋于一元化，台谏合一是专制主义中央集权制度发展的必然结果，它使繁琐的多层次的监察工作变得更为简明集中，有利于君主对监察活动的控制，也有利于对相权的遏制。故明清两朝袭而不废。

（二）御史台三院制向一院制过渡

宋承唐制，御史台在组织形式上设台、殿、察三院。元代御史台只设察院、殿中司。把台院的职权并入察院，殿院降为殿中司，设官仅 2 人。故明初便废去殿中侍御史，将纠察的职务归并到察院里去，三院制至明朝彻底告终。

元朝御史台内部组织由三院制向一院制度过渡，体现了专制主义中央集权制不仅需要行政权的高度统一，而且也急切需要监察权的一体化，以便配合其皇权的统一。

（三）地方权力监督机构已趋完备

隋唐时期，在地方未建立专职的正规监督机构，隋的司隶台虽掌管对地方的监督，但它并不是中央在地方的分设监督机构，而是与御史台并行的代表中央纠举地方的权力监督机构。司隶台以遣使巡察地方为主要权力监督方式，不愿在地方分设监督机构。唐贞观元年划分全国为十道监察区，不设治所，尚不是地方一级权力监督机构。开元二十一年（733年）改十道为十五道，各道始有治所，成为地方一级监督机构，但不久即演变为地方一级行政机构。

宋代御史台的察院不再负有巡按州县的职责，而是设立号称"监司"的安抚司、转运司、提点刑狱司、提举常平司等和号称"监州"的通判负责，他们直接受命于皇帝，不受地方政府的制约，可独立进行监督活动。监司虽然不是专职权力监督机构（各监司各有其本职），但因掌监察地方之任，故被称为"外台"，具有地方权力监督机构的性质。

至元代，在地方建立了正规的权力监督机构，组成了从中央到地方自成体系的权力监督系统。全国设22个监察区，每区设提刑按察司（后改为肃政廉访司）。二十二道小监察区通过行御史台的沟通而总于中央御史台，从而组成了一个由御史台、行御史台、诸道肃政廉访司组成的全国三级监督网络。特别是行台的创立，解决了中央与地方权力监督结合的问题，弥补了中央与地方权力监督制度上不相衔接的弊病，起到了中央与地方监督衔接的桥梁作用。

二、权力监督机关地位显著提高，权力监督范围进一步扩大

宋代权力监督机关的监察范围："自宰臣至百官，三省至百司，不循守法，有罪当锄，皆得纠正"。"凡事经郡县、监司、省曹不能直者，直牒阁门，上殿论奏"。皇帝还授予御史等以特权。台谏官可以单独上奏弹劾百官。御史许以风闻奏事，不加罪遣，弹劾宰相，声望愈高。监司监察对象和内容十分广泛，不论富贵高低、职位大小，只要是驻守地方的一切文武官吏，均在其监察范围之内。通判的联署制度，对地方官吏统制之严，史无前例。

元代权力监督机构的地位空前提高，御史台与中书省、枢密院具有同等地位，并共同向朝廷奏事，成为皇权三大支柱。御史大夫位高一品，超过历代王朝，也影响到明清。明代都察院左右都御史与六部尚书一样，均为正二品。清代右都御史仍与六部尚书同品，满官一品，汉官二品。

三、监察法规的系统化、完整化

宋以前的权力监督法规的发展比较缓慢，基本承袭汉代"刺史六条"，内容比较简单，局限于地方监察官员的职权规定。但在宋元时期，随着权力监督制度的强化，监察法规的制定也有长足的进步，出现了比较系统的监察法，特别是元代的监察法规已比较健全。其中《设立宪台格例》的三十六条台纲，是古代中国监察制度第一部完整的中央监察法规。按其内容来说，它不仅规定了监察机关的性质、地位与其他行政机构关系、监察机构内部的关系、各类监官职权范围、纠察事项、上诉程序，而且还规定了监察官的选任、迁转及监察纪律和对监察官员的考核等规则。可以说是一千多年来监察法规之大成，其完备和系统程度已达到较高水平，被誉为"历世遵其道而不变"的"持国正论"。不仅为元代历朝皇帝沿用，也为后世王朝沿袭。明朝的《宪纲》和清朝的《钦定台规》，大体上均参照元朝监察法规，并加以充实和发展。

四、监官选任方式的进步

唐制宰相对御史有推荐选用权。宰相掌握监察官员的任用权，也就易于影响和控制权力监督机构。宋代御史的选任权则改由皇帝亲自掌握，废除了宰相推任御史制度，令"宰执不得荐举台谏官"。这种选任制度，使宰执大臣与台谏官的荐授脱钩，台谏官摆脱了宰执的控制。这对于监察官吏在执行任务时，敢于坚持原则，保障监察官吏的合法权益，具有重要作用。由此皇权也就进一步遏制了相权。元代进一步改革御史选任方式，实行台官自选之制。这一选任制的优点是显而易见的，只有御史台机构选任权的相对独立性，才能对行政机构发挥应有的监督作用。

总之，中国古代权力监督制度发展到宋元时期已达到了相当成熟的程度，权力监督体系从多元化趋向从外部到内部的一元化、系统化，从中央到地方的全国性的权力监督网络已经形成，监督机构的地位空前提高，监察法规已比较完备，监察官吏的选任和管理方面已形成制度。

然而，这一时期权力监督制度也存在许多不足之处，或者说，随着权力监督制度的充分发展，同时出现了不良趋势，其表现在以下方面：

一是言谏制度的滑坡和衰落。言谏制度到宋已经发展到顶峰。宋以后则从顶峰一落千丈。元代废弃门下省、谏院，残留给事中一官仅掌记注而已，名存实亡，相沿千余年的言谏制度至元代已经退至最低谷。

本来谏官是宰相府的属官，其职责就是"纠绳天子"，规正皇帝的失误。而宋为巩固皇权，实行集权专制，特使谏院独立，并使御史也有谏权，开台谏合一之端。这虽然加强了对宰执大臣的牵制，使谏台成为政府的掣肘和制约力量。谏官则变成了主要不是规谏天子，而是主要纠绳宰相及其他行政官吏的官员。由此导致的结果在于，一方面因谏官谏诤对象的转移，使君权膨胀而无任何节制；另一方面因谏官事权过重，动辄对宰执大臣进行弹劾而毫无顾忌，或至宰执罢黜，由此严重牵制和干扰了行政机关的正常活动，使得相权每每受制于台谏，使政府的施政总是处在议而不决的空论之中，贻误军国大事。这正如马端临所言，"以立异为心，以利口为能，此谏官之所以使人厌也。况处多事之时，运筹决胜，其机贵密，其发贵果，尤不宜使好异利口者喋喋其间。"① 更甚者，使一些官僚怠于政事，以求苟全，"以宽厚沉默为德"，忧谗畏讥，一无所为。

宋朝政治始终不能振作起来，其中谏官对皇帝规劝的削弱，而对大臣过分的牵制，内部消耗，可以说是一个重要的原因。元代取消门下省、谏院，原谏官谏职归御史台，台谏完全合一，监察权虽然得到了集中，但却因取消了规谏君主的专职机关（尽管也赋予御史有谏正权），而导致对最高统治者皇帝约束节制的进一步减弱。

二是宋朝权力监督机构职官设置混乱。元丰改制前，宋代各官多用他官兼领，御史台官员也不例外，都不设正员，实行检校、兼职、试衔制度。谏院的谏官也有以他官兼领者。不仅如此，反过来有些台谏官也可兼领他职。这种兼领制度，不仅导致台谏职权不专、事权不一及监官不稳定，而且造成官失其守的虚监现象。特别御史台官员往往还以宰相的属官兼任，这意味着以宰相属官来纠弹宰相，显然难以实现有效的监察。这种权兼制度，又和"宰执毋得荐举台谏官"的本意是相悖的。

---

① 《文献通考》卷五〇《职官四》。

三是蒙元权力监督制度带有明显的民族歧视和民族压迫的色彩。他们对汉族监官采取既利用又防范的政策。元朝御史台长官仅限于统治民族的官员包任。如御史和其他官员的任用原则一样，"惟论根脚"，台端更是非国姓不能授。这种任用监察官的原则，违背了古代中国监察制度在选拔监官方面的优良传统，严重影响了监察官的素质结构。另外，由于蒙古贵族享受种种特权，因此一些如宣政院、大宗府等特权机构，监察官事实上无权对他们进行监督，这就导致了特权阶层的腐败，影响了政治清明。

第六章　明清时期权力监督的完备期

　　明清两代是我国君主专制走向极权的时期。明朝皇帝总结历代专制统治经验，特别吸取了元代"朝廷暗弱、威福下移"，君权不振，国家覆亡的教训，进一步扩张皇权，使君主专制统治空前强化。与此同时，监察制度也不断调整、改革，使之比前代更完备、更严密。清朝作为最后一个专制王朝，是专制中央集权制度的最后阶段。它继承和吸收了中国历代统治的经验和教训，使专制国家及其监察制度极其完备和发达。作为维护专制统治的监察制度，在沿袭明制基础上，也得到了进一步完备和发展。

　　随着近代社会的到来，清代监察制度并没有很快发生根本变化，清末的新政立宪也未给中国古老的监察制度带来实质性的变革。随着辛亥帝制推翻，几千年君主专制制度的终结，中国两千年的监察制度最后寿终正寝。

第一节　都察院与六科给事中

一、无所不监的都察院

　　明太祖朱元璋十分重视监察体制的建立和完善。早在明朝建国前夕的吴元年（1367 年），自立为吴王的朱元璋就设置了御史台，作为中央最高监察机关，属于从一品衙门。洪武十三年（1380 年），明朝政府进一步整顿和扩充中央监察机关，撤销御史台；不久，又将台、殿、察三院合为一体，建立都察院，作为全国最高监察机关。后来的清朝立国伊始，大致参照明朝的体制，再结合满洲贵族原有的官制进行建制，仍设都察院，并设承政、参政、理事等机构和职位。入关以后，清朝更加重视监察机构的建设，进一步仿照汉族地区的监察体制，对都察院进行改组：改承政为左都御史、参政为左副都御史，另设右都御史、右副都御史若干人，改理事官为监察御史。调整后的都察院体制大体上仍与明朝都察院相仿，但在具体官职的设置方面有所变化。如：明朝设左右都御史各1人为都察院长官，而清朝的都察院以左都御史2人为都察院长官，其中满汉各1人；右都御史则为地方督抚兼衔，并不是实授的京职。

明清都察院的官吏大致可分为三大类：第一类官吏为都御史、副都御史和佥都御史。这些官吏是都察院的高级官员即主管官员，一般在本院任事，俗称"坐堂官"。第二类官吏为经历、都事、司务、照磨、司狱等（清朝官名为经承、门吏等）。这些官吏是供职于坐堂官的直属办事机构的官员，参与院务工作。第三类官吏为监察御史，是都察院直接行使监察权的专职监察官。他们在组织上虽然隶属于都察院，但在具体的监察过程中，具有较大的相对独立性，经常接受皇帝的委派巡抚地方，俗称巡按御史。

都察院作为风宪衙门，以肃政饬法为职。但坐堂官和巡按御史在职能上略有不同，各有侧重。

坐堂官地位很高，特别是都御史，相当于汉唐时期的御史大夫，品秩与六部尚书相齐。因此，清人编修《明史》时，便将都御史与六部尚书并称"七卿"而列《七卿表》。按《明史》卷73《职官志二》的记载，都御史（包括副都御史、佥都御史）总的职责是："职专纠劾百司，辩明冤枉，提督各道，为天子耳目风纪之司"，其职权主要体现在以下五个方面：

第一，纠劾百司。都御史可对结党营私、擅权乱政、违法乱纪、以权谋私的官吏提出纠劾，同时把监察范围扩大到学术思想领域，正如《明史·职官志二》所言："凡大臣奸邪、小人构党、作威福乱政者，劾。凡百官猥茸贪冒坏官纪者，劾。凡学术不正、上书陈言变乱成宪、希进用者，劾。"

第二，考核百官。史称："遇朝觐、考察，同吏部司贤否陟黜。"明清时期，对地方官的考核称为"大计"，对京官的考核称为"京察"。每逢对百官进行考核时，都御史与吏部共同鉴别官员的品行、能力，以定其升迁或罢黜。

第三，辩明冤枉。史称："大狱重囚会鞫于外朝，偕刑部、大理谳平之。"凡是有重大案件，如凶杀、谋反、私铸货币等，如皇帝另旨，须由刑部、大理寺和都察院会审，谓之"大三法司会审"。此外，如果大理寺、刑部审理案件不公正，都御史可以进行弹劾。

第四，提督各道。都御史既是中央监察机构的长官，又领导、监督、考核各道监察御史。这部分的管理工作主要有两方面，其一是奏请点差，即委派监察御史赴地方巡按；其二是回道考察，对巡历期满的御史进行考核。凡考核称职者，回道管事；不称职者，酌情予以处罚。

第五，奉敕内地，拊循外地，使各专其事。都察史除了按例参加会议、考察官吏及会审大案外，其作用还体现在外差方面。在其创设之初，巡抚、总督等都可被视为都察院的外差。后来，巡抚、总督都演变为地方军政大员，已经越出了单纯监察的职能。

作为都察院属官的各道监察御史（明朝主要为十三道，清朝主要为十五道，按省区进行划分）虽然品秩不高，但权力不小。据《明史》记载，监察御史的职责是："察纠内外百司之官邪。在内两京刷卷，巡视京营，监临乡、会试及武举，巡视光禄，巡视仓场，巡视内库、皇城、五城，轮值登闻鼓；在外巡按，清军，提督学校，巡盐，茶马，巡漕，巡关，攒运，印马，屯田。师行则监军纪功，各以其事专纠察……凡朝会纠仪，祭祀监礼……有大政，集阙廷预议焉"①。据此可知，监察御史身兼内外两职，在内协管两京衙门，在外巡按各地，是为巡按御史。同时，他们监察的范围也非常广泛，几乎涉及中央与地方行政的方方面面。关于监察御史与巡按御史的具体职责，我们将于下一节展开讨论，在此我们主要看看都察院坐堂官即都御史、副都御史、金都御史与监察御史职权的异同。

坐堂官与监察御史职权上的相同之处，在于他们都有纠劾官吏的弹劾权、辨明冤枉的司法权。其差异之处则有两点：其一，坐堂官的职权较大，手握考核百官、提督各道等大权。譬如，监察御史巡按各地，完成任务返回都察院后，必须向都察院坐堂官汇报监察过程，并造册上报，接受都御史坐

---

① 以上均见（清）张廷玉等：《明史》卷七三《职官志二》，中华书局2000年版，第1180页。

堂官的考核。凡是不职迹劣、擅作福威的，均要受到各种惩罚。其二，监察御史虽然职权低于坐堂官，但其权责更为具体和广泛。除却上述与坐堂官共有的弹劾权和司法权外，监察御史还可以荐举地方人才；赈济灾荒，兴利革弊；督查仓库、税粮、户口，均平赋役；督修农田水利及公共设施；检查学校教育；存恤孤老，旌表孝义等，可谓"几乎无所不监"。①

由于都察院手握监察大权，所以对御史的选任也比较严格、规范。其选任标准包括"政治素质，忠君爱国；学识才能，通达治体；个人品质，正直敢言；德行操守，公正无私；年富力强，体貌纯厚等"②。这种严格的选任标准在一定程度上保证了监察官员队伍的良好素质，也保证了监察功能的有效发挥。

二、分工明确的六科给事中

明洪武十三年（1380年），朱元璋撤销中书省，废除丞相制度，权分六部。他担心权力扩大后的六部会威胁皇权，于是按六部建制设立六科给事中，作为独立于督察院之外的另一套监察体系。鉴于给事中职权和御史相互比肩、有所重叠的弊端，清雍正元年（1723年），六科给事中被纳入都察院系统之中。

六科给事中的组织结构为：吏、户、礼、兵、刑、工六科。各科设都给事中、左右给事中、给事中等官职。其人数和品秩历朝有所变化，如明洪武二十四年（1391年），每科设都给事中一人，正八品；清朝初年，每科设都给事中两人，满汉各一人，正四品。

六科给事中的职权分为两个部分，第一部分是六科的基本职权，第二部分是各科的独有职权。《明史》有载：

> 六科，掌侍从、规谏、补阙、拾遗、稽察六部百司之事。凡制敕宣行，大事覆奏，小事署而颁之；有失，封还执奏。凡内外所上章疏下，分类抄出，参署付部，驳正其违误……凡日朝，六科轮一人立殿左右，

---

① 邱永明：《中国古代监察制度史》，上海人民出版社2007年版，第395—396页。

② 刘双舟：《明代监察法制研究》，中国政法大学博士学位论文，2002年，第73—75页。

珥笔记旨。凡题奏，日附科籍，五日一送内阁，备编纂。其诸司奉旨处分事目，五日一注销，核稽缓。内官传旨必覆奏，复得旨而后行。乡试充考试官，会试充同考官，殿试充受卷官。册封宗室、诸蕃或告谕外国，充正、副使。朝参门籍，六科流掌之。登闻鼓楼，日一人，皆锦衣卫官监莅。受牒，则具题本封上。遇决囚，有投牒讼冤者，则判停刑请旨。凡大事廷议，大臣廷推，大狱廷鞫，六掌科皆预焉。①

上述是六科给事中的基本职权，大体可概括为五大方面：

第一，规谏皇帝，充任言官。"掌侍从、规谏、补阙、拾遗"，便是言官的职责。明朝初年，明太祖把谏官全部罢革，将谏议之责归并于六科。所以，都给事中又称"都谏"，左右给事中称"左、右谏"，给事中称为"给谏"。但在明清君主专制高度强化的情况下，给事中的言谏权难以顺利行使，往往只能"规谏"臣下百官，很难指向皇帝。

第二，处理诏旨章奏。史称："凡制敕宣行，大事覆奏，小事署而颁之；有失，封还执奏。凡内外所上章疏下，分类抄出，参署付部，驳正其违误"。也就是说，凡皇帝的诏令和批复的奏章，在从紫禁城颁出之前，六科要进行最后的审核；凡六部官员向皇帝奏请施行的事宜和奏章均需六科给事中审查。六科的这种封驳职能，不仅可以匡正君主的失误，而且对政事也有一定的监督作用。

第三，稽察六部百司。史称："凡题奏，日附科籍，五日一送内阁，备编纂。其诸司奉旨处分事目，五日一注销，核稽缓"。也就是说，六部官员执行皇帝的任务，须在六科登记，注明日期和内容，以便给事中调查其执行情况。六科给事中负有对六部的日常工作进行稽察的职责，对六部执行国家政务的过程要作详尽的记载，并形成档案，定期注销。凡是六部官员未按期完成或有不当之处的，六科给事中可随时向君主弹劾。为控制宦官，六科给事中还负有监察宦官的职责，即所谓"内官传旨必覆奏，复得旨而后行"。

第四，监临科举。史称："乡试充考试官，会试充同考官，殿试充受卷

---

① （清）张廷玉等：《明史》卷七四《职官志三》，中华书局 2000 年版，第 1204 页。

官"。在科举取仕的各级考试中，六科给事中都有监临督考而参与朝廷人才选拔的职权。具体而言，在乡试中担任考试官，在会试时充任同考官，在殿试中则担任受卷官。

第五，参与议政。"凡大事廷议，大臣廷推，大狱廷鞫，六掌科皆预焉"，六科议政范围很广，包括研讨军国大事、选用高级官吏、裁决重大刑狱等。科臣以低品秩的身份参与高级官员的议政，往往能牵制这些高级官员，以平衡朝廷中不同政治力量和利益集团，确保政治决策的执行力。

除上述职掌外，六科还负有其他指派，如在皇帝临朝时，"六科轮一人立殿左右，珥笔记旨"；"册封宗室、诸蕃或告谕外国，充正、副使"；轮流"朝参门籍"（类似今天的考勤）；还须每日以给事中一人监同锦衣卫人员轮值"登闻鼓楼"等。

以上是六科的共同职掌，也可以说是六科的基本职权。此外，各科还有自身独有的职权。六科对六部等中央机构的监察以对口为主，他科协助为辅。各科具体职责分别如下：

吏科，"凡吏部引选，则掌科同至御前请旨。外官领文凭，皆先赴科画字。内外官考察自陈后，则与各科具奏。拾遗纠其不职者"。可见，吏科给事中可以全程参与吏部对官吏的选任及考察工作。

户科，"监光禄寺岁入金谷，甲字等十库钱钞杂物，与各科兼莅之，皆三月而代。内外有陈乞田土、隐占侵夺者，纠之"。可见，该科给事中主要是对钱粮之收支、盐运之执行、仓储之保管、田土之占用等执行情况进行监督，并对私吞钱粮、豪占田土等违法违例的行为进行查处。

礼科，"监订礼部仪制，凡大臣曾经纠劾削夺、有玷士论者纪录之，以核赠谥之典"。可见，礼科给事中主要负责监察礼部的各种仪制，如对于朝廷大臣的赠谥、朝贺大典的礼仪进行监督弹劾等。

兵科，"凡武臣贴黄诰敕，本科一人监视。其引选画凭之制，如吏科"。可见，兵科给事中的监察范围包括兵部内外官员的选任、考核、奖惩等，以及军事装备的维护、充军罪犯的执行等。

刑科，"每岁二月下旬，上前一年南北罪囚之数，岁终类上一岁蔽狱之数，阅十日一上实在罪囚之数，皆凭法司移报而奏御焉"。刑科给事中需要在规定的时间内上报前一年的斩、绞等各种罪囚人数及当前在押人数；监察重大案件的勘问；协调刑部官员与相关御史、巡按之间的工作。

工科，"阅试军器局，同御史巡视节慎库，与各科稽查宝源局"①。由此可见，军器局、节慎库、宝源局等都是工科的监察对象。这些部门及其实际运作程序受到工科给事中的严格监督，从而保障国家财产安全及其对资源的有效管理。

历代皇帝对于言官的选用都十分重视，明清时期也不例外。据王天有先生所言，明清六科给事中的选任"除考核政绩外，还要求器识远大，学问赅博，文章优瞻。另外，选拔给事中时对体貌、声音也有所要求，只选体貌端厚、发音标准的官员"②。六科给事中位卑职重的身份与较高的文化素养，使他们对自身职责的认识较为理性。另一方面，他们中间的许多人曾在中央和地方做官，对社会生态与地方民情有比较切实的了解。因此，这一时期不少给事中敢于剔奸除弊，为民请命，在政治上发挥了积极作用。

三、"科道并行"体制下科、道职权异同与权力平衡

古代把舆论上达的渠道称之为言路。明清时期，广义上的言路指四方臣民均可陈情建言，狭义上的言路指科道官言事。科官指六科给事中；道官指都察院各道监察御史。明清时期，统治者建立了一套从中央到地方的双重监察体制，这一监察系统主要由都察院和六科给事中组成，俗称"科道并行"。

明清时期的六科与都察院各自独立、交叉分工、职能互补、主次分明。六科最主要的工作是对专门的部门即六部及其业务进行监察，主规谏和封驳。其职掌主要是掌科抄、封驳、注销各衙门文卷、颁发官员敕书、查核京察与大计册、常朝侍班纠仪等事。而都察院主要侧重于监察、考核六部以外的中央其他机关和地方各级衙门官员。其负有考核百官、监礼纠仪、监督考试、稽查各地钱粮、会审重大刑名案件等广泛的监察责任。

明清两朝，这种独立建制、交叉分工的双重监察体制，严密了监察网络，

---

① 以上均见(清)张廷玉等：《明史》卷七四《职官志三》，中华书局 2000 年版，第 1204 页。
② 王天有：《明代国家机构研究》，故宫出版社 2014 年版，第 80 页。

很大程度上避免了监察空白，有利于政府在官吏的选拔、任用、考核等环节实施广泛而切实的监督。同时，双重监察体制又可以加强对监察机构的控制。以明代为例，监察体制下两大系统，三类官吏，相互牵制、相互监督。譬如，都御史与六科给事中可以互相纠举；都察院内部都御史与监察御史也可以相互纠劾。从横向看，明清监察体系在中央包括都御史、各道监察御史以及六科给事中；从纵向看，它又包括各道巡按御史和中央派驻地方的督抚。但另一方面，由于设置难免重叠，权力难免重复，彼此又互不统属，该监察体系又难免出现互相拆台、危言耸听之势。《明史》修撰者总结嘉靖以后明朝政局说："世宗之季，门户渐开。居言路者，各有所主。故其时，不患其不言，患其言之冗漫无当，与其心之不能无私，言愈多，而国是愈益淆乱也"。

鉴于这种情况，清中叶以后，六科给事中被纳入都察院系统中，实现了科官、道官合流，即"科道合一"，这是后面我们将要讨论的问题。总而言之，明清时期已处于帝制的末期，专制统治者变动监察制度的根本目的，在于强化皇权、防范官吏专权。在这种思想的指导下，监察机构只是向皇帝负责的"耳目"，皇权的强弱、皇帝的品行对监察效能的发挥具有决定性作用，明清两朝中期以后，随着皇权旁落，朝纲败坏，监察制度也日渐腐朽。

第二节　监察御史与巡按御史

一、明清监察御史的设置及其职权

（一）明代监察御史的设置及其职权

明朝洪武十五年（1382 年），朱元璋设立都察院，同时又设隶属于都察院的十二道监察御史作为都察院直接行使监察权的专职监察官。此后几经增罢，至宣德十年（1435 年），最终定为十三道监察御史，共 110 人，均为正七品。各个道的名额分配如下：浙江、江西、河南、山东各 10 人；福建、广东、广西、四川、贵州各 7 人；陕西、湖广、山西各 8 人；云南 11 人。①

---

① （清）张廷玉等撰：《明史》卷七三《职官二》，中华书局 2000 年版，第 1767 页。

从监察部门和范围来看，明代监察御史除了"主察纠内外百司之官邪"之外，还协管两京（北京、南京）直隶衙门。监察御史监察中央直属机关和本监区的卫所，都有十分明确的分工，即每道监察御史都有固定的监察单位，《明史·职官二》对此有详细的记载，具体如下：

浙江道：协管中军都督府及其他府、卫等 17 机关。

江西道：协管前军都督府及其他府、卫等 17 机关。

福建道：协管户部、宝钞提举司及诸局、司、库、府、卫所等 34 机关。

四川道：协管工部、营缮所、文思院及其他诸监、局、司、府、州、卫、所等 35 机关。

陕西道：协管后军都督府、大理寺、行人司及府、州、卫等 34 机关。

河南道：协管礼部、翰林院、都察院国子监及其他监、院、司、寺、府、局、卫等 37 机关。

云南道：协管顺天府、广备库及其他府、关、卫、所等 34 机关。

广西道：协管六科、通政司及其他府、关等 25 机关。

广东道：协管刑部、应天府及其他府、州、卫等 13 机关。

山西道：协管左军都督府及其他府、卫、所等 19 机关。

山东道：协管宗人府、兵部及府、监、署、司、州、卫等 34 机关。

湖广道：协管右军都督府、南京都察院及府、司、卫等 18 机关。

贵州道：协管吏部、太仆寺及其他监、寺、卫、所等 45 机关。

因此，张晋藩先生总结指出："十三道监察御史的设置，从中央到地方形成了一个完整的监察体系，加强了中央对地方的控制。不仅如此，在京各衙门如六科、六部、翰林院甚至都察院也都在监察御史的视野之内，其权力之重，可见一斑。"①

监察御史"主察纠内外百司之官邪，或露章面劾，或封章奏劾"②。从监察职掌来看，在内，他们负责两京刷卷，巡视京营，监临科试，巡视光禄寺、仓场、内库和皇城；在外，则负责巡按地方，包括提督学校、巡盐、巡

---

① 张晋藩：《中国古代监察法制史》，江苏人民出版社 2007 年版，第 314—315 页。

② （清）张廷玉等撰：《明史》卷七三《职官二》，中华书局 2000 年版，第 1768 页。

茶马、巡漕、巡关、屯田等，遇有军事行动则监军纪功。御史巡按相当于代天子巡狩。而所谓两京刷卷，即监察御史有权查究两京直隶衙门的公务文书，通过清查、核实公务文书，检查各衙门的工作情况，从而检验其政事优劣。刷卷一般每年或每两年进行一次，监察御史通过照刷文卷的方式，达到对各衙门进行书面监察的目的。

十三道监察御史尽管在组织上虽隶属于都察院，但在实际监察的过程中，由于他们只对皇帝负责，可以不受都察院主管官员的干涉而独立开展工作，因而具有较强的独立性。不仅如此，监察御史纠劾都御史的事例，在明代也时有发生。如嘉靖六年（1527 年），南京御史毛怜之连同给事中邹架等人，以"拾遗"纠劾都御史周金、陈洪谟等，最终导致"洪谟、金致仕"。[①]

（二）清代监察御史的设置及其职权

清朝监察制度大体继承了明制，崇德元年（1636 年），皇太极设立都察院，作为全国最高的监察机关。入关以后，统治者进一步参照明制，在明十三道监察御史的基础上稍加调整，设立十五道监察御史作为都察院的重要组成部分。十五道监察御史与六科并称"科道"，是清朝监察系统的核心。

这十五道分别是：京畿道、河南道、江南道（包括江苏、安徽）、浙江道、山西道、山东道、陕西道、湖广道（包括湖南、湖北）、江西道、福建道、四川道、广东道、广西道、云南道和贵州道。每道设掌印御史，满、汉各 1 人。而监察御史则各道人数不一，多的如江南道，满、汉各 3 人；少的如京畿、江西、浙江、福建、湖广、河南、陕西和山西八道，都是满、汉各 1 人；山东道满、汉各 2 人；其余四川、广东、广西、云南和贵州五道，只有掌印御史，不设监察御史。因此，十五道共有掌印御史 30 人，监察御史 26 人，总数 56 人，满汉各 28 人。御史之下，还有辅助御史办理相关事务的官员，总计起来，十五道共有官吏 137 人。[②]十五道掌印监察御史，顺治初年为正三品，后几经升降变动，于乾隆十七年（1752 年）定制为从五品。

十五道监察御史设立之初，执掌还不固定，有"掌道"、"协道"和"坐

---

① 夏燮：《明通鉴》卷五三《纪五十三》，岳麓书社 1999 年版，1432 页。

② （清）刘启端等：《钦定大清会典事例》卷一四七《书吏事例》，续修四库全书本，上海古籍出版社 2002 年版，第 800 册，第 441 页。

道"之分。《钦定大清会典事例》有载："先是设十五道，唯河南、江南、浙江、山东、山西、陕西六道授印信，掌印者曰掌道，余曰协道（京畿道亦给印信，未设专官）。湖广等八道分隶之，曰坐道，不治事。"[①] 坐道为空衔，不办理本道事务，协道也不固定办理某道事务。乾隆十四年（1749 年），仿明制，固定各道的职掌，除掌稽核该省刑名案件外，并令稽察在京中央各部门事务。十五道具体分掌中央和地方诸部门之职如下：

京畿道：分理都察院事，及直隶、盛京刑名，稽察内阁、顺天府、大兴、宛平县事务。

河南道：分理河南刑名，照刷部院诸司卷宗，稽察吏部、詹事院、步兵统领衙门及五城察院事务。

江南道：分理江南刑名，稽察户部、宝泉局、左右翼税务衙门、十二仓及总督运漕、磨勘三库、月终奏销之籍。

浙江道：分理浙江刑名，稽察礼部、都察院之事。

山西道：分理山西刑名，稽察兵部、翰林院、六科、中书科、户部仓场衙门及所属坐粮厅，同时稽察大通桥与通州二仓事务。

山东道：分理山东刑名，稽察刑部、太医院、总督河道及催促五城衙门盗案牍缉捕之事务。

陕西道：分理陕西刑名，稽察工部、宝源局，复勘在京工程。

湖广道：分理湖广刑名，稽察通政司、国子监事务。

江西道：分理江西刑名，稽察光禄寺事务。

福建道：分理福建刑名，稽察太常寺事务。

四川道：分理四川刑名，稽察銮仪卫事务。

广东道：分理广东刑名，稽察大理寺事务。

广西道：分理广西刑名，稽察太仆寺事务。

贵州道：分理贵州刑名，稽察鸿胪寺事务。

云南道：分理云南刑名，稽察理藩院、钦天监事务。

光绪三十二年（1906 年）"丙午改制"后，考虑到行省的增加以及两省

---

① （民国）赵尔巽撰：《清史稿》卷一一五《职官二》，中华书局 1976 年版，第 3305 页。

设一道的不便之处，决定全改为按行省分道，于是将江南道改为江苏道和安徽道，湖广道改为湖南道和湖北道，新设辽沈道、甘肃道和新疆道。因此，原来的十五道增至二十二道。

十五道监察御史的监察部门、范围包括上自都察院、六科在内的中央各部院衙门，下至地方各级衙门与官员。其主要职责是考核百官、监礼纠仪、监督考试、察荒查工、参与并监督司法审判、监决囚犯等。其具体工作则主要包括：在京内负责刷卷、巡视京营、监督文武乡会试、稽查部院各司；在地方负责巡盐、巡漕、巡仓、纠察提督学政诸官。此外，御史们还要监督朝会、祭祀等活动的礼仪，参加侍班、监理审判、轮值登闻鼓等。光绪三十二年的"丙午改制"，对中国传统官制进行大幅度改革，监察御史则"令访求利病，专司纠察，其制已洒然非旧云"[①]。各部及各衙门分道稽察的旧制至此停止，这也标志着明清专制权力监督制度的终结。

二、明清御史巡按制度的演变

（一）明代御史巡按制度的形成及其影响

众所周知，要达到对地方官吏施行有效的监督的目的，高高在上当然是不行的，必须亲历地方，访察民情。御史巡按制度就是顺应这一要求而产生的。作为明代地方监察制度的重要组成部分，御史巡按制度经历了一个草创、发展完善和逐步败坏的演变过程。

洪武朝是御史巡按制度的草创阶段。洪武十年（1377年）二月，"遣监察御史吉昌等十三人分巡山东、广西等处。"[②]不过，此时御史巡按还没有成为一项固定的制度，含有临时派遣的性质。

永乐到弘治，是明代御史巡按制度进一步发展和完善的时期。永乐元年（1403年），"遣御史分巡天下，为定制"[③]。这一事件，标志着御史巡按制度正式确立。御史巡按在永乐元年成为定制后，经过后来几朝的逐步补充完

---

① （民国）赵尔巽撰：《清史稿》卷一一五《职官二》，中华书局1976年版，第3305页。

② 《明实录》卷一一一"洪武十年二月乙巳"条，中国台湾"中央研究院"历史语言研究所1962年校印本，第1847页。

③ （清）张廷玉等撰：《明史》卷六《成祖本纪二》，中华书局1974年版，第79页。

善，形成了一整套非常严密的制度。概略说来，它包括下列几项内容。

第一，御史选派。御史的选派又叫点差，具体做法是：先由都察院拟定两名监察御史做候选人，由都御史在朝会时引至御前，由皇帝亲自点差其中一员。明代御史出巡根据责任的轻重、事务的繁简和道路的远近，分为大、中、小三等。御史出巡必须先任小差，然后才能任中差、大差。

第二，巡按职责。《明史》记载，巡按御史"代天子巡狩，所按藩服大臣、府州县官诸考察，举劾尤专，大事奏裁，小事立断。按临所至，必先审录罪囚，吊刷案卷，有故出入者理辩之。诸祭祀坛场，省其墙宇祭器。存恤孤老，巡视仓库，查算钱粮，勉励学校，表扬善类，蒭除豪蠹，以正风俗，振纪纲"①。由此可见，巡按御史的权力大，职责广泛。但总结起来，其核心职责还是考察和举劾官吏。当然，考察是为了举劾。巡按御史的举劾权是很大的，上自藩王、总督、巡抚、钦差中官，下到地方司府州县僚佐，只要违法，都可举劾。

第三，巡按期限。御史巡按的期限一般为一年，即所谓"岁一更代"。之所以以一年这个相对短暂的时间为期限，是为了防止出现时间长了监察官员与地方官吏相勾结的情况，防止他们作出贪赃枉法之事。但如果巡按御史工作卓有成绩，按期满后，经过官民的恳留，也有再巡一两年的。

第四，出巡规定。对于御史出巡的注意事项，朝廷也作了规定，最具代表性的便是正统四年（1439年）颁布的《宪纲》。其内容主要规定了巡按御史出巡时随从人员的数目和待遇以及地方官的相见之礼。此外要求巡按御史出巡时要尽心尽力，事皆躬亲，断狱要慎，举馈要公，持身要谨，处事要清，不受馈遗，不买土物，不历旧地，不用亲朋，等等。

第五，回道考察。巡按御史完成巡按各地任务，返回都察院，称为"回道"。都察院要对其一年来的工作进行考核，考核称职者仍回道管事，不称职者则奏请罢黜。在其巡按期间，御史如果失职甚至贪赃枉法，则要从重处罚。史称"风宪官吏受财，及于所按治去处，求索借贷人财物，若买卖多取

---

① （清）张廷玉等撰：《明史》卷七三《职官二》，中华书局2000年版，第1768—1769页。

价利，及受馈送之类，各加其余官吏罪二等"①。

弘治朝以后，御史巡按制度逐渐败坏。巡按御史的权力越来越大，攫取了不少行政、军事大权。在此情况下，巡按御史往往恃势自傲，不把地方官放在眼里，他们凌辱地方官员的事就屡有发生。再加上明中后期法网的废弛，官吏铨选和考核制度的破坏，御史巡按制度逐渐腐化，产生了一系列严重的弊端。比如，根据天启年间（1621—1627 年）东林名士高攀龙的劾奏，当时的监察御史崔呈秀一次出巡，便索贿"至一万四千两"。②

但作为明代地方监察制度的重要组成部分，御史巡按制度在明前期监察地方吏治中曾发挥了重要作用。其一，有利于澄清地方吏治。巡按御史所到之处，"豪猾敛迹"，"弃官遁去"。正如成化（1465—1487 年）时吏部尚书王恕所说："天下贪官污吏强军豪民所忌惮者，惟御史耳。"③御史惩贪反腐的例子，可谓不胜枚举。比如，永乐年间（1403—1424年），御史周新"敢言，多所弹劾。贵戚震惊，目为'冷面寒铁'"④。景泰年间（1450—1457 年），御史左鼎、练纲也以"以敢言名"，所谓"左鼎手，练纲口"，当时"自公卿以下咸惮之"。⑤ 大批贪官污吏、地方豪强被除，澄清了地方吏治。其二，有利于缓和阶级矛盾和社会矛盾。每遇自然灾害或其他民困事宜，巡按御史往往参与奏言上达，监督救济；同时，他们还监管慈善事宜等，这些职能对缓和阶级矛盾和社会矛盾均有一定的积极作用。如宣德元年（1426 年），山西巡按御史张政关注到："民人先有逃徙，荒废田土，逋负税粮。近奉诏赦宥，令其复业，所有积逋，悉予蠲免，欢腾远迩，莫不来归"。但他进而指出，由于随后地方政府拟就此前未曾消除的记录，对"来归"人员实行追征，将导致"将复征之，恐又逃徙"的后果。在他的努力下，最终皇帝下诏："其即下有司，悉予

---

① （明）李东阳、申时行等：《大明会典》卷一七〇《风宪官吏犯赃》，江苏广陵古籍刻印社 1989 年版，第 2371 页。

② 高攀龙：《纠劾贪污御史疏》，载陈子龙：《明经世文编》卷四九四。

③ 王正：《监察史话》，中国大百科全书出版社 2000 年版，第 161 页。

④ （清）张廷玉等：《明史》卷一六一《周新传》，中华书局 1974 年版，第 4373 页。

⑤ （清）张廷玉等：《明史》卷一六四《左鼎传》、《练纲传》，中华书局 1974 年版，第4451—4453 页。

蠲免"，①从而在很大程度上缓和了山西社会矛盾，促进了当地社会经济的发展。其三，有助于整饬前代法制秩序。明朝前期，不少巡按御史能够尊重事实，依律断案，减省刑罚，有利于整饬传统法律秩序，有利于维护社会稳定。所以明代弘治朝以前，政治基本清明，这与官吏尚能执法，传统法律秩序相对稳定有很大关系。

（二）清代巡按御史的派遣与废除

清承明制，明都察院派遣监察御史定期巡行地方的巡按制度，也为清初的统治者所沿用。顺治元年（1644年）五月，清军在多尔衮率领下进入北京，标志清朝争夺全国统治权的开始。与此同时，以李自成为首的农民军尽管退出京城，但尚存数十万大军，明朝仍保留着半壁江山。在此情况下，消灭政敌、结束战争成为满洲统治者的当务之急，安抚民心、稳定后方便显得尤为重要，以"察吏安民"为宗旨的巡按制度因而很快被新朝起用。但由于各种复杂的政治原因，巡按制度仅存于顺治一朝，期间屡行屡废。对于清朝巡按制度废止的时间，学界有所争议，但主流的观点是：清朝巡按制度始于顺治元年五月，终于顺治十八年（1661年）五月，其间经历四次派遣及反复。

第一次派遣：从顺治元年（1644年）五月到七年四月，为期6年。巡按御史"察吏安民"的宗旨，决定了清军每攻占一座城池必然需要他们来安抚百姓，稳定社会。因此，其派遣规模与范围也随清军征服区的推展而扩大。顺治元年，派出巡按御史为数不多，仅向山西、河北等地派遣，其活动范围主要在黄河以北地区。截至顺治七年，随着战事的顺利进行，其派遣已推至湖北、江西一带，覆盖12省。七年（1650年）四月，户部奏请裁并衙门，其中包括裁撤巡按。当月，多尔衮以顺治帝名义下诏，停遣巡按御史，规定："以后巡行察举，不拘年分，侯旨特遣"②。

第二次派遣：顺治八年（1651年）四月至十年五月，为期2年。顺治八年正月，福临亲政，对多尔衮摄政时期的政策、方针进行调整，其中包括恢复巡按制度。二月，给事中姚文然启奏："巡按察吏安民，其任景重，向议

---

① 夏燮：《明通鉴》卷一九《纪十九》，岳麓书社1999年版，第577页。

② 《清实录·世祖实录》卷四八"顺治十七年四月壬子"条，中华书局1985年版，第389页。

暂停，为不得其人故也"①，请求再派巡按，此疏被顺治帝采纳。三月，都察院议定巡按十五道及出差条规，选准御史 11 人巡按顺天、山西、山东等地。七月，向湖南、四川等地派出五巡按。八月，增派广东巡按。十年五月，吏部、都察院议准郑亲王济尔哈朗等奏疏："各省巡按为察吏安民之官，近者多受属员献媚，参劾无闻，将巡按概行停止。"②

第三次派遣：始于顺治十二年（1655 年）七月，止于十七年七月，长达 5 年。十二年二月，宗人府府丞原毓宗奏请复遣巡按御史，得到批准。七月，福临召见巡按 17 人，宣谕遣发。十七年六月，都察院条奏："直隶各省，自差巡方以来未能致地方宁谧，民生安遂。每年一遣，诚觉徒劳，请停止巡方之差"③。顺治帝命大臣会商，结果满汉大臣对此产生严重分歧，满洲大臣认为，派遣巡按御史劳民伤财，无益地方，应予停遣；汉族官员认为，巡按御史之责无人可代，如若废停，督抚无人可纠，该照旧差派。顺治帝对他们各持己见甚为不满，令其再议。七月末，双方意见终归统一，即"巡按各差，均应停止，以其事务归并于巡抚"④，顺治帝允从，停遣巡按御史。

第四次派遣：从顺治十七年（1660 年）十一月开始到十八年五月，仅存半年。顺治十七年八月，大臣们围绕是否派遣巡按御史问题再起争执，在经过臣僚们长达两个月之久的激辩后，当年十一月，议政王贝勒大臣回奏："御史一差，原为察吏安民而设，其直省巡方应仍旧差遣"⑤，顺治帝批准其议。十八年 1 月 7 日，顺治帝病逝。5 月 4 日，兵部尚书管左都御史事阿思哈上书请准："各省巡按停止，候两三年之后选重臣巡察"⑥。随后进入四辅臣辅佐幼帝玄烨的时代，他们打起一切政务"率循祖制，咸复旧章，以副先帝遗命"的旗号，主张恢复满洲旧制，巡按制度最终被彻底停废，终清一代未

---

① 《清实录》卷五三"顺治八年二月丙申"条，中华书局 1985 年版，第 422 页。
② 《清实录》卷七五"顺治十年五月甲戌"条，中华书局 1985 年版，第 590 页。
③ 《清实录》卷一三七"顺治十七年六月辛亥"条，中华书局 1985 年版，第 1061 页。
④ 《清实录》卷一三八"顺治十七年七月庚辰"条，中华书局 1985 年版，第 1068 页。
⑤ 《清实录》卷一四二"顺治十七年十一月壬戌"条，中华书局 1985 年版，第 1094 页。
⑥ 《清实录》卷二"顺治十八年五月壬子"条，中华书局 1985 年版，第 64 页。

曾得以恢复。

清初的巡按制度在当时的政治舞台上虽然历时未久，但对于巩固政权、安定民生起到了一定的积极作用。自顺治元年五月出现巡按御史的活动至顺治十八年巡按制度被废止，共向15省区派出巡按御史163人，计197人次。[①]关于清朝废止巡按御史制度的原因，学界主要有以下两种观点：一种观点认为，巡按御史的废除是满汉矛盾激化的产物。例如，王庆成先生认为"满洲贵族是取消御史巡按的原动力"[②]；吴建华先生认为："巡按制度匆匆即逝，根源在于统治集团内部的满、汉民族矛盾"[③]。另一种观点认为，抚按矛盾促使巡按制度废止。例如，王跃生先生指出："巡按御史监察一切事务，权势极大，直接影响督抚职能的发挥。清代于顺治末年将其撤销，原先所领事务'尽属抚臣'"[④]。李建国先生则明言："裁撤巡按的真正目的是为了保证督、抚的权力"[⑤]。

总之，清朝巡按制度的设立，一方面，危及了满洲贵族的利益；另一方面，巡按对督抚的钳制，虽然突出了皇权，但是违背了权出于一则强、权出于二则弱的专制主义中央集权制度的原则，破坏了现有的政治秩序。所以，在严格控制督抚的情况下，废除巡按制度，回归了权出于一的政治统治，也维护了满洲贵族的利益。

三、明清两代御史制度的差异

虽然清承明制而设立御史制度，但清朝对明朝御史制度多有调整。这使得两朝御史在监察职能、监察权限和监察机构的沿革方面，表现出显著的差异。

首先，在监察职能上，由于六科并入都察院，清朝御史职能比明朝更为丰富。在宰相制被废除以后，六部权力上升，为了加强对六部的监察与

---

① 吴建华：《清初巡按制度》，《故宫博物院院刊》1987 年第 2 期。

② 王庆成：《清初巡按御史》，《燕京学报》2001 年第 11 期。

③ 吴建华：《清初巡按制度》，《故宫博物院院刊》1987 年第 2 期。

④ 王跃生：《清代督抚体质特征探悉》，《社会科学辑刊》1993 年第 4 期。

⑤ 李建国：《总督、巡抚地方化与清代地方吏治的腐败》，《唐都学刊》1995 年第 1 期。

控制，明朝设置了专门以监察六部各项事务为主、并与之对应的六科。从明至清初，御史与六科给事中互不统属。但至清雍正元年（1723 年），六科给事中并入都察院，实现科道合一。至此，为专门纠察六部而设的六科给事中的实际权力仅剩下科抄与注销六部文卷，其在前朝对六部的以小制大的监察权，此时分别转让给监察御史。所以，我们说清朝御史承担了更多的监察职能。

其次，在监察权力上，由于皇权集中程度的差异，明朝御史在实际过程中的监察力度比清朝更大。虽然明清两代君主都鼓励御史谏净，但明清易代后，清朝专制愈强，御史对君权的制衡程度远逊于明朝。明代御史直接针对皇帝本人行为的劝谏时有发生。特别是明神宗万历年间（1573—1620 年），御史们劝谏勤政之声始终不绝于耳。例如，御史马经纶就曾直言不讳地指责神宗，称当时其他言官不尽职，使皇帝陷于"不敬天"、"不敬祖"、"不能如祖宗之勤政"、"不能如祖宗之用人"、"甘弃初政，而弗获克终"的境地，希望他"思自为社稷计"。① 对于御史的这种劝谏行为，明朝的君主也有所顾忌。如李清《三垣笔记》中记载，一天，明神宗"演戏为乐"，忽然听到巡城御史的"呵呼声"，旋即"命止歌"，声称"我畏御史"②。 相比之下，清朝御史基本上都是纠劾官员，绝少见直接劝谏君主的情况。而且清朝朝中大小政务均"钦承圣旨"，君主"乾纲独断"，对于一些用人、赏罚及生杀等项大权绝不允许御史议论和干涉。例如，乾隆四十一年（1776 年），御史炳文奏请改变京察时对科道的考核秩序，被斥为"辄思变更成例"，因而以革职发配伊犁论处。③ 道光十七年（1837 年），御史柏龄上奏选将训兵，整顿营伍一事，被皇帝认为"率意妄陈，乖谬已极，不胜御史任，以主事降补"④。皇权控制的不断加强使得清朝御史的活跃程度比明代御史大夫降低，御史与皇帝的关

---

① （清）张廷玉等：《明史》卷二三四《马经纶传》，中华书局 1974 年版，第 6104—6105 页。

② （明）李清：《三垣笔记》附录，中华书局 1982 年版，第 250 页。

③ （清）福载等：《大清会典事例（嘉庆）》卷七五六《都察院》，（中国台湾）文海出版社 1970 年版，第 1170 页。

④ 《清实录》卷三○三"道光十七年十一月乙亥"条，中华书局 1985 年版，第 716 页。

系更多的是依附而不是牵制，他们对皇权的畏惧与依赖使他们无法像明朝御史那样发挥作用。

最后，在监察机构的沿革上，明朝派出的督抚，在体制上归属于中央都察院，品级虽高，但依然受到巡按御史的监察。这种在地方事务中扮演重要角色的巡按御史的设置，一直保留至清初。不过，从顺治十七年起，清朝中央政府为了维护满族贵族利益，加强中央集权，从此取消御史巡按制度。随着御史巡按制度的取消，御史们对地方督抚的制约在顺治以后已经消失。

除此之外，明清两代御史制度还因清朝满汉分殊而生出种种差异。明代御史监察权力极大，上至王公大臣，下至地方官员，都在御史的监察范围之内；而清朝统治者在"首崇满洲"的基本原则和指导思想下，满族特别是满洲贵族被赋予了极为优越的地位与特权，汉族御史没有稽查满族八旗的权力。清代大多数汉御史都将满八旗事务视为监察的禁区，不敢对满族王公贵族和官僚进行参劾。

第三节　科道双轨与台省合一

一、科道双轨的发展趋势与台省合一的历史背景

如上所述，明太祖朱元璋建立的都察院，重点在于监察六部之外的中央、地方官员。同时设置的六科给事中则主要监督掌握行政大权的六部。在这一体制中，科、道官各司其职，又互相合作、互相牵制。两者均直属于皇帝，监察权难为一方所垄断。科、道两立即科道双轨一度是当时较为完备的监察体制，因而它被一直沿用至清初。

当然，清承明制，很大程度上还在于满汉人口的比例相差悬殊，很多制度无法进行大的调整，只得沿用明朝旧制，甚至沿用明朝旧人。但清初科道双轨的性质已与明初不同，统治者对科道官的限制更加严格：在官制上有意增加满人比例；在职能上多训诫其不得"挟私妄纠"；在思想上则往往将"言官"与"明亡"联系到一起。雍正元年（1723 年），皇帝以明末"延论纷嚣，给

事中以无所隶属，益得恣情自肆"① 为由，"诏以六科隶属都察院，听都御史考核"②。于是在体制上，六科给事中从此归入了都察院，史称"台省合一"。③

台省合一的历史背景是多方面的，主要体现在以下三个方面。

（一）晚明科道双轨的弊端与清朝统治者的认识

晚明时期，文官们围绕立妃立储、辽东战守、农民起义等时政问题争论不休，莫衷一是。与此同时，东林党、阉党相继壮大，监察官员也在争权夺利的党派较量中选队站列。科、道官职权有所交叉，但彼此分庭抗礼，在晚明官僚腐朽、朋党林立的背景下，双方党同伐异的关系得到进一步强化，这对当时局势动荡的明朝来说，无疑是雪上加霜。

对于这些弊端，清代历朝君臣都非常重视。1642 年，明臣洪承畴降清时，皇太极便问他："朕观尔明主，宗室被俘，置若罔闻。将帅力战见获，或力屈而降，必诛其妻子，否亦没为奴。此旧制乎？抑新制乎？"洪承畴答道："昔无此制，迩日诸朝臣各陈所见以闻于上，始若此尔。"对此，皇太极叹谓："君暗臣蔽，遂多枉杀……"④ 皇太极十分警戒言官与党争之祸的威胁，这也为历朝清帝所引鉴。如顺治时期陈名夏案中，顺治帝严厉指责科道官"徇私报怨"、"误国负君"。康熙年间（1662—1722 年），玄烨在其南巡过程中所作的《过金陵论》中提出晚明党争是明亡的要因，更有谕旨直接指出"明朝国事全为言官所坏"。⑤ 雍正帝胤禛也考虑到明末"给事中以无所隶属，益得恣情自肆"，决定将六科给事中"改隶都察院"。乾隆初年成书的《明史》评价明中后期言官乱政情形则说："世宗之季，门户渐开。居言路者，各有所主，故其时不患其不言，患其言之冗漫无当，与其心之不能无私，言愈多，而国是愈益淆乱也。"⑥

---

① （清）张寿镛辑：《清朝掌故汇编内编》卷二《官制二》，（中国台湾）文海出版社 1986 年版，第 371 页。

② （清）纪昀等撰：《历代职官表》卷一八《都察院上》，上海古籍出版社 1989 年版，第 337 页。

③ 王召棠等主编：《简明法制史词典》，河南人民出版社 1988 年版，第 156 页。

④ （清）赵尔巽等：《清史稿》卷二三七《洪承畴传》，中华书局 1977 年版，第 9468 页。

⑤ 《清圣祖实录》卷二五六"康熙五十二年九月戊戌"条，中华书局 1985 年版，第 533 页。

⑥ （清）张廷玉等：《明史》卷二一五，中华书局 1974 年版，第 5690 页。

（二）清中叶提高行政效率的客观需求

雍正帝即位之初，康熙末年以来由宫廷争斗、吏治败坏、贪污腐化引起的社会矛盾日益突出。中央与地方普遍出现府库空虚、贪官横行的状况。对此，台湾学者伍优政有过专门的探讨。他研究指出，康熙末年出现的社会问题是"官僚行政、绅衿、平民之间三角的复杂关系日趋矛盾尖锐"的问题。①在此情势下，消弭朝中争端，整治吏治问题，整顿官场风气，进而恢复和提高行政效率，成为励精图治的皇帝亟待解决的问题。而另一方面，无论从客观层面上说，还是以主观认识层面而言，晚明至清初的科道双轨体制在引起争端、降低效率方面的弊端已逐渐展露。这显然与当时的政治经济改革的需求背道而驰。在当时的情势下，台省合一是必然结果。

（三）明清统治者加强皇权的大势所趋

明初罢相，相权直归六部，这本身已是皇权强化的重要体现。不过，废相的客观结果是六部的职权相对提升，这一点，似与皇权的强化有所背离。为了解决这一问题，顺应皇权强化的客观需求，六科给事中的设置很快被提上日程。如上所述，六科不专监察之权，都察院与之相互牵制、共同监督，共同对皇帝负责。这一制度设计体现了君主专制下皇权空前的权威性与优越性。

但明中叶以后，随着制度推行日久，科道双轨体制对皇权造成的威胁愈加严重，统治者通过"廷杖"以示警告，但强化皇权的效果并不明显。最突出的例子，便在万历年间。万历十四年（1586 年）十月，礼部主事卢洪春根据科道官员所言予以上疏，质疑明神宗不亲自进行"孟冬庙享"的行为，认为他很可能并非缘于有病，要求皇帝及时纠正。对此，明神宗恼羞成怒，将之"廷杖六十，革职为民，永不叙用"。神宗颇感无奈，此后怠政的现象便时有发生，而且越发严重，以至发展成"基本不理政事的程度"。②

及至清代，人口较少的满族统治人口较多的汉族，使得加强皇权尤显必要。一方面，康熙时期的南书房和雍正时期的军机处逐渐将决策大权集于皇

---

① 伍优政：《清雍正朝台谏合一之研究》，（中国台湾）台北大学硕士学位论文，2003 年，第 79 页。

② 南炳文、汤纲：《明史》（下），上海人民出版社 2004 年版，第 647 页。

帝手中；另一方面，顺治帝亲自"裁定"科道官的任用，雍正帝实行奏折制度，使得监察权也不断集中于皇帝。此外，秘密立储等举措也加强了皇权。这一时期的情形，正如邱永明先生说："在皇权专制登峰造极的清代，一切阻碍皇权强化的因素都被加以限制"[①]，而重要的决策、军事、监察等大权都被皇帝收归手中。由此可见，"台省合一"其实也是明清加强专制皇权不可缺少的一步。

二、"台省合一"机制的运行

（一）"台省合一"政策的实行过程

清朝的监察制度大体上沿袭明朝而有所变化。

清初与前朝无异，是以都察院作为最高监察机构，负责监督各级官吏。清天聪五年（1631 年），皇太极在宁完我等人的建议之下，按照明代职官的设置，建立了六部体制。当时，各部由贝勒或台吉主政。为了防止六部官员徇私舞弊，天聪六年（1632 年），梅勒额真马光远奏请设置六科，仿照明代政制设立中央机关，这对清朝君主专制的意义在于抵制以议政王大臣为主体的权力运作模式，并为清前期的皇帝集权提供制度保障。入关以后，在"参汉酌金"思想的进一步推动下，清代六科给事中制度的设计也开始融入到了职官体系当中。此时，六科给事中是独立的监察机关，但人员编制方面的规定并不完善。顺治十八年（1661 年）及康熙三年（1664 年），统治者分别对六科给事中的人员和职级进行了调整。至此，清代六科给事中实现了自身机构和人员制度化的建设。六科给事中通过言谏权、封驳权的行使，一方面能够上情下通或下情上达；另一方面能够在一定程度上限制皇权专制，监督和制约皇帝的政务行为，平衡君臣关系。顺治、康熙年间，朝廷重视封驳权和言谏权的建设，鼓励言谏官员积极进言。这一时期，六科给事中制度得到了较好的运作，也取得了应有的成效。

雍正年间，六科官员中相当一部分出身科举，而科举官员结党营私的行为素来被雍正帝所憎恶；更让雍正帝郁结于胸的，是科道官员参与了康熙末

---

① 邱永明：《中国古代监察制度史》，上海人民出版社 2006 年版，第 3—5 页。

年的立储之争，朝中权贵纷纷以言官为援，为自己营造声势，攻击政敌，形成了朋党相争的政治格局。虽然清代前期的言官已无把持言路的可能，但雍正帝依然认为"此风至今未息"，这就加深了雍正帝对六科官员的不满，最终导致使他对六科的官制作出调整。雍正元年（1723 年），统治者出于加强皇权的需要，以给事中"廷议纷嚣"、"恣意自肆"为理由，把六科内升外转，归由都察院考核，开启了台臣干预六科职权的先例。

乾隆继承雍正的风格又有所改进，高宗对于世宗治道的某些方面在一定程度上确实存在异议，并且进行了修正。两朝在方针政策以至具体治理措施、用人行政等方面，均存在歧异，这反映出他们各自执政期间，所处的历史背景及时势格局有所不同。就六科而言，乾隆帝与雍正帝的看法略同，所以即位不久，在乾隆二年（1737 年）就发布谕旨云："从来言官陋习相沿，多由迎合。若人主意在综核，臣工率刻意吹毛求疵，巧避瞻徇之迹，而置君德于不问。若人主意在乐闻己过，则又往往于朝廷之政事，吏治之得失，不一言及。甚有臣工不能靖共，群僚或植党援，曾不敢一指摘，以远嫌避害。惟是披拾陈言，以自沽能正君心之名，是其居心之阴巧，乃国家之大蠹也"①。所以确定六科编制，保持满族在这个耳目所寄的部门占有优势。这种制度创于雍正，定于乾隆，一直到光绪三十二年（1906 年）废除六科而不改。后来，台臣渐渐地把六科和各种侍御一律统制起来。从此，"科道"便合并在一起。相应的，自唐朝以来国家监察机关"台"、"谏"并列的局面，至此便合而为一了，清代的监察制度也基本上完善固定。

（二）都察院、给事中权职之变

都察院的机构扩大，加强了监察队伍的建设，扩大了监察范围。

第一，建言议政方面。左都御史有参加九卿议和廷议的职权。平时的条奏，可随人各抒己见，若遇到重大政事问题，也可由各道全体署名，共同封进。清初还设有建白碑，由各道轮流司管。遇有可言之事，即由司建白者具稿，会同各道御史署名陈奏。

第二，弹劾官吏权方面。弹劾官吏得失，历来都是监察官的一项基本权

① 《清实录》卷三九"乾隆二年三月壬子"条，中华书局 1985 年版，第 701 页。

职。清都察院的监察权限、范围、内容等相比前代有了不同程度的扩充。监察官不仅可以弹劾官吏的违法行为，而且可以弹劾官吏的不道德行为。鉴于明末官吏结党徇私、吏治败坏的教训，清朝统治者又特别强调对官员结党的纠察。除此之外，统治者还赋予御史两个特权，其一是准其秘密上奏，其二是准其弹劾风闻传说未明真相的行为。

第三，监察行政权方面。为了加强对行政各衙门的监督，清统治者以六科给事中监察六部，又以十五道监察御史分工稽察在京各衙门事务。各衙门所管事务的施行及其成绩，都应向都察院或各科道汇报。特别值得注意的是，清统治者还赋予都察院督催、注销案卷的权责。

另外，由于给事中归都察院统辖，因此都察院在人员编制、权力分配等方面上做了调整，这样既避免了监察系统重叠、相互构陷造成的矛盾，又加强了监察队伍的建设。

总的来说，都察院下设了六科、十五道、五城察院、宗室御史处和稽察内务府等机构。六科给事中之前是独立于都察院存在的机构，在六部的基本职能各有不同，因此都察院的功能性质上包含了六科的职能，也就是说都察院的性质兼具有政治、行政、司法监察等性质。而且，为了保证监察官能充分进言，更好地发挥监察官的作用，提高监察效率，清廷采取了鼓励监察官的措施，对监察官"升转特异他官"。改革之后，都察院机构、权威加强，其职务行使更易具有效力。"有形的人力与无形的权威使得都察院机构更为强大，也确立了一个统一、独立、职权完整监察系统的面貌。"①

六科给事中名义上是与明代一样掌封驳，但出于对皇权的畏惧，其往往把自己的职务限制在传达皇帝诏令和稽察在京衙门的公事上，言谏和封驳这两大职责实际上都没有得到认真贯彻执行。"科道合一"给六科给事中的"言谏"和"封驳"职权造成了严重的破坏，可从以下两方面进行分析。

第一，六科给事中的"言谏权"无从行使。给事中是我国古代监察法中言谏系统下的职官，其最初始的权力就是对皇帝进谏。随着科道合一和皇权

---

① 伍优政：《清雍正朝台谏合一之研究》，（中国台湾）台北大学硕士学位论文，2003年，第 188 页。

专制程度的提升，六科虽身处朝廷，却不能与都察院御史出巡地方，还被要求与各道御史一样据实陈奏，这也就限制了其言事的作用。所谓的"言谏"，不过是议论国是、臣僚互辩而已。宋以后，言谏是已呈走下坡路之势。这一时期，言谏之权又进一步弱化。

第二，六科给事中的"封驳权"名存实亡。封驳权本是给事中最基本的、独享的职权，涵盖"封"、"驳"两项。从雍正皇帝开始，一方面，六科给事中归属都察院，其于封驳方面的职权丧失了皇权的支持，实际上行使的只有风闻奏事的监察权；另一方面，南书房和军机处职权的扩充和"密折"等制度的形成，又使得六科给事中的封驳缺失了适用的条件，无法得以实现。

由上述已知，六科给事中的基本职权是劝谏皇帝、参与议政、稽查六部等。六科归入都察院并由都察院管辖后，给事中与御史共事。六科给事中行使的职能与御史相同，除了要继续监督六部外，还被按照御史的标准来分派差遣。换句话说，给事中额外的事情多了，以至于给事中们"奔走内外，朝夕不遑，或递相署理，至有本科只留一人者"。给事中的职务渐渐以差派事务为主，再加上南书房、军机处等机构的设立和密折制度的推行，使其"封驳权"被弱化，其身份在很大程度上由"谏官"转为"察官"。光绪年间，言官蔡镇藩在《审官定职疏》中总结六科给事中的职权时便指出："今事或由廷寄，或由阁抄，其下科者，皆系循例奏报，无所用其参驳。"

三、"台省合一"的影响

"台省合一"后，从中央到地方形成了一套完整的监察体系。这一体系对监察体系、对于皇权都有一定的影响。

（一）监察效率的提升

"台省合一"后，遇有重大稽查事件，往往科道并用，共同负责，互相稽查，提高了监察效率。六科监督中央官员的工作，都察院监督地方行政，两者职责明确，还有一些共同职掌。正如伍优政先生所言，这样的体制，"使监督稽查的效力提升，国家对行政事务、地方事项的掌控力加强，有助于政策的贯彻或是吏治的澄清。整体而言，清代的监察功能，发挥得宜，有效加强了国家的统治力。"①

（二）言官弊病的防制

明末的朋党之祸给予清朝统治者以警醒，使他们不仅在监察官员的选拔上相当严格，而且在官员的考核升迁上实行"荐举责任制"。也就是说，如果被荐举人被发现贪污腐败，那么荐举人也要受其连累而予以贬谪。在这种情况下，高层官员对于下层监察官的荐举，形成较为审慎的局面。另外，通过官员之间相互监督，较之明代更有效地保证了监察官员自身的廉洁。

（三）对皇权的影响

监察制度的存在，是对君主专制制度的重要补充。科道官一方面在有关国计民生的一系列问题上建言献策，另一方面对君主过失提出看法、建议，防止皇帝权力膨胀。另外，科道官有风闻奏事的权力，为避免被科道官抓住把柄，百官会自觉或不自觉地约束自己的行为。然而，六科官员因参与康熙末年的皇位之争，为后来的雍正帝不喜，所以六科并入都察院后又被皇帝想方设法削弱权力。诚如冯尔康先生所言："台省合一，削弱六科的谏议权，加强都察院对臣工的监察，两者相辅相成，是强化皇权的两个侧面。雍正这一改制，使皇权更加集权了。"②换句话说，就是减少了对皇权的限制，为政权的稳固和中央集权的强化扫清障碍，使得以皇帝为代表的统治集团在进行发布命令、制定法律、实施行政决策等国家治理活动中缺失相应的制约与监督，使皇权迅速膨胀。

为加强统治，清代皇帝还掌握了科道官的选用权。宋元明时期，基本上遵循"台官自选"的原则。清代初年，科道官的选拔和任用也一度是先经过一系列程序严格筛选出来的，但任用权牢牢掌握在皇帝手中，如顺治十二年（1655 年）规定："科道官考选、差遣、内升、外转俱由皇帝裁决，永著为例。"康熙中后期规定："凡考选、行取、保举科道合例人员一概在引见后由皇帝钦定。"此后，皇帝便多在这一基础上行事。这样做固然有避免朝廷大臣在科道中安插亲信、便于皇帝掌握朝政的作用，却使科道官对皇权的依附

① 伍优政:《清雍正朝台谏合一之研究》,（中国台湾）台北大学硕士学位论文,2003 年,第 188 页。

② 冯尔康:《雍正传》,人民出版社 2013 年版,第 245 页。

性绝对地加强了。科道官们察言观色，有的"心存畏怯"、"相率缄默"，有的投皇帝所好，劾皇帝所恶。这无形中加强了皇权，将监察制度变为维护专制统治的工具。

专制皇权的不断强化是传统官僚体制发展的产物。"台省合一"虽然有可能防避科道官对某些有利政策的阻挠，但是君主只注重从上而下对臣属的监察，不能容忍科道官对自己的束缚。[①] 这导致了一人独尊，将国家的命运系于一人之手，最终会阻碍社会的发展。在皇权不受约束以及监督不到位的情况下，容易滋生官场上新的、更为严重的腐败。例如，乾隆朝的"大蛀虫"和珅"柄政久，善伺高宗意，因以弄窃作威福"。当嘉庆四年（1799 年）被查抄家产时，时人发现和珅家产竟价值二亿二千多万两白银。[②] 尽管嘉庆惩治了和珅，以致当时有"和珅跌倒，嘉庆吃饱"的谚语，但官场大腐败的想象并没有得到根治，官员越趋腐败的大势并没有得到扭转。绝对的权力导致绝对的腐败，说的就是如此。

第四节　监察法规和职官考绩

秦汉迄明清，朝廷职官的权力作为皇权的延伸，依附于皇权而存在，同时，职官权力的行使情况也直接关乎皇权的权威性问题。另外，出于皇朝统治基础巩固与加强的需要，历代有为君主对职官的治理均尤为关注，加强完善监察法规成为其推进廉政法制建设的重要举措。特别是明清两朝，随着君主专制统治的进一步强化，监察法律规范更丰富，监察法制体系也日趋完备，除两朝基本法典中涉及行政监督、考绩制度的相关内容外，还都有专门的行政监察法典、监察考绩法规。本节主要叙述明清两代的监察法规及职官考绩制度，并对这一时期监察与考绩的主辅关系进行讨论。

---

① 张世闯、程天权：《清代"科道合一"得失之再认识》，《中外法史研究》2015 年第5 期。

② 戴逸主编：《简明清史》，人民出版社 1984 年版，第 372—373 页。

一、明清时期的监察法规

（一）明朝的监察法规

通观有明一代，统治者从"风宪之设，在肃纪纲、清吏治"出发，在传承宋元监察法的基础上，大规模开展监察立法活动，主要表现在"调整对象的进一步细化(都察院法规、六科给事中法规与地方监察法规内容上的完备)及法典化趋势的加强"。① 这起到了纠正官邪的关键成效，是中国古代廉政法制建设的重要突破，为清朝的监察立法奠定了基础。

1. 监察法规的发展沿革

从明初到明末，明朝监察立法活动主要集中在洪武二十六年（1393 年）至正统四年（1439 年）间。洪武四年（1371 年），御史台进拟《宪纲》40 条，"上览之，亲加删定，诏刊行颁给"②。这是明朝的最早监察立法，其主要内容为御史方面的选用与职权方面的规定。洪武二十三年（1390 年），《责任条例》制定，明确自里甲至县、州、府、布政司各级应负的责任，是为巡按御史监督地方官的法律依据。洪武二十六年（1393 年）前后，又制定了《诸司职掌》、《宪纲总例》、《纠劾官邪规定》、《南京都察院事例》、《六科给事中》总例及各科事例、《出巡事宜》及《巡抚六察》等监察法规。洪武以后，建文帝、成祖、仁宗、宣宗历朝均对《宪纲》有所增补。明英宗正统四年(1439年)，历朝所积累的监察法规被编制成一部颇具规模的单行监察法规《宪纲条例》，共十条，对监察官的地位、职权、选任、监察对象的范围设定以及行使权力的方式和监察纪律作了详细规定，可称得上为一部"所定宪例甚备"的监察法规。后几经增补，及至孝宗弘治年间，连同各方相关监察机关的法规条例编纂成《大明会典》。《大明会典》又经武宗正德朝校修，世宗嘉靖朝重修，神宗万历朝再修，终于万历十五年（1587 年）完稿成书，共 228 卷，其中监察法规列第 209 至 213 卷。明代监察法规在元代监察法规的基础上加以充实和发展，从体例上实现了监察法律的完备化，更成为清代《钦定台规》的范本。

---

① 张晋藩主编：《中国古代监察法制史》，江苏人民出版社 2007 年版，第 325 页。

② 《明实录·太祖实录》卷六〇"洪武四年正月己亥"条，中国台湾"中央研究院"历史语言研究所 1962 年校印本，第 1176 页。

总体而言，明朝是重视监察法制建设，依法规范开展监察活动的。明朝的监察法规以结构上的完备体例，内容上的对象细化为两大主要成就，主要体现在法典《宪纲条例》的制定，实现了中央与地方监察行为的统一规范，并在《宪纲》之外辅之以各种监察法规实施细则。此外，监察法律内容也具体化，形成以巡按御史出巡立法为重心，点差、巡察、回道考察三大环节的详密系统。有明一代，监察立法法典化趋势的进一步发展，且从各方面维护皇权、改善吏治，实现较长时间的社会稳定和发展。时至今日，明朝监察法规仍是一笔有待开发利用的潜力巨大的法律遗产。

2. 监察法规实施的影响因素

（1）监察官管理制度的影响

监察官为监察法作用发挥的行动者，监察官执行力的强弱对法规的实施有重要的影响，因而监察官的管理制度完善性是与监察法规实施的有效性成正相关的关系。明代监察官管理制度主要包含三方面：其一，监察官的铨选。监察官为治官之官，故选拔尤严，要求条件有三：一为德行显著，二为学识优长，三为老成练达。其选举方式，初为荐举、初授，后为考选所取代；都御史及副都御史，则主要采取"廷推"的方式，给事中的选任方式基本同御史。其二，监察官的考核。除适用于一般官员的考满、考察法外，还专定监察官的考察法，明确权力归属，细化考核标准，更以立法形式，严格规定考核不实应承担的法律责任。其三，监察官的黜陟。监察官的任满黜陟，均需奏请上裁。

（2）地方社会差异的影响

地方社会的差异也是影响监察法规实施的重要因素之一。监察法规作为全国的政治中心朝廷所制定的条文，不大可能契合于整个政权统治范围内各郡县的实际情况。这是因为，明朝统治疆域辽阔，各地方发展存在明显的差异。首先，各地方的社会发展水平、文明程度、法制意识不尽相同。一般情况下，越靠近政治中心的区域，其社会发展相较于其他地区程度越高，因而其文明程度也就越高，法制意识越强。反之，社会发展水平越低的地区，其文明程度、法制意识越低。其次，各地方的宗族观念、民俗信仰存在明显的不同，这造成民众对法规法制的接受程度也有所区别。另外，宗族社会环境下裙带关系的强弱是关乎监察官开展工作程度难易的关键，更是影响监察法规实施的主要因素。

（3）皇帝的影响

皇帝作为整个王朝的权力掌控者，系列监察法规的制定出自于其统治下的机构衙门，皇帝的诏令谕旨即为监察立法的主要法源，它们甚至更高于成文的监察法规文本。由于皇帝的诏令谕旨往往因时而发，因事而达，相对于其他成文的法条具有较大的主观性与随意性。当然，皇帝自身作为最高权力的象征，具有不容置疑的权威性，因而在多数情况下，皇帝的这些诏令谕旨，会成为影响监察法规实施的重要因素。

（二）清朝的监察法规

清朝自入关后，一方面沿用明朝的部分律法，另一方面，积极确立了"参汉酌金"的立法思想与立法路线，开展大规模的整章建制活动，最终形成了"内容完善、结构严密、内部协调、形式统一"①的监察法律体系，从专门法典到实施细则，从配套法律法规到专门实施机构，彰显了清朝监察"极至完备、颇有建树"②的重要监察立法成就。

1.监察法规的发展沿革

我国传统王朝监察法规的制定，宋朝以前发展相对缓慢，至元明两朝才有了较大的发展。至清朝，统治者更加重视法规的制定。清朝的监察法可以说是基于传承历代监察法集大成之作，形成了特有的结构形式和相对独立的体系。清朝中前期是监察立法的高峰时段，康雍乾三朝基本完成监察法律体系的构建。至嘉庆、道光时期，监察法律体系被进一步完备、细化。咸丰、同治时期，因监察法律体系已构建完备，故而重于守成。光绪时期，内忧外患、吏治腐败，清政府欲通过整饬吏治来振兴国政，虽在监察立法方面有所发展，但发展止于续修，未有创新。

清朝的监察法规体系主要可分为专门性的监察法规，律典、则例中的监察法内容及诏令谕旨三部分。首先，专门性的监察法规主要在于立法确定监

① 焦利：《清朝监察法研究》，中国政法大学博士学位论文，2006年，第19页。

② 张晋藩主编：《中国古代监察法制史》，江苏人民出版社2007年版，第5页。

察官的职责及权限。如,《科规九事》赋予都给事中以广泛的法定监察权,为清朝监察立法的开创之作。《钦定台规》是由都察院所汇辑的有关监察制度方面的上谕及皇帝批准的奏议、条例等,是中国古代社会最后也是最完备、最具代表性的监察法典。其次,律典、则例中的监察法内容主要为监察职官的处事巡例及惩戒规定。以《大清律例》、《大清会典》和《大清会典事例》为例,《大清律例》中有关于各级官员在失职、渎职、贪污、行贿、受贿等方面的处罚规定,是与专门监察法相配套的效力最高的刑事法典。《大清会典》和《大清会典事例》中均设有"都察院"和"通政使司"专章,具体规定了都察院的机构设置和职掌。除此之外,清朝各部院纂辑的《则例》是为法典的实施细则,是职官的处事循例,是监察机关据以监察的法律依据。最后,诏令谕旨则是最具权威的监察法源,是指挥监察机关运作和监察官用以纠弹官员违法犯罪的重要依据,作为国家制定法的重要补充形式,对于保证监察机构制衡力的发挥起到了重要作用。

法典化的法规具有较高的权威性,在相当程度上起到了纠正官邪、维持纲纪、维护社会稳定的作用。但在君主专制主义高度发展的清朝,作为最高权威法源的圣谕在多数情况下扮演主角,监察官所能发挥的作用有限,因而,监察法规所维持的权力制衡关系也并非是稳定不变的。

2.监察法规实施的法制化

清代,监察法规所确认的监察机关的职权范围十分广泛,监察官有依法行使纠劾官邪、监督司法、考核人事等多方面权力,还有权参与审核大案、受理申诉和控告、巡视地方政务等。其权力涉及范围之大、机构职能之重,可见一斑。清朝制定形成了较前朝更为有效的监察管理法规,从法规的各环节执行者、被监察者出发,进一步推进监察法规实施的法制化。

(1)对监察官的管理

严肃监察官的纪律,加强对监察官的管理,是监察机构实现加强自我监督、自我制约的重要举措。故清朝统治者采取要求更为细化的监察职官管理制度,其中主要包括三方面:其一,铨选。监察官的选任,大多要经过严格的考试、引见等程序,选用的监察官必须是德才兼备,且以正途入仕并出任知县经三年考满的中老年(65岁以上)职官。为削弱裙带关系的影响,保证监察部门行使权力的积极性，又增加了对监察官人选的种种限制。其二，考核。注重治政和考绩，更有法纪监察。地方官，每三年一次"大计"；京官，每六年（后改为三年）一次"京察"。其三，奖惩。根据考核结果，对每个官员作出传旨表扬、赏赐、晋级或罚俸、降职及革职等奖惩。

（2）对被监察对象的划定

为保证监察官正确行使职权，监察机构依法履行职能，做到纠而有据，劾而有理，更为进一步减少监察执法过程中责任推脱的情况，清朝政府十分注意在法规实施中对被监察对象的范围加以分工和划定。总体而言，被监察的重点对象首先是握有大权的重臣，因其是皇权的最大威胁力量，其后才是朝廷其他诸臣。在实际的监察过程中，分工较为细致，如，六科监察六部事务，监察御史的监察任务以路为单位进行分配，五城察院按中、东、西、南、北五城分别负责京师各地方治安等。

二、明清时期的职官考绩制度

职官的考核制度是中国传统法律制度的一个重要组成部分，是监察管理工作中的一个重要环节。在君主集权、百官治民的政治环境下，治官对于稳定政局有重要的意义，而监督考核职官又是治官的主要步骤。

（一）明朝的职官考绩制度

明代，考核官员的权力归属于都察院和吏部，以"考满"、"考察"二法并行。考满是以年限稽察官吏任期内工作状况的方法，以三年为期，三年初考，六年再考，九年通考，每一阶段结束都称"满"。以官吏级别和所属部门为单位，考满人员按称职、平常、不称职定级，凡三参皆称职、平常、不称职者，其总评自然按称职、平常或不称职论。但是"三考不同者中，二考称职一考平常从称职，二考称职一考不称职、或二考平常一考称职、或称职平常不称职各一俱从平常，二考平常一考不称职从不称职"，[①] 评定考等后，还须综合考量官职的繁简而确定奖惩黜陟。

考察是与考满相辅并行的考绩制度。考察的目的是区分官吏优劣，重在

---

① 余华青主编：《中国古代廉政制度史》，上海人民出版社 2007 年版，第 325 页。

惩黜不法官吏。考察又称大计，有京察与外察之分。京察初不定期，后定为十年一次；而且四品以上例不考察，考察针对五品以下京官。外察创于洪武年间，随县以上正印官按：首次出现，宜扼要说明。每年赴京朝觐进行。朝觐考察每三年一次，由吏部会同都察院进行，考察结果奏请皇帝定夺。考察的标准和处理方式，最终形成以贪、酷、浮躁、不及、老、病、罢软、不谨来衡量官员的考察"八法"。各衙门堂官先期三月为被京察者写备考语，或贤或否，注明事迹，报吏部与都察院，再由吏部、都察院写出考语，要求与京察相同。"考语要有册、籍、单为依据。册、籍、单和考语均要保密"。①无论结果如何，被察官不得为自己辩解。考满所罢免的官，尚可复用。考察所罢免之官，永不复用。

（二）清朝的职官考绩制度

清朝十分重视职官的监督考核，集前代之大成，构建较为完整的职官监督考核制度。清朝对职官的监督考核，主要分为定期的"考绩"和不定期的"监察"，两者相辅而行，构成严密的监察体系。考绩，或考课，是监督官员的常用方式及官员任用和升降的重要依据。据《大清会典》及《大清会典事例》等文献记载，清朝考绩制度"沿明制，而品式略殊"。②清朝将考绩分为京察和大计两种，但将明制中的"八法"融于京察、大计之中。清朝的职官考绩体系经顺治、康熙两朝，最终形成于雍正初年。

考绩制度中的京察是对京官的考核。第一，根据特殊情况，考察年份不固定。"丁忧、终养、告假、降调……因公出差之员立本衙门一年以外者"③，可免其考察。第二，官品不同，方式不同。列题将官员履历和任内事迹详细罗列，候旨定夺，主要针对一、二品大臣和都察院副都御史；引见由吏部将其履历和任内事迹详细罗列，等候赐见，主要对象是三品以下京堂及内阁、翰林院侍读学士，顺天府、奉天府府尹、府丞等。会核先由本堂注考，经吏部等四部封门磨对，再由吏部开门共同考察，最后当众公布考核结果，对象是翰、詹、科、道、司官、小京官、中书、笔帖式。会核是京察中程序最复

---

① 余华青主编：《中国古代廉政制度史》，上海人民出版社 2007 年版，第 327 页。
② 赵尔巽：《清史稿》卷一一一《选举六·考绩》，中华书局 1977 年版，第 331 页。
③ 艾永明：《清朝文官制度》，商务印书馆 2003 年版，第 217 页。

杂的，也是最完整的程序。

考绩制度中的大计是对地方官的考核。大计要求自上而下的"递察其属"，具体实施方法如下：第一，考题法。督、抚根据布政使、按察使给出的考语进行题奏。第二，会复法。对于道以下以及河员道以下、盐员运使以下等基层官员进行"州县申府、府申道、道移司、司汇综于督、抚"[①] 的考核。

清朝对职官的考绩大抵以"四格"评等第，一为谨守，二为才力，三为勤政，四为年壮；而以"六法"论处分，一乃不谨，二乃疲软，三乃浮躁，四乃才力不及，五乃年老，六乃有疾。

三、明清时期监察与考绩的主辅关系

作为中国古代职官管理的两项重要制度，监察与考核在明清君主专制背景下构建成了空前完备的监察体系。其中，监察法规多在体系中起规范职官权力、保障吏治清明的理论性作用，其实际的监察作用需要通过职官考绩制度来落实。从某种意义上说，考绩制度往往是监察部门在直接参与考核的基础上，对监察记录的有关总结。因而，考绩制度是监察法规在实践层面的体现，监察法规则是考绩制度的理论基础。在官员监察考核体系中，两者间的主辅关系，一般应以考绩制度为主，以监察法规为辅。但在明代，由于监察法规与考核制度自身的缺陷，加上这一时期变本加厉的集权化，以及明中后期吏治腐败等问题，故而存在监察意见为主、考核意见为辅的状况，致使考绩效能的发挥受到很大的限制，处于不断萎缩和消极的状态，地位也渐趋让位于监察，其控制重心转移到更为严密的监察活动上。清代监察与考绩的严重失衡状况略有调整，注重加强对考绩制度的完善，如合并考满、考察两项，另加才、守、政、年四项，但也未能彻底改变其失衡状态。这一点，恐怕与清初御史巡按制度的取消以及清中叶"台省合一"的现实有关。因此，从总体上看，明清时期终以监察为主，以考绩为辅。[②]

---

① 艾永明：《清朝文官制度》，商务印书馆 2003 年版，第 223 页。

② 楼劲、刘光华：《中国古代文官制度》，中华书局 2009 年版，第 403 页。

第五节 《钦定台规》与《都察院则例》

中国古代监察制度是伴随着国家制度的产生而逐渐形成的，并随着君主专制的强化而不断发展。明清时期，统治者监察经验的积累已达到空前的高度。这一点，表现在立法和司法方面，便是关于监察的法律的内容从附着于整体法典到独立开来，从零星条文到专门法典，成为了内容完善、结构严密、形式统一的法律体系。其中《钦定台规》，可以说是"其中的集大成者"。[①]

一、《钦定台规》、《都察院则例》的主要内容

（一）《钦定台规》的颁定及其内容

1.《钦定台规》的颁定

《钦定台规》（以下简称《台规》）系皇帝"钦定"，因而其内容多以"辑录"的形式出现，这是过去很少出现的。《台规》的颁行[②]不仅显示了监察法规所具有的权威性，而且强化了皇帝所拥有的最高监察权。

《台规》始纂于乾隆八年（1743 年），当时为 8 卷，共 22 目。嘉庆七年（1802 年）重修，为 18 目。道光七年（1872 年），内容增加为 40 卷。光绪年间，在保持原有体例的基础上，再次增辑为 42 卷，内容上增加了道光、咸丰、同治、光绪历朝新增的各种监察规定，并且保留了部分乾嘉时的旧例，是清代《台规》中的最后版本，也是最完整的版本。

2.《钦定台规》的内容

《台规》中所辑都是有关监察制度方面的上谕及皇帝批准的奏议、条例等。这些谕旨、奏议被分类编辑，共分为训典、宪纲、六科、各道、五城、稽查、巡察和通则等 8 类，每类又分若干目。在各类、各目之下，各条文又按其产生时间顺序进行排列。

---

① 薛秀娟：《清朝〈钦定台规〉对当前监察立法的参考》，《人民论坛》2016 年第 5 期。

② 张晋藩：《中国古代廉政法制建设及其启示》，《法商研究》2011 年第 4 期。

（1）"训典"

这是清代皇帝对监察机构各种综合性指示的总汇，包括"圣制"、"圣谕"和"上谕"三目。"圣制"是皇帝题辞和专论，如康熙皇帝的"御制台省箴"、嘉庆皇帝的"御制都察院箴"、"御制谏臣论"等。"圣谕"和"上谕"则汇集了自清初至光绪年间历代皇帝的指示、要求和规定。

（2）"宪纲"

这是关于监察机构的设置及其综合性任务的规定，它包括"序官"、"陈奏"、"典礼"、"考绩"、"会谳"、"辩诉"六目。"序官"规定了都察院的设官、职掌、官员品级及其变化；"陈奏"是都察院官员的奏事制度；"典礼"是科道官员对朝会、临雍、祭祀等大典侍班纠仪的规定；"考绩"是监察"京察"、"大计"、"军政"等考核文武官员的制度；"会谳"是与刑部、大理寺等机构会审、稽核案件的规定；"辩诉"是处理京控案件的规定。

（3）"六科"

这是关于吏、户、礼、兵、刑、工六科职掌及要求的规定，分"通掌"与"分掌"两目。"通掌"是六科的共同任务及共同要求；"分掌"则分别规定了各科的具体任务及具体要求。

（4）"各道"

这是关于各道监察御史，包括稽查宗人府御史、稽查内务府御史等的职掌及其办事制度。"各道"分为"通掌"与"分掌"两目，分别规定各道的共同任务、要求及各道的具体职掌与要求。

（5）"五城"

这是关于"五城察院"或"五城御史衙门"职掌的规定。五城分别设立兵马司，由五城御史督率管理，负责稽察京师地面的命、盗及其他案件，掌管京师地区的赈济、都市街道、沟渠栅栏的稽察以及组织宣讲皇帝诰诫官民的诏令等。

（6）"稽查"

这是选派都察院官员专门监察某些特殊机构的制度，分为"京通十六仓"、"户部三库"、"八旗"、"宗人府等衙门"、"考试"、"铨选"等目，对如何派员稽查以及稽查过程中的内容和要求都做了详细规定。

（7）"巡察"

这是外派都察院官员到各地巡视、监察的制度。清初，曾在各省设巡按御史、巡视江南上下两江御史、督理陕甘洮宣等处茶马御史、巡视屯田御史、巡察台湾御史等，不久分别裁撤。"巡察"分"漕粮"、"盐政"、"游牧"三目，分别规定了三种御史的巡察制度。

（8）"通则"

这是关于都察院所属科、道等官员的选拔标准、方法、升转制度及其办事要求方面的规定。"通则"分"考选"、"升转"、"仪注"和"公署"四目，它在一定程度上反映了都察院所属监察机构自身建设方面的要求。

（二）《都察院则例》的编修与废止及其内容

1.《都察院则例》的编修与废止

除《台规》这样的综合性监察法典之外，清代还有许多针对专门部门和特定对象的专门监察法规以补《台规》的不足。清代前期《都察院则例》（以下简称《则例》）曾一度与《台规》同时存在。

《则例》属于实施细则，初步具备了监察司法的法律形式，内容较为具体，但后来因为《则例》的规定赶不上时势变化而逐渐丧失法律效力。乾隆三十九年（1774年），御史陈朝础奏请修订《则例》，但是乾隆皇帝却以"殊可不必"[①]为理由否决了他的奏议。大概是因为当时已经有了《台规》，并且《台规》的运行实效远胜于其他条例，因而此后《则例》不再重复续修。

2.《都察院则例》的内容

继《台规》颁布后，都察院又制定了若干则例，汇编为《则例》。《则例》和《台规》这两个法典相比较而言，前者是行政监察的基本纲要，类似监察总则性质；后者类似分则，它由《台规》的八个部分划分为四十多个门类，更便于监察法规的具体实施。《则例》包括封驳、陈奏、京察、大计，对财政、学校、工、军政各种官员的考察、奖惩、升降以及文件处理规则等[②]。目前找到的《则例》有两个版本，一个是上下两卷本，一个是六卷本（第二卷缺

---

① 焦利：《清代监察法研究》，中国政法大学博士学位论文，2006年，第25页。

② 杨阳：《中国政治制度史纲要》，中国政法大学出版社2001年版，第196—198页。

失），二者均为乾隆内府抄本，但均未注明颁发日期。从其内容可以推知制定于乾隆年间，且六卷本的编纂时间晚于两卷本。将二者进行比较，可以看出，六卷本的《则例》比两卷本的内容丰富了，主要是增加了五城巡城御史的职责规范。

从两卷本来看，《则例》的目录及其内容：

卷上：一，合纲；二，稽察部院事件；三，注销期限；四，稽察部院书吏；五，京裴道刷卷；六，稽察户部三库；七，稽察工程；八，稽察宗人府事件；九，稽察内务府事件；十，稽察理藩院银库、内外馆及照看鄂罗斯来使；十一，稽察八旗事件；十二，稽察五城事件；十三，稽察步军统领衙门事件；十四，稽察直省补参事件；十五，稽察直省难结事件；十六，稽察移咨直省事件；十七，稽察会议会审。

卷下：一，京察；二，大计；三，军政；四，盐政考核；五，议处；六，验看月官；七，验看因公降格人员；八，科道降格留任；九，议叙人员；十，满洲荫生；十一，笔帖式；十二,六科笔帖式；十三，笔帖式考试翻译；十四，司坊官丰满保提；十五，谳狱；十六，会审；十七，热审；十八，秋审；十九，巡视监狱；二十，勾决；二十一，州县揭报；二十二，侍仪；二十三，朝会纠仪；二十四，祭祀纠仪；二十五，乡会试监察；二十六，武乡会试监察；二十七，殿试监察；二十八，考试贴写中书汉中书见任笔帖式；二十九，会同审音；三十，出差；三十一，巡城；三十二，巡仓；三十三，巡酒；三十四，巡盐；三十五，巡察台湾；三十六，巡察盛京、船厂、黑龙江；三十七，台制沿革；三十八，内升外转；三十九，卒卜授掌道；四十，补授给事中；四十一，御史定额；四十二，直月；四十三，督催所；四十四，两厅分掌；四十五，笔帖式定额。①

二、《钦定台规》和《都察院则例》的法律意义

《台规》作为清代实施最久、编修最繁的一部专门性监察法规，其立法特点具有独特性。它在保留旧制的同时，不断增加新的规定；以法律的形式

---

① 焦利：《清代监察法研究》，中国政法大学博士学位论文，2006 年，第 25—29 页。

规定了监察机构的权利与义务，以及监察机构行使权利、履行义务的具体过程和要求；不但规则详细明确，可操作性强，而且触及面广，涵盖了国家立法、司法、行政等重大事务的方方面面。《则例》是《台规》的实施细则，应用广泛，而且更具有规范性和系统性。

（一）确立了监察机构和监察人员的特殊地位

《台规》把监察机构作为一支特殊的政治力量，给予它非常高的地位。《台规》规定，都察院的给事中、监察御史等科道官员，上可规谏君主，下可参劾臣僚，对于国家政治得失、用人行政以及他们认为大利大害、应兴应革之事，均有发言权。这就明确了都察院的特殊地位和功能。而且，这种发言权受到皇帝的保护。《台规》辑录的大量谕旨表明，只要言官不触犯皇权的根本利益，不造谣诽谤、挟私陷害，皇帝是极力保护他们的，并鼓励他们"披肝露胆、极言直陈"。《则例》规定，科道官员主要拥有劾、察、鞠、辨四权。所谓"劾"，就是对违法失职的官员进行弹劾，亦即直接向皇帝检举指控其所犯的罪行并要求惩罚。所谓"察"，就是参与"京察大计"官吏考核活动，如发现吏部有黜陟不当，则立即纠察之。所谓"鞠"，就是参与重大案件的会审或会谳。所谓"辨"，就是接受案件申诉并辨明是非、甄别案情。凡民众有冤狱，允许赴都察院申诉。[①] 通过确立监察机构和监察人员的特殊地位，这些法典具有调动监察人员积极性，使其担负起监察、直言重任的重要意义。

（二）规定了监察人员的职责与广泛的监察范围

《台规》规定科道官员具有上可谏君、下可纠臣之权力，身负拾遗、补阙、规谏君主、监察吏治，严禁结党、监督、稽核财政收入、监督各级考试、稽察刑名案件等多项职责，按《台规》所载，监察人员几乎是无所不监，从而对全国政府机构及其官员构成全面而严格的监察。《则例》规定都察院除监察政治得失外，具体担负的工作是：参预九卿的拟议奏折；凡重大案件与刑部、大理寺共同审断；稽察各级衙门、官吏办事的优劣；检查注销文书案卷及封驳事；监察乡试、会试、殿试；巡视各营等事务。

---

① 曾宪义：《中国法制史》，北京大学出版社 2013 年版，第 278 页。

通过《台规》和《则例》的制定，清代统治者依法将全国政府、军队、司法、文教、财政等机构全部置于监察机构的监督之下。

（三）规定了保证监察法有效实施的各种法律手段

监察法实施的目的和要求，就是要"彰善瘅邪、整纲饬纪、铁面霜威、纠慝绳诡、私惠勿酬、私仇勿毁、敢谏不阿、忠贞常矢，言出如山、心清似水、勉尽丹忱、非图誉美、民隐敷陈、治隆患弭"①。为保证这一目的的实现，清代统治者在《台规》中规定：要严格监察官员的选任和考核；任职回避本籍和亲族；风闻言事，即言官可以根据传闻进谏或弹劾官吏；举劾保密，即准其密折举劾。鉴于科道官举劾"或有所顾忌，或有恐招怨尤，或有牵制之情，或有不便显言之处"，为鼓励敢言，《台规》规定：对事关机密等举劾事项"令各人密封进呈。其中言有可采招怨结冤者，朕将折内职名裁去发出，或令诸臣会议，或见诸施行，而外间不知何人所奏"。要求上密奏者，加意谨慎，不谋于人，不泄于外，否则予以议处。对密奏实行之事，严禁言官私相夸耀显示，更不准贪人之功而据为己有，贪天之功而以为己力。除此之外，其他法律也被不同程度上用来保证监察法实施的有效性。

正如近代历史学家邓之诚所总结的："清以例治天下，一岁汇所治事为四季条例，采条例而为各部署则例。新例行，旧例即废，故则例必五年一小修，十年一大修。采则例以入会典，名为会典则例或事例"②，从而形成了以《会典》为纲，以众多的《则例》为纬，系统而庞杂的行政法律网络。③ 这就通过法律的手段规定了监察机构行使权利、履行义务的具体过程和要求，从而保证了监察法的有效实施。

三、《钦定台规》、《都察院则例》的社会影响

作为我国古代社会历史上最完备、最系统的一部监察法典，《钦定台规》在关于中国古代监察机关的性质、地位、建制、职能、任务、监察程序、监察官的选任、迁转、纪律、责任和对监察官考核等方面，几乎面面俱到，其

---

① 清慧中：《钦定台规八卷》，北京大学出版社 2000 年版。
② 邓之诚：《中华二千年史》，中华书局 1983 年版。
③ 吴吉远：《清代地方政府司法职能研究》，紫禁城出版社 2014 年版，第 38 页。

完备程度标志着由秦汉开始确立并经此后各代完善、细密的古代中国监察法律规范化进程的最终完成。而《则例》则是清朝入关后的第一部监察法规，是针对都察院设立后有关监察的职责范畴，它对监察法典的制定起了奠基作用。《台规》和《则例》形成了一脉相承的传统，它不仅使监察官奉法行事，将监察权力的行使纳入法律的基本轨道。并且保证了监察制度的稳定性，对于庞大的官吏群体起到了心理上的震慑和实际的防范与惩戒作用。

《台规》和《则例》吸收了我国古代社会两千多年来在监察制度方面的优秀成果，又融入了自己的满族特色，进而形成了清朝统治者引以为傲的监察体系。

一方面，《台规》是对历代监察法规的总结。它继承了《刺史六条》一事一条的编排体例，在沿革明朝《宪纲条例》以皇帝敕令为指导的基础上，纂入清代各帝圣谕及各臣奏议而成，使古代中国的监察法制在许多方面达到了高峰。[①] 它赋予监察机关及其官员以相对独立的地位，以保证监察官员能相对独立地行使监察权；同时，从制度上规范监察机关及其官员的监察行为，为监察官员的巡察提供了法律依据，对于提高监察的准确性，防止监察官的活动超越自身权限而影响国家机器的正常运转起到了重要作用。而在监督方式上，《台规》实行自下而上以增强监察官员的职业认同感和责任心，主要表现在以卑察尊上。监察官的选任标准，也为监察官勇于尽职和善于尽职提供了基本保证。《则例》监察范围涉及行政、立法、人事、礼仪、经济、司法、治安、军事、考试等，可以说涵盖了国家活动、社会秩序的方方面面，对维持国家纲纪、制衡各机关之间的利害关系，尤其是纠弹官邪、保持官僚队伍的整体素质，为维护社会的稳定、保障统一多民族国家的巩固和发展起到了重要的作用。

另一方面，"法自君出"的特性决定了《台规》内容带有较大的随意性，有违法律的确定性。《台规》作为统治阶级专制统治的工具，从诞生之初便打上了民族歧视与民族压迫的烙印，违背了法律的公平原则。因此，《台规》的实施解决不了专制政治的固有矛盾。此外，清代官场的浇漓之风侵

---

① 李晶君：《钦定台规初探》，湘潭大学硕士学位论文，2010 年，第 41 页。

蚀了部分言官的身心；而极端君主专制也使《台规》的效果没能达到预期。实际上，皇帝拥有最高监督权，监察制度只是皇权的附庸品，这是中国传统监察制度的根本弊端之一。《台规》与《则例》以法规的形式保障监察机制的有序运行，试图在专制主义的政体下以官制官，限制行政权力的滥用，进而达到有效控制整个官僚群体的目的，这充分体现了我国古代的制度文明。然而，这种貌似完备的监察制度，在整个官僚制度僵化且腐朽的情况下，毕竟难以保证国家吏治长期澄清，更不能使国家政治体制永葆生机。①

第六节　明清权力监督制度的终结与评价

一、明清权力监督制度的终结

（一）皇权的强化

明清监察体制建设与完备的主要目的之一在于维护皇权，但皇权一旦发挥到极致，则反过来加速监察体制的终结。清代作为古代中国社会的最后一个朝代，其皇权的强化达到了顶峰，这是明清监察体制最终走向终结的根本原因。监察机构被视为"天子耳目"，也就意味着它是为皇权服务的，因而监察权绝对服从于皇权。虽说"天子耳目"之言在宋代已经频频出现，但这一时期的监察官员的自身独立性空前弱化，皇帝的意志能够毫无障碍地渗透到监察领域，影响监察权的独立发挥。皇帝意志对监察领域的渗透与掣肘主要体现在如下几个方面。

第一，清代实行科道合并，将六科给事中归属都察院，实际上取消了六科的"封驳"之权，这使得谏官对皇帝的制约不复存在。换句话说，只要愿意，皇权可以肆无忌惮地发挥。

第二，统治者加强对科道直接用人权的控制。清代将科道官的任用权从吏部和都察院手中夺走，顺治年间规定："以后科道官考选、差遣、内

---

① 李晶君：《钦定台规初探》，湘潭大学硕士学位论文，2010 年。

升、外转俱候联裁定，永著为例。"① 这在康熙时进一步发展，引见制度被运用于科道官的考选和升转，科道候选官需引见皇帝，由皇帝钦点。这无形地排挤掉了大批敢于言事但不合皇帝心意的官员，使得监察权对皇权的依附性更强。

第三，清代统治者对监察官进行严密的控制和打击。鉴于明代科道官相互攻讦，互相拆台，构立朋党的教训，统治者制定了严厉的反监措施，并为言官罗织多项罪名如"更翻成例"、"干涉用人"、"言事狂妄"等。在这种情况下，言官言事犹如走钢丝，需百般谨慎，大大挫伤了言官的锐气。

（二）监察制度自身的缺陷

监察制度发展至清代虽已较为完备和严密，但仍然存在一些缺陷，导致监察权的发挥受到种种限制。这主要体现在以下两个方面：

第一，常驻京的制度大大削弱了监察官对地方的监察力度，对地方督抚的限制大为减轻，从而使地方吏治进一步败坏。康熙时规定："巡按既裁，地方巡视责归督抚。"② 御史巡按制被废，地方监察权落入地方最高军政长官督抚手中，产生的负面作用可想而知。任职于顺治、康熙两朝的言官魏象枢就指出："（督抚）所劾不过小官，苟且塞责，大贪大恶反多拘纵。"③ 可见，督抚抓小放大的情形普遍存在，加上督抚本身就有军政大权，事务繁忙，对行使监察权时感力不从心，于是地方官吏往往得不到有效的监察。

第二，科道人员队伍的建设存在不合理之处。首先，在科道官规模上，科道人员明显欠缺。科道人员欠缺的问题早在明代就已经存在，但到清代，则更加突出。据权威研究，"清代定制后的科道员缺，包括都察院正副堂官在内只有 84 缺。"④ 而明代仅十三道监察御史就已经有 110 人，尚不够使用，清代便可想而知了。其次，监察官的选拔任用上也存在不足。康熙以前，监

---

① 《清实录》卷九五《世祖皇帝》，中华书局 1986 年版，第 747 页。

② （民国）赵尔巽等：《清史稿》卷二六四《郝惟讷传》，中华书局 1998 年版，第 2554 页。

③ （清）魏象枢：《寒松堂全集》卷三，中华书局 1996 年版，第 70 页。

④ 倪军民：《试论清代监察制度机能萎缩及其原因》，《上海社会科学院学术季刊》1994年第 2 期。

察官多从地方推官、知县以及新科进士中选拔，前者是亲民官，熟悉地方利弊，担任言官，会据实指陈；后者则保有锐气，未被官僚风气污染，履行职责不会有太多杂念与顾忌。但雍正以后，选自推官、知县的科道人员的数量减少，科道官多由部属、翰林且进士出身者充任，出现了"才气"有余而"锐气"不足的局面。最后，科道人员管理上的不足，主要体现在科道兼职和内升外转上。对于科道兼职的弊端，统治者便意识到："御史有稽察部务之责，一经留部，必不肯纠察。"① 这意味着在户部兼差的科道官不再会主动地纠劾户部的事务，仅举一例，其他的可以类推。这使得兼职的科道官不能专注地行使职权。康熙中叶后，京官清苦，不再是美差，这就使得科道官安于外转，其监察的积极性明显下降。奖励机制的失效加深了吏治的败坏，对监察权的发挥造成极大的负面影响。

（三）"首崇满洲"的政策指向

清代是满洲少数民族所开创的朝代，由占人口少数的满洲人统治着占人口多数的汉人。为争取汉人支持，历朝君主鼓吹"满汉一体"，但一直"首崇满洲"。这一政策为满清的贵族和官僚以及一般的旗人在政治、经济、法律等方面撑起了保护伞，使他们独立于监察机构之外，不受其约束。

监察机构本身也遵循着"首崇满洲"的政策。清代满官的地位普遍高于汉官，监察机构也是如此。在对监察官的选拔任用和升转上，满族科道官的选拔任用相对于汉族科道官宽松很多，乃至"目不识丁者，殆居多数"，造成监察官质量下降。尽管如此，满族科道官员升转仍优于汉官，这在一定程度上造成监察官员乃至整个官员群体的进一步腐化。

（四）清末的特殊环境加速了明清监察制度的终结

第一，民族危机的加深。清末，在国内起义和外国侵略的双重压力下，统治者的心态开始发生转变，意识到要维持自己的统治，非改革传统政治经济体制不可。于是，作为维护传统政治经济体制重要保障的科道监察体制的改革自然被提上议程。

---

① （清）王庆云：《石渠余纪》卷二《纪科道》，《笔记小说大观》本，新兴书局有限公司出版社 1986 年版，第 7 册，第 55 页。

第二，经济领域发生了巨大变化。外国资本主义经济的入侵使国内自然经济逐渐解体，国内经济结构变得复杂，难以通过传统的方式管理。这种复杂环境对监察官员的专业素质要求大大提高。相应的，监察职权的分工成为大势所趋，且这种分工必须趋于细化，才可能实现有效的管理。

第三，西方先进思想的传入。近代以后，西学东渐的风潮兴起，晚清士大夫们开始接触到资产阶级民主的政治体制和法治思想，并将其中的精神融入到监察制度的改革中。其中最为突出的是"三权分立"的思想，它引起了传统监察制度的剧烈震动。清政府在清末新政时的监察制度改革正是在"三权分立"的框架下进行的。改革措施主要集中在以下三个方面：其一，改革都察院，净化其执掌，把无所不监的都察院缩编成了一个行政监督机构。其二，增设中央资政院和地方谘议局，在行使立法权的同时，监察中央和地方的行政。其三，在中央设立了检察厅，专掌司法监察。改革后的监察制度虽然在根本性质上没有发生改变，但在机构的组织和职能上还是有较大的变动，形式上出现了民主的迹象，具备了"近代性"。这表明，传统监察制度已经走向末路。

二、明清权力监督制度的评价

（一）系统的完备性

自秦汉建立以来，中国古代的监察制度经过历代统治者改革、完善，监察制度至明清已构筑成一个庞大的监察体系。不论在组织机构、官员、设置、监察范围，还是在监察法规、监官选任、考核和升迁等方面，更为完备和严密，具体表现在以下方面：

第一，在组织机构上，首先建立了都察院，高度集中监察权。明代废谏院，把都察院与六科分成两个互不统属的监察机构，与十三道监察御史合称科道，分行监察权，使台省并行的监察制度发展到了一个新阶段。清中叶以后则合并科道，将六科给事中划归都察院。六科给事中主管监察京内的机关和官吏，十五道监察御史主管监察各地的官吏，使得中国封建监察机构从立分设走向空前统一。内外监察完备，都察院、监察御史、六科给事中，既各司其职，又互相纠察，由此构成了一张纵横交错、上下相维的严密的监察网络。

第二，在监察职权方面，明清科道官为适应君主专制高度强化的需要，在继承前代台谏有关监察权的同时，不仅拓展职权，并且地位也有所提高。在职权行使方面更为完备。明代的都御史的职能主要有以下几个方面：肃正朝纲，弹劾一切不法官员；参与审理重大的刑狱案件，弹劾断案不公，辨明冤枉；参预考核官员；监督学术思想不正及希进用者；弹劾结党营私，擅权乱政者弹劾贪赃违纪者等职权。[①] 清代御史可以参与朝政，参加廷议，商讨国事；科道官拥有照刷文卷权，对各衙门行政工作的时效、政绩的监察和各种公文档案的审查，还监督国家财政收入活动，职权甚至还扩大到学术思想领域。

第三，在监察法规方面，中国古代监察法至元代已较完备，到明清更进一步发展。清朝统治者通过《钦定台规》的颁布与实施，把监察机构作为一支重要的政治力量，同时赋予科道官广泛的监察权力，令其上可监权臣，下能纠胥吏，将全国政府、军队、司法、文教、财政等各部门全都置于监察机构的监督之下，以实现对官僚机构的全面掌控。可以说，清代的《钦定台规》是我国监察制度史上最完整的一部以独立形式存在的监察法规。

（二）人治的弊端

明清看似完备的监察体系，对百官监督之密前所未有。然而却走向终结，究其原因，其中存在较大的人治的弊端。

第一，皇帝的干扰。明清的科道官对官员的监察，最后是否论罪，都得由皇帝裁决。自明代朱元璋罢宰相，权分六部，皇权逐渐发展到顶峰，君主的意志可以完全主导国家上下大小事务，监察官员的选拔、任免、升迁也不例外，一旦这种专权落入宦官、权臣手中，势必破坏本身制度的作用。成化时，御史项忠劾汪直被斥为民，至其失宠；徐镛劾之，直即被逐。[②] 而科道官有"闻风奏事"的权力，但明代又规定："国朝最重诬告之法，永乐初定，凡诬告三四人者，杖一百，徒三年；五六人者，杖一百，流

---

① 贾玉英：《中国古代监察制度发展史》，人民出版社 2004 年版，第 202—203 页。

② 邝士元：《中国经世史·国史论衡系列》，三联书店 2013 年版，第 222 页。

三千里。所诬重者，从重论。诬告十人以上者，凌迟处死，枭首其乡，家属迁化外。"清例规定："言官列款纠参官员，审问全虚者降二级调用，有一二事得实者免议。"① 由此可见，科道官虽属皇上钦定的监察官，但与各道督抚，位高权重的百官相比，如未掌握决定性证据，在自身所应承担的严重后果的影响下，也不敢随意上奏。此外，明代在中央既设监察百官的都察院，又设同样主司监察的六科给事中，两道监察体系虽有不同，但大部分职权交叉。"边事日坏，病在十羊九牧。既有将帅，又有监司；既有督抚，有巡方，又有监视。"② 机构繁杂，职权不清，无所作为，对皇帝权力也难以形成制约作用，从而导致皇权极端强化。在其实行过程中，监察制度更多变成了皇帝意志的体现，丧失其原有的规范性，这是对监察制度本身最严重的破坏。

第二，党争的掣肘。明清的监察官员位卑权重，官吏之间出身、品级、门户以及政见的不同，容易结成朋党斗争。嘉靖以后，朋党斗争加剧，各派势力都争夺对官吏的管理大权，把对其选拔和简任作为扩大势力的重要途径，而把考察和罢免制度作为消除异己、夺取权位的手段。③ 朋党之间激烈的竞争，不仅使得监察机关的监控工作流于形式，也造成党派林立，派系斗争愈演愈烈，遇事又互相推托，双方均而不主监察之职责，严重影响监察制度的有效实施。

第三，科道官自身的腐化。明清后期的政治腐败、贪贿现象极其严重，康熙晚年说道："朕听政四十余年，言官有为人而言者、有受贿陈奏者、有报私仇而颠倒是非者。此等条奏，朕无不知"。④ 可见，百官贪贿现象已经如此严重，言官也非绝对的清廉，试问科道官又能明哲保身吗？而皇帝对于官员贪腐十分了解，也颁布很多法典惩治贪腐，如《大明律》、《大明令》、《大清律例》等，但如前所述，对官员的裁决最终都由皇帝决定，皇帝无严惩贪污受贿的决心，反腐工作总是动作大、收效小，贪腐之因此演变愈甚，对监

---

① 转引自刘长江：《清朝风闻监察述论》，《临沂师范学院学报》2004 年第 5 期。
② 邝士元：《中国经世史·国史论衡系列》，三联书店 2013 年版，第 221 页。
③ 吴观文：《论明代监察制度及其作用》，《管理世界》1987 年第 3 期。
④ 彭勃：《中华监察执纪执法大典》，中国方正出版社 2002 年版，第 464 页。

察制度的危害也就不言而喻了。

三、明清权力监督制度的借鉴意义

明清监察制度的设置目的在于维护王朝统治，尽管不可否认，在监督法令实施、纠察百官、保证官僚队伍廉洁和国家机器正常运转等方面都有一定的可取之处。即便是其中的缺陷与教训，对于当今的监察体系的构建仍有一定的借鉴意义。

第一，注重监察机构的独立性，完善社会法制。不少学者肯定了明清时期，监察制度趋于完备，实行独立、垂直的管理体制的重要作用。如刘佳玉认为"确保监察与行政的分离，监察官员与政府官僚的分离，监察机关和监察人员拥有充分的自主权，能够独立地行使监察权，而不至于受到其他权力不合理的干扰，影响监察效果。"[①]在保证监察机构独立性的同时，要防止明代监察官员职权过重的情况出现，因为其权力过大影响正常行政工作的开展。我们应当充分认识监察机关相对独立性的意义，同时将监察官员的权力置于法律范围之下，把握平衡，更好地完善社会主义法制建设。

第二，加强对监察官员的选任以及考核。明清监察官员位卑权重，以卑察尊，典正法度，"自皇太子之下，无所不纠"。在科道官的任用上，明清统治者在继承历代选任台谏官注重公正正直的同时，又强调一定的文凭学历。[②]明清对监察御史等监察官员考核更为严格，即便考察合格，任职时也要有一定时间的试用期。试御史者，一年后实授；理都察院刑狱者，半年后实授。监察官员失职甚至犯罪，惩处更为严厉。凡是御史犯罪，要罪加三等，有贪赃要从重惩处。由此可见，在监察官员的选拔上，首先要对其进行监察官员综合素质的考察，注重人才学识、品格、经验；同时，要建立一套行之考核的规则，注重选拔后的考核，可以采取定性与定量考核相结合，定期和不定期考核相结合，全面准确掌握监察官员的工作实绩，进而决定奖

---

① 刘佳玉：《中国古代监察制度的特点及其借鉴意义》，《法制与经济》2009 年第 3 期。

② 邱永明：《中国古代监察制度史》，上海人民出版社 2006 年版，第 457 页。

惩、升降，以保证行政队伍内部的活力。

第三，注重反监互查机制的建设。中国古代都把监察官员视为防止官吏腐败的一道最重要的防线，因而对监察官员委以重任，如顾炎武曾说"夫秩卑而命之尊，官小而权之重，此小大相制、内外相维之意也。"① 如上所述，明清监察制度趋于完备，但最终还是走向终结，原因之一在于传统官僚制度固有的腐败性，监察官也是官僚中的一部分，自然不例外。为了防止监察内部的腐败，打击弄权行私、贪赃枉法是一方面，但仅仅依靠外在的监察约束远远不够，还应形成一个完善而健全的协调、制约机制，逐步形成全国各种监察机关之间相互支持、相互配合、相互监督的工作机制。② 换句话说，应当加强监察系统内部结构的互相监督，保持内部的纯洁性。

---

① 顾炎武：《日知录》卷九《部刺史》，上海古籍出版社 2013 年版，第 208 页。
② 张国安：《论中国古代监察制度及其现代借鉴》，《法学评论》2009 年第 2 期。

第七章　中国古代权力监督的特征

中国古代社会数千年的权力监督实践，有着丰富的思想资源和复杂的制度设计。它是专制主义中央集权下帝制统治的产物，存在着无限君权与有限君权的博弈与平衡，也存在着分权与集权的论争和反复。

与此同时，权力监督是基于权力的"个人化"属性而产生的，同时，权力自身的道德内涵、人性中向善的道德追求，也为这种制约方式提供了可能。在官僚体制存续的过程中，官箴道德自律和清议舆论两种监督方式的衍生和发展，促进着权力系统内部各种关系的平衡与协调。

要实现对权力的有效监督，相关制度的建设十分重要，但同时，制度只有在适宜的环境中，才能获得真正的生命力。建立和维护权力生态的整体平衡，才能最大限度地实现权力运行的规范化、有效化。

第一节　权力监督的内控性

中国古代专制政治之下，君主集世俗权威与精神权威于一体，兼"天、地、君、亲、师"的尊贵于一身，"言出法随"，生杀予夺，君主在整个国家政治系统中，拥有绝对的地位与权力。

在君主专制权力运行的过程中，一方面，君权的实现需要借助庞大的官僚系统的支持，而完备的官僚体制一旦建立之后，无可避免地被纳入其秩序运行的链条当中，难以再完全独立地唯自我意志是从；另一方面，世袭制之下君主人选的无可选择性，令历史上众多的政治家忧心忡忡，而现实中绝对君权给朝政带来败坏的悲剧一次次上演，又在不断地提醒人们，君权的任意而为将把国家政治推向危险的境地。

于是，先秦以来，以儒家为代表的政治学说极力主张制约君权，一再告诫君主，要依"道"而行。随着帝制统治的不断成熟，中国古代政治逐渐总结形成了一套行之有效的约束君权的机制。

一、绝对君权监督：君臣共治

在君主为"天下一尊"的专制政治中，以最接近权力中心的宰相对君权形成一定的约束，是官僚政体处心积虑的一个安排，君相"分权"的传统，在中国历史上的政治运作中对帝王权力有着相当程度的规范力。

贞观四年（630年）秋七月的一天，唐太宗问房玄龄："隋文帝是怎样的一个君主呢？"答道："克己复礼，勤劳思政，每一坐期，或至日昃。"可谓"励精之主"。太宗听后不以为然，在他看来，君主纵有三头六臂也不可能事事一人独断，"天下之广，岂可独断一人之虑？"为人君者重要的是，要"选天下之才，为天下之务。委任责成，各尽其用"[1]。明君与贤臣相互配合，共理朝政，才能更好地实现天下之治。唐太宗这一席话与宋代关于"皇帝与士大夫共治天下"[2]的一场著名对话意思不谋而合。

在专制政治体制下，君主与整个官僚集团之间实质上是一种互相依赖、互相制约、"共生共荣"的关系，君主"家天下"秩序的维护离不开臣下的辅佐，而臣下地位的升迁与巩固也仰赖于君主的权威；因此，君主必须给予臣下一定的尊重、礼让，赋予他们一定的权能，而臣下在受到"天恩"时也不能忘本，仍需小心谨慎，"君臣共治"也就成为理想的政治状态。

（一）集议

集议，是中国古代朝廷群议决策的一种方式。凡国家大政，君主召集臣下当廷议论，或组成中央某一机构召集有关官员集体讨论、议决，最终将决议上奏，此之谓集议。

集议制度的萌芽可以上溯到西周时期。《尚书·周官》中有"议事以制，

---

① 《旧唐书》奏三《太宗下》。
② 《续资治通鉴长编》卷二二一，神宗熙宁四年三月戊子。

政乃不迷"的记载,《汉书·百官公卿表上》上载:西周太师、太傅、太保三公"参天子,坐而议政,无不总统"。秦时,军国大事召集臣议是常事。早在商鞅变法时,秦孝公因对变法犹豫不决,便把大臣们召集在一起,通过变法派与守旧派的一场舌战,坚定了变法的决心;秦始皇一统天下后,也曾将"帝号"、"置郡县"等事"下其议于群臣"。到汉代,凡朝廷有大事,必召太尉、司徒、司空等"三公"共议。三公之外,朝廷文官、武臣如公卿、将军、列侯、二千石、大夫、博士等,都可参与讨论集议。

唐代,集议制度已有律文规定。《唐六典》卷8载:"议,谓朝之疑事,下公卿议。理有异同,奏而裁之。"《唐律·名例律》规定:同"八议"范围的人犯死罪,地方官要将其所犯及应"议"的理由,上报朝廷,由相关机构讨论,报皇帝御批,"集议"在这里成为规范的司法程序。唐代还设立都堂集议制,每逢发生重大死刑案件,皇帝下令"中书、门下四品以上及尚书九卿议之",以示慎刑。除司法案件外,唐代的内政外交等大事也多采取集议方式决策。唐代的御前决策会议一般每日或隔日举行。为了便于宰相集议军国大事,唐初在门下省设政事堂,高宗时迁至中书省;参加政事堂会议的人员原只是三省长官,其后,其他官员也以参知政事、同中书门下三品等名义参与其中。在皇帝认为有必要时,唐代还会在尚书省举行不定期、不定人员的百官会议。

唐代以后,集议制度进一步发展。宋明时期,每日或隔日一次的朝堂集会仍在继续,明代太祖、成祖等君主甚至一日有早、午、晚朝几次议政。宋时,重大事项还可以分别由尚书省、中书省或中书门下省各自讨论,拿出意见,上奏皇帝。明代群臣集议的主要方式是"廷议",多按部门进行。《明史·职官志》"六科"载:"大事廷议。"洪武二十四年(1391年)规定:"计议允当,然后施行。"[①]另外,明代有"廷推"制度,即推举文武大臣,必下廷议。清代早期,议政王大臣会议是"议政王"与"议政大臣"集议国事的一种形式,它在前清相当长的时间里起到了决定国策的关键作用,但在雍正、乾隆年间,其权力渐小,最终九卿会议、阁议取而代之肩负起决策重任。

①　《明会典》卷八〇《会议》。

唐代开始出现的司法案件会审制度在明清时代也得到了很大发展，多种会审形式先后出现，如九卿圆审、会官审录、秋审等，都是由有关部门主持，召集相关官员定期对各类大案、要案、疑案会商审理，其中最大规模者当属九卿圆审，它由大理寺卿、都察院左都御史、通政使司通政使会同吏、户、礼、兵、刑、工六部尚书对案件进行联合审理。

中国古代的朝廷集议制度起于秦汉终于清，其间专制王朝历经更替，这一制度却因袭罔替，日臻完善。尽管受各个时期政治的治乱或君主个人因素的影响，其作用或凸显或萎缩，但其功能始终如一：它以"群策群智"的方式尽可能地规避君主一人独断给国家政治带来的风险。两千多年的专制历史中，集议制形成了以下特点：

首先，"集议"参与人员众多。如上所述，秦汉时，丞相、御史、将军、列侯、二千石诸大夫、博士等都可以参与议政，少时几人、十几人，多时可有几百人。唐时的百官会议，参与人员有时甚至扩大到在京九品官以上者。明代，作为百官会议的廷议，多时也有百余人参加。从唐代始，每逢朝廷议政，谏官都被特许参与。唐太宗时，准谏议官入宰相府共议国事，"凡有所开说，必虚己纳之"①。明代宗时明定："今后凡百官会议，俱会内阁、六科、十三道官。"②在明代，科道官不但参与议政，甚至一些重大的廷议活动往往由他们发动，整个过程由他们掌控。位卑权重的科道官参与议政，正像其所隶属的监察系统在国家政治中的"清道夫"作用一样，会给朝廷决策带来更有力的监督。

其次，"集议"形式多样。古代朝廷集议的形式在各个时期都有不同，有君主御前问策集议、宰相集议、相关部门集议、百官集议等。皇帝坐殿视朝听政，就一些重大问题商讨解决的办法，是为御前问策，它是集议最经常、普遍的形式之一。有些事情，君主直接交付宰相府，启动集议程序，"共议国政，此宰相职也"③；这种集议有时是在一个宰相部门内部，有时在不同的宰相部门之间，或者宰相全体聚议，如宋代的三省通议。至于相关部

① 《贞观政要》卷二《求谏》。
② 《明英宗实录》卷二五五。
③ 《新唐书》卷四六《百官一》。

门集议大多是就一些专门性的问题而展开，如狱讼、礼仪等。百官集议涉及的人员范围最广，也更能够体现"群智"的优势，但是由于参与人数太多，极易流于形式。相比较这种集议的弊端，"独对"的方式显得非常有效，它是指一人或数人单独与君主就一些问题进行讨论，它以"小范围"人员为前提，提高议政安全系数，可令君臣畅所欲言。

集议的多种方式中，有的是经常性的"定制"，有固定的参加人员，如君主坐朝决策，唐代的三司推事、清代的九卿会审；也有时候是临时性的，根据不同的情况随时召集，没有固定的参加人员。

再次，"集议"内容广泛。检读古代文献，有关帝王本纪中，"下公卿议"四字出现频率非常之高，各个朝代举凡国家重大决策，如有关君主位号、立储、宗庙、祭祀、典礼、官制、爵赏、边事、法律、财政、军事、用人、刑狱等，君主可随时召臣下集议。宋真宗曾对宰辅们说："军国之事，无矩细，必与卿等议之，朕未尝专断"①。从制度上讲，"集议"的前提是要有"事关大利害"的事情，所谓"大事必集议"，如汉景帝时举行集议讨论晁错的削藩策，汉武帝就"朔方郡"的设置问题征集臣下意见，宋神宗令王安石与司马光当廷辩论以明确变法的优劣，等等。但在实践中也不尽然，如皇帝随时可在朝堂之上进行的御前问策，往往涉及国家日常事务的方方面面，不分大小。

最后，"集议"过程体现出一定的"民主性"。对君主来说，"集议"制度设立的初衷在于"广览兼听，并谋合智"，克服"偏听独断"之弊。为了达到这一目的，在集议中，明智的君主多能虚己纳谏，广采众议，表现出决策一定程度的"民主化"。

《汉书·韩安国传》中记载了汉武帝召公卿共议与匈奴和战问题时的情景，御史大夫韩安国主张"勿击"，大行王恢则主张"击之"，汉武帝认真地听完二人四个回合的辩论后，拿定了主意，决定"从恢议"。明代宗景泰三年（1452年），蒙古额森部遣使来朝贺明年正旦，就是否"遣使答之"的问题，代宗诏兵部讨论此事。兵部尚书于谦以这件事非"司马"之职为由，不

① 《续资治通鉴长编》卷四九，真宗咸平四年六月庚申。

议，代宗接受了他的意见。既而有臣下认为此事"宜敕朝廷公议，不当但委兵部。"代宗于是又诏群臣再议。此次，给事中路璧奏言："遣使有五不可。"他的建议最后被代宗采纳。①

国家大事君臣共议，集体议论，臣属不分职位高低贵贱，各陈己说，切磋辩论，君主仔细倾听，明辨可否，善纳建言，这一场景形象化地表达了集议制的基本含义和追求。这一多人参与、平等对话、形式灵活、共同决策的集议制度，成为专制政治时代预防和纠正君主独断之偏的一剂良药，一定程度上减少了朝廷决策的失误。历史上的有为君主多能较好地利用这一制度，发动臣僚为朝廷献计献策，而一些恣意之君也因为这一制度受到一定的阻碍，不能为所欲为。宋人侯延庆《退斋笔录》中记载，宋神宗时，因陕西用兵失利，欲斩一漕官，宰相蔡确表示反对，理由是"祖宗以来，未尝杀士人"。宋神宗考虑良久又准备把这名漕官刺配远恶州军，章惇提出"如此，即不若杀之"，理由是"士可杀，不可辱。"宋神宗喟然长叹："快意事更做不得一件！"章惇居然应答道："快意事，不做得也好。"这些敢于直言的大臣利用"合法"的议政权，及时对朝政提出合理建言，谏阻君主的不合理行为，对维护朝政秩序起到了很好的作用。

（二）言谏、封驳

刘向《说苑》卷一《君道》中说："明主者有三惧，一曰处尊位而恐不闻其过，二曰得意而恐骄，三曰闻天下之至言而恐不能行"。为防止君主行为失偏，发现和纠正君主言行的过错，中国古代建立了专门的谏诤言事制度，纳谏和进谏成为古代政治生活不可缺少的一部分。

言谏，即直言规劝、匡正君主过失。据载西周时已有"保氏"，"掌谏王恶"。《周礼·地官·保氏》卷十四云："保氏掌谏王恶而养国子以道。"春秋战国时期，各国相继设置了专职谏官，如齐国的大谏、楚国的谏臣、赵国的左右司过等，在诸侯争霸的环境下，各国国君善纳良策，谏议官的作用自然彰显。《战国策·齐策》中记载了齐威王奖励进谏的措施："群臣吏民，能面刺寡人之过者，受上赏；上书谏寡人者，受中赏；能谤议于市朝，闻寡人之耳

---

① 《明会要》卷四五《职官·集议》。

者，受下赏。"此令一出，"群臣进谏，门庭若市"，齐国因此政通人和，邦安国治。史书中还有"邹忌讽齐王纳谏"、"触龙说赵太后"等记载，这些史实都是在春秋战国诸国争霸的背景下，君王们求贤若渴、广纳谏言的真实记录。

封驳，是指有关人员封还皇帝失宜的诏命及驳正臣下有违误的奏章。封，是指对下行文书的审查制敕下颁过程中的覆奏和署名；驳，对下行文书进行审驳。"封驳"诏书，是相权制约君权的一个有效手段。《汉旧仪》载："诏书以朱钩施行，相书下，有违法令，施行之不便，曹史白，封还尚书，对不便状。"西汉哀帝时，王嘉为丞相，哀帝封董贤"二千户"，王嘉"封还诏书"。《资治通鉴》卷三十五，汉哀帝元寿元年"王嘉封还记书"条，胡三省注曰："后世给、舍封驳本此"。

封驳的制度化始于唐代，由门下省给事中执掌这一权力。依唐制规定、凡中书省所下皇帝的调令，都要经门下省审核议定、副署、加盖"中书门下之印"，方能生效，不经中书、门下，不得称诏敕。门下省若认为皇帝有令不当，则署列理由或意见予以"封驳"，要求重拟。《旧唐书·百官志》载：给事中"掌侍左右，分判省事，察弘文馆缮写雠校之课。凡百司奏抄，侍中（门下省长官）既审，则驳正违失。诏举不便者，涂窜而奏还，谓之涂归"。未经中书门下而直接发出的命令，当时是被认为非法的，下层机关可以不承认。魏征即曾以门下省给事中的身份驳回过太宗的亲笔诏旨，成为千古流传的佳话。

宋代在唐代台谏并立的基础上，进一步发展谏官系统，在门下省设谏院专司言谏，设门下后省职司封驳。这一时期的言谏制度主要有两个特点：一是相对独立的谏院机构的设置，二是御史得兼言事、谏正，谏官也任纠察、弹劾，开台谏合一之端。"台谏合一"制度下，谏官的职权范围有所扩大，其规正的对象不仅包括君主，也包括以宰相为首的文武百官。"凡朝政阙失，大臣至百官任非其人，三省至百官事有违失，皆得谏正"。谏官与御史一起论谏君主的例证在宋代也不乏其例。

案例：陈禾引裾尽言

　　北宋徽宗时期，蔡京、童贯等奸臣擅权，为非作歹，并与徽宗引为心腹的内侍黄经臣狼狈为奸，败乱朝政，致使大多数朝官明哲保身，噤若寒蝉，只有右正言陈禾不畏权势，上疏弹劾黄经臣"忠宠弄权，夸炫朝列，每云诏令皆出其手，言上将用某人、举某事，已而诏下，悉如其言，夫发号施令，国之重事，黜幽陟明，天子大权，奈何使宦寺得与？臣之所忧，不独经臣，此涂一开，类进者众，国家之祸，有不可遏，愿亟黜之远方。"此时，徽宗正对黄经臣宠信有加，不仅不采纳陈禾的意见，甚至不待陈禾奏毕，便拂衣而起。然而陈禾却扯着徽宗的龙袍，继续陈述，竟将龙袍扯破。徽宗因此大呼："正言碎朕衣矣。"陈禾却毫不畏惧地说："陛下不惜碎衣，臣岂惜碎首以报陛下？此曹今日受富贵之利，陛下他日受危亡之祸。"陈禾的忠直之言，使徽宗也为之感动，并将撕碎的衣服，"留以施直臣"。但是不久徽宗又为童贯等人所惑，陈禾被贬官。陈禾的作为受到后人的高度评价，称其"引裾尽言，有古谏臣之风"①。

如上，言谏、封驳制度在中国历史上历经几千年而未息，作为维护专制政治秩序的一个有效机制，在纠正君主过失的过程中发挥了显著的作用。从唐太宗、明太祖的虚怀纳谏中，从宋神宗对御史官的惶恐中，可以看到"言谏"的力量；从历代忠臣不惜性命以谏君失、讽君过的记载中，更可以感受到中国古代可贵的以"道"制君的政治文化传统。

二、中枢权力监督：尊君抑臣

两千多年的中国专制政治历史中，君权和以相权为代表的中枢权力之争伴随始终，出于维护皇权及专制统治整体利益的需要，历代君主无不穷其智慧以制约和规范以宰相为首的中枢权力，中枢体制的演变、调整最集中真实地反映了这一历史过程。

在中国两千多年的专制政治史上，行政中枢体制一直在不断地调整、变化之中，中枢组织或一相独任，或多相分权，中枢的权力重心时而在此，时

①　《宋史》卷三六三《陈禾传》。

而移作他处，权力功能时而强化，时而削弱。这些变化的背后虽有多层次、多方面因素在起作用，但有一条"法则"始终贯彻其中，即"君尊臣卑"格局下的相权制约，历代行政中枢体制的变化都离不开规制中枢权力的目的，离不开君权对相权的限制这一主题。

在专制官僚制度产生之初，辅佐君主为政的相居于至关重要的地位，战国时各国相的职能虽未见诸成文，但作为君主身边的辅政之官，其总理百揆、统揽大政之权是没有疑义的。《荀子·王霸》里说："相者，论列为百官之长，要百事之听。"富国强兵的愿望之下，各国君主均厚待其相，而一些英才俊杰也充分利用时势所提供的舞台，利用君主的信任和赋予的大权，施展自己的政治抱负，此时的相位，权专而势强。史书记载，春申君黄歇担任楚相，"虽名相国，实楚王也。"① 齐国贵族田婴为相时，"与故人久语，则故人富"②。孟尝君在为相的时候，"上则得专主，下则得专国"③，权倾一时。在战国激烈复杂的政治军事形势中，各国之相以其杰出的才能和智慧，尽心事上，他们或出身贵族，或起自寒微，而皆因助君主行治国之事权势显要，名声显赫。战国列国也多有因得到名相良臣而富国强兵乃至成就霸业者，如管仲之于齐，商鞅之于秦，吴起之于楚。管仲相齐，齐国迅速崛起于东方，商鞅相孝公，"为秦成帝业"。这些集各种权力于一身的相的出现，一方面对诸侯国政治大有贡献，但另一方面，相权的成长和独断对君权的威胁也已见其端倪。"千乘之君与万乘之相"④ 的说法，即是这一时期相权之隆的一个写照。可以说，相权制约问题在战国时期已提上了日程，韩非子的理论中已在反复列举相夺君权的史实，告诫统治者控制臣权的必要。

秦汉时期，实行宰相独任制，作为丞相府的正职长官，丞相"掌丞天子，助理万机"，凡一切军国要务，皇帝皆与丞相共商决定，朝廷内外百官皆听命于丞相。这时的丞相权倾天下，位尊势隆，皇帝亦对其尊宠有加。《汉旧仪》云，皇帝见到丞相时，要"为丞相起"，"为丞相下舆"。汉初的萧何、

---

① 《史记》卷八四《屈贾列传》。
② 《韩非子·内储说下》。
③ 《荀子·强国》。
④ 《战国策·齐三》。

陈平甚至可以决定治国的基本方略。这时的丞相虽时置左右二人，但其权力并未分割，独任制之下，被赋予了治国理政重任的丞相，其地位和权力处于上升和膨胀之中。

自西汉中期开始，皇权便开始对相权加以制约和削夺。汉武帝通过由心腹近臣组成的"中朝"分割相权，政务中心由外朝移至内朝，曾经是"助理万机"的丞相，此时几成陪衬。不仅如此，据史载，汉武帝朝前后十二任丞相，竟有五任死于非命，皇帝对相权的打击可谓不遗余力。东汉至魏晋时期，又有尚书、中书、门下三省先后得势，成为参掌机要的"真宰相"。隋唐三省制、宋代的二府三司制之下，中枢之权被一再分割，宰相专柄的局面无法形成，直至明代，宰相一职被彻底废除。

综观中国古代政治史，处于机要之地的中枢机构始终不断地被皇权打击、削弱，愈往后世，以宰相为核心的中枢机构权力愈小，而这同时，皇权却在不断地强化之中，"卑"其臣与"尊"其君是相辅相成的一个过程的两个方面。皇权的强化，一方面表现为有一定独立性的外朝中枢权力被逐渐侵夺，另一方面又表现为一部分内廷臣属或机构因得皇帝信任而不断培养发展势力，成为实际上的权力中枢。

如上所述，中国古代中枢权归何处，皇帝的好恶取舍、皇权的维系与巩固是其中的一个决定性因素。在这一过程中，中枢权力的有无和大小有时会表现为制度的形式，有时则毫无定法，随意而为。制度化与非制度化手段交错并举，这是中国古代通过权力配置实现对中枢权力制约的一大特点。魏晋时期三省地位上升，到隋唐时形成规范的三省制度，唐及五代时的枢密使在宋代成为正式的中枢机构，明代的内阁也是制度化的宰辅机关，这些都是以制度形式约束中枢权力的表现。但与此同时，历朝历代在制度化的规范之外，都会有不断的临时性措施，在中枢部门和朝廷大臣之间，抑此扬彼，制约、打击或抬高某一个部门、大臣的实际政治地位。

宋代宰相与参知政事的关系也完全表现为因人而异。宋代初年，宋太祖专信宰相赵普，赵普独掌中书十年。但长时间的相权独专致其势力膨胀，引起了太祖的猜忌，于是太祖便提高参知政事的地位以分宰相之权。太宗时，寇准为参知政事，其地位几乎与宰相平起平坐。在寇准因揽权激怒太宗被贬至邓州后，参知政事的地位随之作出调整，其与宰相对等的押班、知印权被取消。宋代还有两位著名人物范仲淹和王安石皆曾出任参知政事，由于二人出众的才华，在任期间都得到了特别的重用。范仲淹时，向仁宗上书，"上方信仲淹等，悉用其说。当若为令者，皆以诏书画一，次第颁下。"① 当时宰相均无所作为。王安石任职参知政事，也深得神宗赏识，他主持变法期间，排斥异己，独揽朝政，权倾中外。当时的宰相曾公亮、陈升等人或老或病，无济于事，时人讥称中书有"生宠病死苦"，即王安石生，曾公亮老，赵抃苦。② 王珪被称"三旨相公"——除了"取旨、领旨、传旨"外，便无所事事。③ 宋代宰相与参知政事的关系是中国古代中枢权力转移的一个缩影。

无论是制度化或非制度化的措施，中国古代中枢权力的设置都体现出同一目标和宗旨，即君主独揽政务大权，君尊臣卑。余英时先生曾对此有所阐述："自秦汉以下，中国宰相制度一共经历了三个基本的发展阶段，即秦汉的三公九卿制，隋唐的三省制，和明、清的内阁制(清代又加上军机处)。'君尊臣卑'的原则正是每一个阶段发展的最后动力。"④

汉代后期及魏晋时期的尚书、中书、门下，唐代的翰林，唐及五代时期的枢密使，明代的内阁，清代的军机处，最初都只是皇帝近侍或秘书，因得到皇帝的特别信任而逐渐参与机要，大权在握。在专制制度之下，皇帝恩信所在，即是政治中心所在，这是中国古代中枢权力演变的一条基本规律。日本学者将中国古代中枢权力转移呈现出的这一规律性表述为"波纹式的循环发生"，即天子左右的微臣因近而亲，逐渐获得权力，最终取代外朝大臣。但取代之后，又有新的私臣得到皇帝的恩宠，权威日盛，压过乃至最终取代现有的外朝大臣。⑤ 如此波纹式的层层外推，中枢权力不

① 《长编》卷一四三，仁宗庆历三年九月丁卯。
② 《续通鉴》卷六六，神宗熙宁二年四月丁未。
③ 《宋史》卷三一二《王珪传》。
④ 余英时：《君尊臣卑下的皇权与相权》，载《中国思想传统的现代诠释》，江苏人民出版社1995年版。
⑤ 详见和田清编著：《支那官制发达史》上，中华民国法制研究会，1942年，第417页。

断发生转移，如隋唐三省制的形成过程，唐宋时期的枢密院，明清之际内阁、军机处的形成等，成为中国古代官制的一大特色。这一特色的形成乃是皇权的私有属性使然。

三、地方权力监督：中央集权

中国古代社会里中央与地方的关系，主要表现为两种形式：中央集权与地方分权。二者之中，以中央集权为主流。秦代以后的王朝中，唯有汉初及魏晋、唐末等少数时间里地方权力较大，其他时期均实行严格的中央集权制度。集权制度之下，历代君主为了保证中央政令的畅通，防止地方势力坐大，都想方设法对地方权力加以控制，制约防范地方官吏违法失职行为。

（一）中央集权：地方体制演变的基本原理

中国古代地方体制一直处于变化和调整之中，每个朝代都根据统治的需要确定地方行政层级和区划，划分地方机构的内部分工，分配给地方以大小不等的权力。在这个过程中，虽因各种因素，各朝代地方行政体制设置各有特色，但一条基本的线索清晰可见：随着专制制度的不断发展，地方权力越到后来越趋缩小，中央权力则日趋扩大和集中，中国古代地方体制演变反映了中央集权日益强化的基本原理。

秦始皇统一六国，建立秦朝后，在郡县分封争论之中，确立了郡县制这一中央集权政体。在汉初郡国并行，最终带来了七国之乱，严重威胁汉中央集权统治。通过削藩、推恩令，西汉中期以后，郡县制得以最终确立。

在此制度之下，地方权力随之受到了根本性的限制，历代王朝总是处心积虑地将地方的各种事务尽可能地控制在中央朝廷，并采取各种措施防范和监督地方官员。集权制是中国古代专制政治之下历代帝王的共同目标。近代学者王亚南在分析了秦王朝的各项政治制度后指出："其中最基本的措施，则是'天下皆为郡县，子弟无尺土之封'。因为有了这一项根本决定，任何贵族就没有'食土于民'的权能。经济政治大权集中于一身，他就有无上的富、无上的贵、无上的尊严，'朕即国家'；他的命令就成为制、成为诏了；而分受其治权的大小官僚，就得仰承鼻息，用命受上赏，不用命受显戮了。"① 这一论述揭示了中国古代专制帝王加强中央集权的基本思路和理由：废分封，行郡县，以实现君主的至尊、至富，实现其"家天下"的统治。

虽然郡县制在秦汉之后的国家政治体制中占据主导地位，但其与分封制二者优劣取舍的争论在中国历史上从未中断。至明末清初，三大思想家黄宗羲、王夫之、顾炎武就此问题进行了新的探索，提出了二者相调和的新主张。王夫之曰："封建之天下分而简，简可治之以密；郡县之天下合而馈，繁必彻之以简。"② 黄宗羲说："欲去两者之弊，使其并行不悖。"③ 顾炎武则明确提出："封建之失，其专在下；郡县之失，其专在上。"认为最好的方法是"寓封建之意于郡县之中"④。三大思想家的主张代表了中国古代中央与地方关系的理想状态："内外相维"、"上下相制"，中央与地方互相扶持支撑，各享其权，各尽其责。

（二）调整层级、事权分割

郡县制之下，地方行政层级的多与少，行政区划范围的广与狭，关系到中央权力能否有效地作用与控制地方，反映了中央集权与地方分权之间的此长彼消的关系。因此中国历代专制王朝都十分重视地方行政架构的理路与制度设计。

秦时实行郡县二级制，始皇时分天下为 36 郡，后来郡数增至 49 个。秦朝地方县的数目在 1000 左右，平均起来，每郡约统 20 余县，这样的层级和管理幅度都是比较合理的。

西汉时，经过分割秦郡、封国领地及开拓疆土等措施，郡国数目大增，至西汉末年，郡国总数增至 103 个，共统辖 1587 个县级政区，平均每个郡国的管理幅度为 15 个县，仍为合理。但是，相比较秦时，汉中央政府直辖100 多个郡，难度明显增大。为更好地控制地方行政，汉武帝在全国郡级政区之上设 14 个临察区，称州，每州派刺史监察各辖区官吏的为政情况。久之，州刺史演化为郡之上的地方最高行政级别，至魏晋南北朝时，州、郡、

---

① 王亚南：《中国官僚政治研究》，中国社会科学出版社 1987 年版，第 57 页。
② 王夫之：《读通鉴论》卷五九。
③ 黄宗羲：《明夷待访录·辟方镇》。
④ 顾炎武：《日知录》卷一《郡县论一》。

县三级行政体制确定下来。实际上,在汉代,郡国辖地范围减少所带来的结果是两方面的,一方面,众建郡国少其力,大大减少了地方力量与中央抗衡的可能;另一方面,郡境过小,力量过弱,也给地方行政的有效开展带来了不少的麻烦,尤其当地方事起之时,一郡之力往往难以应付,只能坐等中央干预。因此,汉代地方的三级行政体制是形势所需,州刺史转变为地方一级政权,有其必然性与合理性。

魏晋南北朝分裂割据时期,"百室之邑,便立州名;三户之民,空张郡目"①,州郡之数大大增多,加上侨置州郡县的变化,使得中央政府管理极为不便。西晋时期,设州19,郡173,县1232。北周时,则有州221,郡508,县1124,平均每州只管两个多郡,每郡只辖两个多县。

为改变如此混乱的地方行政体制状况,隋唐时期对地方行政层级及行政区划进行了大规模的改革。唐代地方层级为州县二级,有358州,1551县。与汉代相似,过多的州县建置给唐中央统治带来不便,为此,唐代亦在州之上设"道"为监察区,初置十道,后增至十五道,此后,道逐渐成为州之上的一级行政机构。至唐后期,地方行政管理逐渐形成了中央—40余道—300余州、府—1400余县的三级制(1:7:35)。

宋代行路、州(府)、县三级制,其中的"路",亦由地方大监察区演化而成。宋朝最盛时,全国设23路、38府、254州、59郡、1234县。为防止唐末及五代十国以来地方割据分裂的悲剧重演,宋代通过进一步采取划小政区,分割和上收地方权限的方式实现对地方的有力控制,地方权力大为削弱。

元代是我国地方行政体制重要变化时期,其地方层级设置比较复杂,有五级制、四级制,但是,基本上行省、路(府)、(州)县三级制。元代在地方行政体制设置上的最大特点及对后世的主要贡献即创立了行省制。元代行省是应中央对地方的控制之需而设,初为临时性质,不久,便成为常设的地方最高一级行政区。元代中期,全国除中书省直辖的"腹里"地区及宣政院直辖的吐蕃外,共设11行省,每一行省所辖范围很大。作为地方一级行政区划,元代的行省始终身兼地方官府和中央派出机构的双重

---

① 《北齐书》卷四《文宣帝纪》。

身份：一方面，在地方开府设职，"画地统民"，是正式的一级地方机构；另一方面，其代表中央"分镇方面"，对地方进行政治控驭和军节镇遏的色彩又非常浓厚。在这一体制下，行省代表中央掌握地方军、政、财诸项大权，同时，又要接受朝廷的统一控制和驾驭，它既可以为中央收地方之权，又在一定程度上为地方保留了较多的自主权。它较好地解决了专制制度之下中央集权与地方分权的矛盾。明清时期的督抚体制即属于这种"分寄式中央集权"统治模式。

元代州的区划则缩小，有的州只辖二三县，与县级无异。元代的府和州有的归路管，有的归省管，还有的州归府管。县则或归路管，或归府管，还有的归州管辖。

明代废除路制，洪武九年（1376 年）又废除行省制，地方实行布政司、府（州）、县三级制，但在省之上又出现总督、巡抚。清代地方行政体制亦如此，省之上有总督、巡抚，省之下有道。总督、巡抚在明代是中央派出的官员，节制地方一省或数省的行政，明后期成为常制，甚至凌驾于省级之上，成为事实上的一级行政区划。至清代时期，督、抚成为固定官职，其所辖区域与省一级大致相同。明代共 15 个省级行政区划，清代在鸦片战争前共设置 18 个行省。

总之，在中国古代，地方行政层级基本上经历了由二级制到三级制的发展变化，个别时期虽有复杂的多层结构，但其实质仍未超出三级设置。在各层级的行政区划或管理幅度上，则表现为由大到小的趋势。这一制度沿革和变化反映了中国古代中央与地方关系发展的一个基本线索：中央集权随着专制统治走向后期逐渐强化，地方权力则渐趋缩小。

根据行政学基本原理，行政权威与行政层级呈反比关系，行政权力直接作用于客体或对象时，其权威实现最为充分，随着其下属行政层级的增加，权威呈递减之势。在多层级下，中央政令经过层层传递与阻截，会不断变形、削减其效力，甚至完全失效。同样，行政层级过于简化，地方行政也无法得到有效掌控，尤其在中国地广民众的基础之上。在行政管理幅度上，也存在一个合理比例，层级过大过宽，力所不及，将使中央统治权能失效，地方势力称霸一方；过小过窄，地方力量无法整合，一旦事起，无力相救。汉唐时期，州、道所辖区域过大，平均领有七八郡之地，足以形成与中央对抗的物质和军事基础。而郡的辖区较小，人少力薄，不具备称雄割据的客观条件，极少形成割据一方之势。

因而，有效安排地方层级设置，合理调整行政区划，这是每一个专制王朝颇为用心的一个政治课题。中国古代虽少有相关的行政建制理论见诸史籍，但两千年不断创制、调整、纠正前弊的政治实践表明，历代统治者深明此理。汉代"推恩令"的主张者主父偃曾分析对地方势力"削而弱之"的道理："古者诸侯不过百里，强弱之形易制。今诸侯或连城数十，地方千里，缓则骄奢易为淫乱，急则阻其强而合从以逆京师。今以法割削之，则逆节萌起，前日晁错是也。今诸侯子弟或十数，而适嗣代立，余虽骨肉，无尺寸之地封，则仁孝之道不宣。愿陛下令诸侯推恩分子弟，以地侯之。彼人人喜得所愿，上以德施，实分其国，不削而稍弱矣。"[①] 于是，武帝用"主父偃谋，令诸侯以私恩裂地，分其子弟，而汉为定制封号，辄别属汉郡。汉有厚恩，而诸侯地稍自分析弱小云"[②]。众置区别，少其力，确实有效地实现了中央政府对地方的控制。

除控制层级、调整区划二端外，专制王朝在地方行政体制设置上，采取一些特别措施以防止地方权大。元代以来在地方区划设置上的犬牙交错之势即是一例。秦汉以来，地方行政区划大多依山川地形的自然界限或历史传统等因素来确定，而自元代始，行省区划不惜打破自然地理界限，不顾区域经济联系的需要，人为地造成犬牙交错局面。如将江西、广东合为江西行省，将湘、鄂、桂列入湖广行省，五岭地区被纵向切开，无法形成一个完整的可以割据一方的力量。宋元明清时期还在地方区划上实行复式建置。宋代，漕、宪、帅、仓诸司的管辖区域皆为路，但各监司所辖之路并不尽一致，如陕西从转运司看来为一路（后分为两路），而以提刑按察使而言，则分成永兴军路与秦凤路两路，若以安抚使而言，又分成永兴军路、延庆路与环庆路以及秦凤路、径原路与河熙路，共六路。此外，即使有两司的路一致，治所

---

① 《史记》卷一一二《平津侯主父列传》。
② 《汉书》卷五三《中山靖王刘胜》。

有时也不在一地。这些特殊的措施与建制均旨在尽力遏制地方独立的可能，使地方力量在层层阻碍与相互制约中无法稍越雷池。

（三）分司治事，相互制约

中国古代各个时期地方政权的机构设置与其中央体制是基本一致的，地方机构通过划分事权，建立各分权机构之间的相互制约机制，同中枢机构的分权是一样的道理。

秦时的郡一级设郡守、郡尉、郡监三个郡级长官。郡守为一郡之长，掌治其郡；郡尉掌一郡的军事事务，并掌治安；郡监即监御史，掌监察郡治。郡尉与郡守、郡监之间没有上下级关系，他们都由中央任命，直接向中央负责，三者分掌一郡之权，相互之间形成牵制之势。同样，在郡之下，各县也设县令、县尉、县监，也各有吏属，以收分权制约之效。

汉代在实行郡县制的地区，官职设置与秦基本相同。魏晋南北朝时期，地方政治制度极度混乱，隋立国后，对地方政治制度大力整顿，其重要措施之一即实行地方军政分治，这一做法为后来朝代所延续。

在中国古代地方机构建制中，分权考虑较充分的，宋代可作为一个典型。宋代的地方机构设置主要着眼于相互牵制，地方事权分散，没有单一的权力机构和权力中心。在地方最高行政层级的路，设经略安抚使、转运使、提举常平使、提点刑狱使四长官，掌一路之军、政、财、司法大权，他们互不通气，直接对皇帝负责。宋代还根据情况需要，在某些路中设有招讨使、招抚使、镇抚使及提举茶马司、提举市舶司、提举坑冶司、提举茶盐司等，这些官职或机构的长官，有的由本路四司长官兼任，有的则由朝廷另行派遣。另行派遣的官员与四司没有统属关系，如此，地方的权力都集中到了中央。宋代建立后，收回了节度使的兵权，由中央直接统领府、州、军、监，其主要长官分别是知府事、知监事、知州事、知军事，此外，又设身兼监察与副职长官的通判。按规定，凡正长官批发的公事，要经过通判签议联署，方为合法，正副职之间的相互监督和牵制关系非常明显。在宋初，通判的实际地位以及皇帝的亲信程度甚至超过了知州，它是皇帝在地方的耳目，可直接向皇帝汇报地方官的为政情况。因此，宋代的知州实际上是有职无权。

元代也建立了地方行政机构之间及其内部的相互制约机制。元代在行省内部实行群官圆署制。行省官员通常由左丞相、平章、右丞、左丞、参知政事等六七人组成。行省的军事权，专由佩金虎符的丞相、平章等官掌管，掌财政权的官员也由朝廷指定。行省内部实行群议制度，每遇大事，集体讨论决定，参与讨论的官员要在最后的议决结果上签名画押。这一同署议政的方式是对长官专权的积极防范。不仅如此，元行省官员中，行省丞相、平章多由蒙古亲王充当，权力极大，其他官职也往往是蒙古人、色目人、汉人交互任命，而正职长官通常都要保证由蒙古人、色目人担任。

分司治事，相互牵制的做法，在克服地方权力独专问题上发挥了积极的作用。在中国古代政治史上，地方政治体制既有"分权制衡"的成功经验，也有"权柄独擅"的深刻教训。宋代未有地方割据之弊，明代，督抚尽管大权在握，但其权势始终被限定于专制统治许可的范围之内，没有形成威胁。而汉、魏晋南北朝及唐末地方长官大权独揽均带来了严重的后果。曹魏时期，以军人兼任州的行政长官，是地方行政机构的最大特点，州刺史之权力日益膨胀，集军事、政治、经济、司法等大权于一身，成为地方上的实权派。西晋时，州置刺史、都督分别职掌民政和军事。《南齐书·百官志》载："晋太康中，都督知军事，刺史治民，各用人。"可见，在武帝年间，刺史与统军的都督分而任之，但惠帝后，这一制度受到破坏，刺史、都督往往合而为一，都督兼领刺史，州内的军政大权都由都督掌握。都督甚至可以同时督几州以上，如南阳王司马模以征西将军督秦、雍、凉、益四州，东海于越都督司、冀、兖、豫、幽、并六州，这些都督都府实际上取代了地方政府，其军事势力十分强大，中央也逐渐失去了对他们的控制，这为西晋政局的动荡，为"八王之乱"埋下了祸根。北齐时，州刺史亦握有兵权。《北齐书·高隆之传》："魏自孝昌之后，天下多难，刺史、太守皆为当部都督，虽无兵事，皆立佐僚，所在颇为烦扰。隆之表请：'自非实在边要，见有兵马者，悉皆断之。'"高隆之当过多年刺史，深知其情，故上表高欢陈说刺史权力集中之弊，但事实上并未改变这一局面。唐末藩镇割据之祸，同样起于地方集权：节度使军、政大权在握，可以自募军士，可以占有"送使"等赋税，也可以节制"支郡"，自辟僚属，军事、财政、人事各权无不统领，终于酿成灾难。

通过分权以建立相互监督、制约机制的做法，在中国古代虽有效遏制了地方势力的恶性发展。但是如前所述，它也在相当历史时期带来了负面作用，集权固然容易带来专权擅政；而分权不当，亦极易导致地方军政指挥不力。如何调适中央集权与地方分权的关系，这是帝制中国政治设计上的一个重要问题。

第二节　权力监督的道德性

一、官箴的内涵

官箴，有的是君主为臣下所颁制，有的是臣下自撰，其中所表达的"为官之道"及对官员品行、素质的要求，也包含了丰富的权力监督的思想。

官箴，即对官员劝诫的一种文体，其内容主要涉及对官员品德和行为准则方面的要求，也包括官员处理政务的一些方法和技巧，可称作"为官守则"或"官员手册"。在中国古代道德至上的社会里，对官员的道德要求在吏治整饬过程中占有极重要的地位，而官场的复杂性和"人治"政治下公务处理的个别化，又使得各种从政经验显得尤为宝贵，因而，官箴大量产生。丰富的官箴是中国古代官文化的一大特色，也为官僚政治体制下的权力制约提供了一个有效的途径。

"官箴"作为正式的概念，出现在西周时期。中国历史上第一部官箴《虞人之箴》，出现在战国时，主要意思是虞人劝诫周天子不可贪于田猎，注意道德修养，不可荒疏政事。

战国秦汉时期，官箴从开始的箴谏君王，转而演变为百官守则。秦代的《睡虎地秦墓竹简·为吏之道》中对官吏有"五善五失"的规定，其中涉及了奖惩规则，凡官员行为符合"五善"要求者可获奖赏，而触犯"五失"者将受到相应的惩处，表明这时国家已从法律制度的角度对官箴内容加以认可。汉代官箴相较秦代而言，有了重大发展。在继承了秦代官箴内容的基础上，汉代更多地将儒家的三纲五常思想融入官箴，而在劝诫的对象上，此时也已完全指向臣僚。

隋唐时期，官箴文化走向成熟。特别是唐代，出现了一些有代表性的官箴文献，如武则天的《臣轨》、吴竞的《贞观政要》、古之奇的《县令箴》等，大致可以分作三类。一是官吏个人从政经验的总结，如古之奇的《县令箴》；二是官吏对于君主施政的记录，如吴竞的《贞观政要》；三是君主为臣子百官所做的行政准则，如武则天的《臣轨》。三者为官吏行政提供了一个方向或借鉴。为确保官箴要求的实现，唐律还进一步将相关的官箴内容法律化，这也是自汉代以来统治者所普遍采取的一种做法。法律与道德要求共同构成了对官吏的制约机制。

唐代以后，官箴无论在形式上还是内容上都大大地丰富了。官箴数量增加，形式增多，内容细化；并且，官箴的法律化和法律的官箴化得到了进一步的发展，大量的官箴内容与国家律法相通相融，相互配合。

在现存的史料中，大量的官箴书都是宋代以后的作品，从这些作品的研究中发现，五代、宋时的官箴大致延续了隋唐官箴的形式和内容，侧重于对官吏政治道德的要求，而元、明、清时期则在官箴中增加了对官吏各种政务的操作方法、技能和规程的要求，如关于调节上下级或同僚关系、约束家眷仆役以及官府迎来送往、征税科放、审案治狱、救荒抚恤等各项政务的实用诀窍和操作方式等。明清时期是中国古代官箴发展的极盛阶段，此时的官箴书不仅数量繁多，而且兼具理论性和实践性，真正成为古代中国统治者政务管理的百科全书。

二、为官训诫的主要内容

古代中国帝王希望自己的官员具备怎么样的职官道德呢？从官箴书中大量的为官训诫里，可以梳理和概括出以下几个要旨。

(一) 忠君爱国

忠作为官员从政的道德规范，就是要忠于国家、忠于职守。明清时期的经济虽然取得了前所未有的繁荣和成就，但整个官僚体系的腐朽和政治系统的僵化不仅抵消了这一时期经济上取得的建树，而且使得不同族群和拥有不同利益的官僚集团成员产生了对王朝偏离的倾向，甚至是抵抗的意图。在这种可能会失去政权的焦虑心理影响下，统治集团更加频繁地重复"效忠乃臣子常分"等忠君老调，褒扬那些"左右明廷，披胸见款"的忠义臣子。所以在明清官箴中，对官员的道德要求，忠君放在了首位。此外，对于忠君，有忠义之士也发表了一种另外的看法，"藐兹小臣，君门万里，虽素孕血诚，倾沥无所。只竭力为民，即是效忠也。"[①] 以为民谋福利作为对国家、君主的忠诚。

（二）以民为本

官员应秉承"仁者爱人"，"修己以安百姓"的准则。首先，要有爱民之心，关心百姓疾苦。其次，要顺应民心，了解民众真实的想法。"国之本在民，民之本在农。"最后，要有惠民之实，勇于担当责任。"若有一毫粉饰，则百姓断不可欺，所谓不诚未有能动者也。官之性情心术，百姓无不知之，洞然无所蔽隔。居是职者乌可不诚"[②]。

（三）廉洁奉公

"政者，正也。为政之道，莫若至公"[③]。明清时期专制王朝由兴盛走向衰落，阶级矛盾发展到不可调和的程度，其中一个很重要的原因就是该时期的吏治愈加腐败，官场愈加黑暗，特别是明清中晚期官僚阶级贪污猖獗、贿赂成风，整个官僚体系已被严重腐蚀。在这种背景下，明清的官箴比以往任何朝代都更加强调和重视官吏的廉洁。于成龙在《亲民官自省六戒》中，把"绝贿赂"作为仕宦一戒，他说："为贫而仕，州县，为区区阿堵物便俯首帖耳，受挟制于家丁，殊不合算。"[④]"大行之美，以孝为第一细行之美，以廉为第一。此二者，君子之所务敦也。"[⑤] 在关心王朝兴衰的士大夫看来，廉洁奉公是为官者首要具备的，是职官的一项重要道德。犯下贪污的罪行对于行政人员来说是莫大的耻辱，其行为后果不仅给整个官僚体系带来巨大的负面影响，而且破坏了整个社会系统的信任和稳定，所以官箴中有"不廉之吏如

---

① （清）袁守定：《图民录》，载张希清、王秀梅主编：《官典》第3册，吉林人民出版社1998年版。

② （清）袁守定：《图民录》，载张希清、王秀梅主编：《官典》第3册，吉林人民出版社1998年版。

③ 杨建祥：《中国古代官德研究》，上海古籍出版社2004年版。

④ 徐梓编注：《官箴：做官的门道》，中央民族大学出版社1996年版。

⑤ （明）吕坤撰，王国轩、王秀梅注：《呻吟语》，学苑出版社1993年版。

蒙不洁，虽有它美，莫能自赎"①的说法。

（四）修身正己

"善治天下者，求之于其身而已矣。"官箴中认为通过科举考试和吏部加试选拔任用的官吏，虽已通过"身、言、书、判"等德才的严格挑选，但并不等于说道德修养就此可以一劳永逸，相反应继续修身正己，同时还要求官员们要做到慎独。慎独，是古代官员道德修养的重要方法，在古代官员诸多道德人格中具有基础性意义，它要求官员在无人监督的时候能做到自律，自我约束，自我完善，保持良好的道德操守，以圣贤和君子的品格严格要求自己，谨慎地对待自己的所思所行，不做违背道德和法律的事情。修身还包括官员们学习为官的知识。一般而言，能够考取官员必定拥有一定的学识，但做官所需的学识与备考之时的学识又有所不同。这里所说的学识主要包括对律书的娴熟及对各地不同风俗的把握，这就要求官员们认真研读律书，以及多看州县志书以把握当地的风俗人情。

（五）明理察情

"听讼有成见，揣度情理，逆料其必然，断罪有成见，则务博严明之名。"②官箴中的职官道德还包括在任期间官员查案必须勘察实情，同时查案应快速而不应拖延推诿。郑端在其编辑的书中讲到，州县官在处理民事纠纷时也要注意一定的原则，如审案之时，要做到虚、公、明、断，但更重要的则是化大事为小事，化有事为无事；问事绝不可有成见，又不可执拗到底；听讼断案以投到先后为准，而不允许吏书以受财多寡来排序；听讼问事时不必太迟疑，也不必太恃聪明，尤其不可粗心浮气；小事不宜轻易问罪，应当按照风俗民情与乡规民约给予调处，或由地方老成有德之人调停处断，等等不一而足。此外，官箴还提醒地方官处理命案时要坚持三项原则：一不可捕风捉影；二不可盲目相信口供，口供必须与证据相结合；三证据必须经过鉴别。

---

① （明）汪天锡：《官箴集要》，载张希清、王秀梅主编：《官典》第1册，吉林人民出版社1998年版。

② （清）纪晓岚：《纪晓岚文集》第1册，河北教育出版社1995年版。

三、道德化官箴：权力的道德监督

综观中国历史上数量繁多的官箴，其着述形式虽各有不同，但大致不外以下几种类型：一是由君主颁下的为政要旨；二是臣僚对从政经验、为官之道的总结；三是多种官箴的汇集类编。另外，在中国古代，有一些儒学经典，被后人列入官箴之后，还有一些官员的日常言行，也被纳入官箴的范畴，在古代官场有着持久的影响力。

中国古代官箴虽文体形式多样，撰写主体各异，但其内容大致不外乎三个方面：从政道德、处理上下左右关系及驭民治政的原则和方法。其中，有关官员从政道德的内容与本书"权力制约监督"主题相关，故在此加以分析和介绍。

在传统的人治社会，官员个人道德品行的高低对于权力行使有着直接的影响，所谓"其身正，不令而行；其身不正，虽令不从"，故对官员品德加以培养、塑造的官箴，在古代官场的政治运作中占有举足轻重的地位，历代统治者和心怀天下的大小各级官员或著述、或编辑，对官德内容反复阐释、说明，以期对官场中人有所约束。

就官德的内容归纳而言，包括慎独、忠君、爱民、廉洁、节俭、公正、谨慎、勤政等方面的内容，这些内容是相互关联或互为因果的，官员的节俭与清廉，慎政与勤政，都基于忠君与爱民的大前提，而忠君、爱民又需要具体落实到清慎、公廉诸多品格之中；俭者自廉，奢者必贪，在实际政务执行中，廉、慎、勤者，多能公允明断，而贪庸之徒，自然也无法公断明判。因此，作为一个官员，应从以上所有方面严格自律，任何一项的背离，都可能带来更多的道德缺失，甚至一处不守，满盘皆错。

道德化官箴为中国古代官员在为人、行事各个方面提供了基本的准则，也为其权力的正确行使指明了方向，具有重要的权力制约功能。但是，这种制约，是建立在官员自身修养的基础上的，它的实现很大程度上依赖于官员个人的道德境界，当一些人无视这种道德力量的时候，官箴的约束和规范作用也就十分有限。为保证道德化的官箴的真正实现，中国古代各时期都以立法的方式将一些官箴内容纳入制度化的轨道。所以，官箴的法律化是中国古代官箴文化的又一特色，官箴官规与法律制度协调统一，密切配合，共同承担着约束官员行为、规范官员权力的使命。

第三节　权力监督的舆论性

一、清议的实质

清议，本义是指旧时乡里对某人德行的评价，有褒有贬，后来则多指对亏损名教者的揭发、批评，褒奖之意渐失。作为一种对时政和士人品行评价的方式，清议与今天对公权的舆论监督颇有相似之处。在中国古代，由于谤议者多是社会名流，他们对人物的褒贬通常会形成一定的舆论，并在很大程度上影响甚至左右官员的仕途进退，因而，其对于古代的官场政治运作有着非同小可的作用。

中国古代很早时候就注意到了社会舆论监督对于国家治理的重要意义，《吕氏春秋·自知》中记载了君主倾听众意、虚心纳谏的史实："尧有欲谏之鼓，舜有诽谤之木，汤有司过之士。"通过这些途径，民众可以将其对政治的批评意见传达于上，对君主施政产生一定的影响。

中国先秦时代，民众评议君主的行为是一种较为普遍的现象，而且是为当时社会所赞同的。如果君主对此有所压制，必然会受到更多的批评和指责。民众对暴虐奢侈的周厉王提出批评，厉王不仅不接受，反而更加严厉地镇压民众，为此召公建立了一整套自大臣至民众劝谏、规诫国君的制度，分析了"为水者决之使导，为民者宣之使言"的道理，要求国君通过各种渠道来倾听舆论，改善行政。由于王不听，召公最终被流放。而周厉王的谥号"厉"字，意即"杀戮无辜"，代表周厉王成为一个被否定的历史人物。

到了春秋战国时期，文化领域中出现了百家争鸣的繁荣景象，儒家、法家、道家、墨家等学派纷纷评说时政，提出自己的治国主张，形成"圣王不作，诸侯放恣，处士横议，杨朱、墨翟之言盈天下"[①]的局面。"处士横议"表明三代形成的民众自由议政的传统被继承光大。

---

① 《孟子集注·滕文公章句下》。

东汉末年的清议相较以后的朝代而言，无论在参与人的数量、参与层次上，还是在影响的深度和广度上都显突出。首先，参与主体广泛，官员、名士，在朝、在野者，共同参与，上下配合，形成了对于当时腐败朝政的强烈舆论制约。其次，参与人数众多，当时一度形成了以三君、八俊、八顾、八及、八厨为首的规模庞大的清议群体。

东汉末年三万余名太学生参与清议，数量之庞大着实惊人。如此规模迫及朝政的清议之风，对当时社会政治及官场产生的深刻影响是可想而知的。

魏晋南北朝时期，清议之风与当时的选官制度——九品中正制度相结合，获得了新的发展。九品中正制的选官方法，主要依据大、小中正对人物的评价确定一个人品位的高低，进而决定其任官机会和官位的大小，而中正们评价人物的依据则主要是来自乡间对人物品行好坏的清议。为此，清议之风在这一时期又再兴起。不仅如此，魏晋时期对在任官也同样实行清议，受到批评的官员在官场将很难立足，甚至会丢官弃职。清议作为一种民众监督时政和官员的方式，在魏晋政治生活中发挥着重要的影响。

经过隋唐时期的相对沉寂之后，清议的力量在宋代又有所增强。宋代开国之君宋太祖及其后的几代皇帝都较能虚心纳谏，这对鼓励朝野直言风气的形成起到了重要作用。宋代的士大夫强调个体对社会应有的责任感，强调忧患意识，以直言、敢言为名节，为此，以言谏官为核心，对包括皇帝在内的掌权者直言极谏的清议风气又一次兴盛。在宋代大部分时间里，朝野清议，上下呼应，对当朝政制影响颇深。比如宋代李纲曾上书皇帝，主张以清议为依据"公选"人才。

到明代，清议对朝政的影响力达到了前所未有的程度，此时可谓中国古代清议的高潮时期。黄宗羲《明儒学案·顾宪成》中论到东林党人的清议威力时说："天下君子以清议归于东林，庙堂亦有畏忌。"大到朝政得失，小到官员喜好，都难逃士林清议，清议成为一种左右官员升迁甚至影响其身家性命的无形力量。

清议的活跃，是有明一代突出的政治现象，虽然晚明清议有"争意气而不争是非"之嫌，但其对朝政的监督和影响作用是不可否认的。正是基于对这一"公议"的巨大影响力的认识，明末清初的启蒙思想家黄宗羲等人提出了以清议作为制衡朝廷的政治力量的设想，主张将学校变成"公其是非"的议政机关，强调学校的政治功能，"其人稍有干于清议，则诸生得共起而易之"①。

重视清议的思想到了清代依然存在，但相比较宋明时期清议的活跃，此时的清议呈现衰退之象。在文字狱的恐怖气氛之下，士大夫的清议锐气受到很大压制，言路寂静，少有"狂言"，"万马齐暗"更是清代极端专制统治强化的结果。

二、清议的作用

（一）"人物品评"与官员选拔

清议从产生时起，就与选官过程密切相关。汉代选官实行察举制和征辟制，朝廷和地方官员负责每年推荐一定数量的优秀人才为官，如举孝廉、茂才、贤良方正、文学等。察举和征辟的主要依据便是乡党清议，即一个人在乡里之间的德行、名声。由此，伴随着察举制度，士人中逐渐形成一种品评本乡人物的风气，称为"乡评"，也即清议。

清议的内容既有对一个人经学知识的厚薄深浅的评说，也有对人物的品德、性格、才能、智慧、处世之道等的评价，大到立身行事，小到言谈举止，无一不在被点评之列，或褒或贬。被褒者将有更多的机会得以任官，遭贬者则仕途难成。正如顾炎武所说："两汉以来，犹循此制。乡举里选，必先考其生平，一玷清议，终身不齿"，并指出，"汉人以名为治，故人才盛"。②

隋唐以后，随着科举制的确立，清议在选官中的作用渐趋弱化。虽然科举选官仍对士人品行有严格要求，但主要通过考生报名时出具乡里"品行证明"而实现。一般士人只要品行端正、身份清白无疵者，都可以参加考试。试后依成绩择优录用，乡里舆论不再是依据。由此，清议渐从选官过程中淡出。但在明代，"访单"制度的确立，又可视作清议得以在选官中发挥作用

---

① 《明夷待访录·学校》。
② 《日知录·清议》。

的一个体现。《明史·选举三》载："虽临时考试，而先期有访单。"所谓"访单者，吏部当察时，咨公论以定贤否，廷臣因得书所闻以投掌察者"①。"访单"类似于意见调查表性质，在选拔任命官员之前，朝廷以"访单"形式先期对人选的德行等情况进行调查。如明代御史的考选程序中，在确定预选人员名单后，首先要向九卿科道分送访单，让他们据其所知发表对预选人员的看法，以供吏部、都察院参考。然后出题考试，考试后，依据成绩，参考访单，对被选者定出高下等第，开具入选名单奏闻。黄宗羲《恩旧录·刘应期》中记述了朝廷铨选时，调查"民意"的具体过程："是时一方名士皆有录，学使者至，以公书进之，大略准之为上下。余尝执笔，名士十数人列坐，皆无毫发私意，必众论相谐而后定。"

总之，在中国历史上相当长一段时间里，乡里评议对一个人的仕途命运有着相当大的影响，这种将"公议"引入选任官员过程的做法，对于提倡良好的士风、德行，对发现和起用德才兼备的优秀人才，起到了很好的作用。历代乡评都以礼义名教为标准，一个人唯有读经习礼、砥砺品行，随时注意修饰自己的言谈风度，才有可能得到清议的好评。同时，一个才能卓越的人也同样会获得好的舆论而得以任用。所以，以清议为重要依据的选官制度一定程度上保证了被选拔者的品德修养和真才实学，它对于选官权的制约作用是非常明显的。

（二）"是非公论"与官员进退

清议对于在任官员来说，同样是一个有力的监督。在清议活跃的时候，从君主到百官公卿、地方小吏，从一国大政到官场风气，以及官员个人的贪廉庸酷，都会进入清议者的视野，由此所形成的舆论力量，对权力行使形成一定的制约和监督作用。

东汉时期，还有汝南名士许邵与其族兄许靖共同创立了品鉴人物、论议政的"月旦评"。《后汉书·许邵传》："初，邵与靖俱有高名，好共核论乡党人物，每月辄更其品题，故汝南俗有月旦评焉。"即每月初一，许邵兄弟二人共同主持，发表对当时人物的品评，每月更换主题。这项活动在汝南一

---

① 《明史》卷二二九《丁此吕传》。

带蔚成风气，参与者甚众，名噪一时。郡内大小官吏都对之畏惧有加，"莫不改操饰行"，老实为官。所以，以"月旦评"为代表的汉代清议对其时官风官德的引导和约束，是不可忽视的。《后汉书》作者范晔在谈到东汉清议问题时有论："其信义足以携持民心。汉世乱而不亡，百余年间，数公之力也。"①"月旦评"所体现的民主精神，其对汉代政治以及后来历代政治的影响是不可磨灭的。清议正是以这样的抑恶扬善的方式，为官场确立是非标准，借以塑造良好的官风。

隋唐时期，由于科举制度的确立，清议对官场权力的制约作用相对减弱，但总体上看，其影响仍然存在。例如，唐宋在考课时运用的"四善"标准，仍主要以"品德"为主要内容，故清议在一定程度上仍能影响官吏行为。据《旧唐书》所载："唐代宗时宰相元载，把持朝政，公卿多附之"，而杨绾"清贞自守，未尝私谒"，于是，元载必欲除之而后快，但当时，"载贪冒日甚，天下清议，亦归于绾，上深知之，以载久在枢衡，未即罢遣。仍迁绾为太常卿，充礼仪使，以郊庙礼久废，藉绾振起之也，亦以观其效用。是年三月，载伏诛，上乃拜绾中书侍郎、同中书门下平章事、集贤殿崇文馆大学士，兼修国史。"②可见，元载道罢免和杨绾的升职在一定程度上是因为清议的功效。

明代的清议还被吸纳进正式的国家制度，其具体表现即前已述及的"访单"制度。这种类似于"民主评议"的方式被运用于官吏的考核过程，其对在任官的行为约束也是无时不在的。《明史》中记载，万历年间，吏部尚书孙丕扬掌外察，弹劾参政丁此吕。沈思孝、江东之与丁此吕素相友善。当时正值御史赵文炳弹劾文选郎蒋时馨受贿，蒋时馨疑赵文炳受沈思孝怂恿，于是指责沈思孝包庇丁此吕。万历皇帝由此厌恶蒋时馨，罢其官。而孙丕扬坚持蒋时馨无罪，丁此吕受赃有状，沈思孝不当包庇。并"因上此吕访单，乞归"。而万历皇帝最终"降诏慰留丕扬，逮此吕，诘让思孝"③。这一段记载说明了当时访单的实际作用。

---

① 《后汉书》卷六十《陈藩传》。
② 《旧唐书》卷一一九《杨绾传》。
③ 《明史》卷一一七《沈思孝传》。

三、清议：权力的舆论监督

清议对中国古代的政治运作有重要的监督和规制作用，作为舆论监督的一种方式，清议对人物的"品鉴"褒贬兼之，但更多的时候，批评多于褒奖，它是在野者表达对时政和当朝官员不满的一种民间渠道，清议在制约政府行为中发挥了重要的作用。

清议的价值取向是儒家的伦理道德，它鄙视士大夫的攀缘权势，憎恶贪腐弄权，鼓励清廉正直，赞赏敦厚勤奋，这些都为在官者提供了一个基本的行为指向。中国古代士大夫有着很深的名节意识，顾惜自己的名誉，故清议对他们多能产生"内在"的约束力。另外，在一个社会普遍看重清议，清议成为其时民众舆论主流的时候，凡为清议所斥者，也必然在朝、在野都难以立足，这就是清议的"外在"约束力。正是依靠如上"内外"结合的力量，清议充当了对政治权力加以监督的重要角色。

当然，作为一种舆论，清议有时又显得软弱无力，尤其在社会混乱、官场腐败、廉耻失度的情况下，其作用发挥的空间十分有限。宋代邓绾曾对清议如是说："笑骂从汝，好官须我为之。"[①] 当权者无视清议，任由自为，清议也便无可奈何。在专制政治之下，清议在很多时候还会遭到当权者的扼杀，东汉的"党锢之祸"、明代的"党争"，都给清议之士带来了巨大的灾难。汉代的申屠蟠在太学议政正处高潮之时，曾有此论："昔战国之世，处士横议，列国之王，至为拥先驱，卒有坑儒烧书之祸，今之谓矣。"于是，他"绝迹于梁、扬之间，因树为屋，自同佣人。居二年，涝等果据党锢，或死或刑者数百人"[②]。

此外，中国古代的清议还有着明显的"泛道德主义"倾向，道德至上，一方面导致选拔和评判官员时重德轻能；另一方面士大夫中一些尚好虚名者，为了博得好的名声，不惜弄虚作假，沽名钓誉，由此而造成了官场的道德虚伪和道德缺失。

---

① 《宋史》卷三二九《邓绾传》。
② 《明史》卷一四八《申屠蟠传》。

第八章　中国古代权力监督的历史评析

在古今中外的政治历史与现实中，权力滥用是无法回避的一个政治现象，但为了维护统治，统治阶级内部的权力监督又是必要的制度安排。权力监督就是对掌权者的权力运行进行监察和督促，防止和减少权力滥用与权力腐败。在中国古代专制政治中，权力体系是以行政权为唯一权力、自上而下运行以及高度集权的金字塔结构。在这种封闭的权力结构中，统治者为了控制各级官僚、匡正吏治、保证官僚机构的正常运转、促使官员勤政廉明，历来十分注重运用法律和制度来监察和督促官吏。权力监督在封建社会的不同时代有各自不同的制度形式，但从整体上看，古代中国形成了以"以吏治吏"为主要特征的权力监督体系。一方面，古代中国权力监督的历史价值不容忽视。尽管古代中国的权力监督属于权力系统内部的自体监督，与西方以权力分立为基础的权力监督有很大差异，但其在很大程度上起着规范权力与减少权力腐败的作用。中国传统政治中不断创设和完善的权力监督制度，以及不畏权势履行监督职责的官员，对于正纲纪、纠不法、惩恶扬善、整饬官吏、缓和社会矛盾等起到了不可磨灭的作用，在很大程度上是封建统治得以长期维系的重要因素。另一方面，由于古代中国权力监督的根本目的在于维护最高统治者的权威与专制权力，权力监督又是封闭权力体系中的自体监督，这使权力监督在历史上的一些时期成为官吏间争权夺利的工具。这些因素从根本上决定了古代中国权力监督带有明显的历史局限性。

第一节　权力自体监督的制度分析

古代中国的权力监督是权力体系内部的自体监督，它经历了创立、发展、成熟、强化、衰落到被扬弃的演变历程，逐渐形成了一套较为完备的权力监督体系，在不同历史时期不同程度地发挥了"彰善瘅恶、激浊扬清"的功能。在权力自体监督创立之前的历史时期，由于国家机器与官僚体制还处于雏形阶段，国家事务与社会生活还比较简单，对权力的监督主要来自于民间的舆论，如尧设"进善之旌"与"诽谤之木"，① 鼓励人们积极谏言。人们还可以通过编辑歌谣与诗歌来表达生活中的喜怒哀乐，为此，统治者还专门设置"遒人"来负责采集民间诗歌。《汉书·艺文志》就曾记载："古有采诗之官，王者所以观风俗，知得失，自考正也。"《左传·襄公三十一年》也记载子产不毁乡校，将其作为获取百姓议政信息的方式。自秦汉时期首创御史大夫、监察御史等监督机构以来，权力监督就以权力体系内部的自体监督为主，形成了古代中国的权力监督体系。

一、古代中国权力监督的体系构成

古代中国的权力监督是一个较为完备的体系。从内容上看，古代权力监督体系以皇权为核心，以御史监察制度、谏官制度为主体，以检举揭发制度为补充。② 从运行上看，古代权力监督体系包括两个方面的内容：一是向上的权力监督，即谏官对君主实行谏诤；二是向下的权力监督，即御史对百官的监察。在不同历史时期，由于君主个人、官僚体系、专制权力等方面的原因，谏官制度与御史监察制度在形态和功能发挥上有差异，但二者共同发挥了传统的权力监督功能。

（一）皇权是古代权力监督体系的核心

自秦始皇始，封建社会中的皇权是至高无上的权力，君主集行政与司法

---

① 《史记·孝文本纪》。

② 程印学：《中国古代权力监督制度探论》，《理论学刊》2004 年第 7 期。

等权于一身，凌驾于万民之上，主宰和统治一切。正所谓"普天之下，莫非王土。率土之滨，莫非王臣"。国家的一切都是君主的私有物，替君主进行管理和统治的臣子都需要向君主尽忠与负责。皇权不仅是至高无上的，而且还是终身与世袭的。但由于君主个人精力与能力是有限的，不可能对所有国家事务都事必躬亲，宰相就成为辅助君主治国理政的职位和官员。《前汉书·孔光传》就记载了哀帝对孔光的策勉，曰："丞相者，朕之股肱，所兴其承宗庙，统理海内，辅朕之不逮，以治天下者也。"可见丞相对君主发挥着左膀右臂的作用。黄宗羲在《明夷待访录》中也记载了丞相设置的缘由，他认为："天子不能一人而治，则设官以治之，是官者身之君也。"在宰相之下，根据国家不同事务的管理需要又设置了各类官职，共同构成了自成体系的官僚体制。位于权力最顶端的皇权与官僚体系共同构成了金字塔式的权力结构。

为了维护皇权始终处于至高无上的权力顶端，以及维护世袭的统治特权，君主设置谏官来对自己进行谏诤，使其保持勤政廉明；以及设置监察官来对百官进行监督，以纠劾百僚、整饬吏治、肃正朝纲，监察官在历史上被称为御史、台官、宪官或察官。就谏诤而言，似乎皇权受到了一定程度的监督与约束，但从整个封建社会来看，这种监督与约束是十分有限的。因为谏诤官员对君主谏言的权力从根本上是君主授予的，其根本目的并非削弱皇权，而是为了维护皇权、服务于君主的专制权力和统治。谏诤官员可以纠正君主的某些失误，但不能触动皇权，否则，君主可随时收回官员的谏言权力。君主对于谏官的谏言是否采纳，完全取决于君主是否开明，是否从历史或前朝覆灭中吸取教训，从而是否自愿接受谏官的监督。在更多时候，官员对昏庸无能的君主或暴君进行谏言，不仅不能纠正其失误，反而可能会招致杀身之祸，这种事例在漫长的封建社会中不胜枚举。

从以上可以看出，古代中国权力监督是只对下而不对上（君主）的。封建社会对百官的监察权力也是来源于至高无上的皇权。随着封建君主专制的加强，御史监察制度不断得到发展和完善，监察对象的范围和监察领域逐步扩大。秦汉时期，御史不能监察丞相和太尉，而到两晋南北朝时期，御史中丞监察的对象则拓展至皇太子以下的所有官员。清科道官重点纠劾对象是王公、贝勒大臣的骄肆慢上与贪酷不法。秦汉时期御史监察的范围一般限于行政监察，隋唐以后渗透到尚书省六部、司法、军事、财政等部门。至明清，包括教育、学术等领域也无不在科道官的监督之下了。自宋代以来，从中央到地方的御史和谏官皆直属皇权，御史只对君主一人负责。对百官的权力监督是在君主指挥下进行的，以保证封建君主专制的中央集权国家机器的正常运行。[①] 因此，古代中国权力监督体系是以皇权为基础与核心的，君主是权力监督的主体，监督权是君主自上而下授予的，权力监督的效力在很大程度上取决于君主及专制权力。

（二）御史监察制度是古代权力监督体系的主体

古代中国的御史监察制度在世界政治史上是一种比较特殊的政治制度创设。御史监察的职责是"分察百僚，巡按郡县，审视刑狱，隶正朝仪"，[②] 专门监督各级官员，既防止官僚权力对君主权力的威胁，又防范和惩戒官员失职、腐败等滥用权力行为。这种制度不仅是封建专制主义集权的重要组成部分，而且对于君主专制的强化起到了巨大的助推作用。对官员的监察早已有之，夏时称履行监察权力的官员为"啬夫"，西周时期开始将其称为"御史"。但御史监察作为一项正式制度的形成却始于秦汉时期，其重要依据在于：一是设置了专门的御史监察机构和职位，二是在地方也逐渐出现了一整套相应的监察机构。[③] 古代中国御史监察制度是随封建专制主义集权的发展而逐渐完备的。通常认为，御史监察制度萌芽于先秦时期，形成于秦汉时期，定型于魏晋至隋唐时期，在明清时期强化并完善，最后随着清王朝的覆灭，该制度渐趋终结。

伴随着秦统一中国，自上而下的中央集权的封建统治开始确立，从中央到地方的官僚体系雏形得以形成。为了使中央集权以及对官僚体系的控制得以实现，确保皇帝的权力和意志得到贯彻，就需要设置专门的机构来对官员进行监督。秦首创"御史府"作为监察机构，在中央设御史大夫作为中央监

---

① 应克复：《中国封建政制的权力监督与制约几点评估》，《江海学刊》1997 年第 4 期。

② 《唐六典》卷十三《御史台》。

③ 桂宇石：《我国御史制度及其历史作用》，《武汉大学学报（社会科学版）》1982 年第 6 期。

察机构的最高长官,御史大夫"侍御史之率,故称大夫"。① 在地方设监御史
对郡县职官等地方官吏进行监察。在秦实现大一统后,"分天下以为三十六
郡,郡置守、尉、监"。②"监"即监郡御史,作为皇权的代表监察地方官吏。
在整个监察机构中,御史大夫统帅所有监察官员,并掌管从中央到地方的监
察工作,对所有官吏的违法与失职行为进行纠举与弹劾。在秦代,《为吏之
道》、《语书》、《法律答问》等吏律提出了良吏的标准、官员的违令与失职行
为等,虽然不是为专门的监察制度所颁布的,但在很大程度上具备了监察法
规的性质与作用。总的来说,尽管从中央到地方的监察分工尚未明确,监察
官还履行部分行政职能,监察机构与人员尚未专门化,但它们却构成了古代
御史监察制度的雏形。

汉代在延续秦制的同时,在御史监察制度上有所创设。在中央,御史府
作为专门监察百官的机构,东汉时御史府改为御史台。沿袭秦代,御史大夫
既行使行政权力,又执掌监察权力。有记载,御史大夫"内承本朝之风化,
外佐丞相统理天下"。③ 御史大夫又下设御史丞和御史中丞,在殿中兰台主
持工作的称为御史中丞,在殿外的叫作御史丞,御史中丞为御史大夫之副。
汉成帝改御史大夫为大司空,不再承担监察官吏之职,而由御史中丞继续履
行监察职权。汉武帝时期设置丞相司直,"佐丞相,举不法",④ 丞相司直设
置于丞相府内,不行使行政权力,只负责监察。后又设置司隶校尉,"捕巫
蛊,督大奸猾",司隶校尉是特殊设置的机构,主要职责是"察三辅、三河、
弘农",⑤ 即监察身居京城和京兆尹、左冯、右扶风三辅,河内、河东、河南
三河,以及弘农七郡地区的文武百官和皇亲国戚。"掌察百官以下及京师近
郡犯法者",⑥ 直接受皇帝指挥。于是,两汉时期就形成了由御史中丞、丞相
司直与司隶校尉作为监察机构的多元监察体制,将官吏纳入多重监察体制之

① (唐)杜佑:《通典》卷二四《职官六》。

② 《史记·秦始皇本纪》。

③ 《汉书》卷八三《薛宣列传》。

④ 《汉书·百官公卿表》。

⑤ 《汉书·百官公卿表》。

⑥ 《续汉书·百官志》。

下。在地方，创设刺史，其职责为"周行郡国，省察治政，黜陟能否，断理冤狱"。① 汉武帝时期划设十三个监察区，设十三部刺史以监察地方两千石长吏。汉代还制定了《监御史九条》和《刺史六条》作为专门监察地方的法规，推动了御史监察制度的专业化和规范化。

魏晋南北朝时期，御史监察制度的最显著变化是御史台从少府中独立出来，成为直接隶属于皇帝的监察机构。这一时期，监察机构得以统一，司隶校尉被废除，监察机构的职权主要由御史中丞行使，其监察职责在于监察上至太子、下至地方的所有官吏，即"从皇太子以下无所不纠也"。② 在汉代的基础上，这一时期的御史监察机构规模更加庞大，监察范围也不断扩大。

隋代时期，御史监察制度进一步发展与完善。尽管隋代时间较短，但在御史监察制度上起着承上启下的重要作用。在承上方面，隋文帝为了避其父杨忠的名讳，废除御史中丞而恢复御史大夫的职位；同时，将御史台所在场地由宫禁迁往外廷，突出了御史台作为国家监察机构而非皇帝私人工具的性质和地位。在启下方面，隋代御史监察在机构与职能分工方面进一步细化和明确，为唐代监察制度臻于完备奠定了基础。隋代御史监察机构除了主监百官的御史台外，又创设了主监郡县官吏的司隶台，以及巡查地方的谒者台。"三台"的分工明确，职责细化，其监察对象和监察内容更加广泛。

唐宋时期，中国封建社会步入繁荣，御史监察制度开始趋于完善，从中央到地方建立了较为完备的监察体系。御史台仍然是中央掌管监察官吏事务的专职机构，在唐代，御史监察机构被扩大，御史台下设台院、殿院与察院。御史台由御史大夫执掌，御史中丞作副职以辅助，其职责是"掌邦国刑宪典章之政令，以肃正朝列"；台院设侍御史四人，其职责是"掌纠举百僚，推鞫狱讼"，主要是奏弹违法官吏，受理民间检举；殿院设殿中侍御史六人，其职责是"掌殿廷供奉之仪式"，巡察京城"不法之事"；察院设监察御史十人，其职责是"掌分察百僚，巡按州郡，纠视刑狱，肃整朝仪"。③ 三院各自分工细密、相互配合，构成了监察所有官吏的监察系统。在地方，设立了巡

① 《资治通鉴》卷二一。

② 《晋书》卷四七《傅玄列传》。

③ 《唐六典》卷十三《御史台》。

按使，全国分为十个监察区（后增为十五个），每个区分置一道巡按使，对地方官吏进行监察。由于中央监察机构对地方也有巡按之责，因此，地方官吏实际上接受察院监察御史和巡按使的双重监察。在法规方面，唐代颁布了《唐律疏议》、《唐六典》与《监察六条》，对监察机构、职责与监察官员等作了规定，推动了古代御史监察制度的规范化。

宋代御史监察制度在唐代基础上形成了御史台与谏院并立且趋于合一的特征。御史台作为中央监察机构，其职责是"掌纠察官邪，肃正纲纪。大事则廷辩，小事则奏弹".① 与唐代御史台设置一样，下设台院、殿院与察院，但在宋代，三院中以察院权力为重，主要是监察尚书六部，"以户部三司、司农寺为户察；以刑部、大理寺、审刑院为刑察；以兵部、武学为兵察；以礼部、太常寺为礼察；工部、少府将作为工察。以监察御史为六察官."② 这样就使对官吏的监察延伸到中央各部。宋代监察御史的任命不再由相权决定，而是由皇帝直接任命，从而加强了皇帝对百官的控制。宋代对监察制度的强化还体现在设立专门的谏院，但谏诤的对象却是由皇帝转向了百官，谏官职责以监察官吏为主。"凡朝政得阙失，大臣至百官任非其人，三省至百司事有违失，皆得谏正."③ 谏院的设置更加强化了皇帝对官吏的监察与控制。于是，宋代逐渐出现了台谏由并立到合一的趋势。在地方上，通过设置监司与通判来加强对地方官吏的监察，监司与通判也是直接隶属于皇帝，对于地方官吏的违法和失职行为，可以直接向皇帝报奏。同时，为了更有效地使皇帝的意志得到执行、使地方官吏能够更好地履行职责，宋代还创设了监司出巡与失察受罚制度，监察官员不仅监察地方官吏，而且监察官员之间彼此相互监督。

元代的监察机构继续得以加强并更加完备。在中央，设御史台监察百官，御史台与中书省、枢密院互不隶属，共同构成元代中央机构的三个组成部分，御史台在中央机构中的独立性和重要性大大增强。元世祖公开强调了御史台的重要性，他说："中书朕左手，枢密朕右手，御史台是朕医两手的。

---

① 《宋史》卷一六四《职官四》。
② （元）马端临：《文献通考》卷五三《职官七·御史台》。
③ 《宋史》卷一六一《职官一》。

此其重台之旨，历世遵其道不变。"① 御史台下设殿中司和察院。殿中司的职责是监察官吏在朝廷中遵守礼制的情况，察院则监察全国官吏的失职与违法行为。同时，元代废除了谏官，监察职责由御史担任。在地方，全国被划分为 22 道监察区，在每个道设肃政廉访使，作为地方的监察机构。肃政廉访使隶属于御史台，由察院派监察御史履行其职责。这样，就形成了统一的从中央到地方的监察机构。此外，还在江南和陕西两地设置了行御史台，作为中央御史台派驻地方的监察机构。于是，在元朝形成了以御史台为中枢、行御史台为重点、各道廉访司为经纬的监察网。② 元代的监察机构在机构和职能上既有明确分工，又统一于一体，避免了宋代监察体制的复杂与混乱。

明清时期，皇帝出于对中央集权和君主专制的强化，更加注重通过御史监察制度来控制官僚体系，这使监察制度的完善在该时期达到顶峰。明太祖朱元璋废御史台，设都察院，作为中央监察机构行使检察权。都察院设左右都御史、副都御史。都御史的职责在于"职专纠劾百司，辩明冤枉，提督各道，为天子耳目风纪之司"。③ 为了加强对中央六部的监察和控制，朱元璋设六科给事中取代谏院，专门对六部进行监察。在地方，将全国划分为十三个监察区，设十三道监察御史，"主察纠内外百司之官邪，或露章面劾，或封章奏劾。"④ 监察御史直接对皇帝负责，成为皇帝监察和控制地方官吏的工具。六科给事中与十三道监察御史的设置被称为"科道"，并由此形成了明代院、科、道于一体的监察体制。在法规方面，明代颁布了较为严密的监察法规，如《宪纲条例》、《巡按巡抚监察法》等，对监察官员的权力和职责进行了严格规范。

清代在沿袭明代御史监察制度的同时，对监察制度进行了重要创设，使其进一步发展，形成了更加完备的监察体系。清代对监察机构的重大调整是统一了中央监察机构，使六科给事中隶属于都察院。六科给事中的职责是

---

① 《元典章·圣政·肃台政》。
② 张国安：《论中国古代监察制度及其现代借鉴》，《法学评论》2009 年第 2 期。
③ 《明史》卷七三《职官二》。
④ 《明史》卷七三《职官二》。

"掌言职，传达纶音，勘鞫官府公事，以注销文卷，……有封驳即闻"。① 都察院成为中央最高监察机关。地方监察权仍由各道监察御史来行使，在纵向监察权隶属上，都察院统领全国十五道监察御史（清末监察御史增至二十二道）监察地方官吏。雍正时期，六科给事中的封驳权被取消，督察院的监察权力和地位得到进一步加强。至此，传统监察制度形成了台谏合一、科道合一的监察体制，与之相应的则是皇权得以空前加强，专制权力更加集中。清代在前代监察法规的基础上修订了《监司互察法》，颁布了《都察院则例》、《十察法》等法规，以及制定了中国古代最完备的法规——《钦定台规》。

（三）谏诤制度是古代权力监督体系的重要组成部分

谏诤制度作为自我监督的形式，它是古代权力监督体系的另一重要组成部分。御史监察制度以官吏为监察对象，而谏诤制度则是以劝谏皇帝为己任，敦促皇帝勤政爱民，规谏皇帝以避免出现重大过失。劝谏皇帝的官员被称为"谏官"或"言官"。随着君主专制的加强，尽管谏诤制度的对象由皇帝转变成百官，甚至在明清时期出现了"台谏"合一，但它却是古代社会作为一种正式国家制度对最高权力进行监督的一种方式，在历史上发挥了不可磨灭的作用。

作为一种下级对上级的直言规劝行为，相传在舜时就已有"纳言"一职。②"纳言，喉舌之官，听下言纳于上，受上言宣于下。"③ 但作为一种正式的机构与制度，则始于秦汉时期。

秦初就开始设置了向皇帝进言的言官，主要有给事中与谏议大夫。"给事中，加官也。秦置，汉因之。……诸给事中日上朝谒，平尚书奏事，分为左右曹，以有事殿中，故曰'给事中'。"④ 谏议大夫是一种专司谏议的官职，"谏议大夫，秦置，掌论议。"⑤ 汉代继承秦制，设置谏大夫，东汉时期更名为谏议大夫。谏议大夫的职责就是"直言极谏"。汉代延续了秦代的给事中

---

① 《清史稿·职官二》。

② 赵映诚：《中国古代谏官制度研究》，《北京大学学报（哲学社会科学版）》2000 年第 3 期。

③ 《尚书·孔氏传》。

④ （唐）杜佑：《通典》卷二一《职官三》。

⑤ （唐）杜佑：《通典》卷二一《职官三》。

制度，给事中属于附加的官职。"给事中亦加官……。皆秦制。"① 给事中除了对君主进行劝谏外，还可以审查官员给皇帝的奏章，也就是所谓的封驳制度，即封还皇帝有失误的诏令，驳回大臣有不当之处的上奏。当然，给事中的这种封驳权力是相对的，最终还是取决于皇帝是否能接受。秦汉时期，除了谏议大夫与给事中外，诸如光禄大夫、议郎等也承担着谏言的责任。

魏晋南北朝时期，设置了集书省作为专门向皇帝谏言的机构。"谏议大夫……二汉并属光禄勋，后魏亦曰谏议大夫，北齐有七人，属集书省，后周地官府有保氏下大夫，规谏于天子盖此其任也"。② 在这一时期短暂的朝代更替中，尽管存在谏诤机构与制度，但其功能却没有得到彰显。

至隋唐时期，谏诤制度得到极大的提高，表现为谏诤机构扩大，谏诤职能得到很好发挥。谏诤制度在唐代非常兴盛，这在很大程度上归功于唐初统治者吸取了隋朝的教训。李渊和李世民是历史上比较典型的重视谏诤的皇帝。李渊曾说："隋末无道，上下相蒙，主则骄矜，臣惟谄佞。上不闻过，下不尽忠，至使社稷倾危，身死匹夫之手。朕拨乱反正，志在安人，平乱任武臣，守成委文吏，庶得各展器能，以匡不逮。比每虚心接待，冀闻谠言。"③ 而李世民则更是提出了流传百世的"水能载舟，亦能覆舟"的道理。而要做到重视民生，就需要发挥谏官对皇帝时刻提醒的作用。唐代谏官分属于中书与门下两省，其官职主要有左右谏议大夫、左右补阙、左右拾遗、左右散骑常侍等，左隶属于门下省，右隶属于中书省。谏官的职责是"掌供奉讽谏，扈从乘舆，凡发令举事，有不便于时，不合于道，大则廷议，小则上封"④。谏官进谏有多种方式，"凡谏有五：一曰讽谏，二曰顺谏，三曰规谏，四曰致谏，五曰直谏。"⑤ 唐代的谏官制度与御史监察制度共同构成了"台"、"谏"并存的自我监察体制。

宋元明清时期，随着君主专制与中央集权的逐渐加强，以及监察制度的

---

① 《汉书·百官公卿表上》。

② （唐）杜佑：《通典》卷二一《职官三》。

③ 《旧唐书·孙伏伽传》。

④ 《唐六典》卷八《门下省》。

⑤ 《旧唐书》卷四三《职官二》。

发展与完备，谏诤制度出现了两个方面的变化趋势：一是谏诤对象逐渐由皇帝变为以朝廷百官为主；二是谏诤制度和御史制度混合并趋于合一。

宋代重视谏诤制度，将谏官从门下省中分出来，专门设立谏院，与三省并列，谏院由左右谏议大夫执掌。门下省的给事中与谏议大夫并立，被称为"给谏"。宋代还将唐代的"补阙"改为"司谏"，专门履行谏诤的职责；将"拾遗"改为"正言"，负责纠正皇帝的失误，给皇帝正确谏言。"司谏"与"正言"也置左右职，与谏议大夫共同构成了谏院主要的谏官。宋代谏诤制度的一个特征是开启了谏官兼任御史的先河，使过去言官与察官的分立转而合一，其直接结果便是谏官监察的对象不再是皇帝，而是朝廷百官。而另一个结果则是谏官与台官在机构和职能上混合，最后统一为"台谏"。元代在宋代基础上废除了门下省，谏议大夫、司谏与正言等专职谏官的职能由御史来兼任，这意味着中国传统的御史台制度与谏官制度完全合为一体。[①] 在明代，朱元璋为了加强对中央六部的控制，设置六科给事中来发挥谏院的作用，对六部进行监察。"掌侍从、规谏、补阙、拾遗、稽察六部百司之事。"[②] 这种设置又进一步推动将谏诤制度中的言官变为监察官，而减少了言官对皇帝言行的监察。清代谏官主要由都察院御史和六科给事中构成。后来，将给事中划归为都察院隶属，而且取消了六科给事中执掌的封驳权，"以六科内升外转，始隶都察院"，[③] 至此科道完全合一，都察院的监察职能进一步加强，谏诤制度对百官的监察功能强化，但对皇帝的劝谏功能却逐渐式微。

谏诤制度从最初萌芽到形成制度，其最初目标是对皇帝言行进行监督，避免其出现失误。但由于君主专制和中央集权在不断加强，谏诤制度能发挥多大效力，根本上还取决于皇帝对不同意见和批评的容忍与肯定。当然，谏诤制度在历史上确实对皇帝的失误与专断发挥过制约作用，但多数情况下仍然是皇帝无法接受与容忍谏官的劝谏，谏诤制度功能大大削弱以至消失。

（四）检举揭发制度是古代权力监督体系的必要补充

尽管有御史与谏官从纵向与横向上对朝廷百官进行监察，但也不可能面

---

① 贾玉英等：《中国古代监察制度发展史》，人民出版社 2004 年版，第 144 页。

② 《明史》卷七四《职官三》。

③ 《清史稿》卷一一五《职官二》。

面俱到。为了实现皇帝对官僚体系的控制，检举揭发制度作为臣民反映官吏失职或违法行为的方式被创设出来。这种制度是对官吏的事后监察，是皇帝与监察官员了解与监察官吏的辅助手段，因此，检举揭发制度成为古代权力监督体系的必要补充。

检举揭发制度主要是发挥臣民在监察体系中提供信息的作用。皇帝通过民间采风、鼓励百姓上书告诉、设置非常诉讼制度与民申冤，以及遣派官员出巡考察等方式，了解民情，倾听民众呼声，[①] 以此来了解地方官吏的言行，进而起到间接监察的效果。传统的检举揭发制度既有自上而下的政府行为，也有自下而上的民众行为，形式丰富多样。

统治者派专人到民间采风是一种促使统治者进行反思以及间接监察地方官吏的方式。早在西周时期，统治者就派人到民间广泛采集各种民谣、民情与风俗等，即所谓的采风。虽然民谣与风俗反映的是民众的日常生活情况，但这其中也包含着对统治者及地方官员言行与施政效果的反应。如果民谣包含着对美好生活的赞美，那么，可以在很大程度上认为当时社会稳定、生活有序、统治者勤政爱民等；如果民谣充满着讽刺、愤怒甚至绝望，则很有可能意味着统治者昏庸无能或横征暴敛、官僚鱼肉百姓以致民不聊生。因此，开明的统治者都善于从民谣、民情与风俗中了解前朝乃至当朝统治的得失，以避免重蹈覆辙。《汉书·艺文志》就记载："古有采诗之官，王者所以观风俗，知得失，自考正也。"汉武帝为了巩固汉初的统治，十分重视民情，多次派人到民间采风。最初，"遣谒者巡行天下，存问致赐"，后来又"遣博士褚大等六人分循行天下，存问鳏寡废疾"。[②] 通过采风，了解到了秦暴政结束后的民众需要休养生息，于是在一段时期内采取了轻徭薄赋的无为而治。因此，统治者要了解地方官吏是否有德性、廉洁或腐败、施政能力高低，在一定程度上通过民谣、民情与风俗就可以掌握。统治者的采风措施可以视为一种监察地方官吏的间接方式。

统治者还通过设置器具收集来自民众的意见、检举与揭发。民众直接向

---

① 叶英萍：《中国古代民监官之探讨》，《法学杂志》2009 年第 2 期。

② 《汉书·武帝纪》。

统治者提意见或批评时政的源头在尧舜时期。譬如"进善之旌"、"诽谤之木"、"敢谏之鼓"等器具，就是统治者广泛听取民众批评与建议的方式。"古之治天下，朝有进善之旌，诽谤之木，所以通治道而来谏者。"①"进善之旌"就是尧为提供好的意见与进善言的人而设置的旗子，它作为一种标志，鼓励民众就治理天下建善言、献良策。"诽谤之木"是舜为了避免过失，在其门前立一根木棍，路过的人只要发现舜有过失，就可以将之刻于棍上。"敢谏之鼓"也是舜为了获得善言与治国之策，在其门前放一面大鼓，有敢于进言献策的人，只要敲鼓，舜就开门接见并听取意见。通过这些广泛收集民众批评与意见的方式，统治者时刻反思自己在治国理政上的得失，为后世树立了圣主贤君的榜样。

唐代时期还专门设置了便于民众发表意见的铜匦，以及管理民众发表批评与意见的机构——匦使院。武则天出于巩固统治的目的，便于收集民众意见，在朝堂外设置铜匦。铜匦是一个方形铜匣，东南西北各置门，可进不可出，各依一色，共为一室。东面名曰延恩匦，青色，喻仁义，有赋颂及希望得到官爵的信件投此门；南面名曰招谏匦，丹色，喻忠信，有言时政得失直言谏诤的信投此门；西面名曰申冤匦，白色，喻公平，鸣冤叫屈的信件投此门；北面名曰通玄匦，黑色，喻聪智，有玄象灾变及军谋秘第的信件投此门。铜匦的设置，表达了武则天以"仁义、忠信、公平、聪智"四德统治天下的愿望。铜匦具有集举报、建议、举荐、反腐等于一体的多种功能。② 而负责管理民众意见的匦使院隶属于中书省，由御史中丞与侍御史承担管理职责。匦使院的设置使民众向上发表意见趋向制度化，为统治者了解民情开拓了渠道。宋代改匦使院为鼓院，又称为登闻鼓院。"登闻鼓院，隶司谏、正言，掌受文武官及士民章奏表疏。凡言朝政得失、公私利害、军期机密、陈乞恩赏、理雪冤滥，……先经鼓院进状"。③ 统治者允许民众直接发表批评与意见的方式一直延续到清代，只是其功能随着君主专制的逐渐加强而式微。

与上述两种自上而下收集民情的方式不同，古代社会也有自下而上反映

---

① 《史记·孝文本纪》。

② 冯铁金：《古代的举报制度》，《政府法制》2003 年第 20 期。

③ 《宋史》卷一六一《职官一》。

民情的渠道，即民众通过特定方式上诉以反映冤屈。譬如从西周的肺石到后来的登闻鼓、拦轿告御状或邀车驾等。肺石因其色赤且形如肺而得名。《周礼》记载："以肺石远（达）穷民，凡远近惸独老幼之欲有复于上，而其长弗达者，立于肺石，三日，士听其辞，以告于上，而罪其长。"[①] 当民众有不平之事或冤屈时，可以通过敲打肺石向更高一级官员申诉下级官员。登闻鼓的功能与肺石类似，民众可以敲打设置在朝堂外的打鼓来申冤。"登闻鼓之设，正以达下情，……凡击鼓诉冤，阻遏者罪"。[②] 在这两种上诉方式中，如果仅涉及民与民之间的纠纷，那么，它们就不涉及对官员的监察；反之，民众上诉则是诉求更高一级官员纠察下级官员的失职或违法行为。在这个意义上，设置肺石与登闻鼓就具有了监察官员的功能。拦轿告御状或邀车驾在历史上往往是民众在皇帝出巡的时候拦驾，向皇帝申诉其冤情。告御状一般都是民众就地方官吏为非作歹进行揭发，对重大冤假错案进行申诉。一旦皇帝重视并责成上级官员调查与纠正，最后对违法官员进行惩罚，那么，拦轿告御状或邀车驾就成为一种监察地方官员的必要措施。

二、古代中国权力监督制度的特征

古代中国权力监督制度历史悠久，经过历朝历代的传承、修订与创设而不断得到发展与完善，进而形成了一整套比较完备的权力监察体系，这个监察体系对于维护历代王朝的统治发挥着重要作用。如此完备且重要的制度体系有如下四个方面的显著特征。

（一）监察权的相对独立性

古代中国权力监督制度设置的目的就是通过专门的机构来对官吏的失误或违法行为进行监察，只有实现监察权的独立性，才能使官吏的言行得到规范与约束，进而保证皇帝对官僚体系的控制。监察权在形成之初隶属于行政部门，其相对独立性是随着监察制度的发展而实现的。监察权的独立性是相对于丞相与行政机构而言的，前者不隶属于后者；其独立性是相对于皇帝而

---

① 《周礼·秋官·大司寇》。
② 《明史》卷九四《刑法二》。

言的，谏诤制度对皇权的监察功能随着君主专制的强化而不断衰退。监察权的相对独立性主要体现在监察机构与职权行使两个方面。

首先，监察权的相对独立性体现为监察机构在组织上自成系统，在监察官员选拔任用上相对独立。在监察制度形成初期，御史大夫在中央官职中属于副丞相，受丞相管辖。御史大夫除了履行监察百官的职责外，还辅助丞相并承担一部分行政职能。从汉代开始，御史机构逐渐从行政机构中分离，成为专门履行监察职能的机构，而且在隶属上直接由皇帝领导。这种趋势在魏晋南北朝时期得以进一步强化，御史台从少府中独立出来，成为直接隶属于皇帝的监察机构。"自东汉省御史大夫，而以中丞为台率，始专纠察之任。其后历代或复置大夫，或但设中丞，规制各殊，要皆中丞之互名，盖即今都察院堂官之职矣。"① 至唐宋时期，御史机构完全从行政机构中独立出来成为专职监察的机构。在唐代，"宪府故事，三院御史由大夫、中丞自辟，请命于朝。"② 御史台长官在御史的任用上有荐选权。在宋代，则明确指出了监察官员任用受宰相影响的弊端，"祖宗之法不可坏也，宰相自用台官，则宰相过失无敢言者也。"③ 元代延续了监察机构的人事任命需独立行使，"选用台察官，若由中书，必有偏徇之弊。御史宜从本台选择。"④ 只有实现监察官员的任免与升迁不受宰相等行政权力的控制，监察机构才能真正发挥对官吏的监察功能。

其次，监察权的相对独立性还体现在监察官员在行使监察权时是有自主性的，即监察官员在纠劾百官时既不受监察机构外部权力的干扰，也不受各监察机构最高长官的影响，而独立行使监察权。在御史监察制度形成初期，御史的监察权除了受宰相干预外，在弹劾百官时一般要经过御史大夫。到了唐代，御史弹劾百官可以不须先经御史大夫的同意与授权。"御史弹事，自今以后，不须取大夫同署。""御史得专弹劾，不复关白于中丞大夫。"⑤ 监察

---

① （清）纪昀等撰：《历代职官表》卷十八《都察院上》。

② 《旧唐书》卷一六八《独孤朗传》。

③ 《宋史》卷一一七《职官四》。

④ 《元史》卷十二《崔彧传》。

⑤ 《唐会要》卷六一《御史台中·弹劾》。

官员行使监察权的自主性使朝廷百官都处于御史台的监察之下，即使是位高权重的宰相也不能例外。唐代监察御史萧至忠曾径自弹劾宰相苏味道，当御史大夫李承嘉责怪他事先不禀告时，萧至忠回答："故事，台无长官。御史，人君耳目。比肩事主，得各奏事，不相关白。"① 于是，监察官员行使监察权的自主性就形成了所谓的"台中无长台"的惯例。② 监察权的自主性在宋明清时期得以延续与发展，保障了监察官员相对独立的地位与权力。

（二）监察权的权威性与广泛性

正是由于统治者为了有效控制官僚体系，逐步赋予了监察机构与权力行使上的相对独立性。这种相对独立性减少了其他权力对监察机构的干预，对上至丞相、下至地方小吏起到了纠察的功能，逐步树立了监察权的权威性，监察对象的范围和监察内容也不断扩大。

监察权的权威性主要体现是通过皇帝对监察机构与监察官员的重视，以及监察官员相对独立与特殊的监察权。统治者为了使朝廷官员之间相互节制，进而防止部分官员权力过大以至于架空皇权，就需要突出监察机构的权威性，以使官员受到有效的约束。元世祖忽必烈就指出："中书朕左手，枢密朕右手，御史台为朕医左右手。"③ 由此足见皇帝对监察机构及其功能的重视。在古代社会，皇帝极力提高监察官员的地位甚至给予一些特殊礼遇，就是为了树立与提高监察权的权威性。在东汉时期，御史中丞与司隶校尉、尚书令在朝会时专席独立而坐，当时京师称之为"三独坐"，以此突出监察机构与官员地位的特殊性。南北朝时期，设置"御史专道"以显示对御史的尊宠，百官公卿在御史路过时都必须在路边停马回避，行动迟缓者，甚至于"以棒棒之"。④ 御史中丞上殿弹奏大臣，百官必须仪容整肃，受弹劾官吏要侍立停弹。唐代及其以后时期，监察机构及官员的权威继续得以加强，这在御史弹劾官员的仪式中可以看出。唐代御史在弹劾官员时有特别的装束以显

---

① 《唐会要》卷六一《御史台中·弹劾》。

② 孙季萍等：《中国传统官僚政治中的权力制约机制》，北京大学出版社 2002 年版，第279页。

③ （明）叶士奇：《草木子·杂制》。

④ 程印学：《中国古代权力监督制度探论》，《理论学刊》2004 年第 7 期。

示其威严："大事则冠法冠，衣朱衣，薰裳，白纱中单以弹之。小事常服而已。"① 对五品以上官员的弹劾，往往采取仗弹的方式，即在皇帝坐朝时，面对宫廷仪仗宣读弹文，"大臣为御史对仗弹劾，必趋出，立朝堂待罪。"② 在明代，即使是受到皇帝宠幸的丞相，也难以逃脱御史的监察与弹劾。明代韩宜可为监察御史，"弹劾不避权贵。时丞相胡惟庸、御史大夫陈宁、中丞涂节方有宠于帝，尝侍坐，从容燕语。宜可直前，出怀中弹文，劾三人险恶似忠，奸佞似直，恃功怙宠，内怀反侧，擢置台端，擅作威福，乞斩其首以谢天下。"③ 如此威严庄重的弹劾仪式，一方面，提升了监察官对自身职务的神圣感；另一方面，也对违法官吏形成相当的威慑。④

监察权的广泛性主要体现为监察对象与监察内容的广泛。历朝历代都重视对官吏的监察，强调了哪些官吏是监察对象。在汉代与魏晋时期，"自皇太子以下，无所不纠。初不得纠尚书，后亦纠之"。⑤ 在御史监察制度建立初期，除了尚书外，监察对象就比较广泛，几乎涵盖了所有官吏。到唐代，监察对象得以扩大，御史"临制百司，纠绳不法"，"举百司紊失"。⑥ 而自宋代开始，监察机构则将宰相纳入监察对象，明确规定"自宰相至百官，三省至百司，不循法守，有罪当劾"。⑦ 明代沿袭了宋代的规制，突出了都御史对百官进行专司纠劾的地位。"都御史专纠劾百司，辨明冤枉提督各道，为天子耳目风纪之司。凡大臣奸邪，小人构党，作威福乱政者，劾。凡百官猥茸贪冒坏官纪者，劾。凡上书陈言变乱成宪，希进用者，劾。"⑧ 在清代，即使是皇族官员，其贪腐违法等行为也受都察院的监察。皇太极下谕："凡有政事背谬，及贝勒大臣有骄肆侵上，贪酷不法，无礼妄行者，许都察

① 《唐六典》卷十三《御史台》。
② 《新唐书·宋楚客传》。
③ 《明史·韩宜可传》。
④ 孙季萍等：《中国传统官僚政治中的权力制约机制》，北京大学出版社 2002 年版，第281 页。
⑤ （唐）杜佑：《通典》卷二四《职官六》。
⑥ 《唐会要》卷六十《御史台中》。
⑦ 《宋史》卷一六四《职官四》。
⑧ 《明史》卷七三《职官二》。

院直言勿隐。"① 顺治初年又规定："凡朝廷政事得失，民生利弊，以时条上，百官有奸贪污绩，亦得据实纠弹。"② 从各朝代对监察机构的规定可以看出，随着监察制度的发展与完善，监察对象越来越广泛，几乎涵盖了所有朝廷官吏。

监察机构的监察内容随着君主专制的强化、监察机构的扩大和监察官员地位的提高而呈现出广泛性，既包括官吏的失职与违法行为，也包括官吏个人品德与行为等，可以说是监察内容无所不包。从历朝历代对监察职责的规定，可以发现监察内容主要有五个方面。首先，最重要的是纠劾百官、察举非法。随着监察制度的不断完善，大小各级官吏的贪赃枉法、玩忽职守、矫制擅权、暴敛无度、以下犯上等种种非法行为，甚至日常生活的种种失当均在纠察之列。其次，监督朝政，驳正违失。如果监察官员认为皇帝的诏令有不当之处，可以驳回不予下发。监察官员还可以参加朝廷上重要决策的讨论，对认为决策失误之处提出意见。再次，肃正朝仪，严明礼制。在朝廷举行重大活动，如祭天敬祖、巡幸、朝会或其他庆典时，监察官员要负责规范和纠正百官的非礼言行。复次，推鞫狱讼，审录冤枉。御史有时会承担皇帝交办的诏狱的审理任务，对于一些重大或疑难案件，历代大都规定御史可以参与共审，纠正错案，察枉雪冤。最后，谏诤言事，专纠过失。与御史监察百官对应，对皇帝的监察则是谏官的职责。在唐代时期，谏官制度已相对完备，谏官可以通过多种途径对皇帝在任官、赏罚、军政等各方面的言行提出意见，甚至还可以直接封驳皇帝诏书，对国家大政方针发表意见并评判得失。③ 由此可见，在古代中国政治中，监察机构的监察对象和监察内容几乎是无所不包的。

（三）监察官员官秩低但权限大

尽管监察官员受到皇帝重视，能监察朝廷上下所有百官，但监察官员的官秩却比较低，进而形成了古代中国监察制度中低官秩监察官员纠劾高官秩官员的特征。

自秦汉御史监察制度形成以来，监察制度历来都是用官秩较低的官员来

---

① 《钦定台规》卷二。

② 《光绪会典》卷九九八《事例》。

③ 孙季萍：《中国古代的权力监督制度》，《东岳论丛》2001 年第 4 期。

监察官秩较高的官吏。在秦代，御史大夫"位上卿，银印青绶"，而丞相和太尉则是"金印紫绶"。① 同样作为三公之一，御史大夫不仅监察包括丞相在内的百官，而且还兼任副丞相，但其官秩却明显低于丞相和太尉。在汉代，刺史作为监察官员，其官秩只有六百石，仅相当于县令，但却能够对两千石的郡守进行纠劾；官秩只有千石御史中丞却可以察劾官秩万石的丞相。在唐代，台院长官秩从六品下，殿院长官从七品下，察院长官只有正八品上，而他们的监察权力却无所不及，察院甚至可察及尚书省。他们的显赫实权可以震肃百官，使为非作恶者心生恐惧，有所收敛。② 在明代，六科给事中和十三道监察御史仅为相当于知县的七品官员，但却对六部进行监察。在清代，御史之长以下监察官员的官秩才被提高到五品。

尽管监察官员的官秩较低，但是他们却毫不畏惧官秩比其高的官吏，低官秩的监察官员成功纠劾高官秩官吏的现象在历朝历代都存在。西汉时，大将军霍光擅权，废昌邑王，尊立宣帝，严延年作为侍御史就纠劾霍光，"'擅废立，亡臣人之礼，不道'。奏虽寝，然朝廷肃焉敬惮。"③ 东汉光武十一年，鲍永为司隶校尉，"帝叔父赵王良尊戚贵重，永以事幼良大不敬，由是朝廷肃然，莫不戒惧。"④ 鲍永的官秩为二千石，但严延年官秩仅六百石。唐高宗永徽元年，监察御史韦仁约奏劾中书令褚遂良，抑买中书译语人史诃担宅，致使褚遂良"贬为同州刺史"。⑤ 武后长安四年，监察御史肖至忠，弹劾当时凤阁侍郎同凤阁鸾台三品苏味道赃污，贬官。褚遂良与苏味道都是当时宰相，而监察御史仅是官秩为八品的官员。明英宗天顺初年，御史杨瑄巡察京畿，至河间，民诉曹吉祥、石亨夺其田。瑄以闻，并列二人怙宠专权状，此二人因迎立英宗复位有功，受到特别宠信，石亨爵忠国公，但英宗闻奏也不由得称赞杨瑄，"真御史也"。⑥ 明孝宗弘治时，御史汤鼎"首劾大学士万安

---

① 《汉书·百官公卿表》。
② 孙季萍：《中国古代权力监督制度评析》，《政治与法律》2001 年第 5 期。
③ 《汉书》卷九十《严延年传》。
④ 《后汉书》卷二九《鲍永传》。
⑤ 《通典》卷二四《职官六》。
⑥ 《明史·杨瑄传》。

罔上误国"，^① 万安被驱斥。而杨瑄、汤鼎当时的官秩皆为七品。^② 正是因为监察官员在纠劾方面有相对独立的权力，才使得即使他们官秩较低，但却对官吏形成一定的震慑，从而震肃百官。

这种以低官秩监察官员纠劾高官秩官员既是该制度形成和发展过程中的一个显著特征，又在历朝历代发挥了惩治腐败与整顿吏治的作用。但为什么要用官秩低的官员来行使权限大的监察权力呢？对此，顾炎武道出了其中的原委："夫秩卑而命之尊，官小而权之重，此大小相制、内外相维之意也。"^③相对于官秩高的官员而言，官秩低的监察官员社会联系少，官场关系轻，较少顾虑，能够勇于破除情面。而且，官小就不用过多考虑丢乌纱帽的风险，但一旦弹劾成功，则可以一步登天，因此，相比较之下，以小官监察大官，能在很大程度上激发监察官员的进取心与责任感，使其敢于纠劾官秩高的官员。^④ 古代中国监察制度中的官秩低但权限大的设计也是该制度在历史中的一个成功之处。

（四）监察制度的法律化

在传统的人治社会中，要使监察制度的功能得到持续发挥，除了监察机构的不断完善外，还需要有法律的支持。历朝历代有关监察制度的典章和法律不仅是对监察权力与监察职责的规范，而且还是对历史经验的总结与升华。在监察制度萌芽的初期，就有相应的规范出现。在西周时期，《周礼》就规定了"小宰"、"御史"等官员有监察官吏的权力，也记录了谏官劝谏君主的职责。在东周时期，《周官》就记载了中央与封国之间的权力关系，也涉及对地方权力的控制。这些规定是历史上较早对监察制度所做的规范，随着监察制度的正式确立与逐步完善，相应的法律法规越来越多，其规定也越来越详细具体。

秦代是古代中国官僚体制的初创期，规范和控制各级官吏的监察制度自

---

① 《明史·汤鼎传》。

② 三个例子来自宿志丕：《中国古代御史、谏官制度的特点及作用》，《清华大学学报（哲学社会科学版）》1994 年第 2 期。

③ 《日知录·部刺史》。

④ 刘彦生：《中国古代权力监督机制的现代反思》，《天津行政学院学报》2002 年第 3 期。

然也处于形成期，在有关监察制度的规定散见于各种律法之中。秦初颁布了察吏律令，《秦简·语书》记载："举劾不从令者，致以律"、"独多犯令、而令丞弗得者，以令丞闻。"该律令对监郡御史的工作对象和职权范围、辨察良吏和恶吏的细则等作了规定。《为吏之道》记载："凡为吏之道，必精洁正直，慎谨坚固，审悉毋私，微密纤察，安静毋苛，审当赏罚。"①它明确规定了为官从政必须遵守的道德行为规范。此外，《置吏律》与《除吏律》等对官吏的任用作了规定。这些律法从不同角度为监察官员纠核官吏提供了依据。

汉代在延续秦制的基础上制定了较为完备的监察律法。汉初颁布了《监御史九条》，作为古代中国第一个地方性监察法规，它规定了监察机构的监察内容和范围，即"词讼、盗贼、铸伪钱、狱不直、摇赋不平、吏不廉、吏苛刻、逾侈及弩力十石以上作非所当服，凡九条。"②这种明确具体的规定使《监御史九条》成为"朝廷授权监御史监察地方官吏的法律依据，是中国古代性质较为明显的监察法规"。③汉武帝在《监御史九条》的基础上制定了《六条问事》，它在对监察内容的规定方面更为具体，既为监察官员行使监察权力提供了依据，又为其提供了监察范围，防止监察权力滥用。《六条问事》记载："诏书旧典，刺史班宣，周行郡国，省察治状，黜陟能否，断治冤狱，以六条问事，非条所问，即不省。一条，强宗豪右田宅逾制，以强凌弱，以众暴寡；二条，二千石不奉诏书遵承典制，倍公向私，旁诏守利，侵渔百姓，聚敛为奸；三条，二千石不恤疑狱，风厉杀人，怒则任刑，喜则淫赏，烦扰刻暴，剥截黎元，为百姓所疾，山崩石裂，妖祥讹言；四条，二千石选署不平，苟阿所爱，蔽贤宠顽；五条，二千石子弟恃怙荣势，请托所监；六条，二千石违公下比，阿附豪强，通行货赂，割损政令也。"④从该内容上看，《六条问事》主要是将各个地方两千石的官吏以及与之有密切关联的强宗豪右作为监察的主要对象。这种规定与汉代采取强干弱枝以加强中央

---

① 《秦简·为吏之道》。

② 《卫宏·汉旧仪》（卷上）。

③ 张晋藩：《中国监察法制史稿》，商务印书馆 2007 年版，第 4 页。

④ 《汉书·百官公卿表》。

集权的政策紧密相关，但它却在客观上推动了汉代地方监察法规的完备。除了这两部专门的监察法规外，汉代还制定了其他与监察有关的律法，如限制地方势力的《左官律》、《酎金律》、《尚方律》，以及考核官吏的《上计律》等，使汉代监察法规更加完善。

唐代的监察法规已开始呈现出比较成熟与完备的趋势。唐初统治者善于从隋朝统治中吸取教训，十分重视御史与谏官制度。"自贞观初，以法理天下，尤重宪官，故御史复为雄要。"①唐代制定了《唐律疏议》和《唐六典》等更为明确与详细的监察法规，保证了唐代监察机构的有效运行。《唐律疏议》中的《职制篇》、《厩库律》、《擅兴律》规定了官吏的职责和违法失职行为的法律责任，它以刑罚作为主要责任方式，以最高的强制督促官吏合理使用权力，认真履行职责。②《唐六典》是中国历史上第一部专门的行政法典，其中对行政机构职责范围的详细规定为监察官吏的失职与违法行为提供了法律依据。唐玄宗仿照汉代的《六条问事》制定了专门的监察法规——《监察六条》，使唐代监察法规趋于成熟。《监察六条》规定了监察官员六个方面的职责："凡十道巡按，以判官二人为佐，务繁则有支使。其一，察官人善恶；其二，察户口流散，籍账隐没，赋役不均；其三，察农桑不勤，仓库减耗；其四，察妖猾盗贼，不事生业，为私蠹害；其五，察德行孝悌，茂才异等，藏器晦迹，应时用者；其六，察黠吏豪宗兼并纵暴，贫弱冤苦不能自申者。"③从该规定内容可以看出，对官吏的监察不仅是局限于官员的失误、渎职与违法行为，而且还对官吏应该履行的日常事务，如户口、农桑、赋役、治安等，以及对官吏的道德与品行进行监察。除了这些律典外，还有令、格、式、敕等法规形式，为监察机构行使监察权提供了依据、指导和规范，是监察法规的重要内容，进而形成了较为严密和完整的监察律法体系。④

---

①　《文献通考·职官七》。

②　孙季萍：《中国古代权力监督制度评析》，《政治与法律》2001 年第 5 期。

③　《新唐书·百官志三》。

④　张晋藩：《中国古代监察法的历史价值——中华法系的一个视角》，《政法论坛》2005 年第 6 期。

宋代在唐代监察法规的基础上有了进一步的创举。随着中央集权的强化，皇帝更加重视发挥监察机构的作用，在监察律法方面的两个重要创举就是体现。首先，宋代以律法的形式规定了监察机构系统内部的相互监察，避免监察权力被滥用。"诸官司无按察官而有违法，及不公事者，发运监司按察奏，发运监司互相觉察，其经按抚、发运、监司属官，听逐互行按举。"①《监司互察法》从横向和纵向规定了不同监察主体对相互存在的失职和违法行为进行举报和察劾，属于古代中国监察制度一个大的创举。其次，以律法形式对监察官员进行考查，如《吏部七司法》、《景定吏部条例》、《庆元条法事类》等，详细和具体规定了监察官员的权力范围与职责。在此基础上还制定了专门的考课法，如《京官考课法》、《州县官考课法》、《监司考课法》、《元丰考课法》等。

明代吸取元朝覆灭的教训，十分重视以重典治国，继承与发展了汉唐宋元的监察法规，形成了更加丰富和完备的法律规范。明代仿唐代制定了《大明会典》、《正德会典》、《万历会典》等专门的行政法典。其中，《大明会典》中有专章对都察院与六科给事中的职责与权限等作了明确规定。洪武四年，"御史台进拟《宪纲》四十条，上览之，亲加删定，诏刊行颁给。"②在该法规基础上，先后又制定了《宪纲总则》、《纠劾官邪规定》、《出巡事宜》、《统政使司典章》与《六科给事中》总例及事例、《责任条例》、《巡抚六察》、《巡按七察》等考课监察的法规。这些监察法规在后朝明仁宗、明宣宗时期又有所增补。在总结与继承以往监察法规的基础上，明英宗时期制定了《宪纲条例》，成为明代比较完备与专门的监察法规，此后明历朝皇帝均在此法规上进行增补。

清代在继承历朝历代监察法规的基础上，将封建社会监察法规的制定与完善推向了顶峰。清代监察法规主要集中于乾隆时期编纂以及经嘉庆、道光、光绪时期修订的《钦定台规》，被称之为"四朝台规"。《钦定台规》比较全面和详细地规范了监察机构及官员的权力、权限、地位、责任、办事程

---

① 《庆元条法事类·职制令》。
② 《明太祖实录》卷六十（下）。

序、对监察官员的选拔，以及对监察机构与官员自身的管理等各个方面。光绪时期的《钦定台规》共 42 卷，分为八门：（1）训典，编入历朝皇帝有关监察的圣谕；（2）宪纲，分为序官、陈奏、典礼、考绩、会谳、辩诉六项；（3）六科，编入各科给事中共同职掌及分科职掌的规定；（4）各道，编入各道共同职掌及分道职掌的规定；（5）五城御史，汇集治安监察的法规；（6）稽察，编入有关派遣御史稽察钱粮财务和考选官吏的规定；（7）巡察，汇辑有关经济监察的规定；（8）通例，有关御史官员考选、升转、礼仪的规定。《钦定台规》使监察活动的各个方面皆有章可循，是中国封建社会最后也是最为完备的一部监察法典。① 此外，与这一专门的监察法规相配套的还有官员考课方面的法规，如《京察法》、《大计法》；以及《十察法》、《京察滥举处分条例》、《考察内外大员例》等相关方面的监察法规。这些法规在一定程度上使清代的监察制度形成了比较全面和完整的法律体系。

从上述历朝历代制定的监察法规可以发现，尽管中国封建君主专制社会带有浓厚的人治色彩，但对权力的监督在很大程度上却是依据一定的法律和规范来运行的。监察法规随朝代的更迭处于不断发展与完善过程中，从最初的琐碎规定与习惯到形成比较完整与严密的成文法典。这种发展与完善不仅反映了古代中国在权力监督方面的经验与成效，而且反映了封建社会统治者对权力体系内部自体监督的重视，从而使封建官僚体制保持统一，进而成为两千多年封建统治得以维系的一个重要原因。

第二节　古代权力监督的历史合理性

监察制度作为古代中国政治制度的重要组成部分，在纠劾文武百官、整肃朝廷纲纪、打击贪官污吏等方面发挥了不可替代的作用。监察制度受到历朝历代皇帝的重视，唐文宗就直言不讳地指出了御史监察制度对于维持和巩

---

① 张晋藩：《中国古代监察法的历史价值——中华法系的一个视角》，《政法论坛》2005年第 6 期。

固统治的重要性。他曾对御史中丞狄兼谟说："御史台朝廷纲纪，一台正则朝廷治，朝廷正则天下治。"① 明太祖朱元璋也言明了监察机构是封建统治机器不可或缺的重要部分，他曾指出："国家立三大府，中书总政事，都督掌军旅，御史掌纠察。朝廷纪纲尽系于此，而台察之任尤清要。"② 在历朝历代皇帝的重视以及后朝对前朝的继承与发展下，监察制度越趋完善，建立了完备的监察体系与体制，确立了基本原则与规范，颁布了详细的监察法规，制定了可操作的运行程序，等等。这些制度创设上的成就使古代中国成为古代政治文明中的佼佼者。尽管传统监察制度并不能从根本上对皇权进行限制，不能根除官吏的腐败，实现政治清明等，但是从整个传统政治来看，监察制度在王朝政治的运行、封建政权及其统治的稳定等方面发挥着积极功能，在特定时代具有进步性。

首先，监察制度是皇帝控制各级官吏、防止地方割据、加强君权以维护封建君主专制和中央集权统治的重要方式。

尽管中国历史上曾多次出现分裂与"多国"林立的时期，但在漫长的两千多年王朝统治中，大一统是历史的主流，这种局面的形成在很大程度上归因于监察制度发挥着防范地方割据以防止分散和削弱君权的功能。古代中国之所以没有像其他国家那样长期陷入分裂或被外部力量入侵而完全失去独立，一个重要原因在于中央集权对内发挥着强制力和凝聚力的作用，而对外则发挥着强有力的防御功能。中央集权的出现与加强是与中国古代小农经济的生产方式与地主阶级的政治统治形式相适应的。国家为了自身的正常运作，为了抵御外部力量的入侵，必然要依赖稳定与充足的财政收入，这就需要通过庞大的官僚系统来将分散的人力和物力集中起来，以形成强大的经济和军事实力。西方学者在研究古代中国的中央集权时提出了"治水国家"的理论，该理论认为，农业发展需要灌溉，分散的个体小农难以建设工程宏大的水利设施，特别是面对大干旱，小农生产方式更是手足无措。这种情况下就需要强有力的中央集权政府，动员小农在全国大兴水利。由于水利灌溉、

---

① 《新唐书·狄兼谟传》。
② 《明史》卷七三《职官志二》。

建设与管理的需要，东方国家"要有效地管理这些工程，必须建立一个遍及全国或者至少是及于全国人口重要中心的组织网。因此，控制这一组织的人总是巧妙地准备行使最高政治权力。"①在古代社会，皇帝加强中央集权的方式有多种，如直接参与对官吏的选拔与任用，对官吏进行考核，等等。此外，就是加强对官吏的监察，使官吏能够自觉执行皇帝的诏令和中央的政策，进而避免违法擅权。只有通过加强对地方官吏的监察，才能保持皇帝的意志得以实现以及政令畅通，降低地方违背甚至消极抵抗君权的风险。因此，在古代中国社会，中央集权是实现王朝统一和不受外部侵犯的重要条件，而监察制度则是推动中央集权的重要制度设计。

此外，与中央集权相对的是地方分权甚至地方割据。在中国历史进程中，如何消除地方势力对中央权威的消解，以及避免地方割据，是许多励精图治的统治者不得不面对的重大问题。为了加强对地方官吏的控制，历代皇帝都重视监察制度的发展和完善。随着监察制度的固定化与制度化，封建皇帝的耳目、触须延伸到各个地方，使得海内一统、号令划一成为名副其实。朝外地方势力、藩镇无一不在中央的监察范围之内。这就使得监察制度对防止地方割据，地方势力危害中央的专制集权统治而言，有着重要的作用。

其次，监察制度是封建社会统治阶级内部权力相互牵制，实现权力斗争自我调节与平衡的重要工具，进而充分发挥了封建官僚机器的统治效能，从整体上保证了封建社会的稳定和延续。

皇权、相权与察权三者构成中国封建国家权力基本构架。三权之中，皇权至上，其他两权为皇权所派生，是皇权的工具，为实施与巩固皇权服务。纵观历史，当三权之间的关系比较协调、运行比较有序时，皇帝能较好地发挥相权、察权的功能，不是乾纲独断，而是虚心纳谏，明智地纠正错误的诏旨，因而使相权与察权一方面协力皇权治理国家，客观上又在一定程度上监督与制约着皇权。这种不平衡的三权暂时的某种程度上相对平衡状况出现之时，往往是中国封建史上政通人和、国泰民安的封建盛世时代。西汉的文景

---

① ［美］魏特夫：《东方专制主义——对于集权力量的比较研究》，徐式谷等译，中国社会科学出版社 1989 年版，第 18 页。

之治，初唐的贞观之治以及清代的康乾之治概属此类情况的典例。总之，不仅相权、察权受到皇权的监督制约，皇权亦受到相权与察权一定程度的监督制约，即皇权以及皇权之下的相权与察权在封建专制权力结构的框架内存在着某种制衡关系，那么该封建皇朝就将成为朝纲肃正、政治清明、社会稳定、国家兴盛的封建盛世。反之，就是朝纲紊乱、政治昏暗、民不聊生、社会动乱的封建衰世。

古代中国的监察制度通过自上而下又自下而上的监督伺察，有效地促使封建制度自我的调节，调节皇权和相权、行政权和监察权、中央和地方的关系，使国家机器比较有效地运转，有力地促进政治的清明。而当监察制度受到破坏，监察官员无法履行职责时，政治也随之腐败。监察制度的健全与否及施行的状况如何，是历代政治好坏的晴雨表，并直接关系到皇朝的兴衰。因此，监察制度调节了各级封建官僚机构之间既互相配合又互相牵制的关系，使文武百官尽忠职守，防止因官吏的个人行为危及地主阶级的整体利益，从而更有效地维护统治阶级的长期统治。

最后，传统监察制度在某种程度上对权力主体形成了制约，督促百官在各自的职责范围内行使权力，谏诤言事制度在一定程度上对皇帝的不当或失德行为起到了匡正作用。

"吏治"历来是古代中国各朝各代皇帝治国理政的重要内容。早在战国时期，韩非子就提出了"明主治吏不治民"的治国主张，"人主者，守法责成以立功者也。闻有吏虽乱而有独善之民，不闻有乱民而有独治之吏。"① 在韩非子看来，只要治理好了官吏，也就治理好了臣民。因为官吏作为权力的行使者，掌握着国家机器的运行，官吏能否运用好权力，在很大程度上关乎政治与社会的稳定，以及王朝的兴衰。从中国历史可以粗略地发现，凡是太平盛世、社会繁荣稳定的朝代，皇帝对官吏的控制与管理是有效的，官僚体制内部的权力格局处于平衡状态；反之，凡是民不聊生、贪污腐败盛行、政治上处于内忧外患的朝代，皇帝在某种程度上对官吏的控制是失效的，官僚体制内部的权力争斗处于失衡与失序状态，官吏之间的内斗消耗着王朝的统

---

① 《韩非子·外储说右下》。

治力。因此，"吏治"成为影响王朝兴衰的重要原因，而监察制度则是实现"吏治"的重要途径。

作为皇帝控制官僚体制的工具，监察制度在不同时期受到的重视程度不同。自御史监察制度建立以来，经过历朝历代的发展与完善，监察制度形成了对文武百官十分广泛的监督权。顺治皇帝曾谕令："文武大臣如果是奸邪小人，构党为非，擅作威福，紊乱朝政，致令圣泽不宣，灾异叠见，一有闻见，必须不避权贵，上疏弹劾。内外各衙门大小官员，有不公不法等事，皆得纠劾。"①

在古代中国政治中，监察制度以整饬百官为目的，在官僚体系中发挥着"彰善瘅恶，激浊扬清"的功能。早在秦汉时期，监察制度覆盖的范围就比较广，如对官员的失职和违法行为进行纠劾，对官僚进行考课，推举贤才，监督和纠正司法案件等。此后，经过历朝历代的修补、发展与完善，权力监督的对象已扩展到除皇帝以外的所有官僚；监察范围除了官员履行公职的行为外，还包括其个人道德；监察方式也日益多样；监察官员在监督官僚的同时，自身也受到相应的监督。由此，监察制度日趋完善，并在约束官僚行为方面发挥了积极作用。明代朱元璋十分重视通过监察制度来惩治官员的贪污腐败。他公开利用监督职能刻意彰善治贪，通过巡历监察各州县，发现廉洁奉公的官吏，及时向朝廷报告，使清官得以嘉奖；对于那些贪赃害民的官吏则发奸摘伏，严惩不贷。这一时期出现了一批铁面无私的巡按御史。他们弹劾贪官不避权贵，对为非作歹的公侯毫不留情，即使面对出镇或出使的宦官也敢于斗争。② 在明初，监察制度的效果是明显的。"一时守令畏法，洁己爱民，以当上指，吏治焕然丕变矣。下逮仁、宣，抚循休息，民人安乐，吏治澄清者百余年。"③ 因此，监察制度在不同时期不同程度上发挥了权力监督的作用。

尽管在专制的王朝社会中，皇帝握有至高无上的绝对权力，但毕竟还是建立了谏诤言事制度，纠正了皇帝的一些过失，对皇权起到了一定程度的约

① 《钦定台规》卷九。

② 刘彦生：《中国古代权力监督机制的现代反思》，《天津行政学院学报》2002 年第 3 期。

③ 《明史》卷二八一。

束作用。谏诤言事制度可以通过直接向皇帝指出其过失，从而使其进行反思，自觉接受并改变其行为。这种情况一是需要皇帝必须重视谏诤言事制度，虚心倾听与采纳谏诤官员的进言；二是需要谏诤官员具备足够的说服能力、进言技巧、勇气与忠心等条件。另外，谏诤官员也可以借助前朝惯例来提醒皇帝按照传统来行使权力。此种情况下谏诤言事制度能否发挥作用，在很大程度上取决于皇帝对传统的敬畏程度。不管谏诤言事制度采取何种方式，或多或少对皇权形成了约束，匡正了皇帝的部分行为。唐代李善感为监察御史里行，永淳初大造宫室（造奉天宫），上疏极谏，时人喜之，谓之"凤鸣朝阳"。御史中丞宋璟在武则天时，频论时政得失，引起武后反感，素以果决肆杀著称的武则天也没有办法。唐垂拱元年，武后命监察御史苏珦推按韩、鲁诸王狱。珦以诸王毫无谋反的证据和事实回奏，武则天极为恼火，珦却执奏不回，武后只好退让。① 在唐代，凡属皇帝命令，在敕字之下，须加盖"中书门下之印"。唐中宗不经两省而径自封拜官职。但中宗究竟心怯，自己觉得难为情，故他装置诏敕的封袋，不敢照常式封发，而改用斜封。所书"敕"字，也不敢用朱笔，而改用墨笔，当时称为"斜封墨敕"。② 正是因为谏诤官员的刚正不阿、宁死不屈的精神在很大程度上匡正了皇帝的不当与过失行为，在高度集权的专制主义社会，这种对皇权的监督与约束是难能可贵的，谏诤言事制度在古代中国政治制度中的作用是值得珍视的。

第三节　古代权力监督的局限性

　　古代中国权力监督的效能是明显的，它调节了封建统治阶级内部的权力冲突，从总体上实现了统治权力的平衡，使封建统治得以长期维系。但从世界政治发展史及中西政治发展对比角度看，古代权力监督的局限性也是很明显的，即源于政治权力高度集中的君主专制制度、权力授予的自上而下，以

①　应克复：《中国封建政制的权力监督与制约几点评估》，《江海学刊》1997 年第 4 期。

②　钱穆：《中国历代政治得失》，三联书店 2001 年版，第 41—42 页。

及等级森严的权力结构，这使得古代权力监督主体单一，方式相对有限，监督效力的发挥从根本上取决于君主开明与否，以及控制封建官僚体制的能力。从现代政治文明的角度看，古代权力监督在制约权力方面整体上是低效的。

一、"同体"监督制约着古代权力监督功能的发挥

古代中国政治权力结构有两个显著特征，一是政治权力分化程度低，尽管存在监督机构和司法机构，但其权力并未完全独立，而是属于行政权力的一个部分，这就使得古代权力监督是一种典型的"同体"监督。二是权力授权与行使的自上而下，这使权力主体只对上负责而无需对同级权力或对下负责，这在很大程度上使"同体"监督的主体单一、监督渠道与方式相对有限。这两个方面共同作用，严重制约着古代权力监督功能的发挥。

在古代中国，政治权力分化程度较低，国家权力主要体现为行政权力支配一切，行政是整个国家事务的中心，其他权力皆由行政权力延伸出来。在君主专制社会中，政治权力结构是自上而下授权的金字塔结构，官僚机构权力均来源于君主授权。即使存在司法权力，也是由行政官员来行使；尽管行使监察权力的监察官员逐步与专门处理行政事务的官员区别开来，但二者仍然统一于以皇权为核心的封建权力结构中，仍然作为行政权的重要组成部分。因此，在古代中国，行政权涉及社会生活的各个领域，官僚机构的行政管理活动维持着国家与社会的有效运转。在民间社会，即使某些公共事务是由乡绅等民间势力而非官僚机构来管理，但这些权力的行使并非民间向国家索取政治权力，而是封建统治者囿于信息、人财物等各方面因素而无法将政治权力的触角延伸至社会与个人生活的各个角落。因此，古代权力监督缺乏来自民间力量对权力的监督与约束，它是一种典型的统治阶级内部的"同体"监督。

权力的"同体"监督因权力运行的自上而下以及由此导致的只对上负责而不对下负责，大大削弱了权力监督的效力。在等级森严的官僚体制中，权力来源于君主的绝对权力，权力授予层层下达。在官本位的驱动下，官员只对其权力来源负责，而无需对同级或官僚体制以外的权力主体负责。古代中

国权力监督的一个特征是监察官员位卑权重，低层级官员可以对高层级官员进行纠察与弹劾。尽管古代中国政治实践中也出现了很多低层级监察官员成功弹劾了位高权重的高层级官员，但从整个封建统治的历史看，这种政治现象并非常态，而是例外，并且这种例外还取决于皇帝是否贤明以及对权力监察是否重视。监察官员位卑权重的制度设计并非为了防止朝廷百官滥用权力，而是为了皇帝更为有效地控制整个官僚体制。一旦监察官员位高权重，势必会形成与其他行政官员之间的争权夺利，最终造成某个位高权重的官员独揽大权，或者因严重内耗而降低官僚体制的效率。因此，权力"同体"监督缺乏内在动力，仅仅依靠皇帝对控制官僚体制的能力高低与是否贤能，古代中国的权力监督整体上是低效的。

在古代中国，绝对君主专制权力下的"同体"监督自然不可能产生近代以来西方国家基于分权与民主基础上的权力"异体"监督。古今中外的政治实践证明，只有权力内部的"同体"监督很难对权力起到有效的规范与制约作用，只有将"同体"监督与"异体"监督有机结合起来，拓宽权力监督渠道、丰富权力监督形式，才能真正实现将权力关进制度的笼子。

二、古代权力监督制度的制约瓶颈在于缺乏对皇帝的有效监督

在古代中国政治中，皇帝处于权力金字塔的顶端，独享至高无上的权力，所谓"普天之下莫非王土，率土之滨莫非王臣"，意味着皇帝享有高于一切和统帅一切的权力。然而，从整个两千多年的封建统治来看，对皇帝专制权力的约束往往是有名无实，皇帝无需向任何权力机构和被统治者负责。古代中国思想家多是从神话与道德角度对约束皇帝权力提出了若干思考，但这些都是对皇帝权力的软约束，难以起到实质性作用。尽管也存在着约束皇帝权力的制度，但追本溯源，这些制度的合法性源于皇帝维护统治的需要，而非对其自身权力进行实质性约束。

在民为邦本、君为邦主的"家天下"社会中，对皇帝权力的监督与制约，思想上的反思不深刻，制度上的约束乏力，无法形成对皇帝绝对权力的有效制约。早在夏商时期就出现了告诫统治者要谨慎使用权力的"天命不常"观。此观念认为统治者的权力来源于上天，如果统治者滥用权力，则会受到

上天的惩罚，从而失去天下。周朝取代商朝就是因为商纣的暴虐失去了上天的支持，"予惟小子，不敢替上帝命，天休于文王，兴我小邦周。"① 在周公看来，周取代商，并非周人夺权，而是天命。从告诫统治者慎用权力的角度看，"天命不常"可以看作是对统治者滥用权力的一种认知上的约束。但这种约束随着人们对天、自然界认识的加深而逐渐式微。儒家进一步从君民关系来规劝统治者要善用权力，最典型的便是民贵君轻思想。孟子提出"民为贵，社稷次之，君为轻"，② 荀子又进一步强调"君者，舟也；庶人者，水也。水则载舟，水则覆舟"③。对于君民关系，儒家提出了要为政以德，施仁政，从而规劝统治者避免滥用权力。但这种道德化的规劝方式往往是一厢情愿的，在太平盛世或皇帝勤政贤明时，这种规劝可能奏效，但在乱世或皇帝荒淫贪婪无度时，这种规劝在暴政面前不仅苍白乏力，而且规劝者还容易招致杀身之祸。作为法家的韩非子，除了为统治者如何综合使用权术势来维持统治进行建言献策外，也提出了对统治者进行谏言与规劝。但更为重要的是，他强调了谏言与规劝面临的两难境地，即"知而不言，不忠。为人臣不忠当死；言而不当，亦当死"。④ 对此，韩非子提出了诸如揣摩迎合、顺水推舟、溜须拍马、巧言令色等谏言方式。从韩非子的权术势来看，这些谏言方式与其说是对皇帝进行劝谏，不如说是为了获得权力而讨好皇帝。明末清初诸多思想家提出了反专制政治思想，对君主专制制度进行了深刻的批判。黄宗羲认为："古者以天下为主，君为客，凡君之所毕世而经营者，为天下也；今也以君为主，天下为客，凡天下之无地而得安宁者，为君也。是以其未得之也，屠毒天下之肝脑，离散天下之子女，以博我一人之产业，曾不惨然！曰：'我固为子孙创业也。'其既得之也，敲剥天下之骨髓，离散天下之子女，以奉我一人之淫乐，视为当然，曰：'此我产业之花息也。'然则为天下之大害者，君而已矣。"⑤ 黄宗羲对君主专制的批判可谓入木三分，并在此基础上

---

① 《尚书·大诰》。

② 《孟子·尽心下》。

③ 《荀子·王制》。

④ 《韩非子·初见秦》。

⑤ 《明夷待访录·原君》。

提出了置相权以分君权①、设学校以监视朝政②、设方镇以去集权之弊③ 等约束君主专制的措施。但这些措施从根本上使高度集权的权力架构产生分化，也并未从专制权力外部发掘制约权力，自然无法产生类似西方国家基于分权与民主基础上的权力监督和制约制度。

因此，以"天命"、"仁政"、"德治"等伦理渠道来监督和约束皇帝权力的方式，最终都是寄希望于君主的道德内省、道德自觉，但这些方式却是最不可靠的。而通过在权力体制内部寻求制约专制权力，无异于缘木求鱼，也无法对皇帝形成有效制约。

正是因为对皇帝的监督与制约在思想上依赖于道德自觉和寻求体制内力量，使得古代权力监督制度不可能成为政治实践中的常态，其效力在整体上是低效的。谏诤言事是对皇帝权力进行监督与制约较为完备和延续时间较长的制度，但这种制度在不同历史时期和不同皇帝身上表现出了截然不同的效果。谏诤制度的设计与运行遵循"修身、齐家、治国、平天下"的线性逻辑。在儒家思想中，皇帝是古代社会的道德楷模，"为政以德，譬如北辰，居其所而众星共之。"④ 谏诤官员认为经常对皇帝进行提醒和规劝，皇帝会虚心纳谏，从而自觉对自身行为进行纠正，从而更好地治国理政。但事实上却经常与之相反，历史记载的往往是那些刚正不阿、冒死进谏的个性鲜明的谏官，而不是常态化的谏诤行为。这表明谏诤制度能否对皇帝形成监督和制约，在很大程度上取决于谏官是否具备将生死置之度外的勇气与魄力，以及皇帝是否为开明之君，能否广开言路，兼听兼信。随着君主专制日趋加强，谏诤制度及其功能日益式微。从宋代开始，谏诤制度出现了两个方面的显著变化：一是谏诤对象逐渐由皇帝变为以朝廷百官为主；二是谏诤制度和御史制度混合并趋于合一。这表明，自魏晋以来对皇帝的失误进行规谏的诤谏制度逐渐背离制度设计的初衷，至明朝，谏院与谏院大夫被取消，台谏之风日衰。明正德开始，若有向皇帝规谏者，往往招来大祸。武宗正德十四年，兵部侍

---

① 《明夷待访录·置相》。
② 《明夷待访录·学校》。
③ 《明夷待访录·方镇》。
④ 《论语·为政》。

郎黄巩等大臣谏止皇帝南巡，结果 146 人惨遭廷杖，当场死于杖下者 11 人。世宗嘉靖三年，因群臣谏诤更定章圣皇太后尊号一事，获罪下狱者 143 人，受酷刑死者 16 人。[①] 由此可知，权力源自皇帝的谏诤制度在对皇帝进行监督与制约方面整体上是低效的。

三、权力监督中的人治色彩浓厚与"包公现象"突出

尽管古代中国在权力监督方面所颁布的监察法令较多，但严格依法行使纠察权来监督和约束官僚权力却无法实现，权力监督因人治色彩浓厚而缺乏预期效力。人治社会在本质上是与权力监督相悖的，人治社会的一个突出特征就是权力的随意性，以及权力监督与制约的非常态，而这种非常态的权力监督与制约的效果反映在民间社会便是以"包公现象"来呈现。

古代中国是一个典型的人治社会。在这种社会中，政治权力的突出特征是权力的一元化与集权化，权力体制是一种自上而下单向运行的、等级森严的金字塔式的权力结构和关系模式。在这种权力结构中，权力关系主要体现为"线状"的权力控制关系。与现代权力体制相比，传统的专制权力体制在横向和纵向的权力分化上程度比较低，无法从权力体制外部发掘出其他权力源，从而无法形成现代权力结构中的多元化的"网状"权力控制关系。因此，传统的权力体制容易产生高度集权的专制权力。在专制社会中，尽管权力的分配、获取、范围、职责等都有明确的法律规定，但这些法律通常会随着朝代的更迭、皇帝是否勤政与贤明、皇帝的个人意志等因素而发生改变。此外，更为重要的是，在人治社会中，权力效能的发挥既取决于权力行使者与皇帝（或上级权力）之间的亲疏关系，又取决于自身的魄力与能力。因此，即使是同一类型的权力，由于行使者不同，其权力效能也有很大差异。一般而言，离权力中心（或权力顶峰）越近，其权力就越大，权力所施加的影响自然就大；反之，其权力就是有名无实。在中国政治史上，受到皇帝恩宠的人多数大权在握，而受到皇帝猜疑、冷落或排挤的人，则处于权力边缘，甚至性命不保。这种现象在宋代体现得淋漓尽致。宋代初年，宋太祖专信宰相

---

① 应克复：《中国封建政制的权力监督与制约几点评估》，《江海学刊》1997 年第 4 期。

赵普，赵普独掌中书十年，但长时间的相权独专导致其势力膨胀，引起主上猜忌，于是，宋太祖提高了参知政事的地位以分宰相之权。宋太宗年间，寇准为参知政事，其地位几乎与宰相平起平坐。在寇准因揽权专恣激怒太宗被贬至邓州后，参知政事的地位随之下降。宋代两位著名人物范仲淹和王安石出任参知政事期间，都得到了特别的重用。与范仲淹同时的宰相章得象、晏殊，均无所作为。王安石任职参知政事主持变法期间，独揽朝政，宰相成为陪衬，时人讥讽称中书为"生老病死苦"，即王安石生，曾公亮老，富弼病，唐介死，赵抃苦。但同样是王安石，在他两任宰相期间，参知政事又成为其绝对附属。① 这表明，在人治社会中，权力的效能在很大程度上是由人的意志而非制度来决定的。监察权力作为皇帝控制官僚体制与文武百官的工具，其效力更是直接受到皇帝个人因素的影响。

传统专制政体及其人治色彩赋予了皇帝至高无上的绝对权力，皇帝的贤明与昏庸直接决定着御史监察制度能否发挥其功能，影响着权力监督的成效。一般而言，皇帝对权力监察的重视有着特殊的原因，即充分吸取前朝灭亡的教训，时刻提醒自己要慎用权力。唐太宗曾说："人欲自明，必须用镜。主欲知过，必藉忠臣。主若自贤，臣不匡正，欲不败危可得乎？故君失其国，臣亦不能独全其家。至于隋炀帝暴虐，臣下钳口，卒令不闻其过，遂至灭亡。"② 正因为唐太宗纳谏如流，心胸大度，才出现了房玄龄、杜如晦、魏征、长孙无忌等有名的谏臣。这种情况下，皇帝自愿接受权力监督的约束，并非出自对前朝传统的继承，也非出于对律法的畏惧，而是一种自律的行为，完全是由个人意愿决定的。而到了王朝的中晚期，一些皇帝或刚愎自用，或疏于朝政，或荒淫无度，对于谏官的谏言或丞相的意见毫不理会。如此，先前制定的一些纠正皇帝言行的制度，如唐朝初期的三省制与政事堂制，在王朝中后期就逐渐消失殆尽。从权力监察制度的存与废、效能发挥的高与低可以看出，古代权力监察必然充满着浓厚的人治色彩，否则，该制度无法在专制体制中存续。

---

① 孙季萍、冯勇：《中国传统官僚政治中的权力制约机制》，北京大学出版社 2010 年版，第 415—416 页。

② 《贞观政要》。

从中国政治史的相关记载可以发现，凡是权力监察制度功能发挥的比较好，除了有皇帝的重视和支持外，更有御史和谏官等官员公正不阿、大无畏的精神。御史监察制度的一个突出特征就是以低层级的官员纠察与弹劾高层级的官员，当权力是自上而下授予、官僚体系等级森严、官本位至上等主导着古代中国政治权力的运行逻辑时，权力主体只能对上负责而不对下负责，权力监察只能是纠下而不纠上。在这种情况下，御史与谏官只能凭借忠君、爱民、廉洁等信仰与人格来纠正皇帝的言行、弹劾权臣的贪污腐败等行为，这就是中国历史中所谓的"包公现象"。比如，明嘉靖年间，宦官刘瑾乱政，御史蒋钦疏劾之，被罚廷杖三十；再劾之，又被罚廷杖三十；第三次蒋钦再次奏章上呈，又被罚廷杖三十，结果廷杖而死。而另一御史许天锡明知弹劾刘瑾必有一死，但仍毅然坚持弹劾，最后竟无奈选择尸谏，足见御史的勇气与决心。类似这样的御史与谏官在历朝历代都或多或少地存在。因此，从根源上看，权力监察中的"包公现象"与专制权力中的人治有着密切关系。

四、古代权力监督制度发挥作用的长效机制难以建立

封建社会的专制制度决定了权力监察只是皇帝控制官僚体制的工具，这种工具的价值到底如何发挥，以及发挥到何种程度，完全取决于皇帝个人。在人治社会中，权力监督只是专制制度的附属物，孙中山在讨论古代监察制度时，曾将御史视为皇帝的奴仆。对比传统中西政治中的权力监督可以发现，只有充分挖掘权力体制内外部的动力，才能使权力监督得以建立长效机制，进而发挥稳定的作用。而这正是古代权力监督制度所缺乏的。

传统的权力体制是高度封闭的，不需要主动对政治权力以外的主体与力量作出回应；而且，它还是自上而下的等级森严的权力结构，这就使得任何与之相反方向的权力监督都面临着体制壁垒。低层级的御史若要成功弹劾高层级的权臣，必须仰仗于皇帝的认可与支持；谏官若能纠正皇帝的不当言行，也取决于皇帝的内省与虚心纳谏。但这两种情况在绵延两千多年的封建社会中均为非常态。因此，在古代权力体制中，官僚体制是"同体"监督的体制障碍，而处于该体制最顶端的皇帝才是权力监督的唯一动力源，但它却是不稳定和断断续续的。因此，权力监督制度欲实现长期和稳定的效果，就

需要从体制外挖掘新的动力源。

在西方国家的历史与政治思想史中，如果通过权力监督来约束和规范权力也是政治家与思想家长期思考的问题。与中国最大的不同之处在于，西方国家在权力监督方面不只是从权力体制内部寻找动力，而且还通过分权，从权力体制外部发掘其他动力。在古希腊，城邦权力就是被掌握在不同群体手里，如公民大会、五百人会议、陪审法庭等。公民可以通过担任公职、参加选举等方式来对权力进行监督，甚至还发明了"贝壳放逐法"来罢免威胁雅典民主的执政者，剥夺其权力。因此，在雅典政制中，权力监督是建立在权力分化基础之上的，权力之间不是纯粹的隶属关系。只有建立具有独立权力来源的权力结构，才可能使权力监督真正发挥作用。这种权力监督方式在中国两千多年的专制社会中是不可能出现的，因为不管在体制上，还是在观念上，皇权的合法性来源于上天，正是因其不属于权力监督的对象，而具有处于权力顶端且超越法律的绝对权力。其他一切权力都是由皇权所授予的，不存在皇权之外的其他权力来源。因此，古代中国权力监督制度难以建立长效机制。

结论　古代中国权力监督的再思考

中国传统官僚政治呈现出一幅良政与恶政交错的图景。一方面，秦汉以后官僚政治体制的运作在相当长的时间里有条不紊，几度的盛世王朝更是天下太平、吏治清明，清廉之士迭出不穷；另一方面，两千多年的帝国历史中，政治的黑暗与混乱也伴随始终，庸官、贪官史不绝书，历代王朝始终无法走出腐败亡国的历史轮回。造成以上情形的原因是什么？中国传统政治体制的运作机理何在？纰缪何在？权力制约机制的整体架构，其有效性及根本缺陷在哪里？

一种理论或思想的表达有时会诉诸文字，有时则直接表现为一系列具体的制度安排。在更为关注经验和行动的中国传统文化中，政治学的鸿篇巨著付之阙如，有关权力监督问题的探讨更是少之又少。但是，从历代相沿而不断修正的有关权力监督的相关建制中，我们可以看到古代中国人在这一政治问题上的用心和思考。

一、权力监督的功能与目的：维系皇权秩序
（一）皇权秩序的维系

中国古代君主专制政体中，皇帝以天下最高主宰的身份垄断了全部国家政治、经济、社会文化资源，"六合之内，人迹所至，无不臣者"，天下为君主一姓之私，皇权至高无上，无所不在，维护皇权的神圣与权威，巩固自上而下的皇权一统秩序是国家政治生活的全部内容。在中国古代，"政治"的概念与古希腊"在差异中找到一致的意见"的公众参与性质大异其趣，所谓"政者事也"，"治者理也"，"教不善则政治"，对国家事务的管理，政治权威对全社会有效的控制，以暴力赋敛维持皇家的最大利益，是中国古代"政治"的

主体和归宿，国家政治体系的构架和政府体制的运作都围绕这一点而展开。

基于皇权统治的需要，战国及秦代以后，庞大的官僚体系建立起来，君主将一己垄断的国家权力有限地分配、授予大小各级官吏。在权力结构和利益关系中，作为"元权力"的最高统治者皇帝与分执权力的百官众臣之间形成严格的主奴关系，为人主者发号施令，生杀予夺，为人臣者凭一己之智、之力，事其主上。如何保证这个庞大的官僚机器在实际运作中如"臂之使指"般地贯彻皇帝的意旨，保证皇权及其"家天下"利益的真正实现，这是帝制政治需要认真解决的一个问题。在中国古代，儒家理论强调"君仁臣忠"、"明君贤相"的理想政治模式，臣子忠心尽职似乎是不言自明的道理，但在现实政治中，君臣基于利害互异关系而导致的上下"一日百战"的局面却屡次发生，官僚集团追求私利的"异化"倾向难以遏止。皇权的私有和垄断属性不能容忍工具化的官僚集团背离其设置的初衷，于是，权力制约监督与防范问题在这一前提下凸显出来，这是中国古代权力制约监督机制建设的基本出发点。

由上，以巩固皇权政治秩序为出发点的中国古代权力制约监督机制与现代政治理论中"人民主权"、"有限政府"的权力制约监督要旨大相径庭，它以加强和巩固皇权为主要目的，在专制集权的政治背景下，"权力制约"一事属"家天下"，皇室之"内务"，与民众毫无关涉。这一点，决定了中国古代权力制约监督机制的整体面貌、特质及其运作的实际效果。

（二）监督程序的缺席

程序在中国古代帝制政治中是一个陌生的词语。中国人的传统思想中历来重实体而轻程序，在伦理化、权威化的行政过程中，程序更被视为多余。没有人能够给"潜移默化"式的道德教化过程规定一个固定的格式，也没有必要为强权政治设定必需的步骤和方法，任意而为，在专制政治中，"程序"往往缺席。

行政过程的轻程序化导致权力监督"重结果，轻程序"的特征：一方面，对权力运行"结果"的监督侧重于对其"程序"的控制，很多制约监督行为只能在事后启动、进行；另一方面，作为行政过程的一个部分，监督行为本身缺少严格的程序规范，在低程序状态下进行。诸如权力监督的时间、步骤、方法、手段，监督过程中的调查、处理程序，公开、回避、保密制度等的规定，在中国古代的权力监督制度中往往没有或只有笼统的说明，监督行为的失当、失度无法在程序方面得到相应的规制。

二、权力监督的手段与模式

以道德制约权力、以法律制约权力、以权术制约权力，是中国古代权力制约监督的基本手段。

"道德"，在中国传统伦理社会里有着特别的地位，尤其在一个秩序良好、政治清明的时期，道德对于权力的约束力更显突出。历代王朝在选官用人时，都注重德行标准的要求，对于在任者则有大量的"官箴"对其加以告诫、警醒。一个官员如果在任期间不能获得良好的口碑，甚至遭到清议的贬斥，其前途将会受到很大的影响。这都对权力形成了有力的道德制约与监督。

在道德制约监督之外，法律对于权力的约束作用在中国历史上各个时期也是相当重要的。法家"以法治吏"的主张在秦汉以后的帝国政治中被推行。历朝历代都有大量约束和整饬官员行为的立法，如有界定官员职责和权能的行政组织立法，有督促官员在职勤政，规范官员权力运行的考课立法、审计立法，有对官员违法失职行为加以责任追究的监察立法、刑事立法等，这一些刚性的规则为官员们的权力行使划定了明确的界限，是整个权力系统正常运转的必不可少的保证。

权术制约监督，是专制政治的特殊产物，它是君主以秘密方式暗中窥察臣子，以此防奸、知奸、治奸的非常手段。在君主专制的背景下，这一被称作"妄妇之道"的权力制约方式有着其独特的作用，历代帝王也都或多或少地加以应用，在唐代、明代的一些时期，还一度达到极盛。

在中国古代政治中，以上三种手段在权力制约监督的过程中是相互交迭、相互融会的：道德的要求有时需要借助制度的形式表达，如考课、监察制度中对"德"的标准的严格规定；而制度的建制又以道德为基础，或者是基于政治权术的考虑。中国古代绵延两千多年的监察制度实际上就是君主"私以御职，奸以待下"，以术亲奸、治奸策略的一个具体运用，历代监察中遣吏巡行、特别侦缉、密奏传呈等或明或暗的方式交迭使用，实际上也是法律与权术制约监督的合而为一。

道德、法律、权术三种手段在中国古代权力制约监督机制中的地位和作用无法简单定论，但是在"伦理政治"的现实中，"道德"无疑是权力控制的第一道防线，古人云："用人行政，惟在治心"，道德控制"深入灵魂"，其"正本清源"之意和实际作用在"以德治天下"的社会里是不可低估的。当然，在道德自律之外，"他律"监控不可或缺，以道德手段防患于未然，以法律和权术手段察其非法、制其非法，道德、法律、权术制约监督三大手段各施其能，相互配合，构成帝国庞大的政治防御工程。

以上三种制约监督手段的作用方式是灵活多样的：既有静态的事前防范和事后制裁，又有动态的过程参与、跟踪监督。总体上来看，中国古代的权力制约监督机制覆盖了权力运行的全过程，权力配置、权力行使的各个环节都被置于相应的监督控制之下。

"事先防范"的权力监督措施主要表现在道德监督和权力配置过程中的部门建制，以及选官、任官制度中。

历代王朝对于中央与地方各级行政建制都煞费苦心，两千年中各不同时期政府机构演变、兴革废立各有其制，但每一个时期的变化和调整都始终坚持一个基本原则：地方集权于中央，中央集权于皇帝，万变不离其宗。分割事权、转移事权是权力配置中经常使用的手段。把不同的事务或一事的不同阶段分别交于不同部门，使其相互之间通过互不统属的权力关系或前后衔接的事务关系形成制约监督、牵制；通过明予暗取、明升暗降等方式转移权力中心，使原本膨胀中的权力部门失其威势，弱化其权力含量。这些制度化或非制度化的方式在中国古代权力制约监督过程中发挥着灵活而有效的作用。

严格选官用人，从权力的入口处防范权力违规，是中国古代政治文化中值得关注的内容。从秦汉时期的察举制到魏晋南北朝的九品中正制，再到隋唐以后的科举制，中国古代的选官制度日趋合理成熟。从权力制约监督的角度而言，这些选官制度主要从两个方面实现其防范权力腐败的功能：第一，通过合法的、稳定的渠道，选贤任能，拒奸去蠹，保证官吏队伍的廉洁和高素质；第二，减少、杜绝选官、任官过程中的权力腐败，防止官吏滥用任官之权营私舞弊，任人唯亲，排斥异己。

在任官制度中，中国古代还建立了选任分离、试官授职以及任官回避、"流官"、保举连坐等一系列有效的机制，权力的分配与获得的各个环节都着力于防范可能出现的弊端，并为权力未来的有效行使提供了前提保障。

事中和事后的防范与制裁在中国古代权力监督机制建设中也受到特别的重视。权力运行阶段的公文制度、考课、审计、监察制度为权力运作提出了规范化的要求，这些制度的实行有助于随时监控发现并解决权力的越轨问题；而大量地针对官吏违法失职犯罪的法律责任追究制度则以纯粹的问责形式，以最终的、强制性的刑罚手段处罚权力违规。

中国古代的公文制度对公文的拟写程序、公文格式、公文运行、办理时限等都作了明确的规定，并有相应的纠错系统及时发现公文处理过程中存在的问题，如唐代有公文勾校制度，元代以后则形成规范的照别密勘制度等，公文的失错、遗漏、违任都可以得到及时检查、纠正。此外，公文的审查封驳制度、会签制度、安全保密制度、驿传制度、公事处理之后的立卷、分类、归档制度等，从各个小的环节强化官吏的责任心，提高行政效率。

考课制度在中国历史上源远流长。各个时期都有严明的法制，定期不定期地对官吏任职情况进行考核。秦汉时有"五善五失"之法，"上计"制、部门考课制。魏晋南北朝有"五条诏书"课郡吏的制度、中正考课制度。唐代以后，考课制度更加完备，"四善二十七最"之法把考课的标准规定得具体详细，为品评各等官吏的为政情况提供了依据，考课的方式、权限、程序、时间、内容以及奖惩等在明清时期已十分明确。

审计制度在秦汉时期是"上计"考课制度的一个内容，至魏晋南北朝时期，其职能开始独立，唐宋以后获得了长足发展。比部、户部、都察院先后成为唐宋明清时期的审计主体，相关审计立法日趋发达，审计时间由每年定期逐步改进为定期与不定期相结合、任期内审计和离任审计相结合等。以监察系统为主干的审计体制在中国古代吏治中的作用同样不可小视。

监察制度在中国古代权力监督中地位突出。中国古代监察系统相对独立，各个时期都赋予监察权极高的权威。东汉光武帝时，御史中丞与司隶校尉、尚书令在朝会时专席独立而坐，时京师称之为"三独坐"，地位特殊。

唐太宗时，准谏议官入宰相府共议国事，"凡有所开说，必虚己纳之"。监察官的监察对象上及太子、下及百官，官员的职内、职外活动都在监察官的视野之中。监察权的运用方式灵活多样，审核稽查文书、巡回地方、重大礼仪活动等的现场监察、参与议政、受理检举申诉等，过程参与和事后审核相配合，发现和纠正不法。监察制度长期以来被看作是中国古代政治制度的一个成功之作，在专制集权统治之下，它对权力滥用的预防和制裁作用十分明显。

司法系统通过对违法失职官吏的刑事责任追究而完成其监督职能。中国古代关于官吏职务犯罪的法律规定非常丰富，仅受赃犯罪的罪名就有多种。以唐律为例，《唐律》中规定的官吏贪赃情况有：受财请求、监临主司受财、事后受财、受所监临财物、受旧属财物、因官挟势乞取财物、家人受财等，任何形式的利用职务之便肥己私囊的行为都会受到司法机关的追究。其他如官吏的擅权行为、失职行为等各朝法典中都有明确规定，这些为司法机关加强对行政的监督提供了法律依据。在所有的权力制约方式中，司法监督是最有力、最具强制性的监督。

综上，中国古代的权力制约监督机制在从权力产生到权力结果的全部过程都形成了相应的规范，它注意到行政过程的每一个环节权力滥行的可能，并尽可能地采取有效的措施加以克服。静态监督与动态监督，事先、事中、事后制约监督的有效结合，各种手段与方式的相互交叉，保证了最大限度地发现和纠正官场不法行为。

三、权力监督的价值分析

权力必须受到监督，深谙治道的中国古代帝王对此始终都有清醒的认识，正是在此基础上，延绵两千年的权力制约监督机制建立起来。然而，中国古代政治是典型的专制主义中央集权式政治。一方面，在集权化、人治化的"个人崇拜型"政治中，权力愈发呈现扩张的趋势；另一方面，这一政治体系本身又从根本上排斥制度性的权力制约监督与防范机制。这是中国古代政治体制无法解决的一个矛盾。

（一）以一人之视听察天下之奸之失效

专制政体下的权力制约监督与反制约实际上是皇帝与官僚之间利益展开

的博弈。作为唯一权力主体的皇帝，其与官僚集团在政治权力对比中虽然处于优势，但是，在利益予夺的角力中，作为孤家寡人的皇帝常常处于被动和劣势：一人之智与众人之智，一人之视听与众人之视听，这是一个毋须论证的不等式。深居九重的皇帝甚至可能完全被隔绝在现实的官僚政治之外：信息渠道的堵塞和扭曲使他完全失去对臣僚的正确判断和指挥控制能力，官僚集团的异化不可遏止。韩非子的"灶火"之说、"三人成虎"之论深刻解释了帝王政治中臣下欺君之害，并未危言耸听。自古以来，欺君都被看作不赦之罪，也正是帝王政治的特征所要求的。

为了实现"一统"天下的目标，最高当权者可以将制约监督权不断地分配给大小监察官，分配给身边的家臣、奴才等可资信赖的人，但是，专制政治中，信任本来就是极度稀缺的资源，家天下皇权一统的现实决定了皇帝多疑天性的无法克服，"天下皆以为疑己，而孰亲之？其假以防疑者，且幸己之不见疑而窥其疏以乘之；无可亲而但相乘，于是而庸人之疑，终古而不释。道不足于己，而先自疑于心；心不自保，而天下举无可信。兄弟也、臣僚也、编甿也，皆可疑者也。以一人之疑敌天下，而谓智计之可恃以防，其愚不可瘳，其祸不可救矣。"[1]以一人之疑敌天下，何以能够成立？更何况这种多疑事实上又来源于官僚集团对自身利益的追求，在现实中极有可能与皇家利益产生背反，当官员们在利益诱惑面前普遍抛却了对皇帝的忠诚的时候，君臣信任尽失，高居权力塔尖的多疑、孤独的皇帝将一筹莫展。因此，专制政治本身产生了权力制约监督的必要，但悬殊的君臣力量对比，决定了其权力制约监督的最终失败。

（二）集权专制使得监督难以奏效

传统帝制集权专制政治之下，权力制约监督发端于最高皇权，伴随着行政机构的层级设置，"螳螂捕蝉"式、自上而下的权力制约监督机制产生了。这种建立于大行政体制内的纵向权力制约监督架构导致监督成本增加，监督效率低下，甚至完全失效。

首先，在这一权力制约监督框架的最顶端，是集权力与利益于一身的皇

---

[1] 《管子·法法》。

帝，他高居权力主体地位，不受任何制度性约束。在专制集权政治中，权力肆意的最大危险来源于至高的帝王，而最危险的权力恰恰又被赋予了最大的机会和最方便的条件、路径，任意作为，畅行无阻，权力制约监督在它的起点处已经走到了尽头。

其次，在专制集权政治中，官员的权力和全部经济利益都来源于皇帝的分配和授予，"臣尽死力，君垂爵禄"，君臣之间上下的利益予夺无时不在。而在臣僚之间，具体地说，在执掌制约监督权的僚属与被制约者之间并无利害得失的根本冲突，相反，基于"同在江湖"的身份和地位，在窥视、打量皇家利益的时候，他们极易形成联盟，一致行动。

在中国古代，考课和监察记录是一个官员升迁降免的主要参数，每一个下属官吏的政治命运操之于上司、监察官之手，于是想方设法博取在上者的好感成为努力于仕途的官员们最现实的目标，欺上瞒下、贿通上司在这种政治环境中极易演化为官场进身通则。事实上，在公权私有化的专制政治里，媚上正是官僚体制自上而下的一种系统行为，上自法外的特权者皇帝，下迄百官，利益所驱，行政官府成为上下维护的一个大大小小的利益集团，在下者尽其所能侵贪贿上，在上者心领神会，容隐包庇，坐收其利，甚至敲诈勒索。清代将臣工进贡以邀皇宠的惯例合法化是这一现象最典型、最公开的表现。上下级官员之间、监督者与被监督者之间形成层层交易关系，官官相护，结网愈大愈宽则其谋私不法愈安全，风险愈小，成本愈低。权力制约监督机制在这样的政治现实中已完全无法实施。

再次，自上而下的权力制约监督方式更多地表现为对权力失范的事后纠正和制裁，监察官或负考核督责之任的上级长官，很多时候都无法实际地参与或旁观被监督者的权力行使过程，一年一次或三年一次的考课和定期不定期的监察活动，无法做到对权力行使中违规现象的随时发现，监督在这些时候表现为滞后性和不必然性：权力越轨行为得以在一段时间内持续，甚至长期潜伏，不被发现，当违规者东窗事发，已是罪恶累累，帝国吏治已为此付出昂贵代价。这一些现象使权力违法的成本和风险大大降低，并诱使吏治进入恶性循环。

为加大制约监督力度，专制统治者不得不多层设置督查，这一做法又导致制约监督机构日益臃肿，制约效率和行政效率都大为降低。如此控权模式下，不仅监督者和被监督者之间，而且监督者相互之间、最高权力与分授的大小各级制约权力之间，还会形成种种错综复杂的关系，相互牵扯，相互制造出更多的麻烦，监督成本大大增加。

最后，在专制统治中，"小民"完全处于社会关系的客体地位，没有任何权利可言，民众监督在通常情况下无法想象，"自上而下"的权力制约监督路线完全将民众排除在权力制约监督关系之外。不仅如此，在中国古代媚上苛下的官场理念下，对上级有一个好的交代是各级官员仕途成功的关键，为政理民的实际作为无关紧要，小民的疾苦利益被完全忽略，甚至成为官员们肆意掠夺以奉敬上司的牺牲品。明代《海瑞集》上编《淳安县政事序》中记载清官海瑞在任淳安县令时，曾说："宁可刻民，不可取怒于上；宁可薄下，不可不厚于过往。""百姓口小，有公议不能自致于上；过客口大，稍有不如意辄颠倒是非，谤言行焉。"海瑞是在论及州县不胜朝廷命官、巡察过客之累时表达的感慨和愤怒，它实实在在地道出了专制官僚政体的一大弊端。"小民"在帝制政治的合法化轨道中没有表达自身利益和要求的机会与可能，他们是专制政府榨取和蹂躏的对象。

在现代社会主权在民的原则之下，民众广泛地参与政治监督，官员们被置于全民监督的视野之中，这是一种低成本、高收益的权力制约监督方式。"众人之视听"以察奸，与皇权政治下"一人之视听"以察奸、制奸，其效果不言自明。

（三）人治导致权力制约监督缺乏长效性

中国历代都有因人而设法、针对不同对象临时议制的权力制约监督现象，同一权力，不同的执掌者，其在职期间权责大小可能完全不同。受到皇帝信任者，大权在握，无人抗衡，受到皇帝猜忌的人则被排挤，甚至其官职完全成为虚职。制度存废因人而变。

人治政治下，法律屈从于个人意志，在任官用人、决断狱讼的过程中，最高权力绕开制度的规定，以一己之意志而为高下，法外施情。自秦汉以后，历代选官用人都有明确的制度，但皇帝用人却可以任凭一己之好恶。如此上行下效模式下，既有的规则、制度对于各级官员的约束力也是十分有限的，不法官吏视制度为障碍，视破坏法度为平常，一些精心设计的权力防范机制在实践中失去效用。法律的失效使权力失范者得不到必然的问责，违规风险大大降低，"低风险、高回报"促使更多的潜在违规者铤而走险，破坏规则，吏治进入恶性循环。

人治政治寄希望于精英执政，"明君贤相"是这个社会各个环节得以正常运转的有力保障，圣君在位，政治昌明；反之，则大受其害。就基本模式和具体制度而言，古代权力制约监督机制有其相当成功的地方，也有其明显的疏漏和偏失，但无论是好的制度的落实，还是疏漏的补遗与修正，其实践效果最终都要取决于人治政治的圣明程度。中国历史上几个难得的太平盛世是明君清官政治的结果。否则，既有制度的约束力一旦弱化，君臣各逐私利而唯恐不足，吏治混乱不堪，"周期律"的到来指日可待。

所以说，集权、专制的人治政治是中国古代权力制约监督机制的根本性局限，它排斥制度化、长效性、透明公开的民主监督方式，一切受到人的意志和利益的左右，这种权力制约监督方式也许可以奏效一时，却无法保持长久。事实上，在"五百年必有王者兴"的中国古代，这种权力制约监督方式给社会带来的更多是政治的无序与周期性的振荡，而每一次动荡与反复都使社会付出惨重的代价。

实际上，权力监督制约机制的建立体现了一个社会的整体现实和需要，它是社会不同利益主体在政治关系中的要求和主张的集中体现，反映社会各种力量的对比和斗争。两千年的皇权专制社会里，小农经济是社会经济的基本形态，民众无法凝结成一个有力量的社会集团。专制社会国家权力的高度集中正是小农经济高度分散的结果。在古代中国社会结构中，始终没有形成和西方中世纪集团化的贵族、城市工商业者组织类似的社会团体，皇权至尊、垄断一切，广大的小农只是消极的国家赋税承担者，他们蛰伏在无限政府权力之下，无力以正常的方式提出任何个体的要求和利益主张。在现实的政治中，不存在任何一支社会力量足以构成对皇权政治的挑战和约制。中国传统官僚政治中权力制约监督机制的原理、模式、特质的形成正是这一社会现实状况的必然结果。在两千年一贯的以小农经济为主体的专制集权社会里，新的政治理念无从产生，更加合理、有效的权力制约监督方案亦无从谈起。

四、启示：权力监督中的"均衡"原则

权力制约与监督的目的，是为了使权力更有效地实现其服务社会的目的，而非锁住权力的手脚，桎梏权力的灵性。在规范权力秩序的同时，赋予权力运作所必需的空间和能量，实现权力制约监督与权力效益的有机统一，是权力监督的最佳境界。

但是，在人类政治文明的历史上，权力制约与效率的失衡状态时常发生，而有效的权力监督无不是在防范权力越轨的同时，最大限度地实现了权力的本来效能。

在中国古代专制政治中，权力制约监督与权力效率的平衡问题，在一些时期受到执政者的关注。汉代的刺史"六条问事"制度是其中成功的一例。汉时刺史巡察制度严格规定了巡察的对象、巡察范围和巡察程序。刺史巡察，以"所部"为限，所察的官吏只限于黑绶（六百石以上官吏），至于黄绶（二百石以上），则不在刺察范围。巡察的事件以"六条诏书"为据，六条之外，不予过问。巡察的程序如下：每视察所部，先到学宫见诸生，试其诵读之书，询问得失。再进入行郡，询问土田多寡。然后再接见二千石。刺史在巡察中，发现有越权者，将受弹劾。哀帝时，鲍宣为豫州牧，"举措烦苛，代二千石（郡守）任命官吏、听讼，所察过诏书"[①]，很快由丞相司直郭钦对其提起弹劾，鲍宣因此被免官。

汉代刺史"以六条问事"的规定有两方面的积极意义：第一，防止刺史利用监察权干预郡守、郡尉的正常职务，妨碍地方行政效率；第二，保证刺史集中精力履行监察职能，防止其因越权而失本职，顾此失彼。顾炎武在《日知录》中对汉代这一制度评价极高，认为"刺史六条为百代不移之良法"，他说："汉代部刺史之职，不过以六条察郡、国而已，不当与（郡）守、（县）令事；……自刺史之职下侵，而守、令始不可为，天下之事，犹治丝而棼之矣。"[②]"棼"，即纷乱，把丝头摘乱了，就再也理不清了。

但是，无论历代统治者是否意识到权力制约监督与行政效率之间的平衡

---

① 《汉书》卷七二《鲍宣传》。
② 《日知录》卷九《六条之外不察》。

与统一问题，在中国古代权力制约监督的政治实践中，制约与效率更多时候表现为矛盾和对立，无法兼顾。

"重效能而轻制约监督"在集权政治的权力运作中多有存在。

唐代中枢体制由"三省制"走向"一省制"是一个例证。分权的目的在于"监督"，但当它成为帝国高效政治的妨碍时，回归集权是一个必然的路向。

不唯唐代，明代朱元璋废宰相后，直接统帅六部、五府，权力实现了大分散。但是，朱元璋以后，"内阁"在实际政务中地位渐显突出，英宗时期，内阁演变为实际上的中央决策机构之后，凡有军国大事，"命廷臣赴内阁会议，具本奏决"①，"会议"制度由此形成。虽为大臣集议，实为内阁掌控，分权在悄然之间回到了集权。

"重制约监督而轻效能"的现象，在中国历史上也经常出现。

汉代的"三互法"带来用人行政的不便即是一例：为防止官吏互相勾结庇护，汉代规定诸州郡行政长官，不仅不能任用本籍之人，而且两州人士及婚姻之家也不能交互任官。这种做法导致一些地方的官职出现"欠阙不补"的状况。东汉蔡邕为此曾上书皇帝，他针对幽、冀、商州官职欠缺不补、政事延误的问题，建议突破禁令，选用人才。然而他的建议如石沉大海，没有回应。②

宋代中央政府致力于削弱地方势力，导致"内外失衡"的政治格局在中国历史上也具有典型意义。宋代立国之后，汲取五代地方混战的教训，对地方"稍夺其权"，地方"一兵之籍，一财之源，一地之守，皆人主自为之"③，财、政、军大权统统汇入朝廷，宋代地方政府即在这被约束、钳制之中，生气全无，以至在战乱时期失去了必要的防御能力，以至于"至一州则破一州，至一县则破一县"④。宋王朝最终灭于元，并非偶然。明代，为控制地方，地方政府被一分为三，三司鼎足而立，地方上的重大事情，三司需合议解决，

---

① 《明会要》卷四五。
② 《后汉书》卷六〇下《蔡邕传》。
③ 《日知录》卷八。
④ 《宋史》卷四一八《文天祥传》。

任何一方无权单独作出决定。如此，地方上遇到紧急情况时，三司便互相抱怨或因权威有限而指挥不灵，导致地方事务处理不力。此外，在明代的选官制度中，也存在制约"过度"的情形：选官权与任官权严格分离，中央吏部无法确实了解候选人的才、能，以致到后来不得不采取抽签的方式任命官员，任官舞弊行为得到了有效的控制，但是"所任非其人"的问题仍然得不到有效解决。

中国古代地方行政机构日益重要，实际上也是中央政府不断强化对地方的"监督"使然。"守令之不足任也，而多设之监司；监司之又不足任也，而重立之牧伯。积荐累重，以居乎其上，而下无与分其职者。且得公廉勤干之吏，犹不能以为治，而况托之非人者乎？"顾炎武认为："官多则乱，将多则败。"①清代的唐甄也看到了这样的现实："官多，则禄不得不薄；禄薄，则侵上而虐下，为盗臣，为民贼。故养民之道，必以省官为先务焉。"他接着分析道："今夫富人之家，百羊为群，以一人牧之足矣。主人虑其不周也，既立之牧，又为之监，司刍有人，司菽有人。欲厚其廪食，而羊息不足以供之，薄其廪食，则必窃刍与菽，而羊且瘦而多耗矣。多官害民，亦犹是也。"②

在西方近现代以来的政治中，权力制约监督与权力效能之间的矛盾也始终存在。如美国分权制度的演变经历了以国会为中心和以总统为代表的行政权中心两个时期。为了应对行政权急剧扩张的问题，美国人实行两党分治政治模式，这一做法在有力地遏制行政权膨胀的同时，却带来了政府行为效率低下的新麻烦，部门之间的相互摩擦、相互阻滞降低了整个宪政体制的效能。这是权力制约监督与权力效能之间矛盾的一个典型案例。

监督不仅是防止权力腐败的关键，而且是实现权力有效运行的关键。如习近平总书记所说："反腐倡廉法规制度建设要围绕授权、用权、制权等环节，合理确定权力归属，划清权力边界，厘清权力清单，明确什么权能用、什么权不能用，强化权力流程控制，压缩自由裁量空间，杜绝各种暗箱操

---

① 《日知录》卷八。
② （清）唐甄：《潜书·远谏》。

作，把权力运行置于党组织和人民群众监督之下，最大限度减少权力寻租的空间。"①

没有监督，不行；监督过当，也不行。监督的目的是要保障被监督的权力全面地、正当地运行，而不是削弱或取代被监督者的权力。必要的权力监督制约，是通过科学的权力系统和权力结构设计，通过划定权力界限，明确权力职责，疏通权力通道，防止和纠正权力的倾斜，使权力在既定的空间范围内畅通无阻地发挥其全部的、正当的能量。权力监督制约的理想状态：造就一个强大有力而又有节有制的权力工具，这是权力监督的最佳境界。

权力的自身特性决定了权力异化的必然性，权力监督制约的目的是要在最大程度上减少和防范权力异化的倾向。综观人类政治文明史，可以得出这样的结论：越是趋向于民主的地方，越是"法治"化程度高的地方，权力制约监督的自觉意识越强，权力制约监督的机制建设和效果越好，权力任意的自由空间越小；当一个社会实现了最大程度的自治，当以民主、法治为基础的政治体制建立起来，当"正义"、"公平"的权力伦理成为全社会的普遍政治伦理的时候，权力神话也就破灭了，权力制约监督在这个时候将是一个水到渠成的结果。

---

① 习近平：《在十八届中央政治局第二十四次集体学习时的讲话》（2015年6月26日）。

参考文献

一、古籍类

（汉）郑玄注，（唐）孔颖达疏，龚抗云整理，王文锦审定：《礼记正义》，北京大学出版社 1999 年版。

（汉）孔安国传，（唐）孔颖达疏，廖名春、陈明、吕绍纲审定：《尚书正义》，北京大学出版社 1999 年版。

（汉）郑玄注，（唐）贾公彦疏，赵伯雄、王文锦审定：《周礼注疏》，北京大学出版社 1999 年版。

方诗铭、王修龄辑录：《古本竹书纪年辑证》，上海古籍出版社 1981 年版。

（汉）毛亨传，（汉）郑玄笺，（唐）孔颖达疏，龚抗云、李传书、胡渐逵整理，肖永明、夏先培、刘家和审定：《毛诗正义》，北京大学出版社 1999 年版。

（周）左丘明传，（晋）杜预注，（唐）孔颖达疏，浦卫忠、龚抗云、于振波整理，胡遂、陈咏明、杨向奎审定：《春秋左传正义》，北京大学出版社 1999 年版。

许维遹撰，梁运华整理：《吕氏春秋集释》，中华书局 2009 年版。

（清）王聘珍撰，王文锦点校：《大戴礼记解诂》，中华书局 1983 年版。

（南朝宋）范晔撰，（唐）李贤等注：《后汉书》，中华书局 1965 年版。

陈伟：《秦简牍合集》，武汉大学出版社 2016 年版。

（战国）韩非：《韩非子》，中华书局 2015 年版。

皮锡瑞：《孝经郑注疏》，中华书局 2016 年版。

（宋）朱熹：《孟子集注》，安徽人民出版社 2013 年版。

（西汉）司马迁：《史记》，中华书局 2017 年版。

（东汉）班固：《汉书》，中华书局 2017 年版。

（东汉）卫宏：《汉旧仪》，商务印书馆 1960 年版。

（宋）刘攽：《汉官仪》，北京图书馆出版社 2002 年版。

（唐）李延寿：《北史》，中华书局 1974 年版。

（唐）李延寿：《南史》，中华书局 1975 年版。

（唐）沈约：《宋书》，中华书局 1974 年版。

（唐）姚思廉：《梁书》，中华书局 1973 年版。

（唐）姚思廉：《陈书》，中华书局 1972 年版。

（北朝）魏收：《魏书》，中华书局 1974 年版。

（唐）令狐德棻：《周书》，中华书局 1971 年版。

（唐）李百药：《北齐书》，中华书局 1972 年版。

（唐）魏征：《隋书》，中华书局 1973 年版。

（南朝梁）萧子显：《南齐书》，中华书局 1972 年版。

（宋）司马光：《资治通鉴》，中华书局 1956 年版。

（唐）杜佑：《通典》，中华书局 2008 年版。

（元）杨仲良：《皇宋通鉴长篇纪事本末》，上海古籍出版社 1996 年版。

（唐）房玄龄：《晋书》，中华书局 1976 年版。

（晋）陈寿：《三国志》，上海古籍出版社 2011 年版。

（唐）虞世南：《北堂书钞》，学苑出版社 2015 年版。

（宋）李昉：《太平御览》，中华书局 2011 年版。

（清）严可均：《全汉文》，商务印书馆 1999 年版。

（清）钱仪吉：《三国会要》，上海古籍出版社 2012 年版。

（唐）白居易：《白居易集》，凤凰出版社 2014 年版。

（宋）王溥：《唐会要》，故宫出版社 2012 年版。

（宋）章如愚：《群书考索》，书目文献出版社 2002 年版。

（清）黄本骥：《历代职官表》，上海古籍出版社 2005 年版。

（宋）李心传：《建炎以来朝野杂记》，中华书局 2002 年版。

（宋）洪迈：《容斋四笔》，中华书局 2015 年版。

（明）叶子奇：《草木子》，上海古籍出版社 2012 年版。

（元）虞集：《道园学古录》，北京瀚文典藏文化有限公司 2013 年版。

（元）马端临：《文献通考》，浙江古籍出版社 2000 年版。

《宋大诏令集》，中华书局 1997 年版。

（宋）孙逢吉《职官分纪》，中华书局 1988 年版。

（元）苏天爵：《元文类》，吉林出版集团 2005 年版。

（元）佚名：《蒙古秘史》，青海人民出版社 2014 年版。

（民国）柯劭忞：《新元史》，上海古籍出版社 2012 年版。

（宋）赵汝愚：《宋名臣奏议》，上海古籍出版社 1999 年版。

（明）解缙：《永乐大典》，国家图书馆出版社 2016 年版。

（宋）谢深甫：《庆元条法事类》，上海古籍出版社 1996 年版。

（明）佚名：《明太祖实录》，线装书局 2005 年版。

（明）吕坤撰，王国轩、王秀梅注：《呻吟语》，学苑出版社 1993 年版。

（明）李东阳、申时行等：《大明会典》，江苏广陵古籍刻印社 1989 年版。

（明）李清：《三垣笔记》附录，中华书局 1982 年版。

（清）赵翼：《陔余丛考》，河北人民出版社 1990 年版。

（清）张廷玉等：《明史》，中华书局 2000 年版。

（清）福载等：《大清会典事例（嘉庆）》，（中国台湾）文海出版社 1970 年版。

（清）张寿镛辑：《清朝掌故汇编内编》，（中国台湾）文海出版社 1986 年版。

（清）纪昀等撰：《历代职官表》，上海古籍出版社 1989 年版。

《清实录》，中华书局 1986 年版。

（清）魏象枢：《寒松堂全集》，中华书局 1996 年版。

（清）袁守定：《图民录》，载张希清、王秀梅主编：《官典》第 3 册，吉林人民出版社 1998 年版。

（清）纪晓岚：《纪晓岚文集》，河北教育出版社 1995 年版。

（清）赵翼：《廿十二史札记》（卷三十四），曹光甫校点，上海古籍出版社 2011 年版。

（清）唐甄：《潜书》，中华书局 2009 年版。

（清）王庆云：《石渠余纪》，《笔记小说大观》本，新兴书局有限公司出版社 1986 年版。

（清）刘启端等：《钦定大清会典事例》，续修四库全书本，上海古籍出版社 2002 年版。

《明实录》，中国台湾"中央研究院"历史语言研究所 1962 年校印本。

（民国）赵尔巽撰：《清史稿》，中华书局 1998 年版。

二、著作类

刘师培：《论历代中央官制之变迁》，《国粹学报》1907 年第 28 期。

彭浩：《谈〈奏谳书〉中的西汉案例》，《文物》1993 年第 8 期。

徐矛：《于右任与监察院——国民政府五院制度掇要之二》，《民国春秋》1994 年第 4 期。

叶英萍：《中国古代民监官之探讨》，《法学杂志》2009 年第 2 期。

冯铁金：《古代的举报制度》，《政府法制》2003 年第 20 期。

孙季萍：《中国古代的权力监督制度》，《东岳论丛》2001 年第 4 期。

宿志丕：《中国古代御史、谏官制度的特点及作用》，《清华大学学报》1994 年第 2 期。

刘彦生：《中国古代权力监督机制的现代反思》，《天津行政学院学报》2002 年第 3 期。

孙季萍：《中国古代权力监督制度评析》，《政治与法律》2001 年第 5 期。

张晋藩：《中国古代监察法的历史价值——中华法系的一个视角》，《政法论坛》2005 年第 6 期。

程印学：《中国古代权力监督制度探论》，《理论学刊》2004 年第 7 期。

应克复：《中国封建政制的权力监督与制约几点评估》，《江海学刊》1997 年第 4 期。

桂宇石：《我国御史制度及其历史作用》，《武汉大学学报》1982 年第 6 期。

张国安：《论中国古代监察制度及其现代借鉴》，《法学评论》2009 年第 2 期。

赵映诚：《中国古代谏官制度研究》，《北京大学学报》2000 年第 3 期。

西安半坡博物馆：《临潼姜寨遗址第四至十一次发掘纪要》，《考古与文物》1980 年第 3 期。

甘肃省文物工作队：《甘肃秦安大地湾 901 号房址发掘简报》，《文物》1986 年第 2 期。

河南省文物考古研究所：《河南灵宝西坡遗址 105 号仰韶文化房址》，《文物》2003 年第 8 期。

张序：《我国古代官员监察弹劾制度之演变》，《政治学研究》1987 年第 3 期。

晁福林：《论周代国人于庶民社会身份的变化》，《人文杂志》2000 年第 3 期。

蒋素婷：《论汉代奏谳制度》，《湖北函授大学学报》2013 年第 3 期。

李宗桂：《论中国汉代文官制度的形成》，《思想战线》1989 年第 2 期。

吴建华：《清初巡按制度》，《故宫博物院院刊》1987 年第 2 期。

王庆成：《清初巡按御史》，《燕京学报》2001 年第 11 期。

王跃生：《清代督抚体质特征探悉》，《社会科学辑刊》1993 年第 4 期。

李建国：《总督、巡抚地方化与清代地方吏治的腐败》，《唐都学刊》1995 年第 1 期。

张世闯、程天权：《清代"科道合一"得失之再认识》，《中外法史研究》2015 年第 5 期。

薛秀娟：《清朝〈钦定台规〉对当前监察立法的参考》，《人民论坛》2016 年第 5 期。

倪军民：《试论清代监察制度机能萎缩及其原因》，《上海社会科学院学术季刊》1994 年第 2 期。

吴观文：《论明代监察制度及其作用》，《管理世界》1987 年第 3 期。

刘佳玉：《中国古代监察制度的特点及其借鉴意义》，《法制与经济》2009 年第 3 期。

张琮军：《汉代刑事证据在司法监督制度中的运用》，《政法论坛》2013 年第 1 期。

龚延明：《中国历代官职别名大辞典》，上海辞书出版社 2006 年版。

严耕望：《中国古代政治制度史纲》，上海古籍出版社 2013 年版。

卜宪群：《秦汉官僚制度》，社会科学文献出版社 2002 年版。

徐式圭：《中国监察史略》，中国书籍出版社 2016 年版。

张晋藩：《中国监察法制史稿》，商务印书馆 2007 年版。

彭勃、龚飞：《中国监察制度史》，中国政法大学出版社 1989 年版。

单远慕：《中国廉政史》，中州古籍出版社 1991 年版。

邱永明：《中国封建监察制度运作研究》，上海社会科学院出版社 1998 年版。

关文发、于波主编：《中国监察制度研究》，中国社会科学出版社 1998 年版。

刘泽华：《中国的王权主义》，上海人民出版社 2000 年版。

李小树：《秦汉魏晋南北朝监察史纲》，社会科学文献出版社 2000 年版。

钱穆：《中国历代政治得失》，三联书店 2005 年版。

贾玉英：《中国古代监察制度发展史》，人民出版社 2004 年版。

张创新：《中国政治制度史》，清华大学出版社 2005 年版。

韦庆远：《中国政治制度史》，中国人民大学出版社 2005 年版。

邱永明：《中国古代监察制度史》，上海人民出版社 2006 年版。

安作璋、熊铁基：《秦汉官制史稿》，齐鲁书社 2007 年版。

周天：《中国历代廉政检察制度史》，百家出版社 2007 年版。

余华青：《中国廉政制度史论》，人民出版社 2007 年版。

阎步克：《察举制度变迁史稿》，中国人民大学出版社 2009 年版。

蔡芳波：《中国行政制度史》，武汉大学出版社 2009 年版。

王亚南：《中国官僚政治研究》，商务印书馆 2010 年版。

王正：《监察史话》，社会科学文献出版社 2011 年版。

白纲：《中国政治制度史》（第一卷），社会科学文献出版社 2011 年版。

熊伟：《秦汉监察制度史研究》，天津人民出版社 2011 年版。

李小红：《中国古代廉政思想史》，中国方正出版社 2011 年版。

胡沧泽：《中国监察史论》，中国书籍出版社 2012 年版。

王春瑜：《中国反贪史》（上中下），人民出版社 2013 年版。

张晋藩：《中国古代监察制度史》，中国方正出版社 2013 年版。

何兹全：《魏晋南北朝史》，人民出版社 2013 年版。

粟时勇、李忠昊：《中国历代文官制度》，国家图书馆出版社 2014 年版。

王歆：《中国历代反腐实录·秦汉三国篇》，中国方正出版社 2014 年版。

余蔚：《中国古代地方监察体系运作机制研究》，上海古籍出版社 2014 年版。

卜宪群：《中国历史上的腐败与反腐败》（上下），鹭江出版社 2014 年版。

焕力：《中国历史廉政监察研究》，武汉大学出版社 2015 年版。

晁中辰：《中国谏议制度史》，中华书局 2015 年版。

张宏杰：《顽疾：中国历史上的腐败与反腐败》，人民出版社 2016 年版。

徐式圭：《中国监察史略》，中国书籍出版社 2016 年版。

周雪光：《中国国家治理的制度逻辑》，三联书店 2017 年版。

沈家本：《历代刑法考》，中华书局 1985 年版。

左言东：《中国政治制度史》，浙江大学出版社 2009 年版。

田余庆：《东晋门阀政治》，北京大学出版社 1996 年版。

曾宪义：《中国法制史》，北京大学出版社 2013 年版。

邓之诚：《中华二千年史》，中华书局 1983 年版。

吴吉远：《清代地方政府司法职能研究》，紫禁城出版社 2014 年版。

李晶君：《钦定台规初探》，湘潭大学硕士学位论文，2010 年。

周一良：《魏晋南北朝史札记》，中华书局 1985 年版。

王春瑜：《简明中国反贪史》，四川人民出版社 2002 年版。

恩格斯：《家庭、私有制和国家的起源》，人民出版社 2012 年版。

郭沫若主编:《中国史稿》,人民出版社 1976 年版。

童书业:《春秋左传研究》,上海人民出版社 1980 年版。

赵世超:《周代国野制度研究》,陕西人民出版社 1991 年版。

孙季萍等:《中国传统官僚政治中的权力制约机制》,北京大学出版社 2012 年版。

余英时:《中国思想传统的现代诠释》,江苏人民出版社 1995 年版。

[日] 和田清编著:《支那官制发达史》上,中华民国法制研究会 1942 年版。

杨建祥:《中国古代官德研究》,上海古籍出版社 2004 年版。

徐梓编注:《官箴:做官的门道》,中央民族大学出版社 1996 年版。

[美] 魏特夫:《东方专制主义——对于集权力量的比较研究》,徐式谷等译,中国社会科学出版社 1989 年版。

张宏生主编:《西方法律思想史》,北京大学出版社 1983 年版。

叶自成:《中国崛起:华夏体系 500 年的大历史》,人民出版社 2013 年版。

左言东:《中国政治制度史》,浙江大学出版社 2009 年版。

方铭:《战国诸子概论》,学苑出版社 2012 年版。

冯尔康:《雍正传》,人民出版社 2013 年版。

王天有:《明代国家机构研究》,故宫出版社 2014 年版。

艾永明:《清朝文官制度》,商务印书馆 2003 年版。

楼劲、刘光华:《中国古代文官制度》,中华书局 2009 年版。

邝士元:《中国经世史》,三联书店 2013 年版。

杨宽:《西周史》,上海人民出版社 1999 年版。

孟森:《明清史论著集刊》,中华书局 2006 年版。

关文发、颜广文:《明代政治制度研究》,中国社会科学出版社 1996 年版。

常建华:《清代的国家与社会研究》,人民出版社 2006 年版。

瞿同祖:《清代地方政府》,法律出版社 2011 年版。

陆杰峰:《中国政治制度史》,中国人民大学出版社 2012 年版。

后　记

本书从时任广东省纪委副书记、监察厅厅长，现任广东省人大常委会副主任王衍诗点题立项至今付梓印刷，已有近两年的时间。全书共分八章，系统回顾了中国古代社会从先秦到明清监察制度的滥觞、形成、发展、成熟、强化、完备的五千年演变历程，为我们当前监察理论和实践建设提供了丰富的历史经验和智慧。

时任广东省委常委、省纪委书记黄先耀对本书的编写工作高度重视，并给予了大力支持。课题组在王衍诗同志的领导下，在省纪委宫立云等的具体指导下，汇聚了广东省内华南理工大学、华南农业大学、华南师范大学、暨南大学等高校多位学者的智慧，实现了政治学、历史学、哲学、法学等多学科交叉研究。

各章撰稿人分工如下：高青莲撰写第一章，朱志昊和沈玮玮合写第二章，梁丽红负责第三章，吴业国完成第四、五、七章，包国滔撰写第六章，黄文义、王郐强完成第八章，吴业国、王郐强完成结论章。在撰写过程中，前后三次征求国内从事政治制度和思想史研究的专家的意见，他们是南开大学孙晓春教授、西南政法大学颜德如教授、吉林大学张铮教授、暨南大学刘正刚教授和南京审计大学肖建新教授。书稿最终由华南理工大学吴克昌、文宏两位教授统稿。

在项目的具体筹备过程中，还要感谢华南理工大学党委章熙春书记，刘琪瑾副书记，学校纪委副书记、纪检办主任曾学敏同志和公共管理学院党委邬智书记的指导和支持。在项目实施过程中，我们召开了多次协调会和数次学术研讨会，公共管理学院王郐强院长花费了大量的心力来组织和指导。

本书在编撰过程中，王衍诗副主任始终关心本书稿的写作进程，多次提出具体编写意见，并欣然作序。本书的完成和出版，可以说是广东省纪检监察部门各位同志和省内各高校从事廉政理论研究的各位学者协同合作的产物。

由于编撰者水平有限，疏漏、错误之处在所难免，敬请广大读者批评指正。

作者

2018 年 9 月

责任编辑：毕于慧

封面设计：石笑梦

版式设计：吴　桐

图书在版编目（CIP）数据

中国古代监督史览／广东省纪检监察学会 编著 . —北京：人民出版社，
　2018.11

ISBN 978－7－01－019943－6

I. ①中… II. ①广… III. ①监察－政治制度史－中国－古代

　IV. ① D691.49

中国版本图书馆 CIP 数据核字（2018）第 238148 号

中国古代监督史览

ZHONGGUO GUDAI JIANDU SHILAN

广东省纪检监察学会　编著

人 民 出 版 社 出版发行

（100706　北京市东城区隆福寺街 99 号）

北京汇林印务有限公司印刷　新华书店经销

2018 年 11 月第 1 版　2018 年 11 月北京第 1 次印刷

开本：710 毫米 ×1000 毫米 1/16　印张：20.75

字数：318 千字

ISBN 978－7－01－019943－6　定价：60.00 元

邮购地址 100706　北京市东城区隆福寺街 99 号

人民东方图书销售中心　电话（010）65250042　65289539